“十四五”时期国家重点出版物出版专项规划项目

高速铁路基础研究与技术创新丛书

高铁运营与经济系列

高速铁路列车开行决策理论与技术

本丛书编委会　总主编

周文梁　史　峰　徐光明　等　著

秦　进　主　审

中国铁道出版社有限公司

2024年·北　京

内 容 简 介

本书为“高速铁路基础研究与技术创新丛书”之分册。本书基于国家自然科学基金委员会—中国国家铁路集团有限公司高速铁路基础研究联合基金等项目成果，在分析预测高铁时变出行需求、合理刻画旅客出行选择行为基础上，深入结合高速铁路出行需求特征与列车开行决策要求，全面分析了高铁列车开行决策过程中路径选择、停站设置、编组设置的影响因素与原则等，进而系统性地论述了面向不同需求类型、开行模式下的高速铁路列车开行方案决策优化与评价技术等内容。

本书适合高速铁路运输组织领域科研人员、工程技术人员参考，也可供高校交通运输类专业研究生、本科生学习。

图书在版编目(CIP)数据

高速铁路列车开行决策理论与技术 / 周文梁等著. 北京 ：中国铁道出版社有限公司，2024. 12. --（高速铁路基础研究与技术创新丛书）. -- ISBN 978-7-113-31563-4

Ⅰ. U292. 91

中国国家版本馆 CIP 数据核字第 2024RA4450 号

书　　名：高速铁路列车开行决策理论与技术
作　　者：周文梁　史　峰　徐光明　等

策　　划：黄　璐
责任编辑：黄　璐　　**编辑部电话：**(010)51873138　　**电子邮箱：**jiliang@tdpress. com
封面设计：高博越　崔丽芳　　**封面摄影：**王明柱　　**丛书标识设计：**崔丽芳
责任校对：苗　丹
责任印制：高春晓

出版发行：中国铁道出版社有限公司(100054，北京市西城区右安门西街 8 号)
网　　址：https://www. tdpress. com
印　　刷：北京联兴盛业印刷股份有限公司
版　　次：2024 年 12 月第 1 版　2024 年 12 月第 1 次印刷
开　　本：787 mm×1 092 mm　1/16　**印张：**21. 75　**字数：**433 千
书　　号：ISBN 978-7-113-31563-4
定　　价：138. 00 元

序

我国高速铁路起步晚、发展快、后劲足，经过几代人的不懈努力，通过原始创新、集成创新、引进消化吸收再创新，成功地走出了一条符合中国国情路情、具有中国特色的自主创新之路。我国已系统掌握各种复杂地质和气候条件下高速铁路建造成套技术；在工务工程、列车运行控制、牵引供电、动车组等高速铁路核心技术方面实现自主化；形成了复杂路网条件下处理跨线运行的运营管理成套技术，构建了人防、物防、技防三位一体的主动安全保障机制。我国已成为全球高速铁路运营里程最长、在建规模最大、运营速度最快、技术体系最全、运营和管理经验最丰富的国家。我国高速铁路技术已走在世界前列，成为推动世界高速铁路发展的重要力量。

为贯彻落实中共中央、国务院《交通强国建设纲要》，推进国铁集团《新时代交通强国铁路先行规划纲要》的落地，系统总结、梳理我国高速铁路各领域前沿理论和技术，向我国乃至世界高速铁路科研工作者和工程技术人员提供一套前沿性的参考书，中国国家铁路集团有限公司铁道出版社公司特组织编著出版“高速铁路基础研究与技术创新丛书”。

丛书以习近平新时代中国特色社会主义思想为指导，以国家自然科学基金课题、国家基金委-国铁集团高铁联合基金课题、国家“973”课题、国家重点研发计划课题等科研成果为支撑，从高速铁路前沿研究、补短板技术、核心技术、技术发展趋势等方向组织选题，涵盖动车组、供电、通信与信号、列控与检测、工程勘察与设计、智能建造、运营与管理、现代信息技术、安全和维护等领域，规模为100册，是全面系统论述我国高速铁路基础研究与技术创新成就的大型系列原创性科技著作。

丛书力求突出制高点、原创性、权威性、全覆盖特色。丛书各册内容以作者团队长期从事高速铁路科学研究的成果为依托，多数成果居于国内领先水平甚至世界先进水平，多种成果荣获国家科学技术奖一等奖、二等奖，国家技术发明奖一等奖、二等奖，茅以升科学技术奖，詹天佑铁道科学技术奖，铁道科技进步奖等奖项，丛书内容体现了我国当今最新、最前沿以及展现未来发展趋势的高速铁路相关研究成果和应用技术。丛书包括动车组、供电、工程施工与组织等十个系列，基本实现高速铁路各领域全覆盖。

丛书由编委会总负责。编委会阵容强大，认真负责。编委会各成员都是长期从事我国高速铁路科研、技术、生产和管理的一流专家学者，是所从事领域的翘楚，其中包括高速铁路及其相关领域的四位院士。编委会多次开会商讨丛书的体系、内容特色、作者条件及质量保障机制；分工负责，精心审订和修改各册编写提纲；多次遴选选题，先从150多个选题意向中遴选出100个选题，后又剔除了内容特色不太鲜明的8个选题，还对10多个选题提出了较大的改进意见，补充了8个关键技术和弥补技术空白的选题；最后邀请专人对各册内容进行审定，从而保证了各册内容的正确性和先进性。

2021年年底，国家新闻出版署经过严格评审，“高速铁路基础研究与技术创新丛书”（100册）成功入选“‘十四五’时期国家重点出版物出版专项规划——重大出版工程”。这是对本丛书项目的认可，也是对编委会、作者和编辑等人员前期工作的认可，更是一种鞭策。我们相信，本丛书的出版，将助力于《交通强国建设纲要》的贯彻落实，推动我国乃至世界高速铁路事业的发展，也将为铁路领域的科研工作者、工程技术人员、管理人员，以及高校相关专业师生提供一套高水平、原创性、权威性、全覆盖的大型高铁科技精品著作。

中国工程院院士

“高速铁路基础研究与技术创新丛书”编委会主任

2022年2月

前　　言

本书为“高速铁路基础研究与技术创新丛书”之分册，按丛书要求，力图体现高速铁路列车开行决策理论与技术的前沿性、原创性特色。

我国高速铁路目前已基本形成覆盖面广、结构合理的完善服务网络。接下来合理利用完善的高速铁路线路网络实现列车开行决策优化，开展高速铁路列车高效运营组织服务，实现高速铁路从“大建设”时期进入到“高品质运营”时代，是我国高速铁路发展的必然趋势。只有这样，高速铁路才能在市场竞争越来越严峻、旅客出行要求越来越高的客运市场中保持自身优势、提升市场竞争力，进而实现高速铁路的健康、可持续发展。

列车开行决策是实现高速铁路出行客流到列车流的过程，直接决定了开行列车的服务水平、能力以及高速铁路列车开行成本、效益等。科学合理地制定列车开行决策是高速铁路开展高效率、高服务运营组织的首要任务，也是后续客票营销、车站工作组织的基础。与普速铁路相比，高速铁路不仅具有出行需求量大、时变性、波动强等显著特征，列车开行还需满足频率高、停站组合多、网络化程度高等要求。因此，充分考虑高速铁路多样化出行需求与列车各类开行要求，结合高速铁路线路能力、动车组等各种运输资源的时空分布，实现高速铁路列车开行决策优化是铁路运输部门的一项核心工作。

本书在分析预测高速铁路时变出行需求、合理刻画旅客出行选择行为基础上，系统地论述列车开行决策相关理论与技术，包括高速铁路列车开行相关效益与成本分析、高速铁路列车开行路径与停站选择分析、面向多种需求类型与开行模式的高速铁路列车开行决策理论与技术以及高速铁路开行列车综合评价技术等，为高速铁路列车开行决策作出了积极有益的探索。

目前分别针对不同情形下的铁路列车开行决策或者相关环节的优化方法较多，但也相对比较零散，而专门针对高速铁路，能够深入结合高速铁路客流出行需求特征、列车开行组织要求，系统全面论述高速铁路列车开行决策理论方法的著作较为稀缺。本书内容基于国家自然科学基金委员会—中国国家铁路集团有限公司高速铁路基础研究联合基金项目（简称高铁联合基金项目）“成网条件下高速铁路列车开行方案优化理论与方法”以及多个面上项目、青年基金项目的最新研究成果，凝练了著者近年来围绕高速铁路列车开行决策开展深入研究所形成的前沿理论方法，不仅考虑了高速铁路出行多样需求与列车开行要求，同时面向我国高速铁路网络化运营条件，充分体现了网络化运营组织要求。本书所论述的高速铁路列车开行决策理论方法立足于高速铁路运输组织领域实践，对现场实践具有重要指导作用，同时具有理论深度深、技术前沿性高、方法系统性强等特色。

本书由中南大学周文梁、史峰、徐光明、胡心磊、邓连波等著作，具体分工如下：第 1 章由周文梁负责撰写，第 2 章由魏堂建、胡心磊负责撰写，第 3 章由徐光明、魏堂建负责撰写，第 3 章由史峰、徐光明负责撰写，第 5 章由史峰、苏焕银负责撰写，第 6 章由周文梁、刘晓航负责撰写，第 7 章由邓连波、龙品秀负责撰写，第 8 章由周文梁、康静负责撰写，第 9 章由周文梁、游小容负责撰写，第 10 章由史峰、万广琪负责撰写，第 11 章由周文梁负责撰写。此外，黄裕、李玟敬、韩胜梅、严梦荣等多位研究生协助完成编辑整理等工作。

本书由中南大学秦进教授主审，并提出许多宝贵建议。

由于著者水平有限，书中难免有不妥、疏漏之处，欢迎广大读者批评指正，以便今后进一步修改和完善。

著　者

2024 年 7 月

目　录

第1章　绪　　论

我国高速铁路经过多年的快速建设，已形成覆盖面广、结构合理的完善服务网络。高速铁路的“大建设”时代已基本结束，即将面对的是如何高效利用完善的高速铁路线路网络优化设计高服务、高效率的列车产品，开展高速铁路列车高效运营组织，实现高速铁路将从“大建设”时代进入到“高品质运营”时代，只有这样才能在市场竞争越来越严峻、旅客出行要求越来越高的客运市场中保持自身优势、提升市场竞争力，实现高速铁路的健康、可持续发展。

列车开行方案是高速铁路出行客流到列车流的实现过程，直接决定了开行列车的服务水平、能力以及铁路列车开行成本、效益等。科学合理地实现列车开行方案编制是高速铁路开展高效率、高服务运营组织的首要任务，也是后续客票营销、车站工作组织的基础。本章首先分析我国高速铁路发展及其旅客出行需求变化状况，进而描述高速铁路列车开行决策问题及其意义，并分析国内外关于此问题的研究现状；最后针对列车开行模式、原则、影响因素、成本效益以及高速铁路旅客出行列车选择进行分析介绍，为后续列车开行决策奠定基础。

1.1　我国高速铁路发展现状与趋势

自第一条铁路诞生以来，铁路运输方式就因其速度快、运量大、经济效益好等特点得到迅速发展，成为交通运输中的重要运输方式。高速铁路克服了普速铁路速度较低的不足，是解决大量旅客快速输送问题的有效途径，因此受到各国重视。我国发展高速铁路的起步比较晚，但是进步很快，取得了丰硕的成果。为不断完善轨道交通系统，我国一直致力于高速铁路建设并取得了显著成就。

2004 年 1 月，国务院常务会议讨论通过了《中长期铁路网规划》，为高速铁路体系发展提供了清晰框架。随后 2008 年、2016 年，我国两次对《中长期铁路网规划》进行调整，最终明确：“到 2020 年，一批重大标志性项目建成投产，铁路网规模达到 15 万公里，其中高速铁路 3 万公里，覆盖 80%以上的大城市，为完成‘十三五’规划任务、实现全面建成小康社会目标提供有力支撑。到 2025 年，铁路网规模达到 17.5 万公里左右，其中高速铁路 3.8 万公里左右，网络覆盖进一步扩大，路网结构更加优化，骨干作用更加显著，更好发挥铁路对经济社会发展的保障作用。展望到 2030 年，基本实现内外互联互通、区际多路畅通、省会高铁连通、地市快速通达、县域基本覆盖。”截至 2024 年 9 月 14 日，中国铁路营业里程突破 16 万公里，其中高速铁路超 4.6 万公里。

2004 年的《中长期铁路网规划》以大气魄绘就了超过 1.2 万 km“四纵四横”高速铁路网。根据《中长期铁路网规划》，中国高速铁路发展以“四纵四横”为重点，构建高速铁路网的主要骨架，形成快速、便捷、大能力的铁路客运通道，逐步实现客货分线运输。

“四纵”：一是北京—上海高速铁路，贯通环渤海和长三角东部沿海经济发达地区；二是北京—武汉—广州—深圳（香港）高速铁路，全长 2 350 km，连接华北、华中和华南地区；三是北京—沈阳—哈尔滨（大连）高速铁路，全长 1 612 km，连接东北和关内地区；四是上海—杭州—宁波—福州—深圳高速铁路，全长 1 650 km，连接长三角、东南沿海、珠三角地区。

“四横”：一是青岛—石家庄—太原高速铁路，全长 906 km，连接华北和华东地区；二是徐州—郑州—兰州高速铁路，全长 1 346 km，连接西北和华东地区；三是上海—南京—武汉—重庆—成都高速铁路，全长 1 922 km，连接西南和华东地区；四是上海—杭州—南昌—长沙—昆明高速铁路，全长 2 264 km，连接华中、华东和西南地区。

“四纵四横”高速铁路网示意如图 1-1 所示。

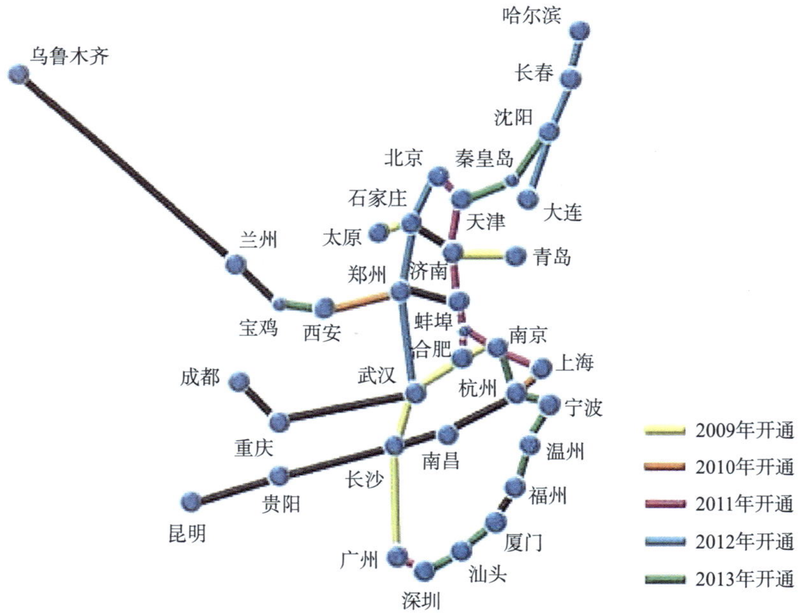

图 1-1 “四纵四横”高速铁路网示意

2016 年，我国“四纵四横”高速铁路网基本成型，现在正在完善“高速铁路网（八纵八横）＋普速铁路网＋综合交通枢纽”的结构体系。“八纵八横”高速铁路网，即以沿海、京沪等“八纵”通道和陆桥、沿江等“八横”通道为主干，城际铁路为补充的高速铁路网。“八纵八横”可实现相邻大中城市间 1～4 h 交通圈、城市群内 0.5～2 h 交通圈。

1."八纵"通道

(1)沿海通道。大连(丹东)—秦皇岛—天津—东营—潍坊—青岛(烟台)—连云港—盐城—南通—上海—宁波—福州—厦门—深圳—湛江—北海(防城港)高速铁路(其中青岛至盐城段利用青连、连盐铁路,南通至上海段利用沪通铁路)。连接东部沿海地区,贯通京津冀、辽中南、山东半岛、东陇海、长三角、海峡西岸、珠三角、北部湾等城市群。

(2)京沪通道。北京—天津—济南—南京—上海(杭州)高速铁路,包括南京—杭州、蚌埠—合肥—杭州高速铁路,同时通过北京—天津—东营—潍坊—临沂—淮安—扬州—南通—上海高速铁路,连接华北、华东地区,贯通京津冀、长三角等城市群。

(3)京港(台)通道。北京—衡水—菏泽—商丘—阜阳—合肥(黄冈)—九江—南昌—赣州—深圳—香港(九龙)高速铁路;另一支线为合肥—福州—台北高速铁路,包括南昌—福州(莆田)铁路。连接华北、华中、华东、华南地区,贯通京津冀、长江中游、海峡西岸、珠三角等城市群。

(4)京哈—京港澳通道。哈尔滨—长春—沈阳—北京—石家庄—郑州—武汉—长沙—广州—深圳—香港高速铁路,包括广州—珠海—澳门高速铁路。连接东北、华北、华中、华南、港澳地区,贯通哈长、辽中南、京津冀、中原、长江中游、珠三角等城市群。

(5)呼南通道。呼和浩特—大同—太原—郑州—襄阳—常德—益阳—邵阳—永州—桂林—南宁高速铁路。连接华北、中原、华中、华南地区,贯通呼包鄂榆、山西中部、中原、长江中游、北部湾等城市群。

(6)京昆通道。北京—石家庄—太原—西安—成都(重庆)—昆明高速铁路,包括北京—张家口—大同—太原高速铁路。连接华北、西北、西南地区,贯通京津冀、太原、关中平原、成渝、滇中等城市群。

(7)包(银)海通道。包头—延安—西安—重庆—贵阳—南宁—湛江—海口(三亚)高速铁路,包括银川—西安以及海南环岛高速铁路。连接西北、西南、华南地区,贯通呼包鄂、宁夏沿黄、关中平原、成渝、黔中、北部湾等城市群。

(8)兰(西)广通道。兰州(西宁)—成都(重庆)—贵阳—广州高速铁路。连接西北、西南、华南地区,贯通兰西、成渝、黔中、珠三角等城市群。

2."八横"通道

(1)绥满通道。绥芬河—牡丹江—哈尔滨—齐齐哈尔—海拉尔—满洲里高速铁路。连接黑龙江及蒙东地区。

(2)京兰通道。北京—呼和浩特—银川—兰州高速铁路。连接华北、西北地区,贯通京津冀、呼包鄂、宁夏沿黄、兰西等城市群。

(3)青银通道。青岛—济南—石家庄—太原—银川高速铁路(其中绥德至银川段利用太中银铁路)。连接华东、华北、西北地区,贯通山东半岛、京津冀、太原、宁夏沿黄等城市群。

(4)陆桥通道。连云港—徐州—郑州—西安—兰州—西宁—乌鲁木齐高速铁路。连接华东、华中、西北地区,贯通东陇海、中原、关中平原、兰西、天山北坡等城市群。

(5)沿江通道。上海—南京—合肥—武汉—重庆—成都高速铁路,包括南京—安庆—九江—武汉—宜昌—重庆、万州—达州—遂宁—成都高速铁路(其中成都至遂宁段利用达成铁路),连接华东、华中、西南地区,贯通长三角、长江中游、成渝等城市群。

(6)沪昆通道。上海—杭州—南昌—长沙—贵阳—昆明高速铁路。连接华东、华中、西南地区,贯通长三角、长江中游、黔中、滇中等城市群。

(7)厦渝通道。厦门—龙岩—赣州—长沙—常德—张家界—黔江—重庆高速铁路(其中厦门至赣州段利用龙厦铁路、赣龙铁路,常德至黔江段利用黔张常铁路)。连接海峡西岸、中南、西南地区,贯通海峡西岸、长江中游、成渝等城市群。

(8)广昆通道。广州—南宁—昆明高速铁路。连接华南、西南地区,贯通珠三角、北部湾、滇中等城市群。

随着高速铁路的不断发展,高速列车的商业运行速度迅速提高,旅行时间的节约,旅行条件的改善,旅行费用的降低,再加上社会对人们赖以生存的地球环保意识的增强,使得高速铁路呈现出蓬勃发展的强劲势头。我国铁路发展历经百年沧桑,不断取得新的突破,总里程、高速铁路里程和客货运输量均位居世界第一。未来,中国铁路发展将继续走在全球铁路发展的前列,不断推进智能化建设,加快推进与其他交通方式协同运营,构建高效率、高服务的综合运输网络,为我国经济发展做出更大贡献。

1.2 我国高速铁路出行需求及其特征

1.2.1 高速铁路出行需求

客流是指在单位时间内,由出发地至目的地进行位移的旅客的集合,包括流向、流量、流程、流速和流时几个要素。客流的概念表明了旅客的空间位移及数量,这种位移具有起讫位置和方向性。高速铁路客流是被实现了的高速铁路需求,是高速铁路运输组织的基础,是高速铁路技术配置和运营模式的重要依据,直接影响到高速铁路的发展。

客流的形成和消失与旅客的旅行目的密切相关,不同消费层次的旅客对旅行条件具有不同的需求,与既有铁路客流相比,高速铁路客流根据出行目的主要分为商务、公务、会议或旅游休闲等几类,具有高层次、高消费、时间观念强等特点。由于高速铁路列车速度快、密度大、乘车环境舒适,高速铁路客流的时间价值较高,而对出行费用支出敏感相对较低。这样,每天大量开行的高速铁路列车为客流提供了更多可选择的出行时段,导致客流在一天中具有明显的波动性,时变特征十分显著。高速铁路旅客出行需求具有如下特征:

(1)出行目的:选择高速铁路出行的旅客一般都在相邻城市间或者城市之间移动,旅客们的出行主要是为了旅游、探亲和出差等活动。

(2)出行距离:对于我国高速铁路而言,客流出行区域相对固定且范围较大,平均出行距离一般运营速度为 250~300 km/h。

(3)出行时间:高速铁路客流出行时间相比于城市轨道交通客流出行时间而言,既有相同之处,又有着其自身独特之处。相同之处在于两者均具有早高峰和晚高峰;不同之处则在于高速铁路客流出行的早晚高峰分别是 9:00—10:00 时段和 16:00—17:00 时段,即相对城市轨道交通而言,其早高峰更晚,而晚高峰却更早,同时客流在一天中呈现明显波动性,具有时变特征。

(4)乘客身份:在高速铁路有出行需求的人员构成中,商务、企业、行政管理人员和科技人员等占据主导。

(5)消费水平:选择高速铁路出行的旅客消费层次较高,经济承受能力较强。

(6)出行考虑因素:从旅客选择旅行工具时最优先考虑的因素来看,旅客在旅途过程中最重视的是旅行工具的时效性、安全性、正点率和发车频率,对费用高低不太敏感。

按照客流的出行距离,可将客流分为长、中、短途客流三类。针对旅客的出行距离,可以开行不同运距的高速铁路列车来提供多样性的服务。通常情况下,长途列车开行频率较低,以提供长途旅客直达服务为主要目的;短途列车则是遵循“小编组,高密度”的开行原则,以提高短途客流的服务水平。我国高速铁路客流中短途客流(出行距离在 500 km 以下)约占全部客流的 75%,中短途客流(出行距离在 1 000 km 以下)占 93%左右,也就是说,我国高速铁路出行以中短途旅客为主,区域性出行特征明显。

由于长时间的客流培育和旅客的出行习惯,绝大部分高速铁路旅客的出行路径是沿一条或多条主干高速铁路线路,绝大多数高速铁路列车也是沿高速铁路线路开行。因此,每条高速铁路线路都是一条主要的客运通道。按照旅客的出行起讫点位置关系进行分类,又可将客流分为本线客流和跨线客流两类。

(1)高速铁路本线客流

高速铁路本线客流的产生地和终到地均在同一干线通道上,以本线列车输送为主,具有客流量大和客流方向集中等特点。由于通道的高速铁路与既有干线(普速铁路)平行设置,主要供高速铁路旅客列车使用,线路通过能力较大,故本线客流应以高速铁路输送为主。根据客流背景和规律,城市圈或区域大城市间的客流较为密集、时间观念强、客运产品通达的便捷性是客运市场竞争的焦点因素。本线列车的开行径路设置更为多样性,既要满足旅客的区域出行,也要为客运通道长途客流提供服务,开行频率较大,以提高本线客流服务水平为主要目的。为此,高速铁路列车必须加大服务频率,按照各客运站间的流量强度合理确定列车运行区段、发车间隔和停站方案,并做好客运站与城市交通的衔接组织工作,扩大车站的客源吸引范围,提高向城市中心区域快速疏散客流的能力。通常情况下,本线客流的出行方案较多,且多为直达方案。

(2)高速铁路跨线客流

高速铁路跨线客流的产生地和终到地不在同一干线通道上，具有客流方向分散和组织难度大的特点。跨线客流的输送需要由两条或多条干线通道完成，由于我国地域辽阔，主要城市在路网的分布并不集中，造成跨线客流的出行距离较长，也决定了跨线客流将长期大量存在。因此，高速铁路跨线列车通常为连接位于不同客运通道的两个大城市(客流到发量较大)的长途列车，以尽可能为跨线客流提供直达服务为目的，但通常情况下，跨线客流还是需要在枢纽车站进行中转换乘。从整体来看，由于大量跨线客流的存在，我国高速铁路跨线客流输送量的比例逐渐增大是一种普遍的现象。

1.2.2 高速铁路旅客出行特征

旅客出行行为与消费者行为具有相同性质，旅客即是消费者，所购买的产品是铁路企业提供的位移及其相关服务。从社会经济发展水平方面来看，绝大部分旅客运输需求属于生产性需求(公务、商务、上学等)，所以旅客运输需求受社会经济发展水平的影响很大。随着我国经济的快速发展，人们的社会经济活动将会更加频繁，由此派生出的旅客出行需求也在不断增加。从个人收入水平角度来看，随着人们消费水平的提高以及购买力的不断增强，人们的精神消费水平也在不断提高，由此所派生的消费性需求(旅游、休闲等)也在不断增加。从运输服务网络的便捷程度角度来看，便捷的运输服务网络能满足人们对出行快捷度、舒适度的高要求，也会进一步刺激旅客的出行需求。高速铁路旅客在出行目的、出行时间、出行距离、出行分布上具有以下出行特征。

1. 出行目的特征

高速铁路旅客出行的目的与城市居民有所不同，城市居民更多偏向于通勤，而高速铁路旅客的出行目的呈现多样化的趋势，主要包括旅游、公务、探亲、访友等。

2. 出行时间特征

在工作日，一般城市内的高峰时段客流以通勤为主，有早、晚两个明显的高峰。而高速铁路客流的出行随机性较强，大多数旅客会选择在早上和中午出行，约占 70%，较少的旅客会选择在极不方便的晚上出行。此外，在假期期间，乘客主要前往旅行和探亲，与非假日相比，全天的交通量显著增加。

3. 出行距离特征

高速铁路出行一般比市内出行距离长，其出行距离通常取决于城镇的密集程度和经济水平。城市内旅客出行距离通常不大于城市半径，根据中国大部分城市的调查结果，市内的出行距离多在 4～6 km；而高速铁路出行则一般在城市间，平均为 308 km，节假日可达 353 km。

4. 出行分布特征

高速铁路旅客出行分布从空间的角度分析，主要分布在城市间或相邻城市之间。城市郊区之间的经济联系往往不多，因而客流较小，对整体的高速铁路客流特征影响也比较小。城市间的客流分布特征主要为中间小、两头大，而城市间交通客流则呈现两头小、中间大的纺锤状，两者截然不同，这种不同在于旅客的出行目的造成其客流分布的差异。

1.3 高速铁路列车开行决策问题及其意义

高速铁路旅客列车开行方案是指在高速铁路线网条件下，以预测客流为基础，依据客流量及其波动规律，对其主要内容进行科学制定，其主要内容分为列车运行区段、开行等级、开行对数、停站方案、编组方案五个方面。

1. 列车运行区段

列车运行区段的三个构成要素为：始发站、终到站以及经由线路。始发站是高速列车发车起点的车站；终到站是高速列车运行终点的车站；经由线路是高速列车从始发站到终到站的运行过程中所有路段集合。在高速铁路线路网络初具规模的条件下，两站间不只存在一条运行径路，因此要结合实际情况，选择站点间的最佳运行径路。

2. 开行等级

基于运营速度，高速铁路列车可划分为：A类 300 km/h 及其以上；B类 200～250 km/h；基于客流性质，高速铁路列车可划分为城际客车、管内客车和直通客车；基于运行距离，高速铁路列车可划分为短途列车、中途列车和长途列车；基于动车组编号，高速铁路列车可划分为C字头、D字头和G字头；基于开行期限，高速铁路列车可划分为临时旅客列车和图定旅客列车。高速铁路列车丰富多样的种类划分，满足了旅客在自身经济条件下对不同服务水平的客观需求。

3. 开行对数

开行对数是指在区段内，为了满足客流需求开行的高速铁路列车数。客运需求在一天内会出现早晚高峰，在一周内会出现周末高峰，在一年内会出现春运和暑运高峰。高速铁路列车开行对数只有在与时变客流吻合的情况下，才能保证客座率，满足旅客的出行需求，给铁路企业创造利润。大部分高速铁路列车成对开行，少部分不成对高速铁路列车以 0.5 对进行表示。

4. 停站方案

停站方案是指高速铁路列车在运行径路上的停站计划。停站次数过多，会增加旅客的乘车时间，将影响到高速铁路列车的服务质量；停站次数过少，势必会造成部分旅客进行换乘，造成极大的不便。所以，合理地确定停站方案是制定开行方案的重要内容。

5. 编组方案

高速铁路列车编组方式有两种，即长编组和短编组。长编组能够充分利用线路能力，缓解客流压力；短编组能够以高密度开行的方式吸引客流，灵活多变。高速铁路列车的编组方式要根据实际客流的波动，合理地采用大小编组方式，在保证客座率的情况下，满足客流需求并提供高质量的出行服务。

高速铁路列车开行决策问题可描述为：在分析车站、线路、动车组资源以及需求分布等因素对列车开行方案的影响的基础上，结合旅客出行列车选择分析，兼顾铁路、社会和旅客三者利益，科学合理优化高速铁路线网列车开行方案。

高速铁路旅客列车开行方案是高速铁路旅客运输组织及运营的基础，在高速铁路旅客运输组织中占有重要地位。首先，我国高速铁路路网结构趋于完善，人民经济生活水平提高，旅客对高速铁路出行服务提出了越来越高的要求。一个优良的开行方案能够可以提高列车的运营效率，满足旅客的不同层次需求，同时也缩短旅客的出行时间，提供直达性更高、更快速便捷的出行服务，增加旅客的出行满意度；其次，大量高速铁路线路投入建设和运营，成本的提高使开行方案制定更加注重经济效益。旅客列车开行方案是编制列车运行图、形成旅客列车时刻表的基础，一个优良的开行方案可以帮助高速铁路企业制定更加科学、合理的列车运行图，能够充分利用高速铁路的固定设备，合理发挥高速铁路线路运能、减少运营成本、提高利润率，为高速铁路运营企业带来更多盈利；最后，随着航空和公路的快速发展，旅客有更加丰富的出行方式选择，高速铁路的普及势必会与其他运输方式形成竞争。而高速铁路旅客列车时刻表是高速铁路参与市场竞争过程中所提供客运产品的表现形式，因此，在市场经济条件下，旅客列车开行方案体现了高速铁路客运服务与其他运输方式的竞争实力，一个优良的高速铁路列车开行方案是铁路企业在运输市场竞争中的有力保障。

近年来，随着我国国民经济的持续发展，铁路、公路、航空、水运四种运输方式的竞争日趋激烈；人民生活水平不断提高，旅客对客运产品的需求愈发多样化、个性化；同时，高速铁路的建设和投入运营使铁路的运输条件有了很大的改善。在以上因素的影响下，铁路客运市场的内外部运营环境发生了很大的变化，旅客列车开行方案的制定和优化也就显得愈发重要。合理的列车开行方案能更好地适应客运市场运营环境的改变，满足不同层次的旅客需求，有助于铁路客运市场的开拓和铁路运输优势的充分发挥，提高铁路客运的市场竞争力。

1.4 高速铁路列车开行问题研究现状

旅客列车开行方案是铁路运输组织过程中平衡供需关系、将客流组织为列车流的关键环节，也是时刻表设计和动车组运用计划的前提基础，其优化问题具有重要意义。因此，铁路运输领域中关于列车开行方案的研究具有较长时间的历史，最早由 Patz 提出，之后 Anthony 进一步提出了列车开行方案优化的基本理论。自此之后，产生了大量关于铁路运输网络或城市轨道交通网络开行方案规划设计的研究成果，很多学者也以此为主题进行了专门研究，并进行较为详细地综述，Schöbel 和 Goerigk 等分别对近年来开行方案优化模型、求解算法进行了详细归纳总结。

大部分列车开行方案的研究成果多关注于列车开行方案的一个或多个子过程优化设计，例如，路径设计、频率设置、停站规划和上述子过程的组合。本节接下来对这方面的既有研究进行分析介绍。

1.4.1 路径设计和频率设置综合优化

这一类优化方法往往确定了每条运行路径的停站方案或停站模式，优化起讫点之间的运行路径和服务频率。这种优化方法往往基于给定的停站方案，将原服务网络分解为多个子网络，并假定已知各起点—讫点(OD)对的出行路径，以此进行客流分配，并得到网络中各区段的客流分布。Guan 等提出城市公交系统运行线路规划和客流分配相结合的综合优化方法，考虑线路规划建设成本、旅客出行时间和换乘次数建立二元线性整数规划模型，并利用分支定界法求解。Bussieck 等以最大化直通客流数量为优化目标，设计混合整数线性规划模型求解列车开行方案优化问题，并采用规划软件 CPLEX3.0 进行求解，最终得到满足各区段服务频率要求的开行方案。之后，Bussieck 在其博士论文对开行方案的相关数学方法和实际影响因素进行分析，构建了以费用为导向的优化模型，并针对该模型设计基于启发式变量修正过程的快速求解算法；Claessens 等提出以成本为导向的列车开行方案优化模型来优化不同列车等级、开行径路、开行频率和编组内容，该模型被转化为整数线性规划模型，并设计基于分支定界法的优化算法进行求解。Goossens 等在 2004 年研究了单列车等级、费用最小化开行方案优化问题，并考虑多种处理手段来降低原问题规模，他们提出的方法可以优化不同开行路径的编组大小以及各小时周期的开行频率；Goossens 等通过对车站和列车进行分类，针对不同停站方案将上述模型拓展为多列车等级开行方案优化问题，建立多个模型并证明其正确性和等价性。此外，Borndörfer 等提出多商品流模型以优化城市公共交通运行线路和开行频率，并设计列生成算法进行求解，在求解过程中不仅可以动态生成运行线路，又能保证旅客出行路径自由化。

1.4.2 停站规划和频率设置综合优化

这类优化问题是已知列车开行径路或运行线路,通过优化单一服务网络内不同停站模式的组合方案来为不同需求的旅客提供最大限度的直达服务,以缩短旅客的旅行时间,提高服务水平。考虑客流需求的不均匀性,Ulusoy 等以单条运行线路为研究背景,通过组合不同停站模式(站站停、短途折返和直通列车)建立解析模型,求解不同停站方案的服务频率,该模型优化目标为最小化运营企业和旅客的费用,约束条件主要考虑能力和车辆长度约束。Fu 等设计了一种求解大规模高速铁路网络列车停站方案的双层优化方法:通过对车站和列车进行分类,将列车定义为高、低两个等级,车站定义为三个等级;第一阶段是求解高等级列车在前两等级车站的停站方案;第二阶段根据第一阶段停站方案配流的剩余客流分布,计算第三等级车站需要增加的停站数,并生成低等级列车停站方案。Park 等对列车开行方案问题进行了复杂度分析,并考虑融合两种停站模式优化列车开行方案,最小化运营总成本和旅客的总旅行时间。Chang 等建立多目标优化模型来优化单条高速铁路线路的"最佳折中"列车开行方案,该方案包括停站方案、服务频率和列车编组等内容,利用模糊数学规划方法进行求解。Goossens 等通过定义不同类型的车站和列车开行径路,基于开行径路图建立混合整数线性规划模型来优化不同列车开行径路的停站方案。该问题通过拉格朗日松弛进行简化,并设计专门的乘数调整算法进行求解。Wang 等建立双层规划模型优化列车开行方案问题,上层优化列车停站和开行频率,下层是基于该方案进行客流分配评价。张拥军等以旅客停站时间、列车虚糜情况和滞留旅客数量为优化目标建立多目标整数规划模型,并设计有序组合树方法进行求解。徐瑞华等在合并 OD 车流基础上进一步优化列流和列车开行方案,给出了车流合并的原则,并设计相关计算机算法进行求解。汪波等考虑周期性运行图运输组织模式,对高速铁路列车开行方案进行优化研究,针对列车运行成本、列车虚糜损失和旅客总等待时间等目标,考虑客流不确定性,建立机会约束模型。杜欣等根据车站节点重要度将节点分为三个等级,并根据车站等级优化武广高铁列车停站方案。

1.4.3 路径设计、停站规划和频率设置综合优化

上述两类优化方法都是基于一定的假设条件,忽略部分开行方案内容,只能求解某些特定背景下的开行方案优化问题,而非一个完整的开行方案优化问题。因此,第三类优化方法就是综合优化路径设计、频率设置和停站规划,并得到完整开行方案的方法,也是最全面的开行方案优化方法。鉴于问题的复杂度,大多数学者选择采用启发式算法来求解问题的满意解。

Fu 等将高速铁路网络的车站和列车分为两个等级,其中高等级列车只停高等级车站,低等级列车可以停靠任何车站,并建立双层规划模型来优化网络列车开行方案:上层规划最小化旅客总旅行时间,下层规划最大化可以满足的客流量。该模型采用两阶段启发式方法

求解:在第一阶段中,高等级列车开行方案从候选集中选择;第二阶段,低等级列车停站方案是由上一阶段产生的开行方案增设中间停站和开行频率。他们还针对不同优化目标,设计一系列优化策略,并利用京沪高速铁路局部网络对方法进行验证。史峰等综合考虑铁路企业运营收益和旅客出行收益,设计旅客疲劳恢复时间计算方法,针对不同消费层次旅客选择行为建立多目标优化模型。史峰等基于 Stackelberg 博弈关系建立双层规划模型,将开行方案规划、换乘网络设计和旅客路径选择相结合,求解包括列车开行径路、列车等级、开行频率和停站方案在内的开行方案,其中下层规划是针对上层规划求解的开行方案进行客流分配和反馈评价。之后,史峰等针对弹性需求对上述模型进行拓展,在下层规划中加入弹性需求函数和旅客选择行为来更好地描述旅客换乘行为。Kaspi 等综合优化列车开行方案、周期时刻表和旅客的出行路径行为,以最小化列车运行时间和旅客的旅行时间为目标,建立优化模型。模型求解每个周期内的列车开行路径和频率以及每列车的停站方案,并利用交叉熵启发式算法求解。然而,他们在客流分配过程中没有考虑列车能力约束,并且 Fu 等也指出周期时刻表并不适用于大规模铁路网络,这是由于有限的周期性时空区域不能满足长途列车的运营和服务要求。付慧伶等用列车候选集作为列车开行方案解空间,建立混合整数规划模型,并设计拉格朗日松弛启发式算法求解。

高质量的列车开行方案不仅要满足运营可行性约束(如能力和运营成本约束),还要最大限度地满足旅客的出行需要,降低出行成本。很多现有文献考虑将客流分配融合到列车开行方案优化过程中,评价列车开行方案效果,其中换乘网络的设计可以是基于列车开行方案生成的列车时刻表,也可以是基于某种专门设计的换乘网络。这也就要求考虑铁路运输企业运营成本和旅客的不方便程度之间的权衡关系。Szeto 等建立双层规划模型来优化城市公共交通系统运行线路和开行频率:上层规划以旅客换乘次数最小化为目标,建立混合整数非线性规划模型,下层规划为考虑能力限制的客流均衡分配问题。Schöbel 等提出博弈理论模型,将每个旅客视为一个竞争者,以最小化个人延误为目标,在有限的线路能力约束下进行竞争。

此外,对于列车开行方案还有很多针对性和拓展性研究,包括车流组织优化、旅客乘车方案优化、停站设置优化和运行区段优化等。为确保列车开行方案的可行性,一些学者考虑将列车开行方案和时刻表优化相结合,进行综合优化。Lindner 的博士论文就是将列车开行方案和时刻表优化相结合进行集成化研究,以列车运营成本最小化为目标建立优化模型,并将问题分为两个子问题进行求解。Yue 等研究列车停站方案和时刻表的综合优化,并设计基于列生成算法的启发式算法进行求解,以满足旅客出行和时刻表设置。周文梁等综合优化高速铁路网络列车开行方案和列车运行图,以最大化铁路效益为目标,建立双层规划模型,考虑列车编组、车站能力和列车到发兼容性等约束。

综上所述,旅客列车开行方案优化问题大多综合考虑铁路运输企业和旅客双方利益,并根据旅客的选择行为设计换乘网络,把客流分配融合到列车开行方案优化中用以评价反馈。

现有的大部分开行方案文献主要考虑以基于"system split"思想获得的区段流量或日客流量为输入，开行方案优化也是以周期或循环时刻表为目的。然而，周期或循环时刻表的固定发车间隔和频率并不满足大规模高速铁路网络的长距离运输要求，也不满足高速铁路客流的时变特征。因此，列车开行方案需要开行不均匀发车间隔的列车满足客流的波动特征，也就是说，在设计高速铁路列车开行方案时，应该将日 OD 客流替换为时变客流。

1.5　高速铁路列车开行模式对比分析

高速铁路在世界各国得到推广和发展，但由于各国国情和运输设备等基础条件的不同，故采用的运输组织模式也有所不同。世界各国在确定高速铁路运输组织模式时考虑的主要因素有：一是最大限度满足旅客的需要；二是与本国既有铁路网的关系和运营情况。因此，世界各国高速铁路采用的运输组织模式大致可归纳为以下几种：

1. "全高速一换乘"模式

采用这种模式时，高速铁路线上只运行高速列车，无跨线运行，直通客流大，跨线旅客采用换乘方式。这种模式适用于自成体系的高速铁路。日本新干线采用的是这种运输组织模式。其主要优点：列车运行速度高(可达到 200～300 km/h 及以上)，列车追踪运行时间短(最小可达 2～3 min)，运输组织简单、便于管理、运输能力大。其主要缺点：跨线客流要全部在衔接作业站进行换乘，延长了旅客旅行时间，由此给旅客带来不便，会使部分旅客转向选其他交通工具。

2. "全高速一下线运行"模式

采用这种模式时，高速铁路线上不仅仅运行本线列车，而且还运行跨线列车。在高速铁路线路上跨线列车按高速列车运行，下高速铁路线路后按普通线路允许的速度运行。这种模式适用于与普通线路相衔接的高速铁路。法国高速铁路从整体上采用的是这种模式。由于采用这种模式时，高速铁路线路上运行的高速列车速度基本相同，所以，高速铁路线路可以按平行运行图组织高速列车运行，通过能力将大大提高；同时，高速列车的下线运行又增加了高速列车的通行网络，使高速线路的服务范围扩大，可以吸引更多的客流，提高了高速铁路线路的利用率，减少了旅客换乘，能够较好地解决跨线旅客运输问题。但这一模式需要较多的高速列车车底，同时要求高速铁路与既有线的相关设备必须兼容。

3. "混合运输"模式

采用这种模式时，高速铁路线上不仅运行高速旅客列车，还运行速度较低的货物列车，多适用于将既有线改建为高速铁路线的线路上，如英国、德国的高速铁路。这种模式具有投资费用省、线路改造工程量小的优点。但是，由于线路上运行的客货列车速差较大(旅客列车的速度一般是200 km/h以上，货物列车的速度一般是100 km/h左右)，旅客列车的扣除系数较大，通过能力较小，列车运行组织也比较复杂。而且，客车的最高速度也受到了限制(一般只能达到160～250 km/h)，延长了旅客的旅行时间。

目前我国高速铁路主要承担本线与跨线的大部分中长途旅客出行，而普速铁路主要承担货物运输和少量普速列车旅客出行。为扩大高速铁路网络服务范围，在高速铁路逐步成网时期，我国高速铁路可以采用高速列车下线、中速列车上线的运行模式，有利于减少旅客换乘出行。而随着高速铁路网络的完善、覆盖面扩大，高速铁路可以采取全高速运行模式，有利于提高线路能力与动车组资源的利用。

1.6 高速铁路列车开行原则与影响因素

1.6.1 列车开行原则

随着高速铁路运输市场的发展，高速铁路出行需求不断增加，旅客对出行舒适性、安全性、便捷性的要求也越来越高。高速铁路旅客列车开行方案的设计必须以市场需求为导向，通过不断调整优化旅客列车开行方案来最大限度地满足旅客出行，才能提高运输服务质量，赢得更多的市场份额。

在制定高速铁路旅客列车开行方案时，既要考虑铁路运输企业的效益，又要方便旅客出行，其需要遵循的编制原则如下：

1. 按流开车原则

高速铁路列车开行方案在编制时需要考虑的原则较多，其中最基本的原则为“按流开车”，实现效益最大化，即在满足客流需求，提供高质量的服务时，要兼顾经济、市场和社会的效益，以制定出合理的高速铁路列车开行方案。由于制定旅客列车开行方案是以满足旅客出行需求、提高车辆和技术设备利用率以及扩大高速铁路运输市场份额为目的，所以高速铁路旅客列车开行方案应以客流需求为依据，明确需求和运力之间的关系，既满足客流的出行特征，又提高运能利用率。

2. 安全性原则

高质量的列车开行方案可以确定合理的列车运行图，保证列车安全正点运行，经济有效地进行旅客运输组织，为旅客提供准时、安全、舒适方便的服务。虽然旅客乘坐高速铁路列车是在较为密闭的环境中，受天气环境影响小，比公路航空有优势，但若出现安全问题，将对高速铁路发展造成极大的负面影响，同时也将对运输市场造成难以估量的打击，影响社会效益随之带来的经济效益的损失。因此，整个列车开行方案编制的过程中，必须实施“以人为本、安全发展”的理念，全方面地考虑在列车开行方案过程中所涉及的技术水平和设计要求。

3. 快捷性原则

高速铁路旅客列车开行方案应当以方便、快捷为目标，尽可能降低旅客的出行时间，提高服务水平。

(1)提高旅行速度。设计旅客列车开行方案的首要原则是提高干线列车的旅行速度，尤其是长途列车更应该提高旅行速度，压缩旅行时间。由于旅客列车的旅行速度与停站次数成反比，减少停站次数是提高旅行速度的主要途径。因此，制定列车开行方案就要平衡旅行速度和停站次数两者的关系，根据车站等级和客流到发量合理安排始发站和沿途停站，既可以方便中间站旅客的出行，又可以保证高速铁路列车的旅行时间。

(2)合理确定列车始发终到时间。不同列车开行时间对旅客的吸引程度差异很大，合理确定旅客列车始发终到时间可以扩大客流的吸引范围、提高上座率和服务质量。确定各高速铁路沿线的客流吸引时间范围，在该时间范围内开行高频率列车。

(3)适度增加行车密度。适度增加行车密度是方便旅客出行、降低旅客等待时间的一种有效措施。根据客流分布特征，适度增加列车开行密度，可以减少旅客出行总时间。需要注意的是，只有服务频率满足一定范围，吸引客流量才能与之呈同方向变化；否则，提高开行密度对客流吸引的影响并没有那么显著。因此，在制定列车开行方案时要注意适度增加行车密度。尤其是对于具有大客流需求的运输通道，开行“小编组，高密度”的列车，提高服务水平。

4. 经济性原则

在市场经济条件下，高速铁路运营企业需要在满足客流需求的情况下，追求自身利益最大化。这可以体现在制定旅客列车开行方案时注意降低运营成本。一方面，要合理制定列车席位利用率。提高列车席位利用率，虽然可以减少列车虚糜、增加运营收益，但会降低旅客舒适度和服务质量。因此，在制定旅客列车开行方案时，需要针对不同等级、种类的列车规定合理的列车席位利用率，既能保证运输服务质量，又能提高经济收益。另一方面，要合理利用动车组。动车组利用率的高低直接决定了运输服务的效率和质量。在制定列车开行方案时，要合理运用动车组，优化周转方案，提高动车组利用率，降低运营成本。

5. 舒适性原则

现如今旅客出行越来越重视舒适度这一原则，舒适度在高速列车自身竞争力中占据了不容忽视的地位。在编制列车开行方案中，通常通过两种方式来提高旅行的舒适度。第一，客座率。客座率过低将会导致铁路企业的利益受损，客座率过高将会造成旅客乘车过程中拥挤的情况，从而引起乘客满意度下降，间接导致客流流失，这两种情况都会使铁路企业和旅客利益受损，对铁路的发展产生影响，因此，为达到两者之间的“双赢”，有必要合理安排高速铁路列车的发车频率，同时将客座率控制在不影响旅客舒适度的合理范围内。第二，旅行时间。由于旅客对出行时间的要求比较高，若出行时间过长，则会增加旅行的疲惫感。为满足旅客的舒适度，有必要在确保安全的同时，提高高速铁路的速度，或是安排合适的停站方式，尽量缩短旅客的旅行时间。对于中、短途旅客列车，旅行时间应控制在6 h以内，长途列车和夕发朝至列车的旅行时间也应控制在9 h左右。

1.6.2 列车开行影响因素

由于列车开行方案是一个复杂的系统，涉及的影响因素较多，因而必须充分结合高速铁路本身特点，考虑影响其开行的主要因素，主要包括以下几点。

1. 旅客出行需求

客流是编制列车开行方案中的最关键因素之一。需要做到“按流开车”，同时要注意列车开行方案质量会影响客流的选择，使高速铁路与其他客运方式之间的出行需求发生转移。

2. 基础设施条件

由于设备能力的限制，主要包括车站能力（即始发、接发车、终到作业能力）和区间通过能力等，其开行的列车数量、运行径路在一定程度上会受到相应的影响，即设备能力制约着旅客列车开行方案。

3. 列车运营效益

高速铁路列车运营效益主要由三部分组成，即企业经济效益、社会效益和市场效益，这三种效益相辅相成。在兼顾铁路运输企业自身效益的同时也要考虑旅客的出行成本，以增强高速铁路列车开行所带来的社会效益和市场效益，最终使高速铁路的经济效益得以提升。通常列车运营收益为运营收入与成本之差，其中，收入主要为票价，成本包括列车开行组织成本、列车运行成本。

4. 列车客座利用率

指的是旅客周转量与客座公里数之比，这是反映客座利用率的重要指标。同时在制定列车开行方案过程中，需要权衡客座率与舒适度之间的关系。对于铁路运输企业来说，其利用率越高，列车奢靡程度也就越小，但同时过高的上座率会直接影响旅客的舒适度，从而制约其交通运输工具的选择，损失一部分客流。

5. 列车编组及定员

旅客列车编组辆数是由固定数量的车辆组成的固定车底，通常与客流需求和客流分布特征有关。高速铁路列车由于自身定位以及为到达吸引更多旅客的目的，必然采用短编组、高密度的“公交化”运行方式。列车编组直接影响列车定员，而列车定员一般是由编组方式决定的，应当根据具体情况综合确定。

1.7 高速铁路列车开行成本与效益分析

高速铁路列车开行决策直接决定了列车开行成本与效益，后者是列车开行决策优化的主要性能指标之一。高速铁路列车开行收益可以理解为运营效益与运营成本之差，其中运营效益不仅包括企业的经济效益，同时包括社会效益等；而列车开行成本通常分为固定成本与可变成本。接下来本节将系统地介绍列车开行的相关成本和运营效益，后续列车开行决策将考虑这些成本与效益实现列车开行方案的优化编制。

1.7.1 列车开行成本

铁路运输企业生产经营过程中的各种耗费按其经济用途和性质划分为营运成本、管理费用、财务费用。营运成本、管理费用、财务费用构成营业支出，营业支出与营业外收支净额构成运输总支出。

营运成本是指铁路运输企业营运生产过程中实际发生的与营运生产直接有关的各项支出。其主要内容包括：

(1)运输企业直接从事营运生产活动人员的工资、奖金、津贴、补贴和按批准的结算工资收入与实际工资支出的差额；

(2)按规定提取的职工福利费；

(3)生产经营过程中运输设备运用所消耗的材料、燃料、电力和其他费用；

(4)生产经营过程中运输设备养护修理所耗费的材料、配件、燃料、电力、工具备品及其他费用；

(5)固定资产折旧费；

(6)合理化建议及技术改进奖；

(7)运输生产经营过程中发生的季节性、修理期间的停工损失，事故净损失；

(8)按照国家有关规定可以在成本中列支的其他费用，如生产部门的办公差旅费、劳动保护等支出。

管理费用是指企业行政管理部门为管理和组织运输生产所发生的各项费用以及管理费用性质的支出。其主要内容包括：

(1)铁路机关人员工资、奖金、津贴、补贴；

(2)机关办公差旅费，劳动保护费，职工制服补贴，折旧费、修理费、物料消耗、低值易耗品摊销及其他管理费用；

(3)按规定计提的职工福利费、工会经费、职工教育经费、劳动保险费、税金、土地使用费、土地损失补偿费、技术转让费、技术开发费、业务招待费、咨询费、审计费、诉讼费、排污费、绿化费、广告费、展览费、董事会费、防疫经费；

(4)无形资产和递延资产摊销、坏账损失、存货盘亏(减盘盈)、毁损和报废；

(5)上交上级管理费，指服务于各铁路局集团公司的有关费用，如统一印发全路各项规章制度的费用等。

财务费用是指企业为筹集资金而发生的各项费用。其主要内容包括：企业营运期间发生的利息支出(减利息收入)，汇兑净损益，调剂外汇手续费，金融机构手续费以及筹资发生的其他财务费用。

营业外收支净额是指与企业运输生产经营活动没有直接关系的各项收入减去各项支出后的余额。营业外支出的主要内容包括：

(1)营业外各部门人员工资，按规定计提的职工福利费、职工教育经费、工会经费、劳动保险费；

(2)非常损失，包括自然灾害损失和流动资产非常损失，非季节性和非修理期间的停工损失；

(3)固定资产盘亏、报废、毁损和出售的净损失；

(4)公益救济性捐赠、赔偿金、违约金等其他支出。

高速铁路相比普速铁路具有以下几个特点：

(1)固定资产折旧占比较大。依据相关规定，高速铁路运输企业固定资产折旧费与包含调整线路造价和调整动车组购置费在内的高铁造价成正比，可见分摊至高速铁路运营成本中的折旧费相比普通列车就会有所增加。

(2)高速铁路维修支出占比较大。高速铁路企业一般运用机械化施工方式养护维护高速线路，许多动车组的零部件和大型施工机械很可能都需要进口，这就大大增加了高速铁路运营企业的维修保养等支出。

(3)通信设备、电力消耗等在高速铁路运营成本中占比较大，主要是高速铁路用电量、自动化水平较高所致。

(4)高速铁路资金占用资金较多，其资金成本相应较高。

1.7.2 列车开行效益

由于高速铁路自身条件的约束，旅客列车的开行总是以一定的运营目标为指导的，开行方案想要达到的运营效果也即是开行方案评价的出发点。一般来说，旅客列车开行最基本的运营目标就是实现综合效益最大。由于我国铁路行业具有企业、社会、市场三重属性，因此，高速铁路旅客列车开行方案的综合运营效益可分为以下三部分：

(1)社会效益。主要指因客车开行对始发、终到地和途经地区的经贸来往、旅游开发、人员流动、物资流通等的促进作用，也包括方便旅客出行、务工、通学、就医等。

(2)经济效益。主要指铁路运输企业将开行的旅客列车取得的市场收入减去相应的成本支出后得到的收益。

(3)市场效益。主要指因旅客列车的开行，铁路旅客运量得以保持或提高，铁路的客运竞争能力增强以及对潜在客流市场的吸引力增大等效应。

一般来说，提高经济效益是铁路客运企业开行列车的主要目标，高速铁路开行方案的制定最终的落脚点便是更加充分地利用高速铁路的运输能力，最大限度地满足我国的客流需求，吸引更多的旅客选择高速铁路出行，从而增加高速铁路运输的市场竞争力，达到增加企业收入的目的。

高速铁路列车运营收入主要包括客票收入和其他服务收入。客票收入指铁路运输企业在所有高速铁路列车开行距离范围内，获得的售出的不同车次列车车票收益的总和。它是高速铁路旅客列车收入的主要组成部分。列车上其他服务收入主要包括高速铁路列车上进行餐饮、零食、物品等商业销售服务所获得的收益。客票收入约占旅客列车总收入的 90%，而其他收入所占总收入的比重约 10%。针对列车开行方案的优化，在运营收入方面主要考虑客票收入。

当某次旅客列车的编组方案、径路选择等具体开行的方案确定后，旅客列车开行收入的影响因素仍有很多，包括直接影响因素和间接影响因素。其中直接影响因素有票价因素、票额分配因素、旅客列车上座率等；间接因素的影响则比较复杂，主要包括旅客列车沿途当地的社会经济水平、时间因素、同径路(完全同径路和部分同径路)列车的因素、同方向上其他运输方式的影响等。

除了经济效益，也必须兼顾社会效益和市场效益。有些高速铁路列车在开行之初的社会效益或市场效益很显著，但经济效益并不显著，随着旅客列车开行的渐进，区域间的政治、经济和文化得到交流和发展，企业的市场占有率提高，相关产品的知名度上升，后续产品得到进一步开发，最终使得列车的经济效益得到提高。经过一段时间的市场培育，客运列车开行的社会效益和市场效益逐渐转化为了经济效益。

列车开行的社会效益是社会赋予铁路运输企业的责任，是一种刚性约束，而经济效益和市场效益则是从企业自身角度提出的柔性约束。在能力紧张期，刚性的社会效益对列车开行方案的约束很大，铁路运输企业必须考虑普通旅客的基本出行需求，因此经济效益和市场效益就被压缩甚至忽略。而在能力富余期，开行方案社会效益的约束仍然是刚性的，但由于能力的富余，这种刚性的要求对开行方案的影响程度大大降低，甚至无影响，因此对企业经济效益和市场效益的追求就成为该时期开行方案的运营目标。

参考文献

[1] 彭其渊，闫海峰，文超. 高速铁路运输组织基础[M]. 成都：西南交通大学出版社，2009.

[2] 佟立本. 高速铁路概论[M]. 5 版. 北京：中国铁道出版社，2017.

[3] PATZ A. Die richtige auswahl von verkehrslinien bei großen Strassenbahnnetzen[J]. Verkehrstechnik, 1925:50-51.

[4] ANTHONY R N. Planning and control systems: A framework for analysis [M]. Boston: Harvard University, 1965.

[5] SCHÖBEL A. Line planning in public transportation: Models and methods [J]. OR Spectrum, 2012, 34 (3):491-510.

[6] GOERIGK M, SCHACHTEBECK M, SCHOBEL A. Evaluating line concepts using travel times and robustness with the LinTim toolbox[J]. Public Transport, 2013, 5(3):267-284.

[7] GUAN J F, YANG H, WIRASINGHE S C. Simultaneous optimization of transit line configuration and passenger line assignment [J]. Transportation Research Part B: Methodological, 2006, 40(10):885-902.

[8] BUSSIECK M R, KREUZER P, ZIMMERMANN U T. Optimal lines for railway systems[J]. European Journal of Operational Research, 1997, 96(1):54-63.

[9] BUSSIECK M R. Optimal lines in public rail transport [D]. Braunschweig, Germany: Technische Universität Braunschweig, 1998.

[10] CLAESSENS M T, VAN DIJK N M, ZWANEVELD P J. Cost optimal allocation of rail passenger lines [J]. European Journal of Operational Research, 1998, 110(3):474-489.

[11] GOOSSENS J W, VAN HOESEL S, KROON L. A branch-and-cut approach for solving railway line-planning problems[J]. Transportation Science, 2004, 38(3):379-393.

[12] GOOSSENS J, VAN HOESEL S, KROON L. On solving multi-type railway line planning problems [J]. European Journal of Operational Research, 2006, 168(2):403-424.

[13] BORNDÖRFER R, GRÖTSCHEL M, PFETSCH M E. A path-based model for line planning problems: ZIB-Repert 05-18[R]. Berlin-Dahlem, Germany: Konrad-Zuse-Ientrum für Informationstechnik, Berlin, 2005.

[14] BORNDORFER R, GROTSCHEL M, PFETSCH M E. A column-generation approach to line planning in public transport[J]. Transportation Science, 2007, 41(1):123-132.

[15] ULUSOY Y, CHIEN S, WEI C. Optimal all-stop, short-turn and express transit services under heterogeneous demand [J]. Transportation Research Record Journal of the Transportation Research Board, 2010, 2197:8-18.

[16] FU H, NIE L, SPERRY B R, et al. Train stop scheduling in a high-speed rail network by utilizing a two-stage approach [J]. Mathematical Problems in Engineering, 2012.

[17] PARK B H, KIM C S, RHO H L. On the railway line planning models considering the various halting patterns: The International MultiConference of Engineers and Computer Scientists [C]. Hong Kong, 2010.

[18] GOOSSENS J W, HOESEL S, KROON L. Optimising halting station of passenger railway lines: METEOR research memorandum [R]. Maastricht, Netherland: Maastricht research school of Economics of Technology and Organizations, 2004.

[19] WANG L, JIA L M, QIN Y, et al. A two-layer optimization model for high-speed railway line planning [J]. Journal of Zhejiang University-Science A (Applied Physics & Engineering), 2011, 12 (12):

902-912.

[20] 张拥军,任民,杜文.高速列车开行方案研究[J]. 西南交通大学学报,1998,33(4):400-404.

[21] 徐瑞华,邹晓磊.客运专线列车开行方案的优化方法研究[J]. 同济大学学报(自然科学版),2005,33(12):1608-1611.

[22] 汪波,杨浩,张志华.基于周期运行图的京津城际铁路列车开行方案研究[J]. 铁道学报,2007,29(2):8-13.

[23] 杜欣,牛永涛,韩宝明,等.基于节点重要度的客运专线旅客列车开行方案[J]. 北京交通大学学报,2010,34(6):5-10.

[24] FU H L,NIE L,MENG L Y,et al. A hierarchical line planning approach for a large-scale high speed rail network:The China case[J]. Transportation Research Part A:Polly and practice,2015,75A:61-83.

[25] 史峰,邓连波,黎新华,等.客运专线相关旅客列车开行方案研究[J]. 铁道学报,2004,26(2):16-20.

[26] 史峰,邓连波,霍亮.旅客列车开行方案的双层规划模型和算法[J]. 中国铁道科学,2007,28(3):110-116.

[27] 史峰,周文梁,陈彦,等.基于弹性需求的旅客列车开行方案优化研究[J]. 铁道学报,2008,30(3):1-6.

[28] KASPI M,RAVIV T. Service-oriented line planning and timetabling for passenger trains[J]. Transportation science,2013,47 (3):295-311.

[29] 付慧伶,聂磊,杨浩,等.基于备选集的高速铁路列车开行方案优化方法研究[J]. 铁道学报,2010,32(6):1-8.

[30] SZETO W Y,JIANG Y. Transit route and frequency design:bi-level modeling and hybrid artificial bee colony algorithm approach [J]. Transportation Research Part B:Methodological,2014,67B:235-263.

[31] SCHÖBEL A,SCHWARZE S. A game-theoretic approach to line planning:In 6th Workshop or Algorithmic Methods and Models for Optimization of Railways(ATMOS'06). Open Auess Series in Intormatics(OASICS)[C]. Schloss Dagstuhl-Leibniz-Zentrum für Informatik,2006,5:1-16.

[32] LINDNER T. Train schedule optimization in public rail transport[D]. Braunschweig,Germany:Technische Universität Braunschweig,2000.

[33] YUE Y X,WANG S F,ZHOU L S,et al. Optimizing train stopping pattern and schedules for high-speed passenger rail corridors[J]. Transportation Research Part C:Emerging Technologies,2016,63(2):126-146.

[34] 周文梁,史峰,陈彦,等.客运专线网络列车开行方案与运行图综合优化方法[J]. 铁道学报,2011,33(2):1-7.

[35] 刘建国.高速铁路运输组织[M]. 2 版. 北京:中国铁道出版社,2015.

第2章 高速铁路旅客出行日客流量预测

高速铁路旅客出行需求是设计高效率、高服务高速铁路列车产品的前提，如何有效地获取准确的高速铁路出行需求分布对高速铁路列车开行方案设计、各类运输资源运用以及客运产品营销等具有重要意义，同时也是一个复杂而困难的现实问题。考虑到每条高速铁路 OD 客流时变需求可以描述为日客流量与需求在全天的时间分布，因此，将这一问题分解为时变需求分布估计与日客流量预测两个子问题。本章重点针对高速铁路旅客出行日客流量预测子问题，通过提取旅客出行日客流量特征，分析特征的变化规律，进而设计适用于中期预测的双层平行小波神经网络预测方法。将获得的日客流量与第 3 章介绍的高速铁路时变需求分布估计结合起来便可获得高速铁路客流出行时变需求，以支撑高速铁路网络列车开行决策。

2.1 高速铁路旅客出行时变需求预测问题

所谓时变出行需求指的是 OD 需求强度随着全天时间变化而改变，即全天不同时间的需求强度具有明显差异性，存在出行高峰与平峰等。通常时变出行需求采用时段需求近似描述，也即将全天划分为不同时段，同 OD 在不同划分时段给定不同需求量。若将时段以很小的单元，如十分、分等划分，这种描述能准确描述时变出行需求，但时段划分越小描述所需要的数据量将非常庞大。为此，我们提出采用全天需求总量与需求时间分布概率相结合的描述方式，需求时间分布能够详细地确定需求在全天各时间的分布比例，结合全天需求总量便可准确地确定任意时间的出行需求量。这种描述方式不仅能准确描述时变出行需求，而且所需的描述量相对较少。因此，本节将高速铁路客流时变需求预测问题分解为时变需求分布估计和日客流量预测两个子问题，接下来将分别就这两个子问题进行详细描述与分析。

2.1.1 时变需求分布估计问题分析

时变需求分布估计旨在借助历史客流出行相关数据确定各 OD 每天在全天各时间的出行需求分布概率。当前不同国家之间高速铁路采用的旅客运输组织方式存在一定差异，能够获取到的历史出行数据也存在很大不同，这导致实现高速铁路旅客时变需求分布估计的方式不尽相同。

日本高速铁路系统所售车票包含确定席和非确定席两种类型。旅客持某OD间的非确定席车票就可以在该车票上面标记的允许乘车时间段内选择任意列车乘车。通常非确定席车票上面标记了乘车区间且有2日的有效期，旅客持该票就可以在2日内乘坐运行于该区间的任意一趟列车。于是基于非确定席的这种自由选择情况，就无法保证各个列车区段的售票量和列车上的实际客流量准确对应；在这种情况下，由于并不能确定持非确定席车票的旅客最终会选择哪个列车出行，因此各个列车上的客流量就无法通过售票量统计获得。同时，旅客如果提前预订车票，或者预订往返车票以及团体购票都能够享受一定的折扣。因此，票价的折扣波动也会对高速铁路旅客的出行选择产生影响。

我国高速铁路采用提前购票且严格按照票面信息乘车的运输组织方式。高速铁路旅客必须提前持有效的身份证件（身份证或者护照）购买车票，购票时必须选定具体的车次和席别（即使是购买无座票，也需要选定具体车次）且严格按照车票上的车次号和席位号乘车，于是通过铁路售票系统所记录的售票数据就能够直接统计出高速铁路OD间各个列车的客流量，将各列车客流量汇总便得到该OD间的客流量。

在我国这种旅客运输组织模式下，所有旅客必须提前购票，而且按照车票上面的车次号和席位号乘车，也就是说，售票数据统计的列车流量和实际情况是一致的，而且车票的价格在整个预售期内是固定的（购票时间和车票价格不相关）。因此，我国高速铁路旅客时变需求分布估计可以依据售票统计数据实现。

虽然高速铁路各OD间旅客的实际出发时间和每个列车的客流量都可以从售票系统中提取获得，同时结合列车运行图和路网信息，就可以得到任意高速铁路OD对间每天的实际旅客出行量、出行时间、出行车次和出行路径等信息，这些信息客观地反映了在当前高速铁路列车开行时间、开行数量等情况下旅客的选择结果；但是若直接用这些数据来表达高速铁路旅客时变需求分布，是会有一定局限的，下面用一个例子来具体说明。

表2-1描述了2015年12月1日南昌—福州之间开行的高速列车信息及对应的旅客人数，图2-1展示了该天南昌—福州的高速铁路线路图，图2-2是南昌—福州间在当天各个出发时刻的旅客人数。

表2-1　南昌—福州某日高速铁路列车信息

列车	路径	发车时刻	旅行时间/min	票价/元	旅客人数
D6501	路径1	6:48	217	160.5	65
D3303	路径2	7:07	216	160.5	12
D6503	路径1	7:51	237	160.5	96
G1692	路径3	10:10	183	263	8
D6505	路径1	10:27	230	160.5	162
D3262	路径2	11:33	224	160.5	41
G5908	路径3	12:58	185	263	19

续上表

列车	路径	发车时刻	旅行时间/min	票价/元	旅客人数
D6507	路径 1	13:45	205	160.5	283
D6509	路径 2	14:50	218	160.5	99
D295	路径 2	15:10	219	160.5	29
G1686	路径 3	15:16	192	263	8
D2602	路径 2	18:38	219	160.5	47
D2228	路径 2	18:49	223	160.5	29
D6511	路径 1	19:15	217	160.5	105
D2244	路径 2	19:37	205	160.5	26

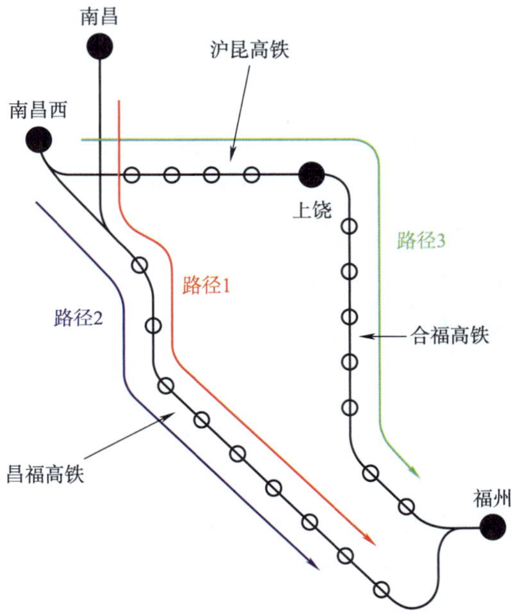

图 2-1　南昌—福州高速铁路线路

结合表 2-1、图 2-1、图 2-2 可以得到如下相关信息。

(1)因列车运行图的约束,离散的发车点客流量无法完整表达出连续的旅客时变需求分布。

如图 2-2 所示,由于高速列车的发车时刻是离散的,导致统计得到的各个时刻的客流量也对应是离散的;而在当天的其他没有列车出发的时间点,就自然无法获得旅客出行需求量,但这并不代表在这些时刻就没有旅客出行需求。例如,在早上 7:52—10:09 这个时间段,通过售票数据统计得到这个时段的客流量为 0,但是这并不意味着这个时间段就没有任何旅客出行需求,很大可能是因为在这个时间段没有列车从南昌开往福州,导致旅客被迫将自己的期望出行时间进行调整。

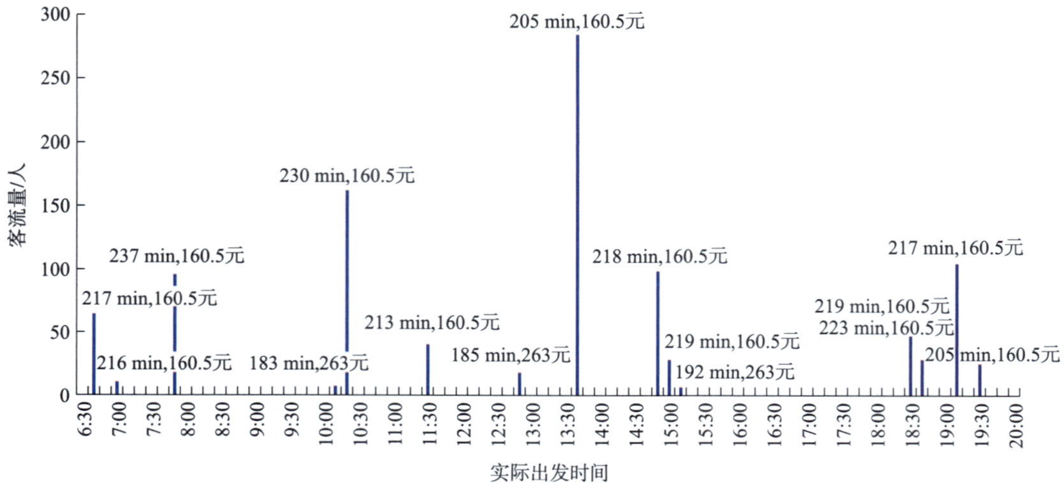

图 2-2　南昌—福州某日各个出发时刻旅客数量

(2)不同列车客流量的差异并不是仅仅体现了这些时刻的旅客需求量差异,同时也是列车能力、旅行时间和票价等综合影响下的旅客选择结果。

结合表 2-1 和图 2-2 可以看出,南昌—福州这两个城市之间,有 15 趟高速列车行驶在 3 条不同的线路上,路径 1 和路径 2 的票价费用都是 160.5 元,共有 12 趟时速 250 km 的 D 型列车;而路径 3 的票价费用是 263 元,共有 3 趟时速 300 km 的 G 型列车,它们的旅行时间分别为 183 min、185 min 和 192 min。从这些信息可以看出,决定某趟列车最终的客流量大小并不只是列车的出发时刻,其他一些因素比如旅行时间、票价和列车能力等同样也会对旅客的购票选择产生影响。例如,在早上 10:10 时列车 G1692 从南昌出发至福州,其旅行时间为 183 min,票价是 263 元,有 8 位旅客最终选择了该趟列车出行;对比与这趟车发车时刻非常接近的另外一趟 D6505 列车,其发车时刻为早上 10:27,旅行时间和票价分别是 230 min 和 160.5 元,最终有 162 位旅客选择了这趟列车。可以看出在 10:27 的旅客实际出行量 162 远远大于 10:10 的出行量 8,这不仅仅是由于两个列车出发时刻的不同产生了旅客购票量的差异,更大的可能性是由于列车 D6505 的 160.5 元、230 min 的乘车方案费用相对列车 G1692 的 263 元、183 min 更有吸引力,所以期望出行时间在这两个发车点附近的旅客更多地选择了列车 D6505 出行。

综上所述,将高速铁路旅客时变需求分布估计问题描述为:基于给定的高速铁路各 OD 对间某天内各列车售票量、发车时刻、旅行时间和票价等数据,估计 OD 对在该天运营时间范围内的旅客时变需求分布。需要注意的是,这里所关注的旅客时变需求是针对期望出发时间。如果列车的出行时间是固定的(不考虑延误和不确定因素),基于出发的时变需求可以直接转化为基于到达的时变需求。然而,如果考虑延误或者不确定因素,那么两者是不能直接转化的。

2.1.2　日客流量预测问题分析

客流预测通常分为短期、中期、长期客流预测，不同类型客流预测的使用用途并不相同。通常短期客流预测用于客票动态定价、车站日常工作组织等，而长期客流预测往往用于路网线路规划设计、路网动车配置等。在高速铁路运营管理过程中，高速铁路列车开行方案和列车运行图等运输计划的编制通常需要中期客流预测结果。因此，本章重点考虑中期高速铁路日客流量预测问题。

根据我国的铁路旅客运输市场特点，当前铁路车票的预售期为 15 天，也就是说，从当前至未来的 15 天的旅客运输计划都已经确定，旅客可以提前针对这些列车进行购票；所以在编制新的运输计划时，就至少要考虑 15 天之后的旅客需求情况；同时，我国铁路一般会在每年的春运开始、春运结束、暑运开始和暑运结束等几个时间点调整旅客列车运行图，也就是说，一套运输计划的"服役"时间大概是 3 个月。因此，为了使得本章的日客流量预测数据能够为制定运输计划等高速铁路运营管理决策服务，本章将中期预测的天数设定为 120 天。

中期预测与长期预测、短期预测相比，有其自身的特点和挑战难点。与长期预测相比较，由于高速铁路 OD 间的人口数量、GDP 总量以及土地利用情况等因素在中期时间范围内不太可能会有明显的变化，所以它显然无法像长期客流量预测方法那样去利用上述因素进行客流量的变化分析预测；而相对于短期客流量预测而言，中期预测的预测天数远多于短期预测，进行中期预测时会随着预测天数增加而出现误差累积现象，使得后续的预测效果下降，这也是进行中期客流预测所要解决的关键问题之一。

本章将高速铁路旅客日客流量中期预测问题描述为：通过从高速铁路售票系统中提取 OD 间的历史客流量数据，通过对这些历史数据进行特征分析以提取相应因素；进而基于这些提取因素以及日客流量的总体趋势去进行日客流量的中期预测，以预测高速铁路各 OD 未来 120 天的日客流量。

2.2　旅客日客流量特征提取

高速铁路旅客日客流量预测通过发掘历史客流量与相关影响因素的变化规律，从而预估未来高速铁路各 OD 日出行需求量，结合之前的需求在全天时间分布，便可确定高速铁路时变出行需求。绝大部分已有的客流量预测相关研究都是进行客流短期预测，然而在实际运输生产过程中，时间跨度范围更大的中期客流量预测也同样有着非常重要的研究价值。例如在制定旅客列车开行方案时，就需要考虑该方案"服役"时间段内的客流量波动情况，此时进行时间跨度范围更大的中期客流量预测就显得尤为必要。我们首先从高速铁路客流量历史数据中提取需求特征，然后将这些特征因素应用于后续的预测方法设计中，并提出一种能够对高速铁路旅客日客流量进行中期预测的双层平行小波神经网络预测方法。

以京沪高铁线路北京—上海间 OD 为例，从铁路售票系统中提取该 OD 从某 3 年期间的日客流量数据，分别从非节假日客流量特征和节假日客流量特征这两个方面进行分析。

2.2.1 非节假日客流量特征

图 2-3 为北京—上海两城市之间 2014 年—2016 年三年间高速铁路日客流量示意图。从图中可以看出，除个别日期的波动之外，日客流量在一年之中的起伏波动情况都大致相当，这说明日客流量以年为周期存在周期性特征；同时，随着年份的递进，每一年同一天的日客流量有逐渐增长的趋势，这同时说明年份属性对于日客流量有一定的影响。另外，当考虑月份信息时可以看出，这三年中相同月份的日客流量变化趋势较为一致，例如每年 1 月和 3 月的日客流量都有明显的增长趋势；而 2 月的波动都比较大；7 月和 8 月都稳定在较高的数量状态；9 月份相对 8 月份来说都有一个较为明显的日客流量回落趋势；而 11 月份和 12 月份，则有轻微的下降趋势等。从这个分析可以看出，年、月这两个属性对高速铁路日客流量具有周期性的影响。

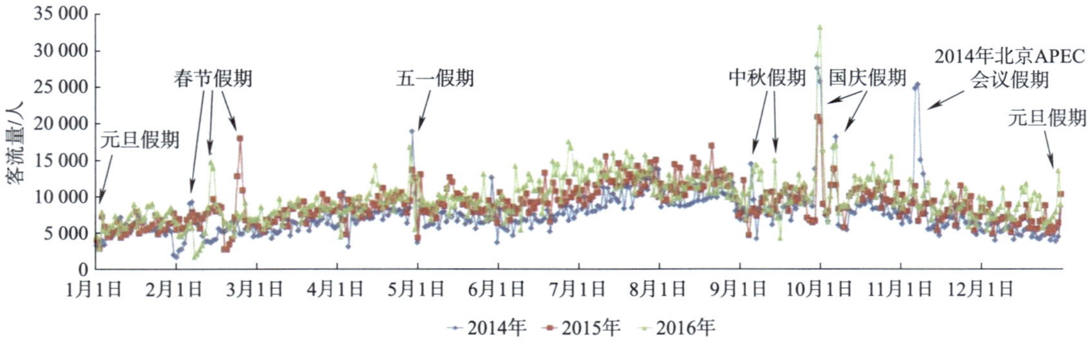

图 2-3　北京—上海某三年高速铁路旅客日客流量

接下来我们再来分析每周内的日客流量特征。我国每年的 7 月、8 月这两个月由于没有其他法定节假日，这连续 2 个月每周的旅客日客流量规律较容易体现，于是以这两个月的日客流量为分析对象。图 2-4 为某年 7 月、8 月北京—上海每周各天的高速铁路旅客日客流量示意图，从图中可以明显看出在周与周之间，每周 7 天的日客流量曲线的波动变化趋势非常接近：星期一和星期二的日客流量相对较低，星期三会有一定的上涨，接着星期四出现回落，周五可能因为临近周末出现一个日客流量上涨，然后在周末假期中星期六的客流量相对较低，星期天再又上涨。从上述分析可以得到，星期信息对于高速铁路旅客日客流量具有较强的周期性规律影响。

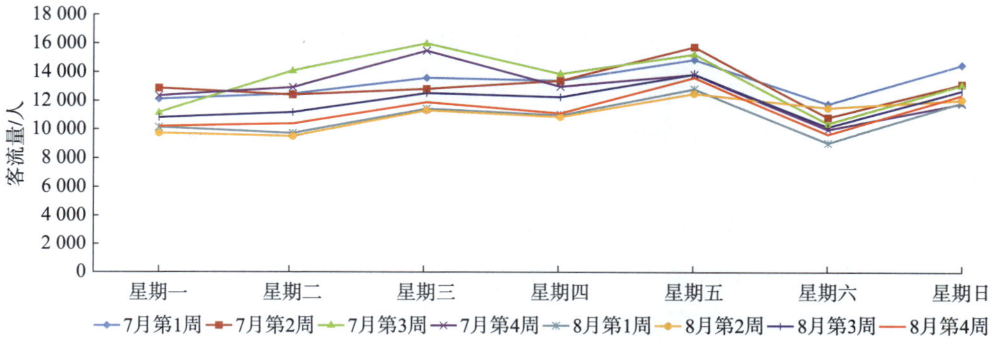

图 2-4 北京—上海某年 7 月、8 月每周高速铁路客流量

综合以上，可以得到年、月、日和星期这 4 个日期因素对于高速铁路旅客日客流量是有影响的，但是这些因素和日客流量之间并不是简单的线性关系就能够完全体现，或者完全写出它们之间的相互关系式并不是一件容易的事情。另一方面，在进行高速铁路旅客日客流量多天预测时，预测期每一天的年、月、日和星期这 4 个日期因素信息又都是确定的且非常容易获取，因此根据上述所得到的特征信息，本章分别设置“年”、“月”、“日”和“星期”这4 个日期属性项对每天进行标记，以便于后续构建预测模型。

由于每天的上述 4 个日期属性都可以轻松获取和标记，因此它们可以作为确定型数据输入到预测模型，并结合每天的日客流量历史数据，就可以构建一个神经网络预测模型来进行它们之间复杂且非线性关系进行训练，进而用于后续的预测过程中。

2.2.2 节假日客流量特征

高速铁路除了日常的客流量之外，节假日这个因素对于高速铁路客流量影响也非常大，比如在图 2-3 中可以看到，几乎所有客流量波动较大的地方都是在重要节假日时，因此，接下可分析节假日的客流量特征。

我国最常见的假日是每周的 2 天周末，这种假日由于是伴随每周规律性到来，其对高速铁路客流量的影响也具有较强的周期性。例如在图 2-4 中，周末假日的前 1 天周五会有 1 个客流量的上涨高峰，然后在假日第 1 天周六会出现回落，假日第 2 天周日的客流量再呈现上升趋势。可以发现周末 2 天的假日不仅仅只是对这两天的客流量产生影响，对其紧邻的周五的客流量也有影响，同时，处在 2 天假期中的具体第几天，日客流量也有明显差异。

除了常规的 2 天周末假日之外，在我国还有元旦、春节、清明节、端午节、劳动节、中秋节等法定节假日。在上述法定节假日中，元旦、清明节、劳动节、端午节和中秋节都是 1 天假期，不过国家在设置假日安排时一般会将这些假期附近的周末进行调整，进而形成一个 3 天的假期。如图 2-5 和图 2-6 分别是北京—上海间某三年劳动节和中秋节的高速铁路客流量图，这里需要说明的是，第一年中秋节只调休成 2 天假日，它假期长度与其他不一致，所以没有放入图 2-6 中。

从这两图中可以看出，这三年劳动节假期旅客的日客流量变化波动趋势在每年都是大致相同：在假期前 1 天有 1 个客流量高峰期，然后逐渐回落，在假期第 2 天是低谷，接着在假期第 3 天又上升，到假期结束后的 1 天客流量再回落。同样，中秋节假期的日客流量变化波动趋势也是非常接近的，但是，同样是 3 天假期，中秋假期的日客流量变化趋势和劳动节又有差异：中秋假期前面 1 天和假期的 3 天，旅客日客流量变化趋势和劳动节相似，但是在假期之后的第 1 天，中秋假期对它的影响却是使得该天的日客流量继续上升。这两个节假日期间日客流量波动趋势的差异可能是由于假日类型不同所导致的，比如：劳动节或许旅客的外出旅游出行比例高，而中秋节是中国传统家庭团聚节日，或许旅客多是回家探亲的出行。

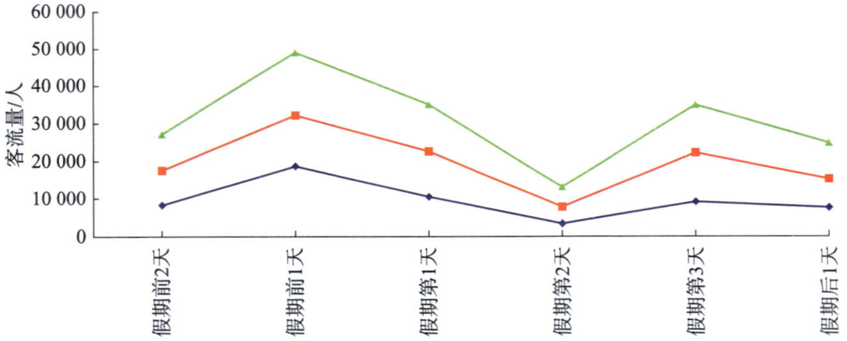

图 2-5 北京—上海某三年劳动节假期高速铁路客流量

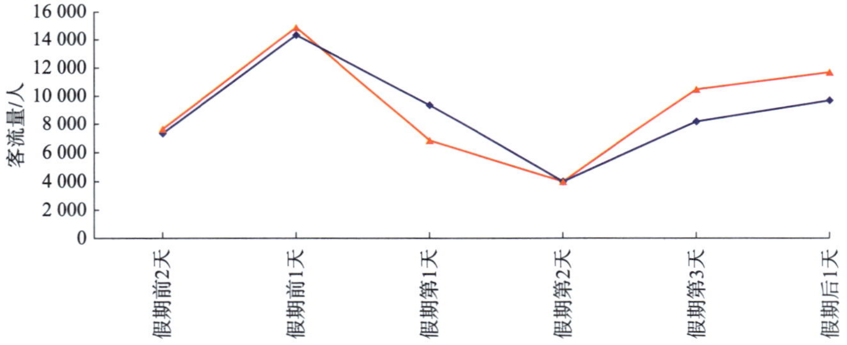

图 2-6 北京—上海某三年中秋节假期高速铁路客流量

在上述表 2-3 中，除了 1 天的法定节假日之外，还有春节和国庆节这种 3 天类型的法定节假日，国家在设定节假日时通常也会将他们附近的周末进行调休，以形成 7 天的假期。北京—上海某连续三年春节和国庆节假期的高速铁路旅客日客流量分别如图 2-7 和图 2-8 所示，可以看出，春节对于高速铁路客流量的影响在这 3 年中是比较一致的，同样国庆假期 3 年客流量曲线的变化趋势也非常接近；但是，这两个节日之间对于客运量影响的总体趋势又有明显差异。临近春节时，客流量会逐渐降低，到春节假期的第 1 天高速铁路客流量是极低的，然后逐渐回升，客流量最高峰是在假期的尾部，同时春节对于假期后 1 天的客流量也有一定影响；而国庆节明显使得客流量在假期前 1 天就开始暴涨，并在假期第 1 天形成客流量高峰，随后会有一个回落并在假期第 3 天和第 4 天形成 1 个低谷，接着在假期最后 2 天再出现一个小高峰。同样是 7 天假期，由于它们的假期类型不一样，所以对于客流量的影响是完全不同的两个类型。由于春节是我国最为重要的传统节日，民众都期待家人团聚，大多数人都会在除夕之前赶回老家，在春节期间尽量是家人团聚，长距离的出行相对较少，只有在假期即将结束时长距离返回工作地的出行才逐渐上升；而国庆假期一般都是旅游出行的高峰期，所以客流量高峰是在假期的首末两端位置。

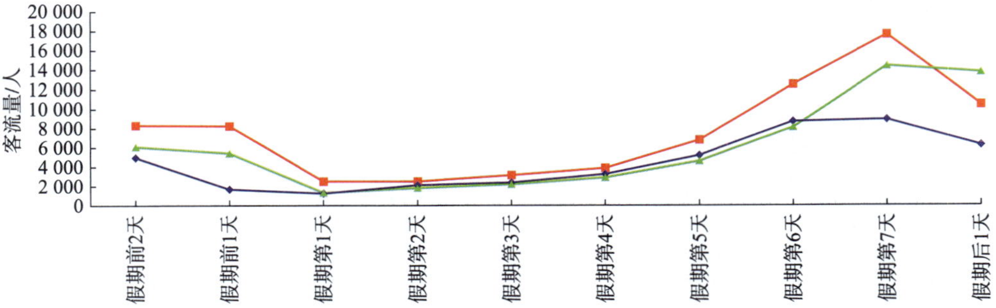

图 2-7　北京—上海某三年春节高速铁路客流量

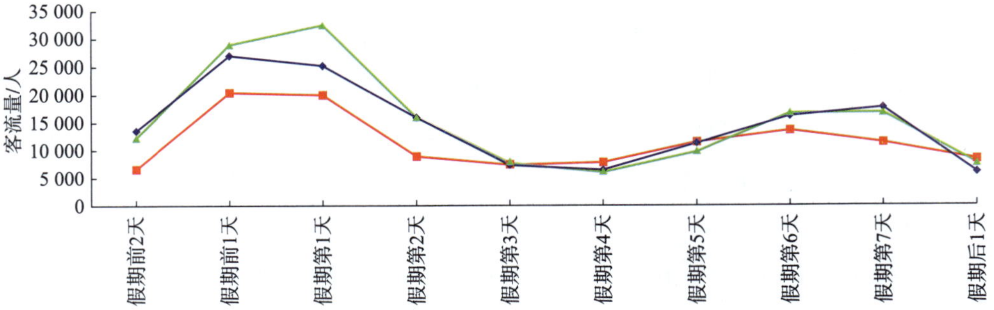

图 2-8　北京—上海某三年国庆假期高速铁路客流量

通过对上述节假日客流量的分析，可以得到节假日对高速铁路客流量影响具有如下特征：

(1)不同天数的节假日，因放假时长不一致，其对高速铁路旅客日客流量的影响明显不同。

(2)节假日天数相同情况下，同一节假日在不同年份对于客流量的影响趋势较为一致。

(3)节假日天数相同情况下，不同类型的节假日其对高速铁路客流量的影响存在差异。

(4)在同一个节假日范围内，处在节假日具体第几天的位置不同，日客流量差异明显。

(5)节假日不仅仅只是影响自身假期内的客流量,还可能对邻接假期前后的 1~2 天产生较大影响。

从以上分析可以看出,虽然不同天数长度的节假日对于高速铁路客流量影响显著不同,但是当节假日天数相同时,不同节假日对于高速铁路客流量的影响趋势可以归结为有限的若干种类型,于是根据上述所得到的特征信息,本章分别设置"节假日天数"、"该天数下节假日类型"和"位于节假日第几天"这 3 个节假日属性项对每天进行标记,以辅助我们提高节假日的预测精度。具体的各个属性取值设置情况见表 2-2。

表 2-2 节假日属性项取值设置情况

节假日类型	节假日天数	该天数下节假日类型	位于节假日第几天
非节假日	0	0	0
所有 1 天假期	1	1	1
周末和其他两天假期	2	1	1、2
元旦	3	1	1、2、3
清明节	3	2	1、2、3
劳动节	3	3	1、2、3
端午节	3	4	1、2、3
中秋节	3	5	1、2、3
春节	7	1	1、2、3、4、5、6、7
国庆节	7	2	1、2、3、4、5、6、7

按照上述表 2-2 可以对每天进行节假日属性标记,例如,5 月 1 日是劳动节 3 天假期的第 1 天,劳动节属于 3 天假期下的第 3 类,于是该天的节假日属性项"节假日天数"、"该天数下节假日类型"和"位于节假日第几天"就依次标记为"3"、"3"和"1"。在进行日客流量多天预测时,预测期各天的节假日属性提前就能够知道,因此,这部分属性信息可以作为确定型数据输入到预测模型中。

另外,需要注意的是,由于节假日不仅仅只是影响自身假期内的旅客日客流量,还可能对邻接假期前后的 1~2 天产生较大影响;然而春节、端午节和中秋节等是我国的农历传统节日,这些节日在每年的公历中都不是一个固定的日期,虽然这些节假日内部各天都可以通过前面的节假日属性来识别,但是他们对假期邻接前后 1~2 天所产生的影响没有进行标记,也很难从历史数据中进行周期性的捕捉。因此,为了提高邻接节假日的这些日期的预测精度,本章再设立一个"邻接节假日影响程度"的属性项,来标识各种节假日对其邻接前后 1~2 天客流量产生影响的程度。

我们分别判断节假日对其前 2 天和后 2 天是否产生影响以及影响程度。若假期的前 1 天满足设定的条件,则用同样标准继续判断假期的前 2 天;否则,结束判断。同样,对于假期后的 1~2 天也采用上述相同的判断步骤。

记通过历史售票数据获得的任意第 t 天的高速铁路客流量为$\hat{y}(t)$，某节假日的时间范围为$[t_1, t_2]$，则该节假日的前 1 天相对前 2 天的客流量变化率 β_{t_1-1}，即第 t_1-1 天相对 t_1-2 天的客流量变化率可以用式(2-1)计算。

$$\beta_{t_1-1}=\frac{\hat{y}(t_1-1)-\hat{y}(t_1-2)}{\hat{y}(t_1-2)} \tag{2-1}$$

若变化率绝对值$|\beta_{t_1-1}|\geqslant\alpha$，$\alpha$ 为给定的阈值参数，则识别该节假日对其假期前 1 天客流量产生影响，且影响程度为 β_{t_1-1}；否则，认为该假期对其前面各天的客流量不会产生影响，令 $\beta_{t_1-1}=0$，往前判断结束。

在该假期对于其前 1 天客流量产生影响的前提情况下，继续判断其是否对于前 2 天产生影响。第 t_1-2 天的变化率 β_{t_1-2}可由式(2-2)计算获得。

$$\beta_{t_1-2}=\frac{\hat{y}(t_1-2)-\hat{y}(t_1-3)}{\hat{y}(t_1-3)} \tag{2-2}$$

若$|\beta_{t_1-2}|\geqslant\alpha$，则识别该节假日对其假期前 2 天的客流量的影响程度为 β_{t_1-2}；否则，令 $\beta_{t_1-2}=0$。

同理，该节假日后 1 天，即第 t_2+1 天的客流量变化率 β_{t_2+1}的计算见式(2-3)。

$$\beta_{t_2+1}=\frac{\hat{y}(t_2+1)-\hat{y}(t_2)}{\hat{y}(t_2)} \tag{2-3}$$

若 $\beta_{t_2+1}\geqslant\alpha$，则识别该节假日对其假期后 1 天的客流量的影响程度为 β_{t_2+1}；否则，令 $\beta_{t_2+1}=0$，往后判断结束。

在该假期对于其后 1 天客流量产生影响的前提情况下，继续判断其是否对于后 2 天产生影响。第 t_2+2 天的变化率 β_{t_2+2}可由式(2-4)计算获得。

$$\beta_{t_2+2}=\frac{\hat{y}(t_2+2)-\hat{y}(t_2+1)}{\hat{y}(t_2+1)} \tag{2-4}$$

若$|\beta_{t_2+2}|\geqslant\alpha$，则识别该节假日对其假期后 2 天的客流量的影响程度为 β_{t_2+2}；否则，令 $\beta_{t_2+2}=0$。

对于所有节假日前后 2 天都可以采用上述式(2-1)～式(2-4)分别计算得到各天的“节假日邻接影响程度”属性值 β，而对于其他各天，则令它们该项属性值为 0。

于是，针对节假日对于客流量的影响，本章分别以“节假日天数”、“该天数下节假日类型”、“位于节假日第几天”和“邻接节假日影响程度”这 4 个节假日属性项对每天进行标记，并作为确定型数据提前输入到预测模型，以辅助提高节假日的预测精度。

2.3 预测模型及方法

2.3.1 预测模型构建

旅客的日客流量是动态随着时间的推进而变化的。一方面，最近若干天的客流量显然会对接下来的这1天的客流量产生影响；另一方面，通过2.2节的特征分析可以知道，预测日当天的日期属性和节假日属性也会对该天的客流量产生影响。为了同时体现上述两个方面对于高速铁路日客流量的影响，本章设计了如图2-9所示的双层平行小波神经网络(double layer parallel wavelet neural network，DLP-WNN)模型。该模型中，每个椭圆表示1个神经元；Bias表示1个很小的误差项输入；各层神经元之间的虚线连接箭头表示的是加权计算，每一条虚线对应一个连接权值 $w_{i,j,k}$(i,j,k 表示神经元数量)；该模型包含2个平行网络，其中，子网络1的1～3层神经元个数分别用 n_{11}、n_{21} 和 n_{31} 表示；子网络2的1～3层神经元个数则分别表示为 n_{12}、n_{22} 和 n_{32}。

在图2-9的DLP-WNN模型中，子网络1体现的是旅客的日客流量动态变化中预测日前面若干天客流量对于预测日这一天的影响。此处借鉴Tsung-Hsien Tsai等和Morantz等的处理手段，采用移动固定数据窗的方式输入数据，即随着日期的递进，在子网络1的第1层中每次固定输入最近的 $n_{11}-1$ 天(减去的1是Bias项，下同)日客流量数据。子网络2则是体现预测日该天日期属性和节假日属性对其客流量的影响，其第1层输入层的 $n_{12}-1$ 个神经元输入值则为该天对应的4个日期属性值和4个节假日属性值。两个子网络的输出值经过加权综合则得到了整个网络的输出，该输出是1天客流量的预测值；通过应用整个网络对连续的若干天进行操作，则实现了日客流量多天预测。

上述多天预测过程如图2-10所示。其中，子网络1的输入值是预测日前面若干天的客流量，在最开始第1期预测时，其输入值是历史数据，但是随着预测天数的推进，后续的输入值就前面若干天的预测结果，因此子网络1的输入可以视为是预测型数据。以预测型数据再继续进行预测，会形成误差累积而影响预测效果，这往往也是很多短期预测方法应用于中期预测时会出现的普遍问题。但是，本章所设计的子网络2可以对子网络1输出结果的误差进行修正：由于子网络2的输入值分别是各个预测日的时间属性值和节假日属性值，这些属性值在进行预测之前就可以全部确定的，因此它们是确定型输入数据；确定型数据在经过对历史数据学习的基础上，综合体现了常规日客流量的周期性规律(时间属性)和节假日的突变特点(节假日属性)，其所做出的预测就可以对子网络1所产生的误差进行修正，于是综合两个子网络的输出结果，既可以延续日客流量的变化趋势又能够体现不同日期之间特别是节假日的客流量差异，以此使本章的DLP-WNN模型预测精度得到保证。

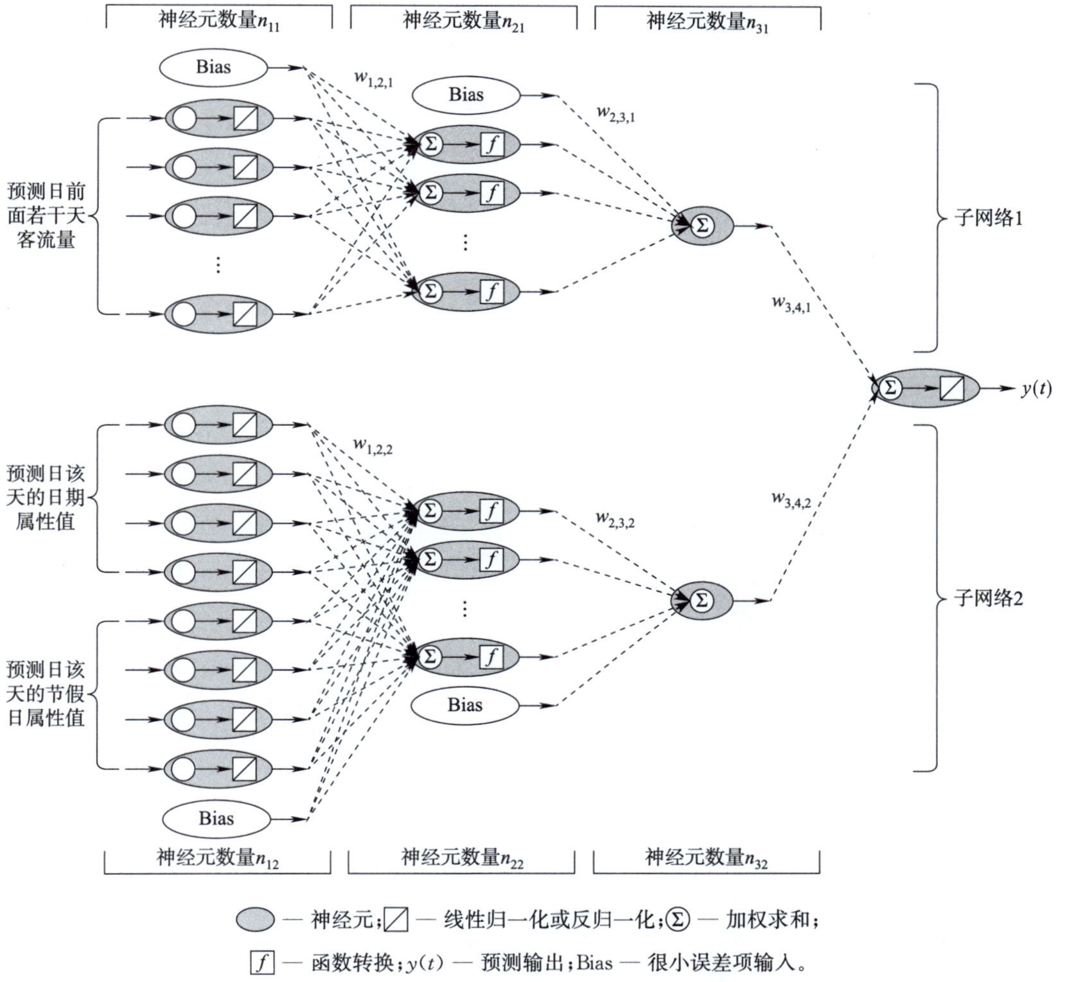

图 2-9　双层平行小波神经网络 DLP-WNN 模型

2.3.2　预测过程及原理

对于上述 DLP-WNN 模型，两个子网络都是小波神经网络结构，其都是采用小波基函数作为中间层的传递函数，同时借鉴 BP 神经网络的设计思路，在进行信号前向传播的同时进行误差反向传播。对于子网络 1 和子网络 2，记第 1 层输入层的各个神经元输入数据线性归一化后分别为 $x_{11}(i), i=1,2,\cdots,n_{11}$ 和 $x_{12}(i), i=1,2,\cdots,n_{12}$；由第 1 层各个神经元数据经过加权计算得到的第 2 层神经元分别记为 $h_{2,1}(j), j=1,2,\cdots,n_{21}$ 和 $h_{2,2}(j), j=1,2,\cdots,n_{22}$，其具体计算分别由式(2-5)和式(2-6)确定。

$$h_{2,1}(j)=\frac{\left[\sum_{i=1}^{n_{11}} w_{1,2,1}(i,j)x_{11}(i)\right]-b_j}{a_j}\qquad (j=1,2,\cdots,n_{21})\tag{2-5}$$

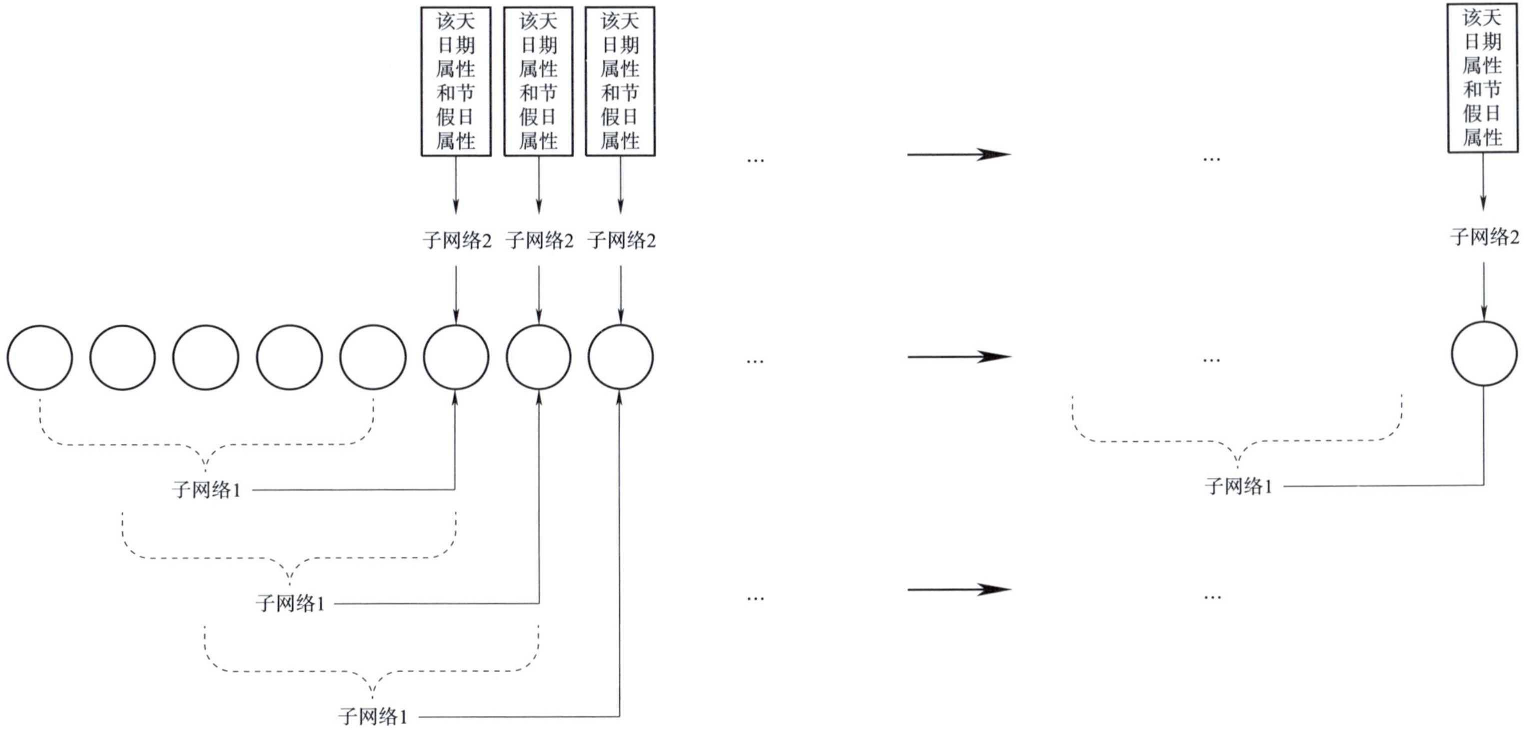

○ — 某天的客流量；——→ — 预测网络的输入或输出；——➤ — 预测天数递推。

图 2-10　双层平行小波神经网络 DLP-WNN 模型操作步骤

$$h_{2,2}(j)=\frac{\left[\sum_{i=1}^{n_{12}}w_{1,2,2}(i,j)x_{12}(i)\right]-b_j}{a_j}\qquad(j=1,2,\cdots,n_{22})\tag{2-6}$$

式中　$h_{2,1}(j),h_{2,2}(j)$——子网络 1 和子网络 2 中第 2 层的第 j 个节点值；

$w_{1,2,1}(i,j),w_{1,2,2}(i,j)$——对应于两个子网络中第 1 层第 i 个神经元与第 2 层第 j 个神经元的连接权值；

b_j——小波基函数的平移因子；

a_j——小波基函数的伸缩因子。

在上述子网络 1 和子网络 2 中，第 2 层隐含层的小波基函数采用 Morlet 母小波基函数，其函数表达式见式(2-7)。

$$f(x)=\cos(1.75x)\mathrm{e}^{-\frac{x^2}{2}}\tag{2-7}$$

于是在子网络 1 和子网络 2 中，第 2 层神经元 $h_{2,1}(j)$和 $h_{2,2}(j)$经过小波基函数传递之后得到的输出值 $fh_{2,1}(j)$和 $fh_{2,2}(j)$可以由式(2-8)和式(2-9)分别确定。

$$fh_{2,1}(j)=f(h_{2,1}(j))\qquad(j=1,2,\cdots,n_{21})\tag{2-8}$$

$$fh_{2,2}(j)=f(h_{2,2}(j))\qquad(j=1,2,\cdots,n_{22})\tag{2-9}$$

接着，子网络 1 和子网络 2 的第 3 层神经元 $h_{3,1}(k),k=1,2,\cdots,n_{31}$和 $h_{3,2}(k),k=1,2,\cdots,n_{32}$可以由式(2-10)和式(2-11)分别计算得到。

$$h_{3,1}(k)=\sum_{j=1}^{n_{21}}w_{2,3,1}(j,k)fh_{2,1}(j)=\sum_{j=1}^{n_{21}}w_{2,3,1}(j,k)f\left(\frac{\left[\sum_{i=1}^{n_{11}}w_{1,2,1}(i,j)x_{11}(i)\right]-b_j}{a_j}\right)$$

$$(k=1,2,\cdots,n_{31})\tag{2-10}$$

$$h_{3,2}(k)=\sum_{j=1}^{n_{22}}w_{2,3,2}(j,k)fh_{2,2}(j)=\sum_{j=1}^{n_{22}}w_{2,3,2}(j,k)f\left(\frac{\left[\sum_{i=1}^{n_{12}}w_{1,2,2}(i,j)x_{12}(i)\right]-b_j}{a_j}\right)$$

$$(k=1,2,\cdots,n_{32})\tag{2-11}$$

式中　$h_{3,1}(k),h_{3,2}(k)$——子网络 1 和子网络 2 中第 3 层第 k 个节点值；

$w_{2,3,1}(j,k),w_{2,3,2}(j,k)$——两个子网络中第 2 层第 j 个神经元与第 3 层第 k 个神经元的连接权值。

于是，对于整个 DLP-WNN 网络对于任意第 t 天的预测输出 $y(t)$的计算见式(2-12)。

$$y(t)=\sum_{k=1}^{n_{31}}w_{3,4,1}(k)h_{3,1}(k)+\sum_{k=1}^{n_{32}}w_{3,4,2}(k)h_{3,2}(k)\tag{2-12}$$

上述为整个网络的顺向预测计算过程，同时利用误差逆向传播过程来进行网络权值修正。在修正过程中，采用梯度下降法修正网络的权值，从而使得网络输出不断逼近期望输出。具体的网络权值修正过程如下。

记第 t 天的期望输出值为$\hat{y}(t)$,则预测网络的误差 E 的计算见式(2-13)。

$$E=\frac{1}{2}\sum_{t}[\hat{y}(t)-y(t)]^2 \qquad (t=1,2,\cdots,M) \tag{2-13}$$

于是,网络权值可以采用下述公式进行修正:

$$w_{3,4,1}^{u+1}(k)=w_{3,4,1}^{u}(k)+\Delta w_{3,4,1}^{u+1}(k)=w_{3,4,1}^{u}(k)-\eta\frac{\partial E}{\partial w_{3,4,1}^{t}(k)} \qquad (k=1,2,\cdots,n_{31}) \tag{2-14}$$

$$w_{3,4,2}^{u+1}(k)=w_{3,4,2}^{u}(k)+\Delta w_{3,4,2}^{u+1}(k)=w_{3,4,2}^{u}(k)-\eta\frac{\partial E}{\partial w_{3,4,2}^{t}(k)} \qquad (k=1,2,\cdots,n_{32}) \tag{2-15}$$

$$w_{2,3,1}^{u+1}(j,k)=w_{2,3,1}^{u}(j,k)+\Delta w_{2,3,1}^{u+1}(j,k)=w_{2,3,1}^{u}(j,k)-\eta\frac{\partial E}{\partial w_{2,3,1}^{t}(j,k)}$$
$$(j=1,2,\cdots,n_{21};k=1,2,\cdots,n_{31}) \tag{2-16}$$

$$w_{2,3,2}^{u+1}(j,k)=w_{2,3,2}^{u}(j,k)+\Delta w_{2,3,2}^{u+1}(j,k)=w_{2,3,2}^{u}(j,k)-\eta\frac{\partial E}{\partial w_{2,3,2}^{t}(j,k)}$$
$$(j=1,2,\cdots,n_{22};k=1,2,\cdots,n_{32}) \tag{2-17}$$

$$w_{1,2,1}^{u+1}(i,j)=w_{1,2,1}^{u}(i,j)+\Delta w_{1,2,1}^{u+1}(i,j)=w_{1,2,1}^{u}(i,j)-\eta\frac{\partial E}{\partial w_{1,2,1}^{t}(i,j)}$$
$$(i=1,2,\cdots,n_{11};j=1,2,\cdots,n_{21}) \tag{2-18}$$

$$w_{1,2,2}^{u+1}(i,j)=w_{1,2,2}^{u}(i,j)+\Delta w_{1,2,2}^{u+1}(i,j)=w_{1,2,2}^{u}(i,j)-\eta\frac{\partial E}{\partial w_{1,2,2}^{t}(i,j)}$$
$$(i=1,2,\cdots,n_{12};j=1,2,\cdots,n_{22}) \tag{2-19}$$

式中,η 为学习速率。另外,误差 E 对于各层权重的偏导按下述公式计算。

$$\frac{\partial E}{\partial w_{3,4,1}^{t}(k)}=\frac{\partial E}{\partial y}\frac{\partial y}{\partial w_{3,4,1}^{t}(k)}=-\sum_{t}[\hat{y}(t)-y(t)]h_{3,1}(k) \qquad (k=1,2,\cdots,n_{31}) \tag{2-20}$$

$$\frac{\partial E}{\partial w_{3,4,2}^{t}(k)}=\frac{\partial E}{\partial y}\frac{\partial y}{\partial w_{3,4,2}^{t}(k)}=-\sum_{t}[\hat{y}(t)-y(t)]h_{3,2}(k) \qquad (k=1,2,\cdots,n_{32}) \tag{2-21}$$

$$\frac{\partial E}{\partial w_{2,3,1}^{t}(j,k)}=\frac{\partial E}{\partial y}\frac{\partial y}{\partial h_{3,1}(k)}\frac{\partial h_{3,1}(k)}{\partial w_{2,3,1}^{t}(j,k)}=-\sum_{t}[\hat{y}(t)-y(t)]w_{3,4,1}(k)fh_{2,1}(j)$$
$$(j=1,2,\cdots,n_{21};k=1,2,\cdots,n_{31}) \tag{2-22}$$

$$\frac{\partial E}{\partial w_{2,3,2}^{t}(j,k)}=\frac{\partial E}{\partial y}\frac{\partial y}{\partial h_{3,2}(k)}\frac{\partial h_{3,2}(k)}{\partial w_{2,3,2}^{t}(j,k)}=-\sum_{t}[\hat{y}(t)-y(t)]w_{3,4,2}(k)fh_{2,2}(j)$$
$$(j=1,2,\cdots,n_{22};k=1,2,\cdots,n_{32}) \tag{2-23}$$

$$\frac{\partial E}{\partial w_{1,2,1}^{t}(i,j)}=\frac{\partial E}{\partial y}=-\sum_{t}[\hat{y}(t)-y(t)]\left[\sum_{k=1}^{n_{31}}w_{3,4,1}(k)w_{2,3,1}(j,k)f'(h_{2,1}(j))\frac{x_{11}(i)}{a_j}\right]$$

$$(i=1,2,\cdots,n_{11};j=1,2,\cdots,n_{21}) \tag{2-24}$$

$$\frac{\partial E}{\partial w_{1,2,2}^{t}(i,j)}=\frac{\partial E}{\partial y}\left[\sum_{k=1}^{n_{32}}\frac{\partial y}{\partial h_{3,2}(k)}\frac{\partial h_{3,2}(k)}{\partial fh_{2,2}(j)}\frac{\partial fh_{2,2}(j)}{\partial h_{2,2}(j)}\frac{\partial h_{2,2}(j)}{\partial w_{1,2,2}(i,j)}\right]$$

$$=-\sum_{t}[\hat{y}(t)-y(t)]\left[\sum_{k=1}^{n_{32}}w_{3,4,2}(k)w_{2,3,2}(j,k)f'(h_{2,2}(j))\frac{x_{12}(i)}{a_j}\right]$$

$$(i=1,2,\cdots,n_{11};j=1,2,\cdots,n_{21}) \tag{2-25}$$

式中，$f'(h_{2,1}(j))$和 $f'(h_{2,2}(j))$为 Morlet 母小波基函数的导数，其表达式见式(2-26)。

$$f'(x)=-1.75\sin(1.75x)\mathrm{e}^{-\frac{x^2}{2}}-x\cos(1.75x)\mathrm{e}^{-\frac{x^2}{2}} \tag{2-26}$$

当网络训练完毕之后，可以使用它进行连续 M 期的预测，然后采用平均绝对百分比误差 MAPE 和均方根误差 RMSE 来评价所进行的这 M 期预测的效果，其计算式见式(2-27)和式(2-28)。

$$\mathrm{MAPE}=\frac{1}{M}\sum_{t=1}^{M}\frac{|y(t)-\hat{y}(t)|}{y(t)} \tag{2-27}$$

$$\mathrm{RMSE}=\sqrt{\frac{1}{M}\sum_{t=1}^{M}[y(t)-\hat{y}(t)]^2} \tag{2-28}$$

2.4　算例分析

2.4.1　数据输入

京沪高速铁路全长 1 318 km，共有 24 个车站，连接了北京市至上海市之间的 4 个省和 3 个直辖市，本章选取京沪高铁中的短距离 OD 对、中等距离 OD 对、中长距离 OD 对和长距离 OD 对各 1 个来进行预测分析，具体的选取情况见表 2-3。

表 2-3　不同距离典型 OD 对选取情况表

不同距离 OD 对类型	具体 OD 对	实际里程
短距离 OD 对(200 km 左右)	北京—沧州	210 km
中等距离 OD 对(500 km 左右)	北京—曲阜	535 km
中长距离 OD 对(1 000 km 左右)	北京—南京	1 023 km
长距离 OD 对(1 300 km 以上)	北京—上海	1 318 km

对上述四种距离类型的 OD 对以某三年的高速铁路售票数据进行分析，其中，以该三年前 32 个月的日客流量数据作为训练集对本章所提出的 DLP-WNN 模型进行学习训练，训

练完毕之后再对后续 120 天的客流量进行预测，最后通过预测结果与实际值的对比来进行误差分析以检验预测模型的有效性。

2.4.2 预测效果分析

图 2-11～图 1-14 分别为短距离 OD 对、中等距离 OD 对、中长距离 OD 对和长距离 OD 对的中期日客流量预测结果图。从图中可以看出，除了极少数点之外，4 种不同距离类型下的 OD 对在 120 天的连续预测中，整体预测值跟实际值误差都比较小；同时从表 2-4 中的误差统计数据可以看出，4 种类型的 OD 对所进行的 120 天预测的平均绝对百分比误差 MAPE 都在 12%以下。综上所述，说明本章所提出来的 DLP-WNN 模型对于中期日客流量预测具有较好的预测效果和精度。

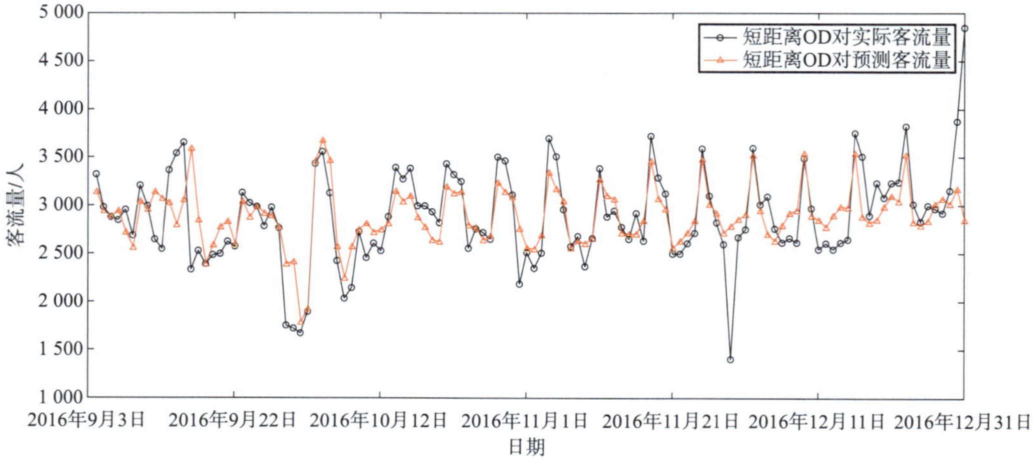

图 2-11 短距离 OD 对中期预测效果示意

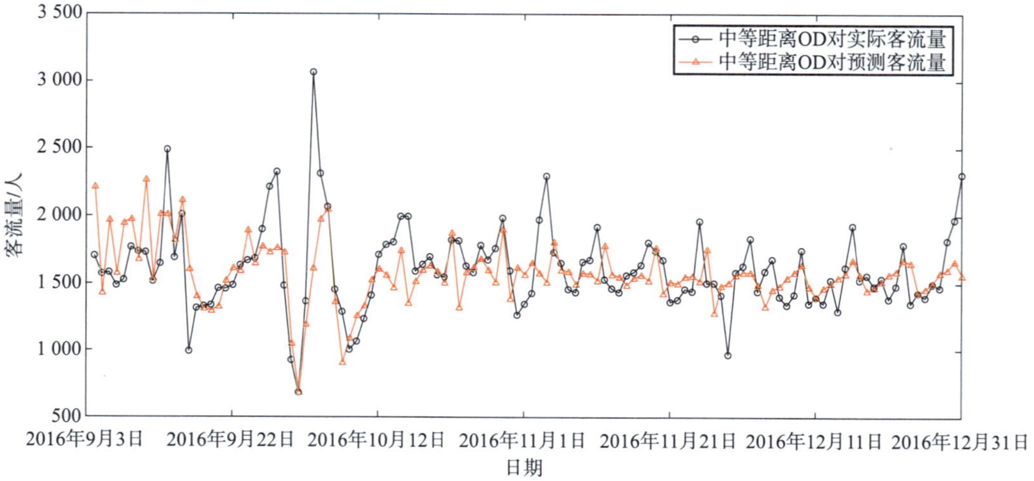

图 2-12 中等距离 OD 对中期预测效果示意

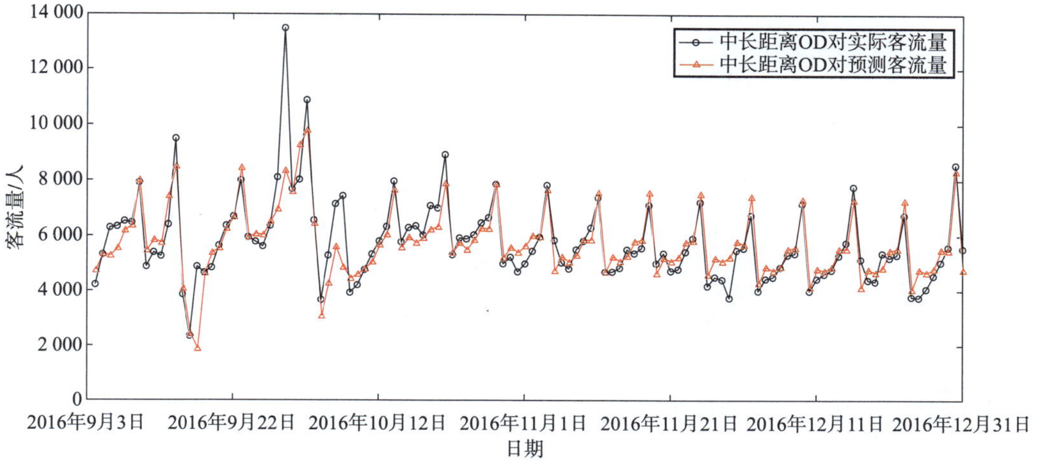

图 2-13　中长距离 OD 对中期预测效果示意

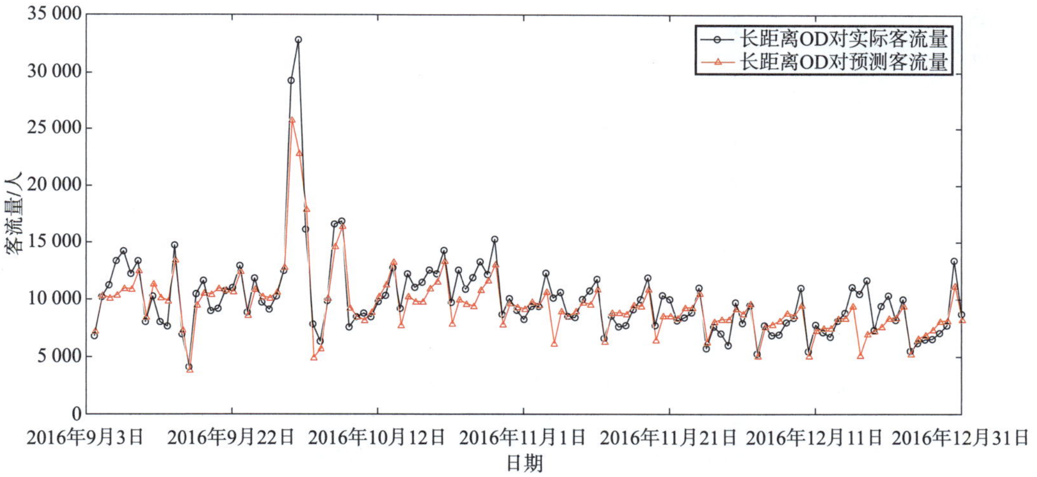

图 2-14　长距离 OD 对中期预测效果示意

表 2-4　不同类型 OD 对的中期预测误差分析

OD 对类型	MAPE	RMSE
短距离 OD 对	8.48%	355.4
中等距离 OD 对	11.65%	282.1
中长距离 OD 对	7.96%	779.5
长距离 OD 对	10.94%	1 724.6

接下来，将本章所提出的 DLP-WNN 预测模型与其他方法进行预测对比，以检验我们的预测效果。本章分别采用 BP 神经网络、ELM 极限学习机、ELMAN 神经网络、GRNN 广义回归神经网络和 VMD-GA-BP 变分模态分解—遗传—BP 神经网络等预测方法分别对上述四种距离下的 OD 对进行 120 天的日客流量预测，其具体效果对比如下。

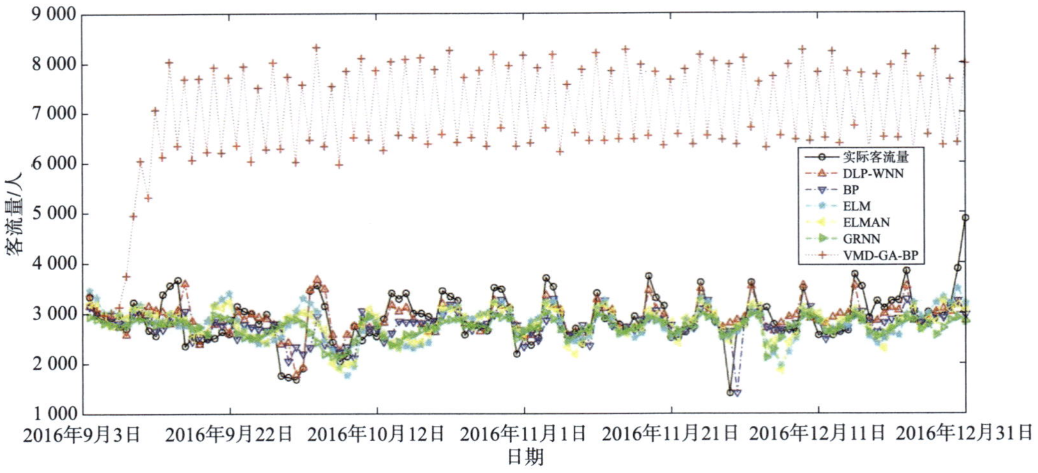

图 2-15 短距离 OD 对预测效果对比示意

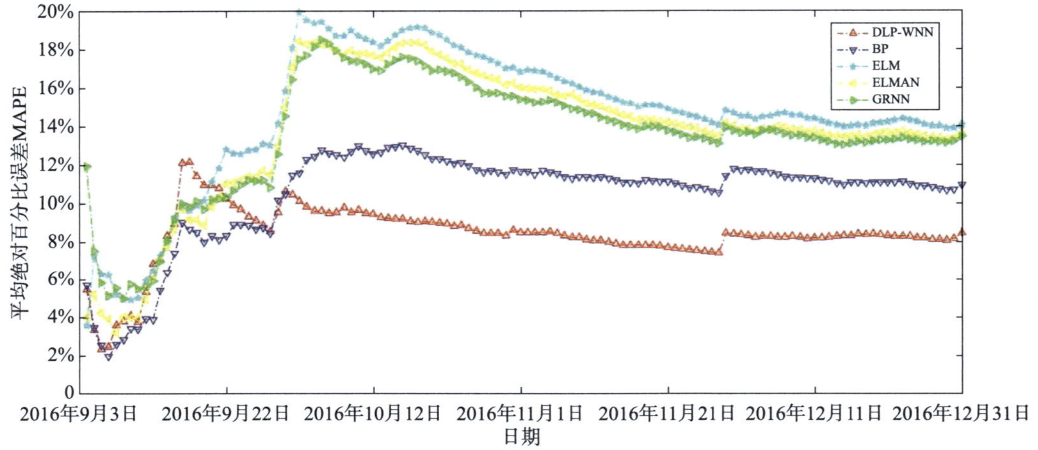

图 2-16 短距离 OD 对预测 MAPE 误差对比示意

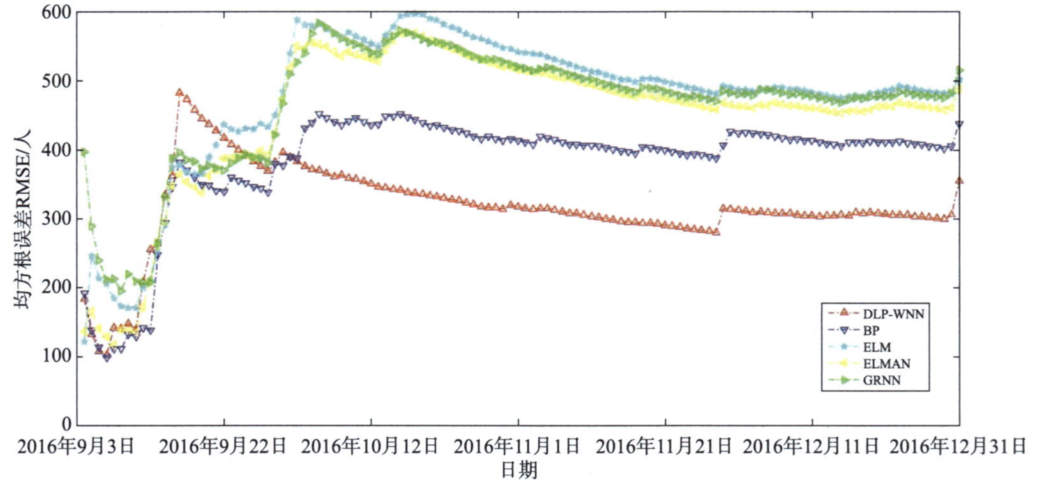

图 2-17 短距离 OD 对预测 RMSE 误差对比示意

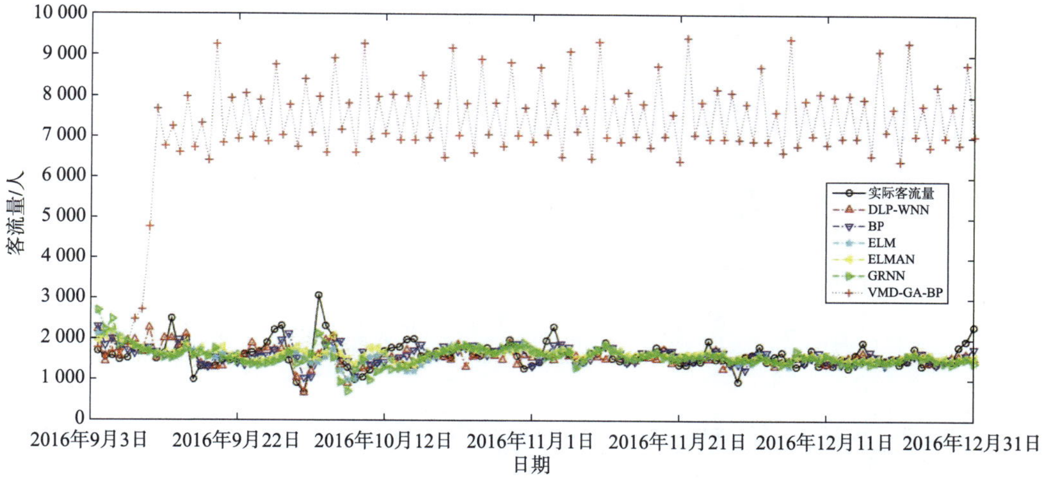

图 2-18　中等距离 OD 对预测效果对比示意

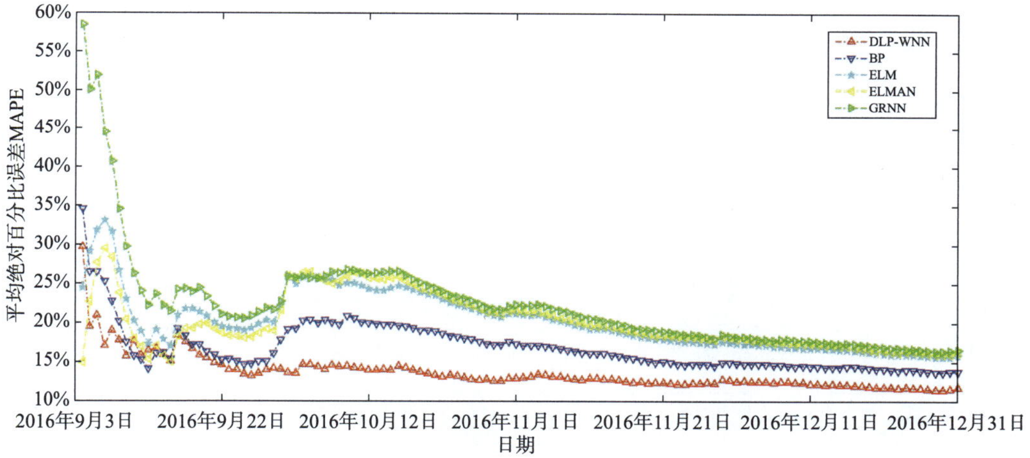

图 2-19　中等距离 OD 对预测 MAPE 误差对比示意

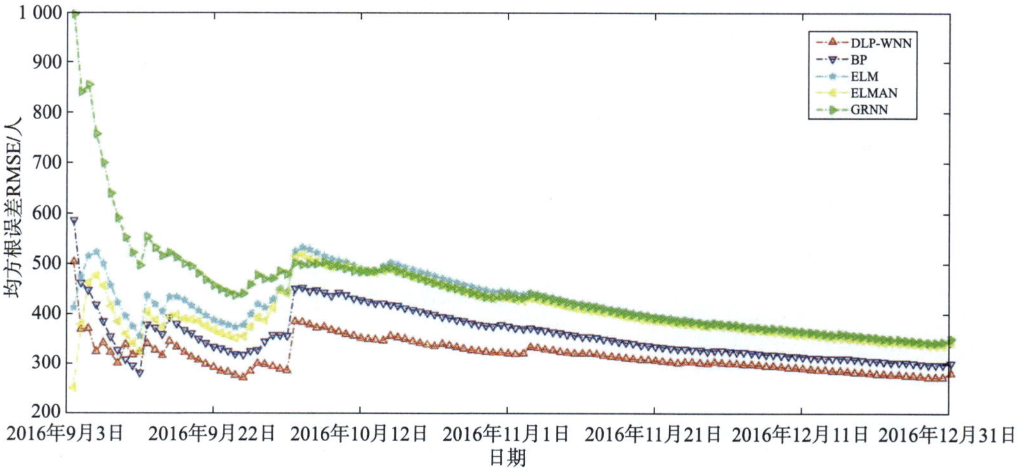

图 2-20　中等距离 OD 对预测 RMSE 误差对比示意

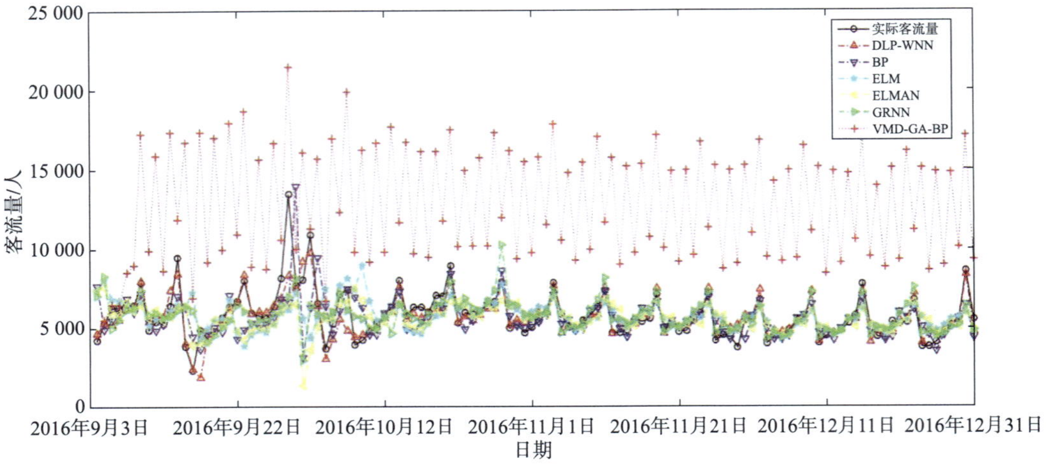

图 2-21　中长距离 OD 对预测效果对比示意

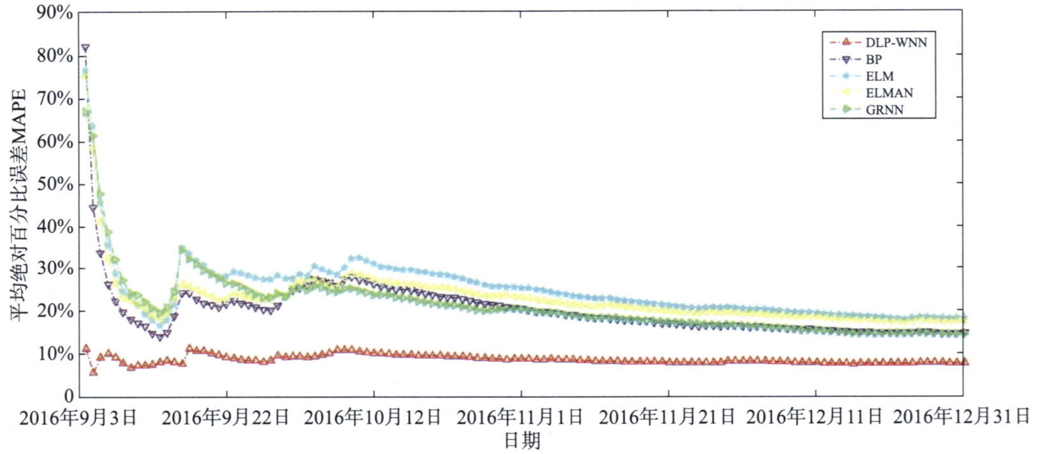

图 2-22　中长距离 OD 对预测 MAPE 误差对比示意

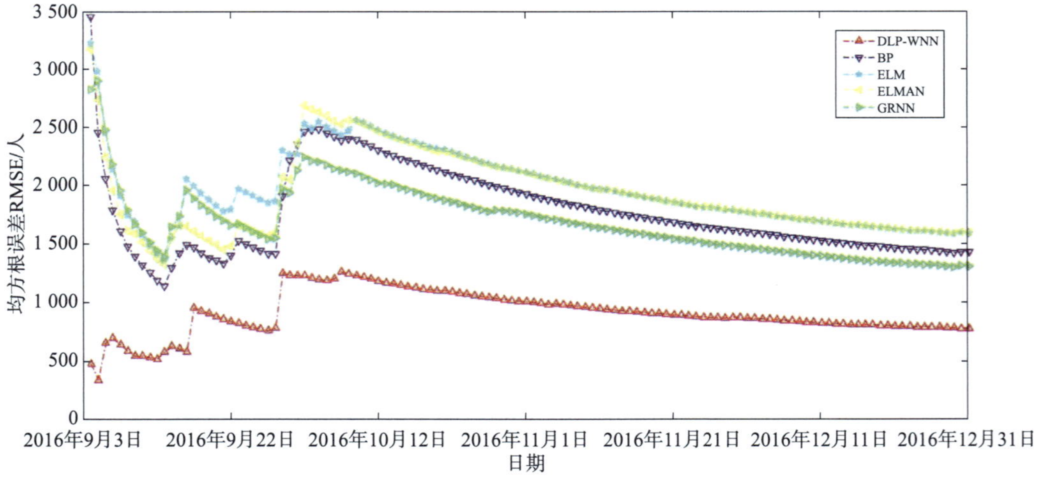

图 2-23　中长距离 OD 对预测 RMSE 误差对比示意

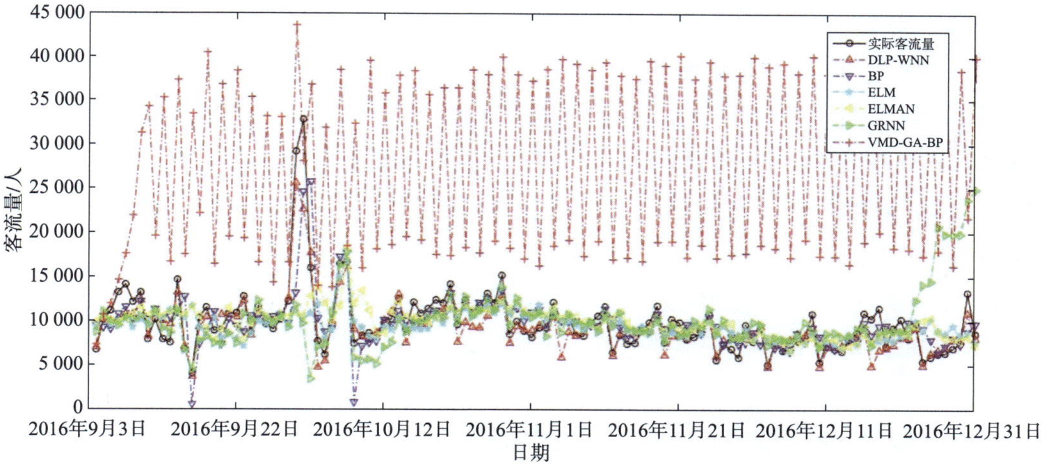

图 2-24　长距离 OD 对预测效果对比示意

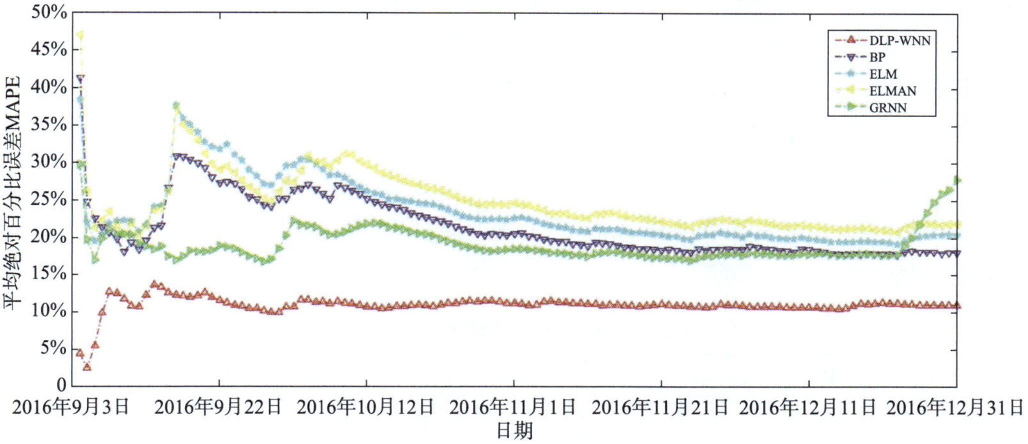

图 2-25　长距离 OD 对预测 MAPE 误差对比示意

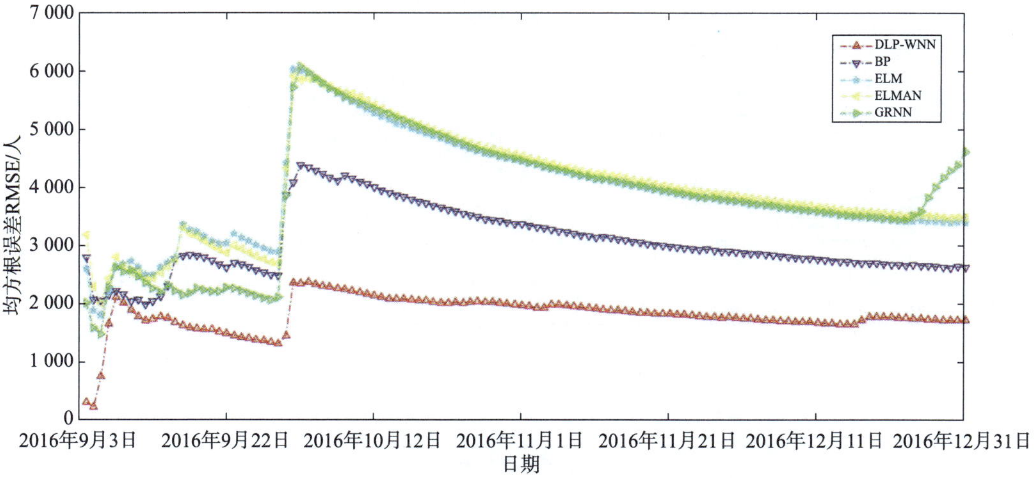

图 2-26　长距离 OD 对预测 RMSE 误差对比示意

图 2-15、图 2-18、图 2-21 和图 2-24 分别为上述各种预测方法对短距离 OD 对、中等距离 OD 对、中长距离 OD 对和长距离 OD 对的预测效果图。从这些图中可以看出，本章所提出的 DLP-WNN 预测方法对四种距离类型下的 OD 对的中期预测效果都是较好的；而 VMD-GA-BP 方法在预测期最开始的几天表现效果不错，但是随着预测天数的增加，该方法的预测值和实际值偏离得最大，这说明该方法只适合于短期预测，不适合用于中期预测。因该方法的误差实在太大，在后续的预测 MAPE 误差和 RMSE 误差对比分析中，若把该方法和其他几个预测方法一起分析，会严重影响其他几个方法的误差区分度，因此没有把 VMD-GA-BP 方法的 MAPE 误差和 RMSE 误差绘制进入相应的图中，不过其误差的具体数值结果可参见表 2-4 和表 2-5。

图 2-16 和图 2-19、图 2-22 和图 2-25 分别是各种预测方法对短距离 OD 对、中等距离 OD 对、中长距离 OD 对和长距离 OD 对的预测 MAPE 误差对比图；图 2-17 和图 2-20、图 2-23 和图 2-26 则分别是各种预测方法对四种距离 OD 对的预测 RMSE 误差对比图。从这些图片中可以看出，随着横坐标预测天数的增加，本章所提出的 DLP-WNN 预测方法相对其他几种预测方法来说，在四种不同距离类型的 OD 对情况下，平均绝对百分比误差 MAPE 和均方根误差 RMSE 都具有明显优势；另外从表 2-5 和表 2-6 的 120 天预测期的 MAPE 值对比和 RMSE 值对比中同样也可以看出，本章所提出的 DLP-WNN 预测方法误差都是最小的，综上，说明本章所提出的 DLP-WNN 模型非常适合于高速铁路旅客日客流量的中期预测。

表 2-5　不同预测方法 120 天预测期的 MAPE 值对比

OD 对类型	DLP-WNN	BP	ELM	ELMAN	GRNN	WMD-GA-BP
短距离 OD 对	8.48%	10.98%	14.08%	13.58%	13.51%	146.60%
中等距离 OD 对	11.65%	13.77%	15.75%	16.05%	16.55%	367.15%
中长距离 OD 对	7.96%	14.82%	18.32%	17.39%	14.57%	129.23%
长距离 OD 对	10.94%	18.06%	20.46%	21.77%	27.73%	200.13%

表 2-6　不同预测方法 120 天预期侧的 RMSE 值对比　　单位：人

OD 对类型	DLP-WNN	BP	ELM	ELMAN	GRNN	WMD-GA-BP
短距离 OD 对	355.4	438.9	503.2	488.3	515.1	4 207.4
中等距离 OD 对	282.1	303.3	350.4	350.4	353.6	5 812.7
中长距离 OD 对	779.5	1432	1 591.1	1 593.8	1 309	7 779.5
长距离 OD 对	1 724.6	2 642.5	3 411.9	3 487.7	4 630.2	20 431.4

参考文献

[1] DOUGLAS N J, HENN L, SLOAN K. Modelling the ability of fare to spread AM peak passenger loads using

rooftops: Australasian Transport Research Forum, 2011 Proceedings[C]. Adelaide, Australia, 2011.
[2] 北京市统计局，国家统计局北京调查总队．北京统计年鉴．2016[M]. 北京：中国统计出版社，2016.
[3] 上海市统计局，国家统计局上海调查总队．上海统计年鉴．2016[M]. 北京：中国统计出版社，2016.
[4] 天津市统计局，国家统计局天津调查总队．天津统计年鉴．2016[M]. 北京：中国统计出版社，2016.
[5] ROOS J, GAVIN G, BONNEVAY S. A dynamic Bayesian network approach to forecast short-term urban rail passenger flows with incomplete data[J]. Transportation Research Procedia 2017, 26: 53-61.
[6] 俞礼军，徐建闽．出行时间价值最大熵分布估计模型[J]. 交通运输工程学报，2008, 8(1): 83-88.
[7] TEYE C, BELL M G H, BLIEMER M C J. Urban intermodal terminals: The entropy maximising facility location problem[J]. Transportation Research, Part B: Methodological, 2017, 100: 64-81.
[8] WILSON A. Entropy in urban and regional modelling (Routledge Revivals)[M]. London: Routledge, 1970.
[9] VAN ZUYLEN H J, WILLUMSEN L G. The most likely trip matrix estimated from traffic counts[J]. Transportation Research, Part B: Methodological, 1980, 14(3): 281-293.
[10] XIE C, KOCKELMAN K M, WALLER S T. A maximum entropy-least squares estimator for elastic origin-destination trip matrix estimation[J]. Transportation Research, Part B: Methodological, 2011, 45 (9): 1465-1482.
[11] TSAI T H, LEE C K, WEI C H. Neural network based temporal feature models for short-term railway passenger demand forecasting[J]. Expert System with Applications, 2009, 36(2): 3728-3736.
[12] MORANTZ B H, WHALEN T, ZHANG P G. A weighted window approach to neural network time series forecasting[M]. Neural networks in business forecasting. USA: IRM Press, 2004.
[13] 史峰，杨星琪，胡心磊，等．基于数据替补修正的高速铁路日常客运量 VMD-GA-BP 预测方法[J]. 中国铁道科学，2019, 40 (3): 129-136.
[14] FU H L, NIE L, MENG L Y, et al. A hierarchical line planning approach for a large-scale high speed rail network: The China case[J]. Transportation Research, Part A: Policy and Practice 2015, 75A: 61-83.
[15] KASPI M, RAVIV T. Service-oriented line planning and timetabling for passenger trains [J]. Transportation Science, 2013, 47(3): 295-311.

第3章 高速铁路旅客出行时变需求分布估计

第2章给出了高速铁路旅客出行日客流量预测方法，通过该方法可以有效预测未来中期高速铁路各OD对全天出行需求量。本章将重点解决高速铁路时变出行需求预测的第二个子问题，即高速铁路旅客出行时变需求分布估计，由此获得各OD对一天需求量在全天不同时段的分布，与前者相结合便可得到高速铁路时变出行需求。考虑到我国铁路客票售票系统中具有海量售票记录数据，而这些数据所包含的购票时间、出行时间等在一定程度上反映了旅客出行需求的时间分布规律。因此，本章基于我国旅客购票选择过程数据，实现高速铁路旅客时变需求分布的估计，在分析高速铁路旅客的购票选择过程、选择特点以及相应购票数据的特性基础上，提出了基于屋顶模型的旅客购票选择模拟方法，进而分别提出了高速铁路旅客出行时变需求分布估计的逆向分配估计法、最大熵估计法。

3.1 基于屋顶模型的旅客购票选择模拟

为了基于我国旅客购票选择过程数据实现高速铁路旅客时变需求分布的估计，本节将分析高速铁路旅客的购票选择过程、选择特点以及相应购票数据的特性等。

由于我国高速铁路采用的是提前购票的运输组织方式，旅客必须提前购买高速铁路车票且严格按照车票上的车次及席位号乘车，于是高速铁路旅客在购票完成的瞬间就确定了其自身的乘车方案。除了能够获得的历史购票数据外，为了获得更多旅客购票选择数据以及为了验证这些数据合理性，接下来首先基于如下假设原则来分析和模拟旅客的购票选择行为。

假设条件A1 所有高速铁路旅客具有相同的时间价值，即高速铁路旅客具有同质性，不考虑多类旅客的情况。

假设条件A2 每位旅客以最小广义出行费用原则选择乘车方案购票出行，即每位旅客都是理性消费者。

假设条件A3 各个高速铁路OD对间的车票价格在整个车票预售期内是固定不变的，即旅客购票时间和票价是相互独立的。

假设条件A4 旅客在同等席位之间自由选择列车出行，暂时不考虑多类席别的情况。

3.1.1 基于屋顶模型的有效乘车方案集构造

记高速铁路 OD 对(r,s)间的乘车方案集合为 P_{rs}，对于任意乘车方案 $p_{rs}^k \in P_{rs}$，它包括旅客从车站 r 至车站 s 所选择的一种列车和换乘站点的组合。记乘车方案 p_{rs}^k 的车票费用为 f_{rs}^k；从车站 r 至车站 s 的旅行时间为 d_{rs}^k；在**假设条件 A1** 情况下，记高速铁路旅客出行时的平均单位时间费用率为 α，于是 p_{rs}^k 的乘车方案费用 $c_{rs}^k=\alpha \cdot d_{rs}^k+f_{rs}^k$。另外，记 p_{rs}^k 的客流量为 q_{rs}^k，它可以从铁路售票系统中提取获得。

在高速铁路 OD 对(r,s)间的运营时间范围$[T_{rs}^0,T_{rs}^1]$内，对于任意期望出行时间为 $x\in[T_{rs}^0,T_{rs}^1]$的旅客，如果在时刻 x 没有从车站 r 至 s 的列车出发，或者这位旅客在购票时该列车的车票已经售罄，则该旅客需要调整自己的出发时间而选择一个合适的乘车方案，此时会因期望出行时间和实际出行时间偏离而产生一个费用，我们将该费用记为期望出行时间调整费用。

借鉴 Douglas 等的屋顶模型思想来描述旅客的购票选择过程。具体而言，在**假设条件 A1～假设条件 A4** 情况下，记旅客提前或者推迟自己期望出行时间的单位时间费用为 θ，并记(r,s)间任意乘车方案 $p_{rs}^k\in P_{rs}$ 在车站 r 的发车时刻为 t_{rs}^k，于是该旅客选择乘车方案 p_{rs}^k 的期望出行时间调整费用为 $\theta|x-t_{rs}^k|$，所以该旅客的出行费用就应该是上述期望出行时间调整费用与乘车方案 p_{rs}^k 的费用 c_{rs}^k 之和，即 $\theta|x-t_{rs}^k|+c_{rs}^k$。因此，基于**假设条件 A1～假设条件 A4**，对于期望出行时间为 x 的旅客，其以自身最小出行费用为原则所选择的最优乘车方案可用式(3-1)表示。

$$p_{rs}(x)=\operatorname{argmin}\{\theta|x-t_{rs}^k|+c_{rs}^k \mid p_{rs}^k\in P_{rs}^A\} \qquad ((r,s)\in RS;x\in[T_{rs}^0,T_{rs}^1]) \tag{3-1}$$

式中，$P_{rs}^A\subseteq P_{rs}$ 表示在该旅客购票时 OD 对(r,s)间有车票剩余的当前可用乘车方案集合。

需要注意的是，在求解式(3-1)时可能会得到不止一个乘车方案，于是定义有效乘车方案集$\overline{P}_{rs}\subseteq P_{rs}^A\subseteq P_{rs}$，其表示任意 $x\in[T_{rs}^0,T_{rs}^1]$按照式(3-1)计算所得到的所有乘车方案，即

$$\overline{P}_{rs}=\{p_{rs}(x),x\in[T_{rs}^0,T_{rs}^1]\} \qquad ((r,s)\in RS) \tag{3-2}$$

对于某一个可用乘车方案 $p_{rs}^k\in P_{rs}^A$，若其对于其他任意的可用乘车方案 $p_{rs}^{k'}\in P_{rs}^A$，$p_{rs}^{k'}\neq p_{rs}^k$ 都满足式(3-3)，则该乘车方案为有效乘车方案，即 $p_{rs}^k\in\overline{P}_{rs}$；否则，$p_{rs}^k\notin\overline{P}_{rs}$。于是，可以利用式(3-3)来获得有效乘车方案集$\overline{P}_{rs}$。

$$c_{rs}^k\leqslant\theta|t_{rs}^{k'}-t_{rs}^k|+c_{rs}^{k'} \qquad ((r,s)\in RS) \tag{3-3}$$

对$\overline{P}_{rs}$中各有效乘车方案按照其从车站 r 的出发时刻来进行排序，可以得到$\overline{P}_{rs}=\{\overline{p}_{rs}^1,\overline{p}_{rs}^2,\cdots,\overline{p}_{rs}^i,\cdots,\overline{p}_{rs}^I\}$，满足 $t_{rs}^{i-1}\leqslant t_{rs}^i$，$1<i\leqslant I$；于是在 OD 对$(r,s)$间，期望出行时间在$[T_{rs}^0,T_{rs}^1]$内的所有旅客当前都将只针对各有效乘车方案$\overline{p}_{rs}^i\in\overline{P}_{rs}$$(1\leqslant i\leqslant I)$购票出行。

一个关于上述屋顶模型的例子如图 3-1 所示：对于给定 OD 对(r,s)间的 6 个乘车方案

$p_{rs}^1, p_{rs}^2, \cdots, p_{rs}^6$，它们对应的发车时刻分别为 $t_{rs}^1, t_{rs}^2, \cdots, t_{rs}^6$；6 个乘车方案所对应的乘车方案费用分别为 $c_{rs}^1, c_{rs}^2, \cdots, c_{rs}^6$，其在图 3-1 中分别是用乘车方案所对应的黑色实线高度表示。对于期望出行时间在$[T_{rs}^0, T_{rs}^1]$内的所有旅客，他们因为调整期望出行时间而选择各个乘车方案所带来的费用增加是用图 3-1 中的红色虚线表示，这些虚线的斜率是$-\theta$或者θ。基于**假设条件 A1～假设条件 A4**，根据式(3-3)所计算出来的当前有效乘车方案集$\overline{P}_{rs}=\{p_{rs}^1, p_{rs}^4, p_{rs}^6\}$。也就是说，当前对于所有期望出行时间点的旅客，他们只会针对$\overline{P}_{rs}$中的各个有效乘车方案购票，以此来保证他们的出行费用最小；而乘车方案 p_{rs}^2、p_{rs}^3 和 p_{rs}^5 由于费用较高而暂时不会有旅客购票选择。例如，若某个旅客的期望出行时间是 t_{rs}^2，那么该旅客只会购买乘车方案 p_{rs}^1 所对应的车票而不会选择 p_{rs}^2，因为对于该旅客来说，虽然乘车方案 p_{rs}^2 距离他/她的期望出行时间更近，但是选择乘车方案 p_{rs}^1 比选择乘车方案 p_{rs}^2 的出行费用更低。

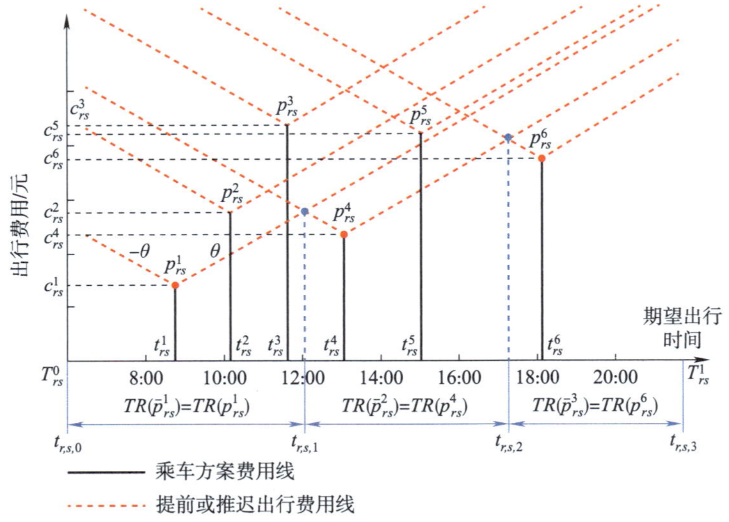

图 3-1　有效乘车方案及其吸流区间示意

3.1.2　有效乘车方案的吸流区间

在上述分析中，可以看到$\overline{P}_{rs}$中各个有效乘车方案将整个期望出行时间段$[T_{rs}^0, T_{rs}^1]$划分为多个时间间隔；于是定义 $TR(\overline{p}_{rs}^i)=[t_{r,s,i-1}, t_{r,s,i})\subset[T_{rs}^0, T_{rs}^1]$为有效乘车方案$\overline{p}_{rs}^i\in\overline{P}_{rs}$的吸流区间，它表示旅客以自身出行费用最小为原则选择乘车方案购票时，所有期望出行时间在$[t_{r,s,i-1}, t_{r,s,i})$范围内的旅客将被$\overline{p}_{rs}^i$吸引，他们都将只购买乘车方案$\overline{p}_{rs}^i$所对应的车票，这些旅客的实际出发时间都将是$\overline{t}_{rs}^i$。因此，$\overline{P}_{rs}$将$[T_{rs}^0, T_{rs}^1]$划分为 I 个吸流区间：$[t_{r,s,0}, t_{r,s,1})$，$[t_{r,s,1}, t_{r,s,2})$，$\cdots$，$[t_{r,s,i-1}, t_{r,s,i})$，$\cdots$，$[t_{r,s,I-1}, t_{r,s,I}]$。其中时间点 $t_{r,s,i}$ $(1\leqslant i\leqslant I-1)$是吸流区间 $TR(\overline{p}_{rs}^i)$和 $TR(\overline{p}_{rs}^{i+1})$的分界点。如图 3-2 所示，直线 $y=\overline{c}_{rs}^i+\theta(x-\overline{t}_{rs}^i)$和直线 $y=\overline{c}_{rs}^{i+1}-\theta(x-\overline{t}_{rs}^{i+1})$的交点所对应的横坐标为 $t_{r,s,i}$，该横坐标满足式(3-4)：

$$\bar{c}_{rs}^{i}+\theta(t_{r,s,i}-\bar{t}_{rs}^{i})=\bar{c}_{rs}^{i+1}-\theta(t_{r,s,i}-\bar{t}_{rs}^{i+1}) \tag{3-4}$$

于是，可以得到时间点 $t_{r,s,i}$ 的计算见式(3-5)。

$$t_{r,s,i}=\frac{1}{2\theta}(\theta\,\bar{t}_{rs}^{i+1}+\theta\,\bar{t}_{rs}^{i}+\bar{c}_{rs}^{i+1}-\bar{c}_{rs}^{i}) \quad (i=1,2,\cdots,I-1;(r,s)\in RS) \tag{3-5}$$

其中，记 $t_{r,s,0}=T_{rs}^{0}$，$t_{r,s,I}=T_{rs}^{1}$。

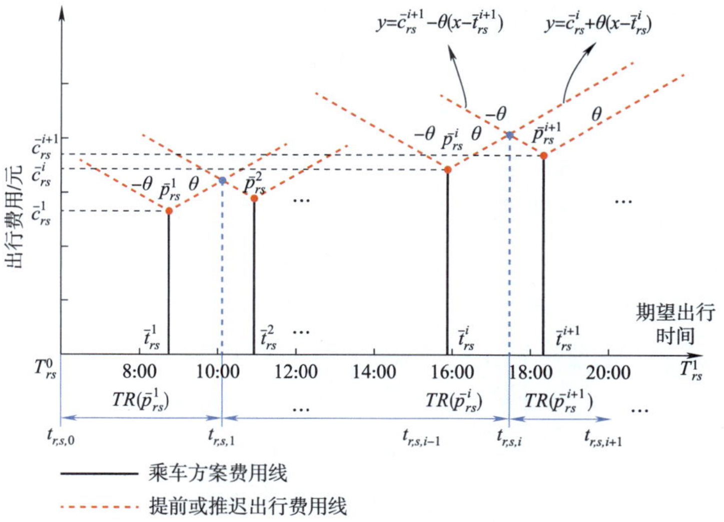

图 3-2 吸流区间 $TR(\bar{p}_{rs}^{i})$ 和 $TR(\bar{p}_{rs}^{i+1})$ 的分界点示意

于是，在图 3-1 所示的例子中，整个期望出行时段$[T_{rs}^{0},T_{rs}^{1}]$被当前有效乘车方案集 $\overline{P}_{rs}=\{\bar{p}_{rs}^{1},\bar{p}_{rs}^{2},\bar{p}_{rs}^{3}\}=\{p_{rs}^{1},p_{rs}^{4},p_{rs}^{6}\}$ 划分为 3 个吸流区间 $R(\bar{p}_{rs}^{1})=TR(p_{rs}^{1})=[t_{r,s,0},t_{r,s,1})$，$TR(\bar{p}_{rs}^{2})=TR(p_{rs}^{4})=[t_{r,s,1},t_{r,s,2})$ 和 $TR(\bar{p}_{rs}^{3})=TR(p_{rs}^{6})=[t_{r,s,2},t_{r,s,3}]$；若某个旅客的期望出行时间 $x\in TR(\bar{p}_{rs}^{i})(i=1,2,3)$，则该旅客将会购买乘车方案 $\bar{p}_{rs}^{i}$ 所对应的车票以此来保证自己的出行费用最小。例如，若某旅客的期望出行时间是 t_{rs}^{5}，由于 $t_{rs}^{5}\in TR(\bar{p}_{rs}^{2})=TR(p_{rs}^{4})=[t_{r,s,1},t_{r,s,2})$，故该旅客将会购买乘车方案 p_{rs}^{4} 所对应的车票以此保证自己的出行费用最小。

3.1.3 旅客购票选择过程及购票阶段划分

从上述两节的分析可以知道，高速铁路旅客在对 OD 对(r,s)间各乘车方案进行购票选择时，将只针对 $\overline{P}_{rs}=\{\bar{p}_{rs}^{1},\bar{p}_{rs}^{2},\cdots,\bar{p}_{rs}^{i},\cdots,\bar{p}_{rs}^{I}\}$ 中各有效乘车方案进行购票。于是，可以把任意有效乘车方案能力利用饱和(简称能力饱和)或车票售罄作为分界点，将高速铁路旅客对 OD 对(r,s)的整个购票过程划分为若干个购票阶段。于是，高速铁路旅客出行购票选择过程可以描述如下：首先，高速铁路 OD 对(r,s)间，所有期望出行时间在$[T_{rs}^{0},T_{rs}^{1}]$内的旅客，在当前购票阶段，将按照屋顶模型原则针对所有当前有效乘车方案购票出行，当某一个有效乘车方案能力达到饱和时，其将无法再被旅客购票选择，于是进入下一个购票阶段；旅客继续以最小出行费用原则按照式(3-3)重新选择出新的当前有效乘车方案集,并据此购票出行,直到再出现下一个当前有效乘车方案能力饱和或车票售罄就进入下一个购票阶段,如此持续直至最后列车出发。因此,整个连续的购票过程将被有效乘车方案能力饱和时间点划分为多个离散的购票阶段,在每一个购票阶段,旅客的选择行为可以描述为屋顶模型原则下的旅客购票选择过程。

例如在图 3-1 所示的例子中,在购票过程的开始阶段,记为第 1 个购票阶段,根据屋顶模型的购票选择原理,即式(3-1)～式(3-3),可以得到当前有效乘车方案集$\overline{P}_{rs}=\{\overline{p}_{rs}^1,\overline{p}_{rs}^2,\overline{p}_{rs}^3\}=\{p_{rs}^1,p_{rs}^4,p_{rs}^6\}$以及其对应的吸流区间 $TR(\overline{p}_{rs}^1)=TR(p_{rs}^1)=[t_{rs0},t_{rs1})$、$TR(\overline{p}_{rs}^2)=TR(p_{rs}^4)=[t_{rs1},t_{rs2})$和 $TR(\overline{p}_{rs}^3)=TR(p_{rs}^6)=[t_{rs2},t_{rs3}]$;期望出行时间为 $x\in TR(\overline{p}_{rs}^i),i=1,2,3$ 的旅客将会购买乘车方案$\overline{p}_{rs}^i$所对应的车票。随着购票的继续,当$\overline{P}_{rs}$中某一个有效乘车方案的能力达到饱和时,例如$\overline{p}_{rs}^1$的车票售罄,那么这个乘车方案对于旅客来说就转为不可用乘车方案了,于是有效乘车方案集将会重新按照式(3-3)计算更新为$\overline{P}_{rs}=\{\overline{p}_{rs}^1,\overline{p}_{rs}^2,\overline{p}_{rs}^3\}=\{p_{rs}^2,p_{rs}^4,p_{rs}^6\}$,于是接下来进入了第 2 个购票阶段。在第 2 个购票阶段,整个期望出行时段$[T_{rs}^0,T_{rs}^1]$将会被新的有效乘车方案集$\overline{P}_{rs}=\{p_{rs}^2,p_{rs}^4,p_{rs}^6\}$划分为对应的 3 个吸流区间,然后接下来旅客针对更新后的各个有效乘车方案购票,直到再次出现某个有效乘车方案能力饱和,继而再次更新有效乘车方案集,进入下一个购票阶段,如此重复直至购票过程结束列车出发。

3.2 时变需求分布的逆向分配估计法

正如上述 3.2 节所介绍的,高速铁路 OD 对(r,s)间旅客的购票过程可以划分为若干个购票阶段,在每一个购票阶段中,旅客都只针对当前阶段的各有效乘车方案集进行购票。因此,可以基于此设计逆向客流分配的方法来估计高速铁路时变需求分布。

3.2.1 逆分配估计法

(1)逆分配估计法原理

逆向客流分配法的原理就是将每个购票阶段各有效乘车方案所吸引的客流量逆向分配至各自对应的吸流区间内,再把所有购票阶段逆向分配到$[T_{rs}^0,T_{rs}^1]$的客流量进行叠加,便可得到该 OD 对的时变需求分布。于是,估计时变需求分布的核心问题就转化为怎样将连续的购票过程划分为离散的购票阶段,同时确定每个购票阶段内各有效乘车方案所吸引的客流量;也就是如何获得各个有效乘车方案之间的能力饱和(车票售罄)顺序,并确定在每一个购票阶段,旅客对各个有效乘车方案的具体购票量。

因此,基于 OD 间各个乘车方案流量采用模拟旅客购票的方式来获得有效乘车方案能力饱和信息,用以划分购票阶段并得到各个购票阶段中旅客对各有效乘车方案的购票量,以此来估计时变需求分布。

如图 3-1 所示，当前初始第 1 个购票阶段旅客将针对$\overline{P}_{rs}=\{p_{rs}^1,p_{rs}^4,p_{rs}^6\}$中各有效乘车方案购票出行；随着旅客购票持续，若有效乘车方案 p_{rs}^1能力达到饱和，则进入第 2 个购票阶段，旅客将针对该阶段有效乘车方案集$\overline{P}_{rs}=\{p_{rs}^2,p_{rs}^4,p_{rs}^6\}$中各有效乘车方案进行购票出行；当又有新的有效乘车方案能力达到饱和时，将进入第 3 个购票阶段，如此继续，直至最后列车出发。上述过程的逆过程就是按照刚才有效乘车方案饱和的顺序所划分的购票阶段进行客流逆分配：首先将旅客选择第 1 个购票各有效乘车方案 p_{rs}^1、p_{rs}^4、p_{rs}^6的客流量分别逆向分配至其对应的吸流区间 $TR(p_{rs}^i)(i=1,4,6)$；接着将旅客选择第 2 个购票阶段各有效乘车方案 p_{rs}^2、p_{rs}^4、p_{rs}^6的客流量分别逆向分配至其对应的吸流区间 $TR(p_{rs}^i)(i=2,4,6)$；然后再将旅客选择第 3 个购票阶段各有效乘车方案的客流量分别逆向分配至其对应的吸流区间，如此持续直至最后一个购票阶段的客流量都被逆向分配。

从上述过程可以看出，由于购票阶段的划分是以乘车方案能力饱和为分界点，不同的乘车方案能力饱和顺序将产生不同的购票阶段划分结果，有些乘车方案在其成为有效乘车方案的该购票阶段就达到能力饱和；而有些乘车方案在成为有效乘车方案的该购票阶段可能能力没有达到饱和，而是持续在若干个购票阶段都是有效乘车方案，由此造成了问题的求解的困难。但是，在众多有效乘车方案饱和的顺序中，基于**假设条件 A2**，旅客以最小广义出行费用原则选择各自的乘车方案，这样就可以确定部分乘车方案之间的能力饱和顺序。

(2)优于关系链

对于高速铁路 OD 对(r,s)间的任意乘车方案 $p_{rs}^k\in P_{rs}$，如果乘车方案 $p_{rs}^k\in P_{rs}(h\neq k)$对于任意 $x\in[T_{rs}^0,T_{rs}^1]$都满足式(3-6)，则基于**假设条件 A1～假设条件 A4** 可以得到：乘车方案 p_{rs}^k只有在乘车方案 p_{rs}^k能力达到饱和之后才可能成为有效乘车方案，也就说由于在整个期望出行时段$[T_{rs}^0,T_{rs}^1]$的所有旅客，其选择 p_{rs}^k的出行费用都比选择 p_{rs}^k低，因此只有当 p_{rs}^k的车票售罄之后，p_{rs}^k的车票才可能被旅客所购买。

$$\theta|x-t_{rs}^k|+c_{rs}^k<\theta|x-t_{rs}^h|+c_{rs}^h\quad(x\in[T_{rs}^0,T_{rs}^1];p_{rs}^k,p_{rs}^h\in P_{rs};(r,s)\in RS)\tag{3-6}$$

于是可以定义乘车方案 p_{rs}^k和 p_{rs}^h之间存在一个优于关系 $p_{rs}^k<p_{rs}^h$，即乘车方案 p_{rs}^k优于乘车方案 p_{rs}^h。根据这个优于关系约束，可以得到旅客对于上述两个乘车方案购票时，它们之间的车票售罄顺序将是 p_{rs}^k的车票售罄时间必定早于 p_{rs}^h。根据乘车方案出行费用的计算公式，式(3-6)可以等价于式(3-7)。

$$\theta|t_{rs}^h-t_{rs}^k|+c_{rs}^k<c_{rs}^h\qquad(p_{rs}^k,p_{rs}^h\in P_{rs};(r,s)\in RS)\tag{3-7}$$

利用式(3-7)可以很方便地确定任意两个乘车方案之间的优于关系。同时，优于关系具有传递属性，即，若乘车方案 p_{rs}^k和 p_{rs}^h之间存在优于关系 $p_{rs}^k<p_{rs}^h$且乘车方案 p_{rs}^h和 p_{rs}^g之间存在优于关系 $p_{rs}^h<p_{rs}^g$，则 $p_{rs}^k<p_{rs}^h<p_{rs}^g$。于是基于优于关系，可以计算得到式(3-8)。

$$p_{rs}^{k_1}<p_{rs}^{k_2}<\cdots<p_{rs}^{k_n}\tag{3-8}$$

当不存在乘车方案 p_{rs}^{k} 满足 $p_{rs}^{k_n}<p_{rs}^{k}$，$p_{rs}^{k}<p_{rs}^{k_1}$ 或者 $p_{rs}^{k_j}<p_{rs}^{k}<p_{rs}^{k_{j+1}}(1\leqslant j<n)$ 时，我们将式(3-8)视为一个优于关系链。同时，如果某个乘车方案跟其他任意乘车方案之间都没有优于关系的话，那么单独的这个乘车方案也视为一个优于关系链。因此，在高速铁路 OD 对(r,s)间的乘车方案集 P_{rs} 中存在多个优于关系链；而所有乘车方案的能力饱和顺序是受优于关系链约束的。我们以优于关系链中乘车方案的数量表示为该优于关系链的长度，并记乘车方案集 P_{rs} 中最长的优于关系链为 L_{rs}，且其中的乘车方案集记为 P_{rs}^{L}，其中的乘车方案数量记为 M。

为了进一步地分析时变需求分布估计问题，我们提出了如下假设：

假设条件 A5：所有期望出行时间的旅客购票是同步连续的且持续整个购票过程；同时，在有效乘车方案的吸流区间内，各个期望出行时间的旅客对该有效乘车方案的购票强度相等。

假设条件 A6：旅客对于最长优于关系链 L_{rs} 的购票将持续整个车票预售期，且整个车票预售期将只被最长优于关系链 P_{rs}^{L} 中的 M 个乘车方案的售票售罄顺序划分为 M 个购票阶段。

需要注意的是，基于上述**假设条件 A5** 和**假设条件 A6**，对于不属于 P_{rs}^{L} 中的乘车方案，它们的能力饱和时刻应该是和上述最长优于关系链 L_{rs} 中的 M 个有效乘车方案能力饱和时刻点中的某一个相同。例如在图 3-3 中，最长优于关系链 L_{rs} 为 $p_{rs}^{1}<p_{rs}^{2}<p_{rs}^{3}$，那么，基于**假设条件 A1～假设条件 A6**，整个购票过程被 p_{rs}^{1}、p_{rs}^{2} 和 p_{rs}^{3} 的能力饱和时刻划分为 3 个购票阶段；对于优于关系链 p_{rs}^{6}，它的能力饱和时刻将会是和 p_{rs}^{1}、p_{rs}^{2} 和 p_{rs}^{3} 中的某一个能力饱和时刻相同，即旅客对于乘车方案 p_{rs}^{6} 进行购票，其车票将在第 1 个购票阶段最后时刻或者第 2 个购票阶段最后时刻或者第 3 个购票阶段的最后时刻售罄。

于是，对于最长优于关系链 L_{rs} 中的任意第 $m(m=1,2,\cdots,M)$ 个乘车方案，它只会在第 m 个购票阶段成为有效乘车方案，且它的能力饱和之后便进入下一个购票阶段；也就是说它的车票只会在第 m 个这一个购票阶段被旅客购买，且在该购票阶段车票售罄；而对于其他不属于 P_{rs}^{L} 的乘车方案，它们可能不只在一个购票阶段是有效乘车方案，即旅客对于它们的购票可能持续不止一个购票阶段。例如，在图 3-3 中，对于乘车方案 p_{rs}^{6} 来说，它可能不只是在第 1 个购票阶段是有效乘车方案，它的车票售罄时刻可以是第 1 个或者第 2 个或者第 3 个购票阶段最后时刻中的任意一个。

对于任意乘车方案 $p_{rs}^{k}\in P_{rs}$，定义其可能成为有效乘车方案的最小购票阶段和最大购票阶段分别为 $\check{m}_{rs}^{k}$ 和 $\hat{m}_{rs}^{k}$。在后续文章中，为了方便表达，我们将 $\check{m}_{rs}^{k}$ 和 $\hat{m}_{rs}^{k}$ 分别简化表述为乘车方案 p_{rs}^{k} 的最小和最大购票阶段。那么显然，若乘车方案 $p_{rs}^{k}\in P_{rs}^{L}$，那么它只在一个购票阶段是有效乘车方案，所以它的最小购票阶段和最大购票阶段相等，即 $\check{m}_{rs}^{k}=\hat{m}_{rs}^{k}$；若 $p_{rs}^{k}\notin P_{rs}^{L}$，那么该乘车方案将可能从它的最小购票阶段 $\check{m}_{rs}^{k}$ 开始，至最大购票阶段 $\hat{m}_{rs}^{k}$ 之间(包括最大购票阶段)的任意一个购票阶段为止都是有效乘车方案。

因此,对于任意乘车方案 $p_{rs}^{k} \in P_{rs}$,设计如下**算法 3.1** 和**算法 3.2** 来分别计算其最小购票阶段$\check{m}_{rs}^{k}$和最大购票阶段$\hat{m}_{rs}^{k}$。

算法 3.1　最小购票阶段划分算法

输入　高速铁路 OD 对(r,s)间的运营时段$[T_{rs}^{0},T_{rs}^{1}]$、乘车方案集 P_{rs};任意 $p_{rs}^{k} \in P_{rs}$的乘车方案费用c_{rs}^{k}和其在车站r的发车时刻t_{rs}^{k};旅客调整期望出行时间的单位时间费率θ。

输出　高速铁路 OD 对(r,s)的购票阶段数M;乘车方案 $p_{rs}^{k} \in P_{rs}$的最小购票阶段$\check{m}_{rs}^{k}$。

开始

　　对于任意 $p_{rs}^{k},p_{rs}^{h} \in P_{rs}$,通过式(3-7)计算它们之间的优于关系;

　　记 $M=0,\check{P}_{rs}(1)=\varnothing$;

　　对于任意乘车方案 $p_{rs}^{k} \in P_{rs}$

　　　　执行 $d^{k}=|\{p_{rs}^{h} \in P_{rs} \mid p_{rs}^{h} < p_{rs}^{k}\}|$;

　　　　若 $d^{k}=0$

　　　　　　则$\check{m}_{rs}^{k}=1,\check{P}_{rs}(1)=\check{P}_{rs}(1) \cup \{p_{rs}^{k}\}$;

　　记 $M=1,\check{P}_{rs}(2)=\varnothing$;

　　若 $|P_{rs}| > \sum_{m=1}^{M} |\check{P}_{rs}(m)|$,循环执行

　　　　开始 1

　　　　　　对于任意 $p_{rs}^{h} < p_{rs}^{k}(p_{rs}^{k} \in P_{rs}) \setminus \bigcup_{m=1}^{M} \check{P}_{rs}(m)(p_{rs}^{h} \in \check{P}_{rs}(M))$

　　　　　　　　若 $d^{k}=1$

　　　　　　　　　　则$\check{m}_{rs}^{k}=M+1,\check{P}_{rs}(M+1)=\check{P}_{rs}(M+1) \cup \{p_{rs}^{k}\}$;

　　　　　　　　否则

　　　　　　　　　　执行 $d^{k}=d^{k}-1$;

　　　　　　$M=M+1,\check{P}_{rs}(M+1)=\varnothing$;

　　　　返回 1

结束

需要注意的是,利用上述最小购票阶段划分算法可以计算得到第 $m(m=1,2,\cdots,M)$个购票阶段的$\check{P}_{rs}(m)=\{p_{rs}^{k} \mid p_{rs}^{k} \in P_{rs},\check{m}_{rs}^{k}=m\}$,于是将其表示为高速铁路 OD 对$(r,s)$间 P_{rs}的最小购票阶段乘车方案集,即$\check{P}_{rs}(1),\check{P}_{rs}(2),\cdots,\check{P}_{rs}(M)$;它将在**算法 3.2** 计算乘车方案 $p_{rs}^{k} \in P_{rs}$的最大购票阶段时用到。

算法 3.2 最大购票阶段划分算法

输入 高速铁路 OD 对(r,s)间的运营时段$[T_{rs}^{0},T_{rs}^{1}]$、乘车方案集 P_{rs}；任意 $p_{rs}^{k}\in P_{rs}$的乘车方案费用c_{rs}^{k}和其在车站r的发车时刻t_{rs}^{k}；旅客调整期望出行时间的单位时间费率θ；最小购票阶段乘车方案集$\check{P}_{rs}(1),\check{P}_{rs}(2),\cdots,\check{P}_{rs}(M)$。

输出 乘车方案 $p_{rs}^{k}\in P_{rs}$的最大购票阶段$\hat{m}_{rs}^{k}$。

开始

对于任意 $p_{rs}^{k},p_{rs}^{h}\in P_{rs}$，通过式(3-8)计算它们之间的优于关系；

记$\hat{P}_{rs}(1)=\varnothing$；

对于任意 $p_{rs}^{k}\in\check{P}_{rs}(1)$，执行$\hat{m}_{rs}^{k}=1,\hat{P}_{rs}(1)=\hat{P}_{rs}(1)\cup\{p_{rs}^{k}\}$；

对于 $m=2,3,\cdots,M$，循环执行

开始 1

记$\hat{P}_{rs}(m)=\varnothing$；

对于任意 $p_{rs}^{k}\in\check{P}_{rs}(m)$

执行$\hat{m}_{rs}^{k}=m,\hat{P}_{rs}(m)=\hat{P}_{rs}(m)\cup\{p_{rs}^{k}\}$；

对于任意 $p_{rs}^{h}\in\hat{P}_{rs}(m-1)$

若不存在 $p_{rs}^{k}\in\check{P}_{rs}(m)$，满足 $p_{rs}^{h}<p_{rs}^{k}$

则执行$\hat{m}_{rs}^{h}=m,\hat{P}_{rs}(m)=\hat{P}_{rs}(m)\cup\{p_{rs}^{h}\}$，

$\hat{P}_{rs}(m-1)=\hat{P}_{rs}(m-1)\backslash\{p_{rs}^{h}\}$；

返回 1

结束

同样，利用上述最大购票阶段划分算法可以计算得到第 $m(m=1,2,\cdots,M)$个购票阶段的$\hat{P}_{rs}(m)=\{p_{rs}^{k}\mid p_{rs}^{k}\in P_{rs},\hat{m}_{rs}^{k}=m\}$，于是将其表示为高速铁路 OD 对$(r,s)$间 P_{rs}的最大购票阶段乘车方案集，即$\hat{P}_{rs}(1),\hat{P}_{rs}(2),\cdots,\hat{P}_{rs}(M)$。

最小购票阶段划分法和最大购票阶段划分法都是划分了 M 个购票阶段，其分别获得了乘车方案可能是有效乘车方案的最小和最大购票阶段序号。

按照最小购票阶段划分算法和最大购票阶段划分算法对于图 3-3 中各个乘车方案进行求解，可以得到图 3-3 中的最小购票阶段乘车方案集和最大购票阶段乘车方案集如下：

$$\check{P}_{rs}(1)=\{p_{rs}^{1},p_{rs}^{4},p_{rs}^{6}\},\check{P}_{rs}(2)=\{p_{rs}^{2},p_{rs}^{5}\},\check{P}_{rs}(3)=\{p_{rs}^{3}\}\tag{3-9}$$

$$\hat{P}_{rs}(1)=\{p_{rs}^{1},p_{rs}^{4}\},\hat{P}_{rs}(2)=\{p_{rs}^{2}\},\hat{P}_{rs}(3)=\{p_{rs}^{3},p_{rs}^{5},p_{rs}^{6}\}\tag{3-10}$$

由于$\check{m}_{rs}^1=\hat{m}_{rs}^1=1$，$\check{m}_{rs}^4=\hat{m}_{rs}^4=1$，所以 p_{rs}^1 和 p_{rs}^4 都只在第 1 个购票阶段是有效乘车方案；而$\check{m}_{rs}^2=\hat{m}_{rs}^2=2$，$\check{m}_{rs}^3=\hat{m}_{rs}^3=3$，所以 p_{rs}^2 和 p_{rs}^3 分别只在第 2 个和第 3 个购票阶段是有效乘车方案；而$\check{m}_{rs}^5=2$，$\hat{m}_{rs}^5=3$，所以 p_{rs}^5 可以在第 2 个购票阶段或者第 2 和第 3 购票阶段是有效乘车方案；而$\check{m}_{rs}^6=1$，$\hat{m}_{rs}^6=3$，所以 p_{rs}^6 可以在第 1 个购票阶段是有效乘车方案，也可以在第 1 和第 2 购票阶段是有效乘车方案，或者在三个购票阶段都是有效乘车方案。

通过上述分析可以看到，由于部分乘车方案成为有效乘车方案可能存在多种情况，因此分别提出了如下两种典型情况来估计时变需求分布。

典型情况 1：对于任意乘车方案 $p_{rs}^k\in P_{rs}$，其都只在最小购票阶段$\check{m}_{rs}^k$ 成为有效乘车方案。

典型情况 2：对于任意乘车方案 $p_{rs}^k\in P_{rs}$，其从其最小购票阶段$\check{m}_{rs}^k$ 至其最大购票阶段$\hat{m}_{rs}^k$ 都成为有效乘车方案。

对于上述任意典型情况，高速铁路旅客时变需求分布估计问题都可以描述为如下步骤：首先，将购票过程划分为若干个购票阶段，同时计算出每一个购票阶段的有效乘车方案；其次，在每一个购票阶段，利用有效乘车方案集将整个期望出行时段$[T_{rs}^0, T_{rs}^1]$划分为若干个吸流区间；然后，在每一个购票阶段，将各个有效乘车方案的旅客购票量逆向分配至其对应的吸流区间来获得该购票阶段的需求分布；最后，将每个购票阶段的需求分布进行加总就获得了整个 OD 对的时变需求分布。

接下来，我们分别基于**典型情况 1** 和**典型情况 2** 设计相应的时变需求分布估计算法。

3.2.2　单购票阶段逆向分配估计法

本节将基于**典型情况 1** 来设计估计时变需求分布的算法，并对其进行算例分析。

(1)单购票阶段逆分配原理

根据典型情况 1，高速铁路 OD 对(r,s)间的 P_{rs} 中所有乘车方案将在其最小购票阶段成为有效乘车方案。记$\overline{P}_{rs}(m)$为第 $m=1,2,\cdots,M$ 个购票阶段的有效乘车方案集，于是基于**假设条件 A1～假设条件 A6** 和**典型情况 1**，各个购票阶段的有效乘车方案集可以通过最小购票阶段划分算法计算得到，于是，可以得到$\overline{P}_{rs}(1)$，$\overline{P}_{rs}(2)$，…，$\overline{P}_{rs}(M)$，其中，$\overline{P}_{rs}(m)=\check{P}_{rs}(m)(m=1,2,\cdots,M)$。

在第 $m=1,2,\cdots,M$ 个购票阶段，记任意乘车方案$\overline{p}_{rs}^i\in\overline{P}_{rs}(m)$的吸流区间为 $t_m(\overline{p}_{rs}^i)$；基于**典型情况 1**，所有乘车方案都只在其最小购票阶段是有效的，也就是它们的车票都在其最小购票阶段售罄；因此，在第 m 个购票阶段，旅客对有效乘车方案$\overline{p}_{rs}^i$ 的购票量就等于它的客流量$\overline{q}_{rs}^i$。我们逆向地将乘车方案$\overline{p}_{rs}^i$ 的购票量$\overline{q}_{rs}^i$ 分配至其在该购票阶段对应的吸流区间 $TR_m(\overline{p}_{rs}^i)$中，其中，$\overline{q}_{rs}^i$ 是均匀地分配至 $TR_m(\overline{p}_{rs}^i)$，以至于在 $TR_m(\overline{p}_{rs}^i)$中会形成一个式(3-11)的分布。

$$Q^i_{rs}(x)=\bar{q}^i_{rs}/|TR_m(\bar{p}^i_{rs})| \quad (x\in TR_m(\bar{p}^i_{rs});\bar{p}^i_{rs}\in \overline{P}_{rs}(m)(m=1,2,\cdots,M)) \tag{3-11}$$

其中，$|TR_m(\bar{p}^i_{rs})|=t_{r,s,i}-t_{r,s,i-1}+1$ 表示吸流区间的时间长度。

对于图 3-3 中的例子来说，单购票阶段逆向分配估计法可以描述为如下操作：首先，基于**假设条件 A1～假设条件 A6** 和**典型情况 1**，通过最小购票阶段划分算法可以得到各个购票阶段有效乘车方案集如下：

$$\overline{P}_{rs}(1)=\check{P}_{rs}(1)=\{p^1_{rs},p^4_{rs},p^6_{rs}\} \tag{3-12}$$

$$\overline{P}_{rs}(2)=\check{P}_{rs}(2)=\{p^2_{rs},p^5_{rs}\} \tag{3-13}$$

$$\overline{P}_{rs}(3)=\check{P}_{rs}(3)=\{p^3_{rs}\} \tag{3-14}$$

然后，在第一个购票阶段，利用式(3-11)将该阶段有效乘车方案 p^1_{rs}、p^4_{rs} 和 p^6_{rs} 的购票量 q^1_{rs}、q^4_{rs} 和 q^6_{rs} 分别均匀分配至其对应的吸流区间 $TR_1(\bar{p}^1_{rs})=TR_1(p^1_{rs})$、$TR_1(\bar{p}^2_{rs})=TR_1(p^4_{rs})$ 和 $TR_1(\bar{p}^3_{rs})=TR_1(p^6_{rs})$ 中，以得到第一个购票阶段的出行需求分布；在第 2 个购票阶段，将该阶段有效乘车方案 p^2_{rs} 和 p^5_{rs} 的购票量 q^2_{rs} 和 q^5_{rs} 分别均匀地分配至其对应的吸流区间 $TR_2(\bar{p}^1_{rs})=TR_2(p^2_{rs})$ 和 $TR_2(\bar{p}^2_{rs})=TR_2(p^5_{rs})$ 中以获得第二个购票阶段的出行需求分布；同样，在第 3 个购票阶段，将该阶段有效乘车方案 p^3_{rs} 的购票量均匀分配至其吸流区间 $TR_3(\bar{p}^1_{rs})=TR_3(p^3_{rs})$ 中以获得该购票阶段的出行需求分布；最后，将三个购票阶段的需求分布相加，便得到了该 OD 对的时变需求分布。

基于**假设条件 A1～假设条件 A6** 和**典型情况 1**，使用最小购票阶段划分算法来计算得到各个购票阶段的有效乘车方案集 $\overline{P}_{rs}(1),\overline{P}_{rs}(2),\cdots,\overline{P}_{rs}(M)$；在任意第 $m=1,2,\cdots,M$ 个购票阶段，对于任意有效乘车方案 $\bar{p}^i_{rs}\in\overline{P}_{rs}(m)$，它的吸流区间 $TR_m(\bar{p}^i_{rs})$ 可以通过其吸流区间和式(3-5)计算获得；于是再通过式(3-11)将 $\bar{p}^i_{rs}$ 的购票量 $\bar{q}^i_{rs}$ 逆向分配至其吸流区间。综上所述，单购票阶段逆向分配估计算法的流程如图 3-3 所示。

基于图 3-4，设计时变需求单购票阶段逆向分配估计算法如下。

算法 3.3 单购票阶段逆向分配估计算法

输入 高速铁路 OD 对 (r,s) 间的运营时段 $[T^0_{rs},T^1_{rs}]$、乘车方案集 P_{rs}；任意 $p^k_{rs}\in P_{rs}$ 的乘车方案费用 c^k_{rs} 和其在车站 r 的发车时刻 t^k_{rs}；旅客调整期望出行时间的单位时间费率 θ；

输出 高速铁路 OD 对 (r,s) 的旅客时变需求分布 $Q_{rs}(x)$，$x\in[T^0_{rs},T^1_{rs}]$。

开始

使用最小购票阶段划分算法计算 P_{rs} 的购票阶段数 M 和最小购票阶段乘车方案 $\check{P}_{rs}(1),\check{P}_{rs}(2),\cdots,\check{P}_{rs}(M)$；

执行 $\overline{P}_{rs}(m)\leftarrow\check{P}_{rs}(m)(m=1,2,\cdots,M)$ 得到各个购票阶段的有效乘车方案集 $\overline{P}_{rs}(1),\overline{P}_{rs}(2),\cdots,\overline{P}_{rs}(M)$；

记 $Q_{rs}(x)\leftarrow 0$，$x\in[T^0_{rs},T^1_{rs}]$；

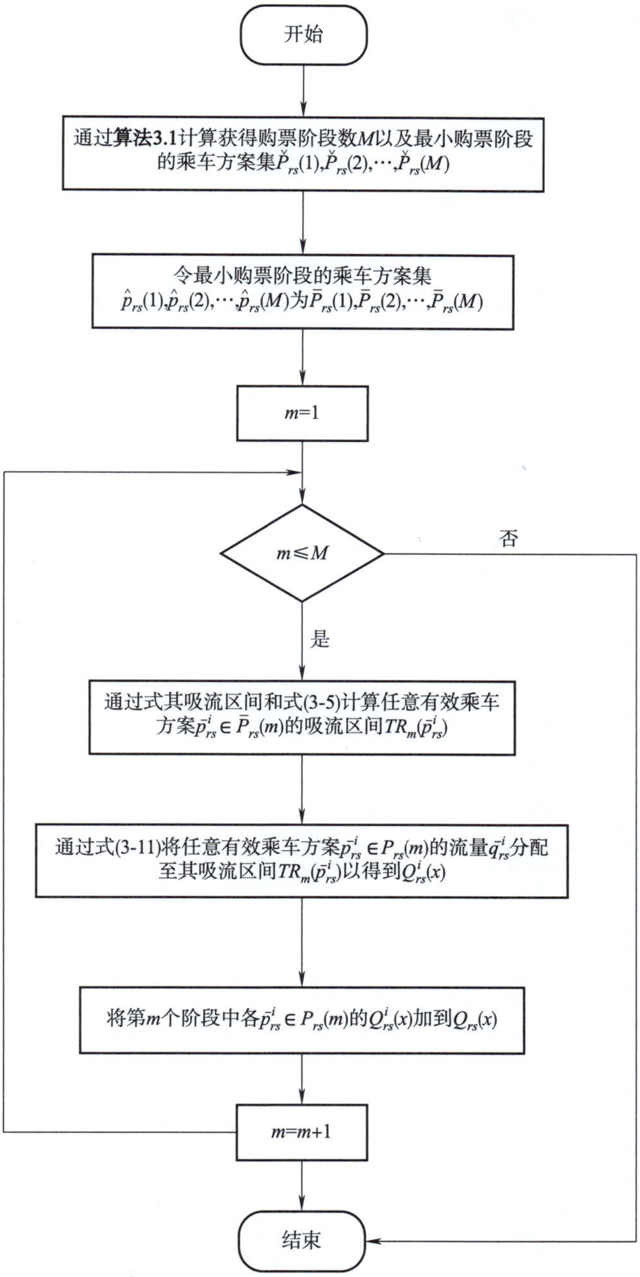

图 3-3　单购票阶段逆向分配估计算法流程

对于 $m=1,2,\cdots,M$，循环执行

开始 1

通过其吸流区间和式(3-5)计算任意有效乘车方案 $\bar{p}_{rs}^i\in\bar{P}_{rs}(m)$ 的吸流区间 $TR_m(\bar{p}_{rs}^i)$；

通过式(3-11)将任意有效乘车方案 $\bar{p}_{rs}^i\in\bar{P}_{rs}(m)$ 的流量 $\bar{q}_{rs}^i$ 分配至其吸流

区间 $TR_m(\overline{p}_{rs}^i)$ 以得到 $Q_{rs}^i(x)$；

执行 $Q_{rs}(x) \leftarrow Q_{rs}(x)+Q_{rs}^i(x), x \in TR_m(\overline{p}_{rs}^i), \overline{p}_{rs}^i \in \overline{P}_{rs}(m)$；

返回 1

结束

(2)单购票阶段逆向分配估计法算例分析

以京沪高铁某日的实际售票数据为例，北京—上海当天共有 34 个乘车方案，任意乘车方案 p_{rs}^k 的发车时间 t_{rs}^k、乘车方案费用 c_{rs}^k 和客流量 q_{rs}^k 见表 3-1。记该 OD 间的运营时段 $[T_{rs}^0, T_{rs}^1]=[6:00, 20:00]$；根据北京市统计年鉴和上海市统计年鉴，北京和上海当年平均收入分别为 7 086 元和 6 504 元，按照每月工作 22 天，每天工作 8 h，换算得到北京和上海居民的平均收入分别为 0.67 元/min 和 0.62 元/min，取两者的平均值作为该 OD 间旅客提前或者推迟期望出行的单位时间费率，即 $\theta=0.65$ 元/min。

表 3-1 京沪高速铁路某日乘车方案数据

p_{rs}^k	t_{rs}^k	c_{rs}^k/元	q_{rs}^k/人	p_{rs}^k	t_{rs}^k	c_{rs}^k/元	q_{rs}^k/人
G101	7:00	761.6	193	G131	12:25	767.6	61
G105	7:36	765.6	21	G133	12:52	765.1	144
G11	8:00	747.6	361	G135	13:02	771.6	238
G107	8:05	753.6	114	G137	13:45	763.6	150
G111	8:35	766.1	52	G3	14:00	737.1	678
G1	9:00	737.1	788	G43	14:05	759.6	193
G113	9:05	755.1	77	G139	14:10	763.6	116
G41	9:17	757.6	103	G141	14:31	764.1	141
G115	9:32	764.1	68	G143	14:36	771.6	35
G117	9:43	772.1	58	G17	15:00	741.1	680
G13	10:00	740.6	571	G145	15:15	769.1	151
G119	10:05	763.1	55	G19	16:00	751.1	550
G121	10:28	772.6	121	G147	16:05	767.6	71
G15	11:00	740.6	676	G149	16:25	772.6	79
G125	11:10	767.6	219	G21	17:00	762.6	238
G411	11:20	766.6	71	G153	17:15	761.1	123
G129	12:15	760.1	180	G157	17:43	763.1	307

在最小购票阶段划分算法的计算过程中，对于任意乘车方案 $p_{rs}^k, p_{rs}^h \in P_{rs}$，利用式(3-8)计算得到它们之间优于关系见表 3-2。

表 3-2　优于关系

优于关系					
G11<G105	G1<G115	G13<G119	G129<G131	G43<G139	G141<G143
G11<G107	G1<G117	G13<G121	G133<G135	G3<G141	G17<G145
G1<G111	G115<G117	G15<G121	G3<G137	G17<G141	G19<G147
G1<G113	G13<G115	G15<G125	G3<G43	G17<G143	G19<G149
G1<G41	G13<G117	G15<G411	G3<G139	G3<G143	

我们使用单购票阶段逆向分配估计方法来计算北京—上海的时变需求分布 $Q_{rs}(x)$，$x \in [6:00, 20:00]$，得到该 OD 的时变需求分布的数值结果见表格 3-3。

表 3-3　单购票阶段逆向分配法的时变需求估计结果

时间段	出行需求量/(人/min)	时间段	出行需求量/(人/min)
[6:00,7:19)	2.8	[11:53,12:37)	5.9
[7:19,7:41)	6.1	[12:37,12:47)	7.2
[7:41,8:22)	8.2	[12:47,13:04)	14
[8:22,8:30)	13.6	[13:04,13:17)	16.3
[8:30,8:42)	15.6	[13:17,13:52)	12.6
[8:42,9:13)	13.7	[13:52,14:21)	15
[9:13,9:30)	17.3	[14:21,14:29)	12.3
[9:30,9:33)	15	[14:29,14:33)	11.6
[9:33,9:48)	14	[14:33,14:57)	14.5
[9:48,10:24)	11.7	[14:57,15:38)	14.2
[10:24,10:30)	15.9	[15:38,15:39)	12.7
[10:30,10:45)	14.2	[15:39,16:19)	10.9
[10:45,11:14)	16	[16:19,16:39)	9.5
[11:14,11:50)	10.2	[16:39,17:06)	9.3
[11:50,11:52)	10.8	[17:06,17:31)	5.4
[11:52,11:53)	6.6	[17:31,20:00]	2.5

对上述的时变需求分布结果进行多项式拟合，可以得到北京—上海间的时变需求分布曲线如图 3-4 所示。该结果表明：北京—上海间早晚的高速铁路旅客出行需求都相对较低，大概 7:30 以前和 17:30 以后，出行需求略高于 2 人/min；在白天出行需求有所上升，其中 9:00—11:00 和 14:00—16:00 是两个出行需求高峰期，最高出行需求在 15 人/min 左右；而 12:00 附近有一个相对的出行需求低谷，其出行需求略低于 10 人/min，可能是由于临近午餐时间而使得出行需求下降。

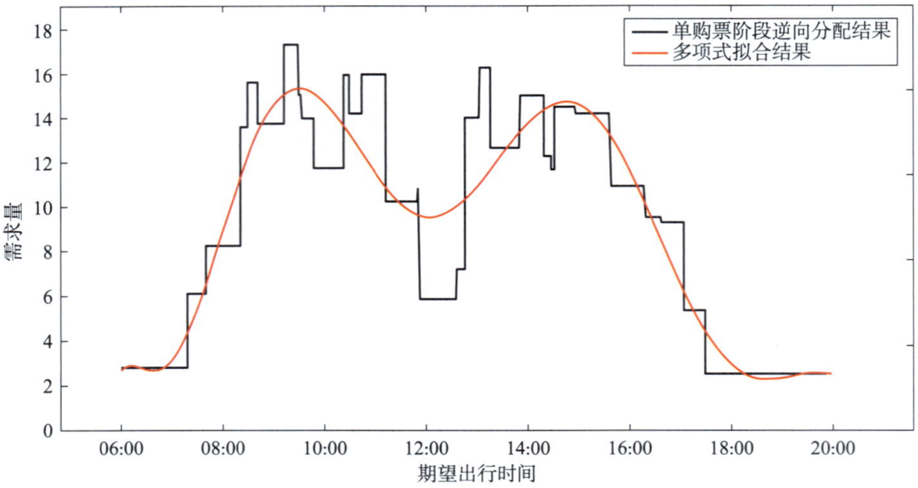

图 3-4　北京—上海时变需求估计单购票阶段逆向分配结果拟合效果示意

3.2.3　多购票阶段逆向分配估计法

(1)多购票阶段逆向分配原理

上述单购票阶段逆向分配法是基于**典型情况 1**，每个乘车方案的流量都逆向分配至其最小购票阶段的吸流区间中的。接下来将基于**典型情况 2** 设计多购票阶段逆向分配估计法，具体思路如下：首先，通过确定每一个乘车方案在哪些购票阶段是有效的，以此得到各个购票阶段的有效乘车方案集；然后，运用屋顶模型确定每一个购票阶段的有效乘车方案的吸流区间；最后，将各乘车方案的客流量等强度的逆分配至其在各个购票阶段的吸流区间。如此获得的各个购票阶段的客流逆分配结果的叠加，就是求解的时变需求分布。

根据**典型情况 2**，乘车方案 $p_{rs}^k \in P_{rs}$ 将在购票阶段 $\check{m}_{rs}^k, \check{m}_{rs}^k+1, \cdots, \hat{m}_{rs}^k$ 都是有效乘车方案，于是，第 $m=1,2,\cdots,M$ 个购票阶段的有效乘车方案集 $\overline{P}_{rs}(m)$ 可以用式(3-15)计算。

$$\overline{P}_{rs}(m)=\bigcup_{j=1}^{m}\check{P}_{rs}(j)\cap\bigcup_{j=m}^{M}\hat{P}_{rs}(j)\quad (m=1,2,\cdots,M;(r,s)\in RS) \tag{3-15}$$

于是可以得到各个购票阶段的有效乘车方案集 $\overline{P}_{rs}(1), \overline{P}_{rs}(2), \cdots, \overline{P}_{rs}(M)$，其中 $\overline{P}_{rs}(m)=\{p_{rs}^k \in P_{rs} \mid \check{m}_{rs}^k \leqslant m \leqslant \hat{m}_{rs}^k\}, m=1,2,\cdots,M$。

对于任意乘车方案 $p_{rs}^k \in P_{rs}$，它的客流量 q_{rs}^k 均匀地分配至其在所有购票阶段 $\check{m}_{rs}^k, \check{m}_{rs}^k+1, \cdots, \hat{m}_{rs}^k$ 的吸流区间中，即在第 $m=1,2,\cdots,M$ 个购票阶段中，有效乘车方案 $\overline{p}_{rs}^i \in \overline{P}_{rs}(m)$ 的购票量是其客流量 q_{rs}^k 的一个比例，这个比例等于该有效乘车方案在第 m 个购票阶段中吸流区间长度 $|TR_m(\overline{p}_{rs}^i)|$ 占该乘车方案在所有购票阶段中吸流区间总长度 $\sum_{j=\check{m}_{rs}^i}^{\hat{m}_{rs}^i} |TR_j(\overline{p}_{rs}^i)|$ 的

比例。因此，在第 $m(\check{m}_{rs}^{i}\leqslant m\leqslant\hat{m}_{rs}^{i})$个购票阶段，有效乘车方案 p_{rs}^{k} 的购票量 $\bar{q}_{rs}^{i}\mid TR_{m}(\bar{p}_{rs}^{i})\mid/\sum_{j=\check{m}_{rs}^{i}}^{\hat{m}_{rs}^{i}}\mid TR_{j}(\bar{p}_{rs}^{i})\mid$ 被均匀地逆分配至其吸流区间 $TR_{m}(\bar{p}_{rs}^{i})$内，于是在 $TR_{m}(\bar{p}_{rs}^{i})$内由 p_{rs}^{k} 的客流量逆分配所形成的出行需求可以表示为式(3-16)。

$$Q_{rs}^{i}(m,x)=q_{rs}^{i}/\sum_{j=\check{m}_{rs}^{i}}^{\hat{m}_{rs}^{i}}\mid TR_{j}(\bar{p}_{rs}^{i})\mid,$$

$$x\in TR_{m}(\bar{p}_{rs}^{i}),\bar{p}_{rs}^{i}\in\bar{P}_{rs}(m)\quad(m=1,2,\cdots,M;\check{m}_{rs}^{i}\leqslant m\leqslant\hat{m}_{rs}^{i};(r,s)\in RS)\tag{3-16}$$

式中　$\mid TR_{j}(\bar{p}_{rs}^{i})\mid=t_{r,s,i}-t_{r,s,i-1}+1$ 表示 $TR_{j}(\bar{p}_{rs}^{i})$的时间长度。

于是，关于图 3-2 中多购票阶段逆向分配法可以描述为如下：基于**假设条件 A1～假设条件 A6** 和**典型情况 2**，对图 3-2 的乘车方案集按照最小购票阶段划分法可以得到最小购票阶段乘车方案

$$\check{P}_{rs}(1)=\{p_{rs}^{1},p_{rs}^{4},p_{rs}^{6}\},\check{P}_{rs}(2)=\{p_{rs}^{2},p_{rs}^{5}\},\check{P}_{rs}(3)=\{p_{rs}^{3}\}\tag{3-17}$$

按照最大购票阶段划分法可以得到最大购票阶段乘车方案

$$\hat{P}_{rs}(3)=\{p_{rs}^{3},p_{rs}^{5},p_{rs}^{6}\},\hat{P}_{rs}(2)=\{p_{rs}^{2},p_{rs}^{4}\},\hat{P}_{rs}(1)=\{p_{rs}^{1}\}\tag{3-18}$$

于是基于**典型情况 2** 按照式(3-15)所得到的各个购票阶段有效乘车方案集为

$$\bar{P}_{rs}(1)=\bigcup_{j=1}^{1}\check{P}_{rs}(j)\cap\bigcup_{j=1}^{3}\hat{P}_{rs}(j)=\{p_{rs}^{1},p_{rs}^{4},p_{rs}^{6}\}\tag{3-19}$$

$$\bar{P}_{rs}(2)=\bigcup_{j=1}^{2}\check{P}_{rs}(j)\cap\bigcup_{j=2}^{3}\hat{P}_{rs}(j)=\{p_{rs}^{2},p_{rs}^{5},p_{rs}^{6}\}\tag{3-20}$$

$$\bar{P}_{rs}(3)=\bigcup_{j=1}^{3}\check{P}_{rs}(j)\cap\bigcup_{j=3}^{3}\hat{P}_{rs}(j)=\{p_{rs}^{3},p_{rs}^{5},p_{rs}^{6}\}\tag{3-21}$$

在第一个购票阶段，有效乘车方案集$\bar{P}_{rs}(1)=\{p_{rs}^{1},p_{rs}^{4},p_{rs}^{6}\}$，利用式(3-16)可以计算得到第 1 个购票阶段的需求分布，即均匀地将 p_{rs}^{1}、p_{rs}^{4}和 p_{rs}^{6} 的购票量 q_{rs}^{1}、q_{rs}^{4}和 $q_{rs}^{6}\mid TR_{1}(p_{rs}^{6})\mid/\sum_{j=1}^{3}\mid TR_{j}(p_{rs}^{6})\mid$ 分配至其对应的吸流区间 $TR_{1}(p_{rs}^{1})$、$TR_{1}(p_{rs}^{4})$和 $TR_{1}(p_{rs}^{6})$；在第二个购票阶段，有效乘车方案集$\bar{P}_{rs}(2)=\{p_{rs}^{2},p_{rs}^{5},p_{rs}^{6}\}$，同样利用式(3-16)可以计算得到第 2 个购票阶段的需求分布，即均匀地将 p_{rs}^{2}、p_{rs}^{5}和 p_{rs}^{6}的购票量q_{rs}^{2}、$q_{rs}^{5}\mid TR_{2}(p_{rs}^{5})\mid/\sum_{j=2}^{3}\mid TR_{j}(p_{rs}^{5})\mid$ 和 $q_{rs}^{6}\mid TR_{2}(p_{rs}^{6})\mid/\sum_{j=1}^{3}\mid TR_{j}(p_{rs}^{6})\mid$ 分配至其对应的吸流区间 $TR_{2}(p_{rs}^{2})$、$TR_{2}(p_{rs}^{5})$和 $TR_{2}(p_{rs}^{6})$；接着，在第三个购票阶段，有效乘车方案集$\bar{P}_{rs}(3)=\{p_{rs}^{3},p_{rs}^{5},p_{rs}^{6}\}$，均匀地将购票量 q_{rs}^{3}、$q_{rs}^{5}\mid TR_{3}(p_{rs}^{5})\mid/\sum_{j=2}^{3}\mid TR_{j}(p_{rs}^{5})\mid$ 和 $q_{rs}^{6}\mid TR_{3}(p_{rs}^{6})\mid/\sum_{j=1}^{3}\mid TR_{j}(p_{rs}^{6})\mid$ 分配至其对应的吸流区间 $TR_{3}(p_{rs}^{3})$、$TR_{3}(p_{rs}^{5})$和 $TR_{3}(p_{rs}^{6})$；最后，将前面所计算得到的各个购票阶段的需求分布相加便得到了该 OD 对的时变需求分布。

于是，基于**假设条件 A1～假设条件 A6** 和**典型情况 2**，通过最小购票阶段划分算法和最大购票阶段划分算法，我们可以分别得到最小购票阶段乘车方案集$\check{P}_{rs}(1),\check{P}_{rs}(2),\cdots,\check{P}_{rs}(M)$和最大购票阶段乘车方案集$\hat{P}_{rs}(1),\hat{P}_{rs}(2),\cdots,\hat{P}_{rs}(M)$；接着，利用式(3-15)可以得到各个购票阶段的有效乘车方案集$\overline{P}_{rs}(1),\overline{P}_{rs}(2),\cdots,\overline{P}_{rs}(M)$；在任意第 $m=1,2,\cdots,M$ 个购票阶段，对于任意有效乘车方案$\overline{p}_{rs}^{i}\in\overline{P}_{rs}(m)$，可以通过屋顶模型，即其吸流区间和式(3-15)来计算 $\overline{p}_{rs}^{i}$ 在该购票阶段的吸流区间 $TR_m(\overline{p}_{rs}^{i})$；然后利用式(3-16)将 $\overline{p}_{rs}^{i}$ 的客流 $\overline{q}_{rs}^{i}\mid TR_m(\overline{p}_{rs}^{i})\mid/\sum\limits_{j=\check{m}_{rs}^{i}}^{\hat{m}_{rs}^{i}}\mid TR_j(\overline{p}_{rs}^{i})\mid$ 均匀分配至其吸流区间 $TR_m(\overline{p}_{rs}^{i})$；最后将各个购票阶段计算的需求分布相加便得到了该 OD 的时变需求分布。根据上述思想，设计了多购票阶段逆向分配算法，其流程图如图 3-5 所示。

综上所述，设计时变需求分布估计多购票阶段逆向分配算法如下：

算法 3.4　时变需求估计多购票阶段逆分配法

输入　高速铁路 OD 对(r,s)间的运营时段$[T_{rs}^{0},T_{rs}^{1}]$和乘车方案集 P_{rs}，乘车方案 $p_{rs}^{k}\in P_{rs}$ 在 r 站的发车时刻 t_{rs}^{k}、费用 c_{rs}^{k} 和客流量 q_{rs}^{k}。

输出　OD 对(r,s)间的时变需求 $Q_{rs}(x)(x\in[T_{rs}^{0},T_{rs}^{1}])$。

开始

　　由最小购票阶段划分法计算得到 P_{rs} 的购票阶段数 M 和最小购票阶段乘车方案$\check{P}_{rs}(1),\check{P}_{rs}(2),\cdots,\check{P}_{rs}(M)$；

　　由最大购票阶段划分法计算得到 P_{rs} 的最大购票阶段乘车方案$\hat{P}_{rs}(1),\hat{P}_{rs}(2),\cdots,\hat{P}_{rs}(M)$；

　　利用式(3-15)由最小购票阶段划分和最大购票阶段划分生成各个购票阶段的有效乘车方案集$\overline{P}_{rs}(1),\overline{P}_{rs}(2),\cdots,\overline{P}_{rs}(M)$；

　　记 $Q_{rs}(x)=0$；

　　对于 $m=1,2,\cdots,M$，循环执行

　开始 1

　　　利用其吸流区间和式(3-4)求解任意有效乘车方案$\overline{p}_{rs}^{i}\in\overline{P}_{rs}(m)$的吸流区间 $TR_m(p_{rs}^{k})$；

　　　利用式(3-16)求解逆分配客流量 $Q_{rs}^{i}(m,x),x\in TR_m(\overline{p}_{rs}^{i}),\overline{p}_{rs}^{i}\in\overline{P}_{rs}(m)$；

　　　执行 $Q_{rs}(x)\leftarrow Q_{rs}(x)+Q_{rs}^{i}(m,x),x\in TR_m(\overline{p}_{rs}^{i}),\overline{p}_{rs}^{i}\in\overline{P}_{rs}(m)$；

　返回 1

结束

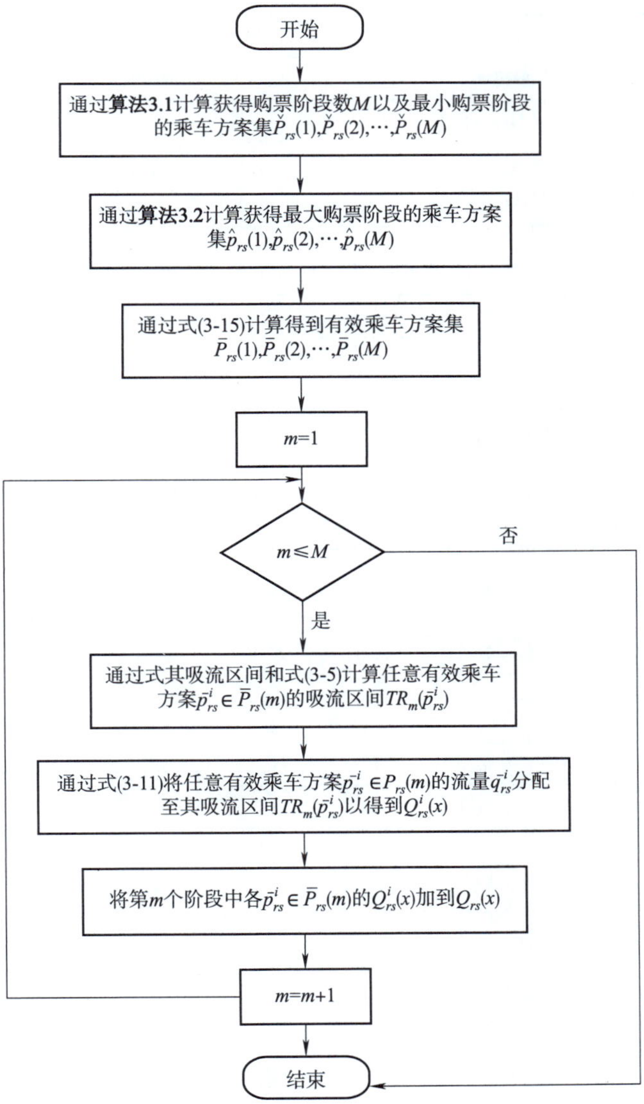

图 3-5　多购票阶段逆向分配算法流程

(2)多购票阶段逆向分配估计法算例分析

同样以京沪高铁某 OD 时变需求估计为例，其参数设置和 3.2.2 节相同。通过最小购票阶段划分算法和最大购票阶段划分算法计算得到的最小购票阶段乘车方案集和最大购票阶段乘车方案集（表 3-4）。基于最小购票阶段乘车方案集和最大购票阶段乘车方案集，利用式（3-15）计算得到各个购票阶段的有效乘车方案集见表 3-5。可以看到，整个连续的购票过程被划分为 3 个购票阶段。表 3-6 给出了该 OD 各个时段的估计结果。

表 3-4　最大购票阶段乘车方案集表

购票阶段	有效乘车方案
$\hat{P}_{rs}(1)$	G11,G1,G13,G15,G129,G133,G3,G17,G19
$\hat{P}_{rs}(2)$	G115,G43,G141
$\hat{P}_{rs}(3)$	G101,G105,G107,G111,G113,G41,G117,G119,G121,G125,G411,G131,G135,G137,G139,G143,G145,G147,G149,G21,G153,G157

表 3-5　各个购票阶段有效乘车方案集表

购票阶段	有效乘车方案集
$\overline{P}_{rs}(1)$	G101,G11,G1,G13,G15,G129,G133,G3,G17,G19,G21,G153,G157
$\overline{P}_{rs}(2)$	G101,G105,G107,G111,G113,G41,G115,G119,G121,G125,G411,G131,G135,G137,G43,G141,G145,G147,G149,G21,G153,G157
$\overline{P}_{rs}(3)$	G101,G105,G107,G111,G113,G41,G117,G119,G121,G125,G411,G131,G135,G137,G139,G143,G145,G147,G149,G21,G153,G157

表 3-6　时变需求估计多购票阶段逆向分配结果表

时段	需求量/(人/min)	时段	需求量/(人/min)
[6:00,7:19)	2.4	[12:37,12:47)	6.5
[7:19,7:21)	7.3	[12:47,13:04)	13.3
[7:21,7:41)	6.8	[13:04,13:17)	15.6
[7:41,8:22)	8.1	[13:17,13:52)	11.6
[8:22,8:30)	13.4	[13:52,13:57)	16.3
[8:30,8:42)	15.4	[13:57,14:21)	17.9
[8:42,9:13)	13.6	[14:21,14:29)	15.2
[9:13,9:30)	15.7	[14:29,14:33)	12.9
[9:30,9:33)	17.2	[14:33,14:54)	15.8
[9:33,9:41)	16.1	[14:54,14:57)	16.1
[9:41,9:47)	23.5	[14:57,15:38)	13.9
[9:47,9:48)	14.5	[15:38,15:39)	12.5
[9:48,10:24)	11.5	[15:39,16:19)	10.8
[10:24,10:30)	15.8	[16:19,16:35)	14
[10:30,10:45)	14	[16:35,16:39)	14.4
[10:45,11:14)	15.8	[16:39,17:06)	8
[11:14,11:52)	10.1	[17:06,17:31)	4.9
[11:52,11:53)	5.8	[17:31,20:00]	2.1
[11:53,12:37)	5.1		

对上述时变需求估计多购票阶段逆向分配结果进行多项式拟合，得到北京—上海间的

时变需求曲线如图3-6所示。可以看出,时变需求估计多购票阶段逆向法所得到的出行需求分布和单购票阶段逆向分配法所获得的出行需求分布的波动趋势是基本一致的:北京—上海间,早晚的高速铁路旅客出行需求都相对较低,大概7:30以前和17:30以后,出行需求只是略高于2人/min;在白天出行需求有所上升,其中9:00—11:00和14:00—16:00是两个出行需求高峰期,最高出行需求在15人/min左右;而12:00附近有一个相对的出行需求低谷,其出行需求略低于10人/min,可能是由于临近午餐时间而使得出行需求下降。

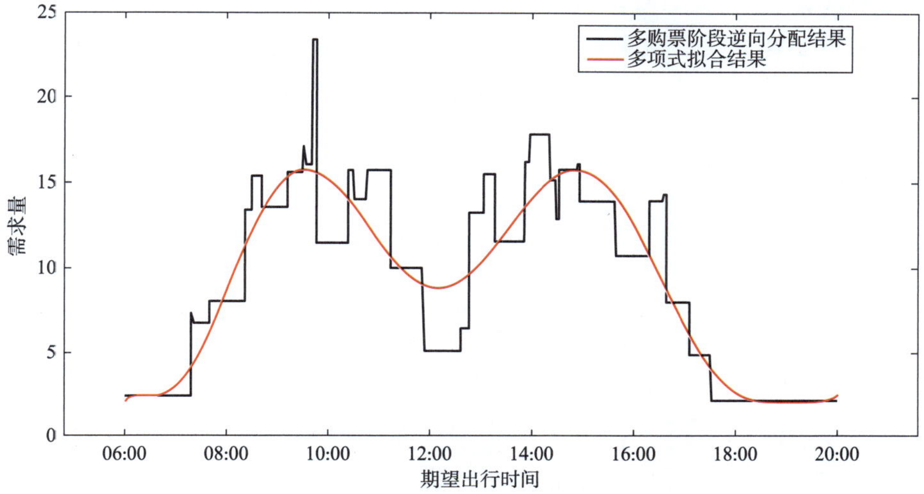

图3-6 北京—上海多购票阶段逆向分配估计结果拟合效果示意

3.3 时变需求分布的最大熵估计法

上述第3.3节是基于乘车方案流量,采用模拟高速铁路旅客购票选择的方式来获得乘车方案能力饱和的顺序,以此推算旅客的期望出行时间范围来估计高速铁路时变需求分布;本节将结合3.2.1节有效乘车方案和3.2.2节的旅客购票选择过程,通过从售票系统中直接提取出高速铁路旅客的购票操作信息,并根据各乘车方案在预售期的状态来估计高速铁路旅客的时变需求分布。需要注意的是,本节并不是精确的估计每一个旅客的期望出行时刻,而是通过从购票系统中提取旅客的购票操作信息,来估计旅客的期望出行时间范围,并据此设计了最大熵模型来估计时变需求分布。

3.3.1 当前可用乘车方案集及购票操作链

(1)当前可用乘车方案集

记高速铁路OD对(r,s)间乘车方案集P_{rs}的车票预售期记为$[\widetilde{T}_{rs}^{0},\widetilde{T}_{rs}^{1}]$,该预售期也就

是(r,s)间所有高速铁路出行旅客的整个购票期，它可以被某一单位时间 $\tilde{\tau}$ 离散化为 $\tilde{n}$ 个相等的时间间隔，即 $\tilde{\tau}=\dfrac{\widetilde{T}_{rs}^{1}-\widetilde{T}_{rs}^{0}}{\tilde{n}}$，$\widetilde{T}_{rs}^{1}=\widetilde{T}_{rs}^{0}+\tilde{n}\tilde{\tau}$，于是乘车方案集 P_{rs} 的车票预售期也可以表示为$[1,2,\cdots,\tilde{n}]$，并且 $\tilde{\tau}$ 可以是一个足够小的单位时间以使得在任何时间间隔内最多只有一次旅客购票操作（订票、退票等）。对于任意乘车方案 $p_{rs}^{k}\in P_{rs}$，它的车票在车票预售期 $y\in[1,2,\cdots,\tilde{n}]$时有两种状态，即可售状态和不可售状态；若该乘车方案在 y 时，所有车票都已经售罄或者还没有被运营管理部门分配，那么它的车票是不可售状态；否则，则为可售状态。记 $g_{rs}^{k}(y)$为乘车方案 $p_{rs}^{k}\in P_{rs}$ 在车票预售期 y 时的车票状态，它可以用式(3-22)表示。

$$g_{rs}^{k}(y)=\begin{cases}1,\text{在预售期 } y \text{ 时 } p_{rs}^{k} \text{ 的车票是可售状态}\\0,\text{其他}\end{cases}\tag{3-22}$$

于是在预售期 $y\in[1,2,\cdots,\tilde{n}]$时，当前车票是可售状态的乘车方案集 $P_{rs}^{a}(y)$，即当前可用乘车方案集，可以通过式(3-23)计算获得。

$$P_{rs}^{a}(y)=\{p_{rs}^{k}\mid g_{rs}^{k}(y)=1,p_{rs}^{k}\in P_{rs}\}\quad(y\in[0,1,\cdots,\tilde{n}])\tag{3-23}$$

由于铁路售票系统记录了各 OD 间各乘车方案在车票预售期内任意时刻的剩余车票数量，所以 $g_{rs}^{k}(y)$和 $P_{rs}^{a}(y)(y\in[1,2,\cdots,\tilde{n}])$便可以通过铁路售票系统提取数据得到。

乘车方案 $p_{rs}^{k}\in P_{rs}$ 的车票状态 $g_{rs}^{k}(y)$和当前可用乘车方案集 $P^{a}(y)$反映了高速铁路 OD 对(r,s)在预售期 $y\in[1,2,\cdots,\tilde{n}]$时的车票供给状态。

(2)旅客购票操作链

在车票预售期内，旅客对于各个乘车方案的购票行为可以概括为：购票、退票和改签这三种购票操作，其中车票改签操作可以视为是退票操作和购票操作的组合。于是，我们只需要用购票和退票这两种操作就可以表达所有的旅客购票行为。在实际售票过程中，旅客的每次购票操作信息都会被记录在铁路售票系统中，这些信息具体包括：每次购票操作（购票或退票）的时间、该车票的出行起点站和终点站，列车车次号、席位号、旅客的身份信息（姓名和身份证号/护照号）等。另外，旅客可能不止一个购票操作，例如某旅客可能购票、退票之后再购票等。上述的这些信息都是被记录在铁路售票系统中的，那么接下来，可引入“购票操作链”来描述各个旅客的购票操作行为。

对于任意旅客，若该旅客只有一个在预售期 $y\in[1,2,\cdots,\tilde{n}]$时刻对于乘车方案 $p_{rs}^{k}\in P_{rs}$ 的购票操作，那么该旅客的购票操作链 TOC 就只有一个购票操作 $\boldsymbol{b}$，其包括乘车方案 p_{rs}^{k}、旅客的购票时间 y 和该乘车方案对应的车票费用 f_{rs}^{k}，其表示为式(3-24)。

$$\text{TOC}=\{\boldsymbol{b}\}=\begin{Bmatrix}p_{rs}^{k}\\y\\f_{rs}^{k}\end{Bmatrix}\tag{3-24}$$

若某旅客在预售期 $y\in[1,2,\cdots,\tilde{n}]$对于乘车方案 $p_{rs}^{k}\in P_{rs}$ 有一个购票操作，同时该旅客在

预售期 $y'\in[1,2,\cdots,\tilde{n}]$（$y'>y$）时对 p_{rs}^{k} 有一个退票操作，即该旅客先对 p_{rs}^{k} 购票再退票，那么该旅客的购票操作链 TOC 就包括一个购票操作 $\boldsymbol{b}$ 和一个退票操作 $\boldsymbol{c}$，可以用式(3-25)表示。

$$\text{TOC}=\{\boldsymbol{b},\boldsymbol{c}\}=\begin{Bmatrix} p_{rs}^{k} & p_{rs}^{k} \\ y & y' \\ f_{rs}^{k} & e_{rs}^{k}(y') \end{Bmatrix} \tag{3-25}$$

式中，$e_{rs}^{k}(y')$ 表示乘车方案 p_{rs}^{k} 在预售期 y' 的退票价格，于是 p_{rs}^{k} 在预售期 y' 的退票惩罚费用可以表示为 $l^{k}(y')=f_{rs}^{k}-e_{rs}^{k}(y')$。

若某旅客首先在预售期 $y_1\in[1,2,\cdots,\tilde{n}]$ 对于乘车方案 $p_{rs}^{k_1}\in P_{rs}$ 有一个购票操作，然后该旅客在预售期 y_0（$y_0>y_1$）将上述车票改签到了乘车方案 $p_{rs}^{k_0}\in P_{rs}$，那么该旅客的改签操作可以视为一个退票操作和一个再购票操作。于是该旅客的购票操作链 TOC 就包括购票操作 $\boldsymbol{b}_1$、退票操作 $\boldsymbol{c}_1$ 和购票操作 $\boldsymbol{b}_0$，可以用式(3-26)表示。

$$\text{TOC}=\{\boldsymbol{b}_1,\boldsymbol{c}_1,\boldsymbol{b}_0\}=\begin{Bmatrix} p_{rs}^{k_1} & p_{rs}^{k_1} & p_{rs}^{k_0} \\ y_1 & y'_1 & y_0 \\ f_{rs}^{k_1} & e_{rs}^{k_1}(y'_1) & f_{rs}^{k_0} \end{Bmatrix} \tag{3-26}$$

式中，若 $y'_1=y_0$，则($\boldsymbol{c}_1$，$\boldsymbol{b}_0$)表示该旅客进行的是改签操作；否则，($\boldsymbol{c}_1$，$\boldsymbol{b}_0$)表示该旅客先执行一个针对乘车方案 $p_{rs}^{k_1}$ 的退票操作 $\boldsymbol{c}_1$，然后在预售期 y_0 对乘车方案 $p_{rs}^{k_0}$ 进行一个购票操作。

根据上述分析可以得到，任意旅客的购票操作链 TOC 可以被描述为其在预售期内一串购票或者退票的操作记录。因此，任意旅客的购票操作链 TOC 可以表示为式(3-27)或式(3-28)。

$$\text{TOC}=\{\boldsymbol{b}_M,\boldsymbol{c}_M,\boldsymbol{b}_{M-1},\boldsymbol{c}_{M-1},\cdots,\boldsymbol{b}_m,\boldsymbol{c}_m,\cdots,\boldsymbol{b}_1,\boldsymbol{c}_1,\boldsymbol{b}_0\} \tag{3-27}$$

$$\text{TOC}=\{\boldsymbol{b}_M,\boldsymbol{c}_M,\boldsymbol{b}_{M-1},\boldsymbol{c}_{M-1},\cdots,\boldsymbol{b}_m,\boldsymbol{c}_m,\cdots,\boldsymbol{b}_1,\boldsymbol{c}_1,\boldsymbol{b}_0,\boldsymbol{c}_0\} \tag{3-28}$$

式中，$\boldsymbol{b}_m$ 和 $\boldsymbol{c}_m$ 是表示针对同一个乘车方案 $p_{rs}^{k_m}$ 的购票操作；且式(3-27)和式(3-28)中任意 $m\in\{M,M-1,\cdots1\}$，均满足 $y_m<y_{m-1}$，$y_m<y'_m$；同时式(3-28)中满足 $y_0<y'_0$。需要注意的是，在上述式(3-27)和式(3-28)中，$\boldsymbol{b}_M$ 是旅客的第一个购票操作，而 $\boldsymbol{b}_0$ 或者 $\boldsymbol{c}_0$ 是旅客的最后一个购票操作。式(3-27)表示旅客最终选择 $\boldsymbol{b}_0$ 所对应的乘车方案出行，而式(3-28)表示旅客最终没有出行。因此，在进行时变需求分布估计时，可以忽略购票操作链是式(3-28)的旅客，而仅仅只考虑式(3-27)的旅客。同时，若 $M=0$，则式(3-28)等价于式(3-24)；若 $M=1$，则式(3-28)等价于式(3-26)。

需要注意的是，上述式(3-27)所表示的旅客购票操作链是从车站 r 至车站 s 的一次出行，即旅客最终是基于最后一个购票操作 $\boldsymbol{b}_0$ 所对应的乘车方案出行。在实际高速铁路运输过程中，OD 对(r，s)间，绝大部分旅客在一天内是只有一次从车站 r 至车站 s 的高速铁路出行，但如果极少量的旅客在一天内有超过一次的高速铁路出行，那么我们就将这种情况视为“多个旅客”，其中每个旅客只有一次出行。例如，若某旅客在一天内有高速铁路 OD 对

(r,s)之间的两次出行，即分别基于购票操作 $\boldsymbol{b}_0$ 和$\bar{\boldsymbol{b}}_0$ 所对应的乘车方案出行，那么可把该旅客视为两个单次购票操作的“旅客”，他们的购票操作链分别为 $\mathrm{TOC}_1=\{\boldsymbol{b}_0\}$和$\mathrm{TOC}_2=\{\bar{\boldsymbol{b}}_0\}$。虽然这样的处理可能会对估计时变需求分布产生一定的误差，但可认为旅客在高速铁路OD间的出行是属于城际间出行，出行距离相对较长，因此极少有旅客会在一天内多次出行，这种处理所带来的误差可以忽略不计。

综上所述，式(3-27)所描述的旅客购票操作链可以从铁路售票系统中提取获得，同时，当前可用乘车方案集 $P_{rs}^a(y)$，$y\in[1,2,\cdots,\tilde{n}]$、乘车方案 p_{rs}^k 在车站 r 的发车时刻 t_{rs}^k 和 p_{rs}^k 的车票费用 f_{rs}^k 都可以从铁路售票系统中提取得到。那么接下来，可基于这些信息来估计高速铁路旅客的时变需求分布。

3.3.2 旅客期望出行时间范围推算

在本章的第 3.2 节介绍过，通过屋顶模型可以确定高速铁路 OD 对(r,s)之间任意期望出行时间点的旅客所选择的最优乘车方案，进而得到高速铁路 OD 间的有效乘车方案集 $\bar{P}_{rs}$。于是在本节，我们将逆向利用屋顶模型，通过旅客所选择的有效乘车方案并结合旅客的购票操作链来推算旅客的期望出行时间范围。

给定当前可用乘车方案集 $P_{rs}^a(y)\subseteq P$，$y\in[1,2,\cdots,\tilde{n}]$以及任意乘车方案 $p_{rs}^k\in P_{rs}^a(y)$ 的费用 c_{rs}^k，基于屋顶模型，利用式(3-3)可以计算得到当前的有效乘车方案集$\bar{P}_{rs}(y)=\{\bar{p}_{rs}^1,\bar{p}_{rs}^2,\cdots,\bar{p}_{rs}^i,\cdots,\bar{p}_{rs}^I\}$，并通过其吸流区间和式(3-5)可以计算得到乘车方案 $p_{rs}^k=\bar{p}_{rs}^i\in\bar{P}_{rs}(y)$ 的吸流区间 $TR(p_{rs}^k(y))=TR(\bar{p}_{rs}^i)$；若 p_{rs}^k 在当前不是有效乘车方案，即 $p_{rs}^k\notin\bar{P}_{rs}(y)$，则记该乘车方案的吸流区间 $TR(p_{rs}^k(y))=\varnothing$。于是，给定当前可用乘车方案集 $P_{rs}^a(y)\subseteq P_{rs}(y\in[1,2,\cdots,\tilde{n}])$以及其对应的乘车方案费用集 $C(P_{rs}^a(y))$，对于任意 $p_{rs}^k\in P_{rs}$，在预售期 $y\in[1,2,\cdots,\tilde{n}]$它所对应的吸流区间 $TR(p_{rs}^k(y))$可以通过屋顶模型计算获得。

$$TR(p_{rs}^k(y))=\mathrm{ROOFTOP}(P_{rs}^a(y),C(P_{rs}^a(y)),p_{rs}^k)\quad(p_{rs}^k\in P_{rs};P_{rs}^a(y)\subseteq P_{rs})\tag{3-29}$$

需要注意的是，上述计算吸流区间，是基于乘车方案集 P_{rs} 的运营时段$[T_{rs}^0,T_{rs}^1]$和它的车票预售期$[\tilde{T}_{rs}^0,\tilde{T}_{rs}^1]$不重叠的前提，然而在实际高速铁路旅客购票过程中，乘车方案集 P_{rs} 的车票预售期最后一天和运营时段是重叠的。因此，在预售期的最后一天，式(3-5)中的 $t_{r,s,0}$是在实时变化的，于是，用式(3-30)修正式(3-5)中$\bar{p}_{rs}^1\in\bar{P}_{rs}(y)$吸流区间 $TR(\bar{p}_{rs}^1)=[t_{r,s,0},t_{r,s,1})$的起点 $t_{r,s,0}$。

$$t_{r,s,0}=\begin{cases}T_{rs}^0,\text{购票时间 } y\notin[T_{rs}^0,T_{rs}^1]\\ y,\text{其他}\end{cases}\tag{3-30}$$

若某旅客在 $y\in[1,2,\cdots,\tilde{n}]$购买了乘车方案 p_{rs}^k 的车票，则该旅客的期望出行时间是在吸流区间 $TR(p_{rs}^k(y))$范围内的，而且基于**假设条件 A3** 可以得到 $TR(p_{rs}^k(y))\neq\varnothing$。

记高速铁路 OD 对(r,s)间某天所有购票出行的旅客集为$\mathcal{H}=\{1,2,\cdots,H\}$，即他们的购票操作链都可以用式(3-27)表示。对于任意旅客 $h\in\mathcal{H}$,记该旅客的购票操作链为$\mathrm{TOC}_h=\{\boldsymbol{b}_{M_h},\boldsymbol{c}_{M_h},\boldsymbol{b}_{M_h-1},\boldsymbol{c}_{M_h-1},\cdots,\boldsymbol{b}_m,\boldsymbol{c}_m,\cdots,\boldsymbol{b}_1,\boldsymbol{c}_1,\boldsymbol{b}_0\}$,接下来,我们分 $M_h=0$ 和 $M_h>0$,即该旅客只有 1 个购票操作 $\boldsymbol{b}_0$ 和该旅客有多个购票操作这两种情况来讨论该旅客的期望出行时间范围 $TP(h)$。

(1)单购票操作期望出行时间范围

对于高速铁路 OD 对(r,s)间某天任意出行旅客 $h\in\mathcal{H}$,该旅客的购票操作链为$\mathrm{TOC}_h=\{\boldsymbol{b}_{M_h},\boldsymbol{c}_{M_h},\boldsymbol{b}_{M_h-1},\boldsymbol{c}_{M_h-1},\cdots,\boldsymbol{b}_m,\boldsymbol{c}_m,\cdots,\boldsymbol{b}_1,\boldsymbol{c}_1,\boldsymbol{b}_0\}$,若该旅客只是进行了一个购票操作,即 $M_h=0$,则该旅客的购票操作链为式(3-31)所示。

$$\mathrm{TOC}_h=\{\boldsymbol{b}_0\}=\begin{Bmatrix} p_{rs}^{k_0} \\ y_0 \\ f_{rs}^{k_0} \end{Bmatrix} \tag{3-31}$$

上述式(3-31)表示的是旅客 h 在预售期 $y_0\in[1,2,\cdots,\tilde{n}]$对乘车方案 $p_{rs}^{k_0}$ 进行购票操作。在预售期 $y_0\in[1,2,\cdots,\tilde{n}]$,当前可用乘车方案集 $P_{rs}^a(y_0)$以及其对应的乘车方案费用集 $C(P_{rs}^a(y_0))$可以从铁路购票系统中提取得到。因此,可以利用屋顶模型,即式(3-29)求解乘车方案 $p_{rs}^{k_0}$ 所对应的吸流区间 $TR(p_{rs}^{k_0}(y_0))$。同时,由于该旅客购买了乘车方案 $p_{rs}^{k_0}$ 的车票,于是可以推断出该旅客的期望出行时间必定属于 $p_{rs}^{k_0}$ 的吸流区间范围,因此,对于购票操作链是式(3-31)的旅客,其期望出行时间范围 $TP(h)$可用式(3-32)计算。

$$TP(h)=TR(p_{rs}^{k_0}(y_0))=\mathrm{ROOFTOP}(P_{rs}^a(y_0),C(P_{rs}^a(y_0)),p_{rs}^{k_0}) \tag{3-32}$$

需要注意的是,通过上述式(3-32)同样也可以计算出高速铁路 OD 对(r,s)之间购票出行的旅客集$\mathcal{H}$中的所有旅客的期望出行时间范围,即以式(3-27)中各旅客的最后一个购票操作 $\boldsymbol{b}_0$ 及其对应的可用乘车方案集和乘车方案费用集代入式(3-32)即可。这样处理的好处是操作简单明了,推算旅客的期望出行时间范围速度快;但是式(3-27)中各旅客除了最后一个购票操作 $\boldsymbol{b}_0$ 之外,其他购票操作信息都忽略了;若是想要更多地利用这些信息来推算更加精确的旅客期望出行时间范围,那么我们设计了多购票操作期望出行时间范围推算方法。

(2)多购票操作期望出行时间范围

对于任意旅客 $h\in H$ 及其购票操作链 TOC_h,若 $M_h\geqslant1$,则该旅客的购票操作链至少包括 3 个购票操作,为了更方便地分析这种情况,我们将该旅客的购票操作链重新描述为式(3-33)。

$$\mathrm{TOC}_h=\{(\boldsymbol{b}_{M_h},\boldsymbol{c}_{M_h},\boldsymbol{b}_{M_h-1}),(\boldsymbol{b}_{M_h-1},\boldsymbol{c}_{M_h-1},\boldsymbol{b}_{M_h-2}),\cdots,(\boldsymbol{b}_m,\boldsymbol{c}_m,\boldsymbol{b}_{m-1})\cdots,(\boldsymbol{b}_1,\boldsymbol{c}_1,\boldsymbol{b}_0)\}$$
$$(M_h\geqslant1) \tag{3-33}$$

从式(3-33)可以看成是 M_h 个购票操作单元$(\boldsymbol{b}_m,\boldsymbol{c}_m,\boldsymbol{b}_{m-1})$$(m=M_h,M_h-1,\cdots,1)$的组合。对于任意购票操作单元$(\boldsymbol{b}_m,\boldsymbol{c}_m,\boldsymbol{b}_{m-1})$其可以具体表示为式(3-34)。

$$(\boldsymbol{b}_m,\boldsymbol{c}_m,\boldsymbol{b}_{m-1})=\begin{pmatrix} p_{rs}^{k_m} & p_{rs}^{k_m} & p_{rs}^{k_{m-1}} \\ y_m & y'_m & y_{m-1} \\ f_{rs}^{k_m} & e_{rs}^{k_m}(y'_m) & f_{rs}^{k_{m-1}} \end{pmatrix} \quad (m\in\{M_h,M_h-1,\cdots,1\}) \tag{3-34}$$

式(3-34)表示的是旅客将自身所选择的乘车方案从 $p_{rs}^{k_m}$ 调整为 $p_{rs}^{k_{m-1}}$，即旅客 h 在预售期 $y_m\in[0,1,\cdots,\tilde{n}]$时，对乘车方案 $p_{rs}^{k_m}\in P_{rs}^a(y_m)$有 1 个购票操作；接着在预售期 $y'_m\in[0,1,\cdots,\tilde{n}](y'_m>y_m)$，该旅客对 $p_{rs}^{k_m}$ 进行了退票操作；然后在预售期 $y_{m-1}(y_{m-1}>y_m)$，该旅客对乘车方案 $p_{rs}^{k_{m-1}}$ 又进行了一个购票操作。总的来说，旅客的这种乘车方案调整原因可以归纳为如下两个：

原因 R1 旅客本来就更加倾向于乘车方案 $p_{rs}^{k_{m-1}}$（出行费用更低），但是在前一次购票时间 y_m 时，$p_{rs}^{k_{m-1}}$ 的车票是不可售状态，即 $g_{rs}^{k_{m-1}}(y_m)=0$。

原因 R2 由于旅客本身出行目的发生了变化导致其期望出行时间也跟着发生变化，于是旅客按照新的期望出行时间，调整了自己的乘车方案。

接下来我们先讨论根据不同的乘车方案调整原因怎样去推算旅客的期望出行时间范围；然后再归纳怎样去识别旅客乘车方案调整的原因。

若旅客的乘车方案从 $p_{rs}^{k_m}$ 调整为 $p_{rs}^{k_{m-1}}$ 是因为**原因 R2**，那么在 $p_{rs}^{k_{m-1}}$ 及其之前的购票操作都是跟该旅客的实际出行无关的，因此在推算该旅客的期望出行时间范围时这些操作也就无需考虑。接下来，我们以 $M_h=1$ 来展示如何进行期望出行时间范围推算。

对于任意旅客 $h\in H$ 及其购票操作链 TOC_h，若 $M_h=1$，则该旅客的购票操作链如下：

$$\text{TOC}_h=\{\boldsymbol{b}_1,\boldsymbol{c}_1,\boldsymbol{b}_0\}=\begin{Bmatrix} p_{rs}^{k_1} & p_{rs}^{k_1} & p_{rs}^{k_0} \\ y_1 & y'_1 & y_0 \\ f_{rs}^{k_1} & e_{rs}^{k_1}(y'_1) & f_{rs}^{k_0} \end{Bmatrix} \tag{3-35}$$

若该旅客将自身的乘车方案由 $p_{rs}^{k_1}$ 调整为 $p_{rs}^{k_0}$ 是由**原因 R2** 引起，则通过前面分析可以知道，该旅客由于调整了出行目的，实际出行需求只跟乘车方案 $p_{rs}^{k_0}$ 有关，于是该旅客的期望出行时间范围 $TP(h)$可以用(3-32)计算得到，即 $TP(h)=TR(p_{rs}^{k_0}(y_0))=\text{ROOFTOP}(P_{rs}^a(y_0),C(P_{rs}^a(y_0)),p_{rs}^{k_0})$。

若该旅客将自身的乘车方案由 $p_{rs}^{k_1}$ 调整为 $p_{rs}^{k_0}$ 是由**原因 R1** 引起，那么该旅客的期望出行时间范围是跟购票操作 $\boldsymbol{b}_1,\boldsymbol{c}_1,\boldsymbol{b}_0$ 都相关的。首先，根据购票操作 $\boldsymbol{b}_0$，通过前面的分析可以得到该旅客的期望出行时间范围是属于 $TR(p_{rs}^{k_0}(y_0))=\text{ROOFTOP}(P_{rs}^a(y_0),C(P_{rs}^a(y_0)),p_{rs}^{k_0})$的；类似的，对于购票操作 $\boldsymbol{b}_1$，可得到该旅客的期望出行时间范围是属于 $TR(p_{rs}^{k_1}(y_1))=\text{ROOFTOP}(P_{rs}^a(y_1),C(P_{rs}^a(y_1)),p_{rs}^{k_1})$；另外，由于旅客调整自身乘车方案是由于**原因 R1**，那么意味着 $p_{rs}^{k_0}$ 是更加适合于该旅客的，只是在 y_1 时刻它没有车票可售，即 $g_{rs}^{k_0}(y_1)=0$。这就暗示着如果乘车方案 $p_{rs}^{k_0}$ 的车票在 y_1 时刻是可售的，即 $g_{rs}^{k_0}(y_1)=1$，那么即使存在一个退票惩罚费用 $l_{rs}^{k_1}(y'_1)=f_{rs}^{k_1}-e_{rs}^{k_1}(y'_1)$这个旅客也会选择乘车方案 $p_{rs}^{k_0}$。这就

意味着，在修正的乘车方案集 $P_{rs}^{a}(y_1)\cup\{p_{rs}^{k_0}\}$ 和修正的乘车方案费用 $\bar{c}_{rs}^{k_0}(y_1)$ 条件下，乘车方案 $p_{rs}^{k_0}$ 在预售期 y_1 时将会是有效乘车方案，其中，$\bar{c}_{rs}^{k_0}(y_1)$ 的计算式可用式(3-36)表示。

$$\bar{c}_{rs}^{k_0}(y_1)=c_{rs}^{k_0}+l_{rs}^{k_1}(y_1')=c_{rs}^{k_0}+f_{rs}^{k_1}-e_{rs}^{k_1}(y_1') \tag{3-36}$$

于是就可以得到，该旅客的期望出行时间也会属于乘车方案 $p_{rs}^{k_0}$ 在预售期 y_1 时刻所对应的吸流区间 $TR(p_{rs}^{k_0}(y_1))$ 内，$TR(p_{rs}^{k_0}(y_1))$ 可以用式(3-37)表示。

$$TR(p_{rs}^{k_0}(y_1))=\mathrm{ROOFTOP}(P_{rs}^{a}(y_1)\cup\{p_{rs}^{k_0}\},C(P_{rs}^{a}(y_1))\cup\{\bar{c}_{rs}^{k_0}(y_1)\},p_{rs}^{k_0}) \tag{3-37}$$

综合以上，就可以得到若旅客的乘车方案由 $p_{rs}^{k_1}$ 调整为 $p_{rs}^{k_0}$ 是由**原因 R1** 所引起，那么其期望出行时间范围就属于吸流区间 $TR(p_{rs}^{k_0}(y_0))$、$TR(p_{rs}^{k_1}(y_1))$ 和 $TR(p_{rs}^{k_0}(y_1))$ 交集范围，即式(3-38)。

$$TP(h)=TR(p_{rs}^{k_0}(y_0))\cap TR(p_{rs}^{k_1}(y_1))\cap TR(p_{rs}^{k_0}(y_1))=\bigcap_{u=0}^{m}\bigcap_{v=0}^{u}TR(p^{k_v}(y_u)) \tag{3-38}$$

接下来，可讨论如何判断旅客的乘车方案调整到底是由哪个原因引起。同样以上述 $M_h=1$ 时旅客的购票操作链为例来进行说明。通过从售票系统的提取信息，若 $p_{rs}^{k_0}\in P_{rs}^{a}(y_1)$，那么意味着乘车方案 $p_{rs}^{k_0}$ 在预售期 y_1 时就是可用乘车方案，但是该旅客在 y_1 时却对乘车方案 $p_{rs}^{k_1}$ 购票，说明在该时刻对于这位旅客来说乘车方案 $p_{rs}^{k_1}$ 是最优的(出行费用最小)；而在接下来的预售期 y_0 时刻该旅客又将调整乘车方案至 $p_{rs}^{k_0}$，说明此时对于该旅客来说乘车方案 $p_{rs}^{k_0}$ 是最优的，这就意味着从 y_1 至 y_0，旅客本身的出行目的发送变化了，即该旅客的乘车方案调整是由于**原因 R2** 所引起的。上述内容也同样等价于 $\bigcap_{u=0}^{m}\bigcap_{v=0}^{u}TR(p_{rs}^{k_v}(y_u))=\varnothing$，即式(5-16)是空集，购票操作 $\boldsymbol{b}_1$ 和 $\boldsymbol{b}_0$ 相互冲突。于是，可以归纳如下：若 $p_{rs}^{k_0}\in P_{rs}^{a}(y_1)$ 或者 $\bigcap_{u=0}^{m}\bigcap_{v=0}^{u}TR(p_{rs}^{k_v}(y_u))=\varnothing$，那么该旅客的乘车方案调整是由于**原因 R2** 所引起的；否则，即 $p_{rs}^{k_0}\notin P_{rs}^{a}(y_1)$ 并且 $\bigcap_{u=0}^{m}\bigcap_{v=0}^{u}TR(p_{rs}^{k_v}(y_u))\neq\varnothing$，那么该旅客的调整方案调整是由于**原因 R1** 所引起的。

(3)期望出行时间范围算例分析

如图 3-8 所示，是一个由于**原因 R1** 而调整乘车方案的旅客期望出行时间范围推算例子。图中给定高速铁路 OD 对 (r,s) 间的 7 个乘车方案 $p_{rs}^{1},p_{rs}^{2},\cdots,p_{rs}^{7}$，对于旅客 $h\in\mathcal{H}$，其购票操作链为

$$\mathrm{TOC}_h=\{\boldsymbol{b}_1,\boldsymbol{c}_1,\boldsymbol{b}_0\}=\begin{Bmatrix} p_{rs}^{6} & p_{rs}^{6} & p_{rs}^{4} \\ y_1 & y_1' & y_0 \\ f_{rs}^{6} & e_{rs}^{6}(y_1') & f_{rs}^{4} \end{Bmatrix} \tag{3-39}$$

在预售期 y_1，当前可用乘车方案集 $P_{rs}^{a}(y_1)=\{p_{rs}^{1},p_{rs}^{2},p_{rs}^{3},p_{rs}^{6},p_{rs}^{7}\}$，有效乘车方案集 $\overline{P}_{rs}(y_1)=\{p_{rs}^{1},p_{rs}^{3},p_{rs}^{6},p_{rs}^{7}\}$。旅客 h 在预售期 y_1 对乘车方案 p_{rs}^{6} 进行了一个购票操作，于是在该时刻旅客/旅客的期望出行时间应该是属于吸流区间 $TR(p_{rs}^{6}(y_1))$ 范围内的，即图 3-7 中的蓝色箭头所示。

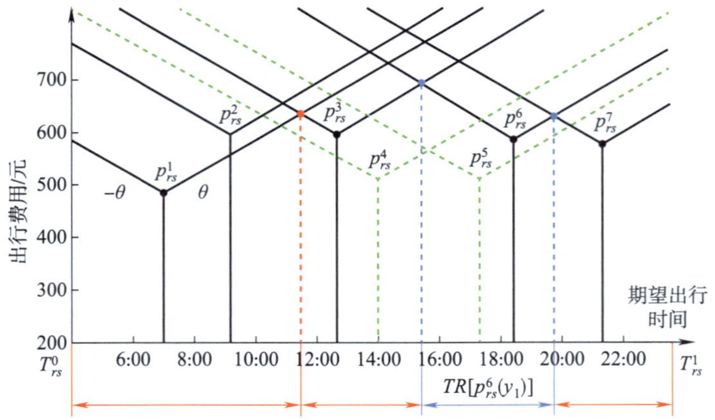

图 3-7 旅客期望出行时间范围推算示意 1

随着购票过程的继续，有效乘车方案 p^1_{rs}、p^3_{rs} 和 p^6_{rs} 的能力达到饱和，并且在预售期 y_0 时，乘车方案 p^4_{rs} 的车票状态转为有效状态，于是当前可用乘车方案集 $P^a(y_0)=\{p^2_{rs},p^4_{rs},p^7_{rs}\}$，有效乘车方案集$\overline{P}(y_0)=\{p^2_{rs},p^4_{rs},p^7_{rs}\}$。由于旅客 h 在预售期 y_0 对乘车方案 p^4_{rs} 进行购票操作，于是在该时刻旅客/旅客的期望出行时间应该是属于吸流区间 $TR(p^4_{rs}(y_0))$范围内的，即图 3-8 中的橘黄色箭头所示。

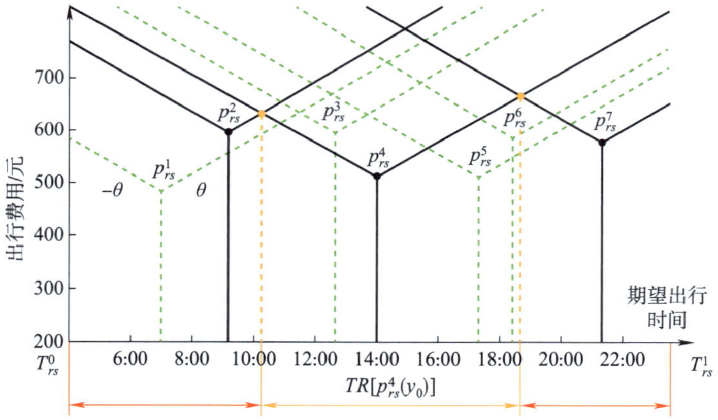

图 3-8 旅客期望出行时间范围推算示意 2

另外，若乘车方案 p^4_{rs} 的车票在预售期 y_1 是有效状态，那么即使存在退票惩罚费用 $l^6_{rs}(y'_1)=(f^6_{rs}-e^6_{rs}(y'_1))$，该旅客也同样会对 p^4_{rs} 进行购票操作，即在预售期 y_1 时，乘车方案集 $P^a_{rs}(y_1)\cup\{p^4_{rs}\}$中的 p^4_{rs} 将会是有效乘车方案。于是该旅客的期望出行时间应该是属于吸流区间 $TR(p^4_{rs}(y_1))$范围内的，即图 3-9 中的紫色箭头所示。因此，该旅客的期望出行时间范围 $TP(h)=TR(p^6_{rs}(y_1))\cap TR(p^4_{rs}(y_0))\cap TR(p^4_{rs}(y_1))$，即图 3-10 中的红色箭头所示。

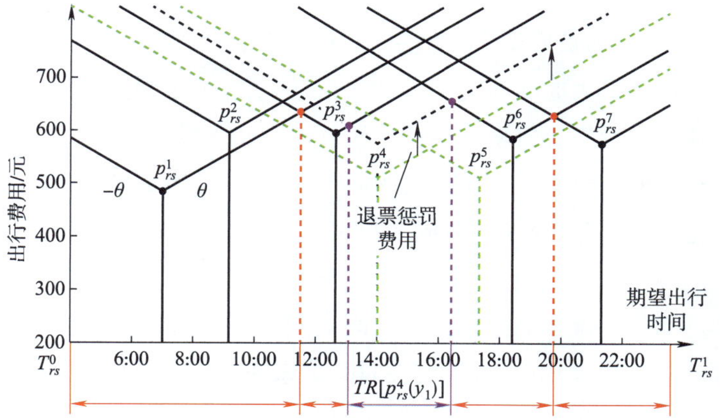

图 3-9　旅客期望出行时间范围推算示意 3

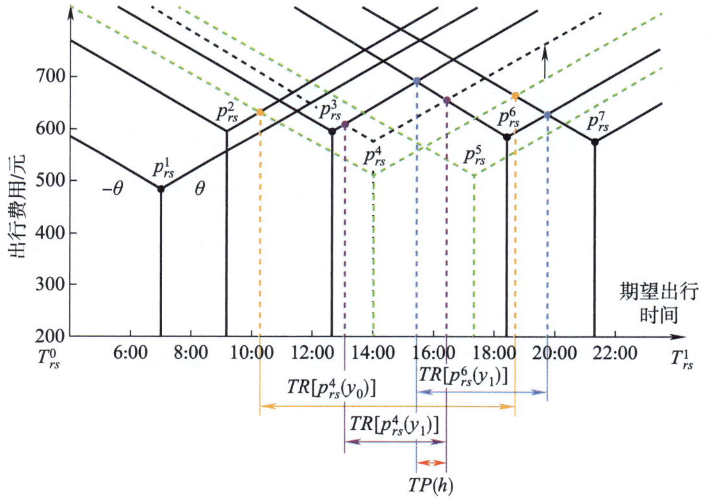

图 3-10　旅客期望出行时间范围推算示意 4

3.3.3　时变需求分布的最大熵估计

(1)最大熵模型

通过前面的分析，可以得到旅客的期望出行时间范围，但是，仍然无法计算出每个旅客具体的期望出行时间的。本节我们将基于每个旅客的期望出行时间范围，构建最大熵模型来估计旅客的时变需求分布。

熵是一个描述事物无序性的参数，熵越大则无序性越强。从宏观方面讲(根据热力学定律)，一个体系的熵等于其可逆过程吸收或耗散的热量除以它的绝对温度；从微观方面讲，熵是大量微观粒子的位置和速度的分布概率函数。

从信息论的角度讲，信息(知识)是人们对于事物了解的不确定性的消除或减少，不确定的程度称为信息熵。当需要对一个随机事件的概率分析进行预测时，我们的预测应当满足全部的已知条件，而对未知条件不作任何主观假设，没有任何偏见。此时，概率分布是最均匀，预测风险最小，保留最大的不确定性，概率分布的信息熵也最大，这就是最大熵原则。利用部分信息确定随机变量集合概率分布的方法，称为最大熵原理。

最大熵原理对于未知信息没有做任何的假设，而是考虑了所有的可能状态并基于已知信息选择最大可能状态，基于路段观测流量提出了最大熵模型来预测最大可能性的道路网络 OD 流。

由于只计算得到各个旅客的期望出行时间范围，而旅客精确的期望出行时间点信息还无法获得，因此，基于上述已知信息，我们在对其他未知信息不提出任何假设的情况下，构建一个最大熵模型来估计一个最大可能性的时变需求分布。

为了方便描述，我们将高速铁路 OD 对(r,s)间运营时间范围$[T_{rs}^0,T_{rs}^1]$用一个单位时间间隔离散化τ离散化为n个相等的时间间隔，其中$\tau=\dfrac{T_{rs}^1-T_{rs}^0}{n}$，$T_{rs}^1=T_{rs}^0+n\tau$，于是$(r,s)$间运营时间范围可以表示为$[1,2,\cdots,n]$。同样的，旅客$h\in\mathcal{H}$的期望出行时间范围$TP(h)$也可以用单位时间间隔$\tau$离散化为相等的时间间隔，于是旅客$h$的期望出行时间范围可以表示为$TP(h)=\{\check{x}_h,\check{x}_h+1,\cdots,\hat{x}_h\}$；另外$Q_{rs}^h(x)$表示旅客$h$的出行需求在$x\in\{\check{x}_h,\check{x}_h+1,\cdots,\hat{x}_h\}$的概率。接下来，我们构建高速铁路旅客时变需求分布估计的最大熵模型 **P1** 如下。

$$\min Z=\sum_{x=1}^{n}[Q_{rs}(x)\ln Q_{rs}(x)-Q_{rs}(x)] \tag{3-40}$$

s. t.

$$\sum_{x=\check{x}_h}^{\hat{x}_h}Q_{rs}^h(x)=1\quad(h=1,2,\cdots,H) \tag{3-41}$$

$$Q_{rs}^h(x)\geqslant 0\quad(x=\check{x}_h,\check{x}_h+1,\cdots,\hat{x}_h;h=1,2,\cdots,H) \tag{3-42}$$

$$Q_{rs}(x)=\sum_{h=1}^{H}Q_{rs}^h(x)\sigma_x^h\quad(x=1,2,\cdots,n) \tag{3-43}$$

其中

$$\sigma_x^h=\begin{cases}1,x\in\{\check{x}_h,\check{x}_h+1,\cdots,\hat{x}_h\}\\0,\text{否则}\end{cases}\quad(x=1,2,\cdots,n;h=1,2,\cdots,H) \tag{3-44}$$

上述最大熵模型 **P1** 中，目标函数式(3-40)表示的是熵值最大化，其中$Q_{rs}(x)$，$x=1,2,\cdots,n$是我们需要求解的旅客时变需求分布；式(3-41)是确保每个旅客在各自期望出行时间范围内所分配的需求之和等于1；式(3-42)是非负约束，即确保每个旅客在各自期望出行时间范围内所分配的需求大于或等于0；式(3-43)和式(3-44)是计算期望出行时间在$x=1,2,\cdots,n$的旅客出行需求量，其中σ_x^h为0-1标识变量，若时间点x属于旅客h的期望出行时

间范围 $TP(h)=\{\check{x}_h,\check{x}_h+1,\cdots,\hat{x}_h\}$，则其值为1，否则为0。

(2)时变需求分布最大熵估计算法

对于上述最大熵模型**P1**，可以利用Frank-Wolfe算法或者类似的凸组合方法来进行求解，于是对应的求解算法如下：

算法3.5 基于最大熵的高速铁路时变需求分布估计算法

第0步 获得一个初始可行解。设 w 为迭代次数，并记 $w=0$；另外，一个初始可行解 $Q_{rs}^{w}(x),x\in\{0,1,\cdots,n\}$ 可以通过如下均匀分布可以获得

$$Q_{rs}^{h}(x)=\frac{1}{\hat{x}_h-\check{x}_h+1}\quad(x\in\{\check{x}_h,\check{x}_h+1,\cdots,\hat{x}_h\};h=1,2,\cdots,H)$$

其中，$Q_{rs}^{0}(x)$ 可以通过计算获得

$$Q_{rs}^{0}(x)=\sum_{h=1}^{H}Q_{rs}^{h}(x)\sigma_x^h\quad(x=1,2,\cdots,n)$$

$$\sigma_x^h=\begin{cases}1,x\in\{\check{x}_h,\check{x}_h+1,\cdots,\hat{x}_h\}\\0,\text{其他}\end{cases}\quad(x=1,2,\cdots,n;h=1,2,\cdots,H)$$

第1步 查找下降方向。$y(x),\forall x\in\{0,1,\cdots,n\}$ 可以通过求解如下线性问题获得

$$\min\sum_{x=1}^{n}y(x)\ln Q_{rs}^{w}(x)$$

s. t.

$$\sum_{x=\check{x}_h}^{\hat{x}_h}Q_{rs}^{h}(x)=1\quad(h=1,2,\cdots,H)$$

$$Q_{rs}^{h}(x)\geqslant 0\quad(x=\check{x}_h,\check{x}_h+1,\cdots,\hat{x}_h;h=1,2,\cdots,H)$$

其中，$y(x)$ 可以通过计算获得

$$y(x)=\sum_{h=1}^{H}Q_{rs}^{h}(x)\sigma_x^h\quad(x=1,2,\cdots,n)$$

$$\sigma_x^h=\begin{cases}1,x\in\{\check{x}_h,\check{x}_h+1,\cdots,\hat{x}_h\}\\0,\text{其他}\end{cases}\quad(x=1,2,\cdots,n;h=1,2,\cdots,H)$$

第2步 计算步长。通过求解如下线性搜索问题计算获得最优 δ 值

$$\min\sum_{x=1}^{n}[(Q_{rs}^{w}(x)+\delta(y(x)-Q_{rs}^{w}(x)))\ln(Q_{rs}^{w}(x)+\delta(y(x)-Q_{rs}^{w}(x)))-(Q_{rs}^{w}(x)+\delta(y(x)-Q_{rs}^{w}(x)))]$$

s. t.

$$0\leqslant\delta\leqslant 1$$

第3步 解更新。通式 $Q_{rs}^{w+1}(x)=Q_{rs}^{w}(x)+\delta(y(x)-Q_{rs}^{w}(x))$ 更新解。

第 4 步 收敛判断。如果满足收敛准则 $\sum_{x=1}^{n}\frac{\frac{|Q_{rs}^{w+1}(x)-Q_{rs}^{w}(x)|}{Q_{t}^{w+1}}}{n}<\varepsilon$，则输出 $Q_{rs}^{w+1}(x)(x\in\{1,2,\cdots,n\})$，并结束；否则，记 $w=w+1$，返回第 1 步。

3.3.4 算例分析

考虑高速铁路 OD 对(r,s)间有 10 个乘车方案，各个乘车方案的相关信息见表 3-7，这些信息都可以从售票系统中提取获得。同时，高速铁路 OD 对(r,s)间的运营时间$[T_{rs}^{0},T_{rs}^{1}]=[6:00,23:00]$，单位时间间隔 $\tau=1$ min，于是$[T_{rs}^{0},T_{rs}^{1}]=[1,2,\cdots,1\ 020]$。旅客的时间价值 $\alpha=\theta=0.5$ 元/min。

表 3-7 乘车方案信息

乘车方案编号	发车时刻	旅行时间/min	车票价格/元	购票量/人
G1	6:55	136	200	3
G3	7:30	90	200	7
G5	9:00	100	200	7
G7	10:05	180	200	5
G9	12:30	155	200	3
G11	14:20	140	200	6
G13	17:05	180	200	5
G15	18:00	100	200	7
G17	19:30	135	200	6
G19	22:15	130	200	1

通过从售票系统中提取的旅客购票操作见表 3-8。从表中可以看出，共有 60 个旅客的 81 个购票操作，其中预售期 1 表示所有乘车方案预售期的开始时刻，而预售期的最后 1 个时刻是 81。在表格票价这一列中，200 表示预订车票的价格，而负数表示退票价格。退票价格有 3 中形式：(1)在预售期 1-50，退票手续费是车票价格的 5%；(2)在预售期 51-70，退票手续费是车票价格的 10%；(3)在预售期 71-81，退票价格是车票价格的 20%。例如，旅客 1 只是在预售期 1 对于乘车方案 G3 有一个购票操作；旅客 2 在预售期 2 对乘车方案 G5 有一个购票操作并且在预售期 35 又对乘车方案 G5 进行了退票，退票惩罚费用为 200－190＝10 元；而旅客 27 在预售期 29 对乘车方案 G5 有一个购票操作，并且在预售期 61 将该车票退票，此时退票费用为 200－180＝20 元。

表 3-8　旅客购票操作记录

旅客	1	2	2	3	4	5	6	6	7	8	9	10
乘车方案	G3	G5	G5	G15	G3	G15	G5	G5	G15	G3	G15	G5
预售期	1	2	35	3	4	5	6	41	7	8	9	10
价格/元	200	200	−190	200	200	200	200	−190	200	200	200	200
旅客	10	11	11	12	13	13	14	15	15	16	17	17
乘车方案	G5	G3	G3	G11	G5	G5	G17	G3	G3	G15	G5	G5
预售期	46	11	27	12	13	50	14	15	32	16	17	53
价格/元	−190	200	−190	200	200	−190	200	200	−190	200	200	−180
旅客	18	19	20	20	21	22	22	23	24	25	25	25
乘车方案	G17	G15	G3	G3	G17	G5	G5	G3	G9	G1	G1	G3
预售期	18	19	20	38	21	22	57	23	24	25	28	28
价格/元	200	200	200	−190	200	200	−190	200	200	200	−190	200
旅客	26	27	27	28	28	28	29	29	29	30	30	30
乘车方案	G11	G5	G5	G7	G7	G5	G1	G1	G3	G7	G7	G5
预售期	26	29	61	30	36	36	31	33	33	34	42	42
价格/元	200	200	−180	200	−190	200	200	−190	200	200	−190	200
旅客	31	31	31	32	33	34	34	34	35	36	36	36
乘车方案	G1	G1	G3	G1	G1	G7	G7	G5	G7	G7	G7	G5
预售期	37	39	39	40	43	44	47	47	45	48	51	51
价格/元	200	−190	200	200	200	200	−190	200	200	200	−180	200
旅客	37	38	38	38	39	40	40	40	41	42	42	42
乘车方案	G7	G7	G7	G5	G1	G7	G7	G5	G7	G7	G7	G5
预售期	49	52	54	54	55	56	58	58	59	60	62	62
价格/元	200	200	−180	200	200	200	−180	200	200	200	−180	200
旅客	43	44	45	46	47	48	49	50	51	52	53	54
乘车方案	G7	G17	G7	G15	G13	G11	G17	G13	G17	G9	G13	G9
预售期	63	64	65	66	67	68	69	70	71	72	73	74
价格/元	200	200	200	200	200	200	200	200	200	200	200	200
旅客	55	56	56	56	57	58	59	60				
乘车方案	G11	G19	G19	G11	G19	G13	G11	G13				
预售期	75	76	79	79	77	78	80	81				
价格/元	200	200	−160	200	200	200	200	200				

基于以上输入数据，计算得到了算例中各个旅客的期望出行时间范围图 3-11 中的黄色矩形条所示。从图 3-11 中可以看到，一共有 50 个黄色矩阵条，分别对应的是 50 个旅客的期望出行时间范围，另外还有 10 个旅客没有期望出行时间范围是由于这些旅客最后进行的

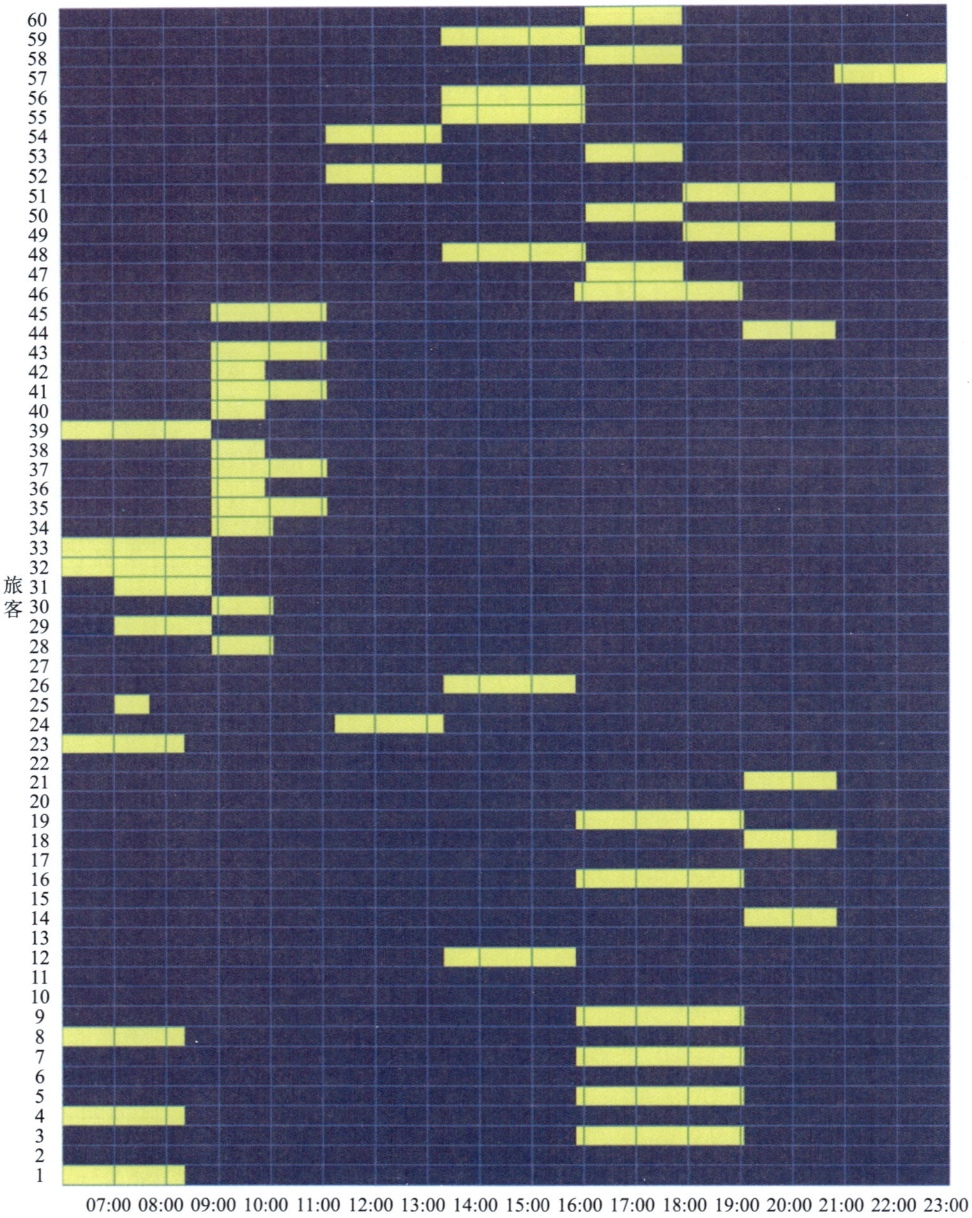

图 3-11　旅客期望出行时间范围示意

是退票操作，他们在当天取消了出行。随着购票过程的进行，部分乘车方案的能力逐渐饱和，其车票将由有效状态转为无效，这导致其他乘车方案的吸流区间发生变化，于是在不同预售期选择同一个乘车方案的旅客，他们之间的期望出行时间范围可能是不一样的。例如，旅客 14、18、21、44、49 和旅客 51 都是对乘车方案 G3 进行了购票操作，但是计算出来得到旅客 49、51 的期望出行时间范围比旅客 14、18、21 和旅客 44 的要大一些。另外，虽然旅客

23 和旅客 25 分别在预售期 23 和预售期 28 购买了乘车方案 G3 的车票，但旅客 25 时在预售期 25 购买了 G1 的车票，然后在预售期 28 调整到 G3 的，且其乘车方案调整是**原因 R1** 引起的，于是该旅客的期望出行时间范围是 $TR(p_{rs}^{1}(y_{25}))$、$TR(p_{rs}^{3}(y_{28}))$ 和 $TR(p_{rs}^{3}(y_{25}))$ 的交集，故旅客 25 的期望出行时间范围比旅客 23 的要小。而算例中也有旅客调整乘车方案时由于**原因 R2** 引起的，例如，旅客 56 在预售期 76 对乘车方案 G19 进行了购票操作，然后该旅客在预售期 79 又将乘车方案调整为 G11；而从表 3-14 中可以得到，乘车方案 G11 的车票在预售期 76 是有效的，但当时旅客 56 并没有选择，而是在之后预售期 79 才调整过来，于是可以得到该旅客的乘车方案调整是由于**原因 R2** 引起的，所以对于旅客 56 来说，其和只对 G11 有一个购票操作的旅客 55 的期望出行时间范围是一样。由于不同的退票费用，也导致旅客进行乘车方案调整而计算得到的期望出行时间范围不一样，例如旅客 28、30、34、36、38、40 和旅客 42 都有将各自的乘车方案从 G7 调整到 G5，但是由于旅客 36、38、40 和旅客 42 是 20 元的退票惩罚费用，高于旅客 28、30 和旅客 34 的 10 元退票惩罚费，故前者的期望出行时间范围比后者小。

根据旅客期望出行时间范围推算算法得到的结果，可以得到高速铁路 OD 对间从车站 r 至车站 s 共有 50 个旅客出行，同时所有 50 个旅客的期望出行时间范围之和为 6 636 min。因此，在时变需求估计最大熵模型 **P1** 中有 50 个等式约束和 7 656 个变量。图 3-12 展示了**算法 3.6**的计算迭代次数和目标函数变化情况。从图中可以看出，在收敛准则 $\varepsilon=10^{-4}$ 时，算法在第 1 232 次迭代后终止，总的 CPU 计算时间为 24.9 s；另外，在收敛准则 $\varepsilon=10^{-3}$ 时，算法在第 107 次迭代后终止，总的 CPU 计算时间为 2.8 s。同时图中可以看出，在前期 $\varepsilon=10^{-3}$ 阶段，目标函数值下降速度非常快，然后，为了得到更高的收敛准则，目标函数下降速度逐渐变慢。以上信息显示出本章所提出来的算法对于求解高速铁路时变需求估计问题效果相对较好。

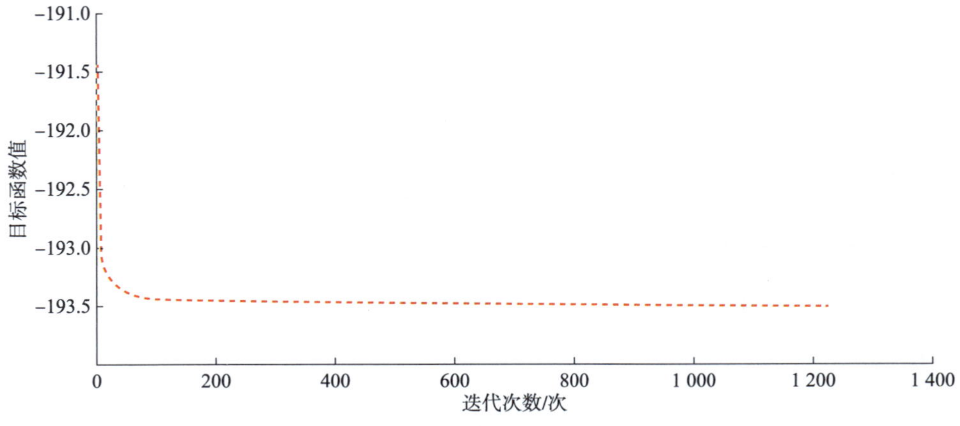

图 3-12　算法收敛示意

通过**算法 3.6** 计算出来的时变需求分布如图 3-13 所示。从图中可以看出，该时变需求有 2 个高峰期，分别是[8:53，10:03]和[15:51，19:03]，其对应的需求量分别是 0.099/min 和 0.062/min。图 3-14 同样也把各个乘车方案的购票量标记在其各自对应的发车时刻处，通过和时变需求分布对比可以发现，它们之间的差异相对较大，这进一步暗示了当前的列车运行计划和时变需求分布存在不匹配现象。

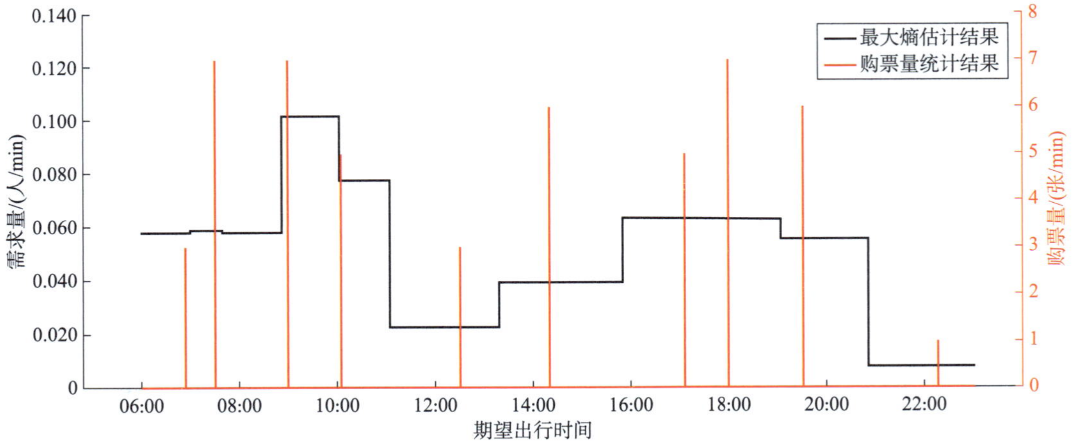

图 3-13　时变需求分布示意

由于不同的旅客时间价值参数 θ 取值可能会影响本章所提出来的算法估计精度，于是接下来对于参数 θ 进行灵敏度分析。我们分别取 θ 为 0.25、0.5、0.75 和 1，同时其他设定同前面例子一样，于是计算得到各个不同 θ 取值下的时变需求分布如图 3-14 所示。从图中可以看出，θ 取值越大，时变需求分布的高峰与购票量高峰的偏差越小。也就是说，随着 θ 取值的增大，旅客的时间价值增大，于是旅客将更加倾向于选择离自己期望出行时间近的列车购票出行。

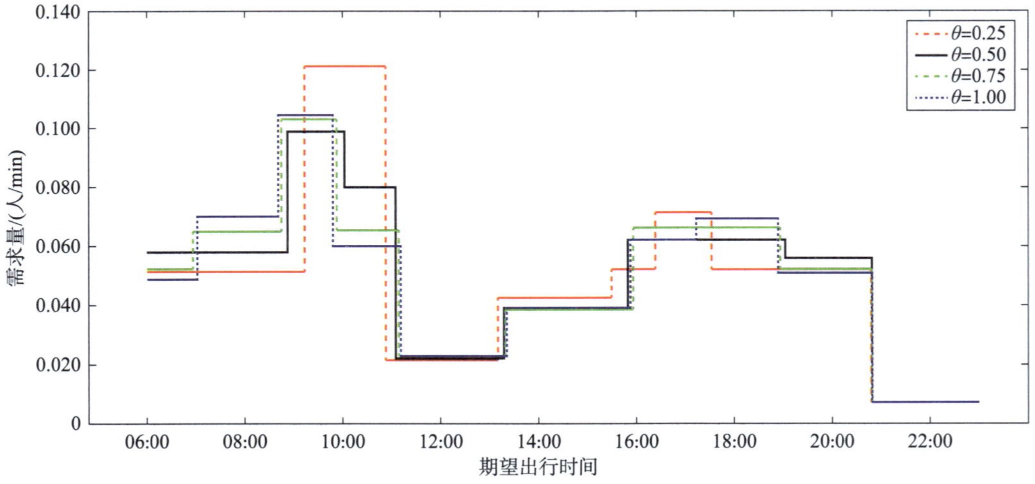

图 3-14　不同参数 θ 下的时变需求分布计算结果示意

另外，上述计算过程中都是以 $\tau=1$ min 为单位时间间隔的，由于在该 OD 一天运营时段 $[T_{rs}^0, T_{rs}^1]=[1,2,\cdots,1\ 020]$ 内，只有 10 个时刻内有列车从车站 r 至车站 s，即表 3-7 中各乘车方案的发车时刻所对应的时间间隔，于是通过从售票数据统计，绝大部分时间间隔都没有流量，这导致两者之间差别非常大。接下来，对上述时变需求分布的计算结果以 $\tau=1$ h 为基本单位对上述估计结果和旅客购票量进行统计，两者的统计对比结果见表 3-9。从表中可以看出来，按照小时统计之后，旅客在各小时的购票量和时变需求的小时统计结果还是存在较大差异，因此，同样可以得到当前的列车运行计划和时变需求分布存在不匹配现象。

表 3-9　时变需求分布结果和购票量小时统计对比

时段	购票量		最大熵估计	
	数量	百分比	数量	百分比
6:00—6:59	3	6.00%	3.49	6.98%
7:00—7:59	7	14.00%	3.49	6.98%
8:00—8:59	0	0.00%	3.81	7.63%
9:00—9:59	7	14.00%	5.93	11.86%
10:00—10:59	5	10.00%	4.88	9.75%
11:00—11:59	0	0.00%	1.64	3.29%
12:00—12:59	3	6.00%	1.35	2.71%
13:00—13:59	0	0.00%	2.06	4.13%
14:00—14:59	6	12.00%	2.37	4.74%
15:00—15:59	0	0.00%	2.60	5.19%
16:00—16:59	0	0.00%	3.73	7.47%
17:00—17:59	5	10.00%	3.73	7.47%
18:00—18:59	7	14.00%	3.73	7.47%
19:00—19:59	6	12.00%	3.38	6.76%
20:00—20:59	0	0.00%	2.88	5.75%
21:00—21:59	0	0.00%	0.46	0.92%
22:00—22:59	1	2.00%	0.46	0.92%
合计	50	100.00%	50	100.00%

参 考 文 献

[1] DOUGLAS NJ, HENN L, SLOAN K. Modelling the ability of fare to spread AM peak passenger loads using rooftops: Australasian Transport Research Forum 2011 Proceedings[C]. Adelaide, Australia, 2011.

[2] 北京市统计局，国家统计局北京调查总队. 北京统计年鉴. 2016[M]. 北京：中国统计出版社，2016.

[3] 上海市统计局,国家统计局上海调查总队. 上海统计年鉴. 2016[M]. 北京:中国统计出版社,2016.

[4] 天津市统计局,国家统计局天津调查总队. 天津统计年鉴. 2016[M]. 北京:中国统计出版社,2016.

[5] ROOS J, GAVIN G, BONNEVAY S. A dynamic Bayesian network approach to forecast short-term urban rail passenger flows with incomplete data[J]. Transportation Research Procedia, 2017, 26:53-61.

[6] 俞礼军,徐建闽. 出行时间价值最大熵分布估计模型[J]. 交通运输工程学报,2008,8(1):83-88.

[7] TEYE C, BELL M G H, BLIEMER M C J. Urban intermodal terminals: The entropy maximising facility location problem[J]. Transportation Research, Part B: Methodological, 2017, 100:64-81.

[8] WILSON A. Entropy in urban and regional modelling (Routledge Revivals)[M]. London: Routledge, 1970.

[9] VAN ZUYLEN H J, WILLUMSEN L G. The most likely trip matrix estimated from traffic counts[J]. Transportation Research, Part B: Methodological, 1980, 14:281-293.

[10] XIE C, KOCKELMAN K M, WALLER S T. A maximum entropy-least squares estimator for elastic origin-destination trip matrix estimation[J]. Transportation Research, Part B: Methodological, 2011, 45:1465-1482.

[11] SU H Y, SHI F, XU G M, et al, SHAN X H. Schedule-based passenger assignment for high-speed rail networks considering the ticket-booking process[J]. Mathematical Problems in Engineering, 2016, 901-915.

[12] XU G M, YANG H, LIU W, et al. Itinerary choice and advance ticket booking for high-speed-railway network services[J]. Transportation Research, Part C: Emerging Technologies, 2018, 95:82-104.

第4章 基于区间断面时变需求的高速铁路列车开行方案优化

基于区间客流密度编制旅客列车开行方案思想在我国普速铁路旅客运输组织中得到广泛应用，其具有操作简便、编制效率高、应用灵活等优点。该方法主要依据事先已确定的经由各区间方向的各类出行旅客数量分布，结合各类旅客列车的能力及其适应的出行需求类型，按先长途后短途等原则确定各类列车开行路径、数量等。由于高速铁路出行需求具有随计划出行时间和购票时间变化的时变特征，为了将该编制思想扩展应用到面向时变需求的高速铁路列车开行方案优化问题，本章将区间能力在时间维度上进行扩展，进而通过模拟时变需求的出行方案选择生成高速铁路区间断面时变需求；在此基础上，通过分解高速铁路网络、选择候选停站模式将大规模的线网列车开行方案优化问题进行有效简化，形成先逐区段设计列车开行方案，然后对各离散线路区段开行列车拼接，形成全网列车开行方案的优化框架。相应地提出了基于区间断面时变需求的高速铁路列车开行方案优化模型，并设计基于模拟退火的优化算法。

4.1 区间断面时变需求的生成方法

为了获得高速铁路线路各区间断面时变需求，支撑本章高速铁路列车开行方案优化方法设计，本节首先通过将高速铁路线路区间的通行能力转化为单位时间的运输能力，并将高速铁路具有随着计划出行时间和购票时间的时变特征的出行旅客的出行方案选择描述为他们的购票选择；进而在分析区间时变运输能力、旅客出行时空路径费用以及区间汇入客流的基础上，构建高速铁路区间断面时变需求分配模型，并通过模型离散化，采用降序求解最短路、增序加载客流和平均时段增量法求解饱和时空区间等技术，实现高速铁路区间断面时变需求的求解。

4.1.1 高速铁路出行的时变需求描述

记高速铁路网络 $G=(V,A)$，其中，V 为车站集，A 为区间集，$a=(v_i,v_j)\in A(v_i,v_j\in V)$ 表示一个区间，$d_a,a\in A$ 为区间里程，且 $T_a,a\in A$ 为区间旅行时间。记出行需求 OD 对集

为 $RS \subset V \times V$，对于 OD 对 $(r,s) \in RS$，假设时变需求已知且令其关于计划出行时间和购票时间变量的函数形式为 $Q_{rs}(t,\tilde{t})(t \in [T_1,T_2];\tilde{t} \in [\tilde{T}_1,\tilde{T}_2])$，其中 $[T_1,T_2]$ 为一天内高速铁路运营的时间范围，T_1，T_2 分别为一天内高速铁路运营的起始和终止时间；$[\tilde{T}_1,\tilde{T}_2]$ 为一个高速铁路运营日全部车票的购票时间范围，$\tilde{T}_1$，$\tilde{T}_2$ 分别为购买运营日 $\tilde{T}_2$ 的乘车车票的起始和终止日期。例如：我国高速铁路在一天中的运营时间通常为每天 05:30—24:00，所以 $[T_1,T_2]=[05:30,24:00]$；铁路客票提前 60 天预售，所以 $\tilde{T}_1=-60$，$\tilde{T}_2=0$，其中 $\tilde{T}_2=0$ 表示运营日，$\tilde{T}_1=-60$ 表示运营日 $\tilde{T}_2$ 的乘车车票出售首日。若 $\tilde{t} \in [\tilde{T}_1,\tilde{T}_2]$ 为无效售票时间，可视时间 $\tilde{t}$ 的需求为 0，即 $Q_{rs}(t,\tilde{t})=0$。

对于 OD 对 $(r,s) \in RS$，其客流总量为 $\overline{Q}_{rs}$，且客流关于计划出行时间的概率密度函数为 $f_{rs}(t)(t \in [T_1,T_2])$。对于任何计划出行时间，关于购票时间的概率密度分布为 $g_{rs}(\tilde{t})(\tilde{t} \in [\tilde{T}_1,T_2])$。假设计划出行时间和购票时间变量相互独立，OD 客流关于计划出行时间和购票时间的联合概率密度函数为 $f_{rs}(t)g_{rs}(\tilde{t})(t \in [T_1,T_2];\tilde{t} \in [\tilde{T}_1,\tilde{T}_2])$。在这样的假设下，可以获得客流关于计划出行时间和购票时间变量的密度函数：

$$Q_{rs}(t,\tilde{t})=\overline{Q}_{rs}f_{rs}(t)g_{rs}(\tilde{t}) \quad (\forall t \in [T_1,T_2];\tilde{t} \in [\tilde{T}_1,\tilde{T}_2]) \tag{4-1}$$

4.1.2 区间运输能力强度与服务时间定义

高速铁路线路区间单位时间开行的最大列车数量与列车平均定员之积称之为区间运输能力强度。这不仅将高速铁路线路区间开行列车的能力转换为运输旅客的能力，而且转化成为能力强度以描述连续能力。对于区间 $a \in A$，若单位时间的列车通过能力为 $\overline{N}_a$ 列，列车平均定员为 $\overline{C}_T$，则单位时间内区间 $a \in A$ 的旅客运输密度不超过运输能力强度 $\overline{N}_a \times \overline{C}_T$。

对于区间 $a \in A$，进入区间 a 的车站发车时间范围称之为区间 a 的服务时间，记为 $[T_1(a),T_2(a)]$，满足 $[T_1(a),T_2(a)] \subset [T_1,T_2]$。在计算 $T_1(a)$，$T_2(a)$ 时，需注意只有配备动车所或动车组存车线的高速铁路站才能始发和终到高速铁路列车。区间 a 的起始服务时间 $T_1(a)$ 会受到列车始发时间的影响；反之区间 a 的终止服务时间 $T_2(a)$ 会受到列车终到时间的影响。为了说明区间 $a \in A$ 的服务时间，我们观察图 4-1 所示的高速铁路线路。该线路包括 3 个车站和 2 个区间，其中，车站 v_1、v_3 为可始发终到列车，但车站 v_2 为不可始发终到列车。将图 4-1 中区间按照服务时间进行扩展，可获得图 4-2 所示的时空扩展图，并可计算出各服务时间。

$$\begin{cases} T_1(a)=T_1 \\ T_2(a)=T_2-T_a-T_b \\ T_1(b)=T_1+T_a \\ T_2(b)=T_2-T_b \end{cases} \tag{4-2}$$

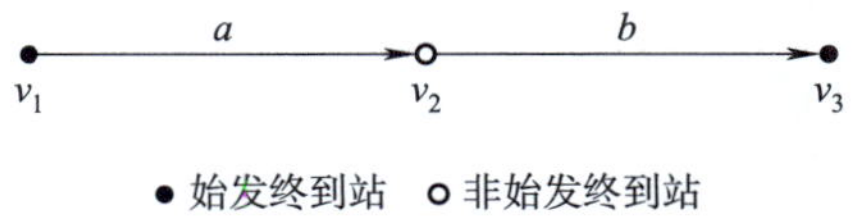

图 4-1　一个简单高速铁路网络

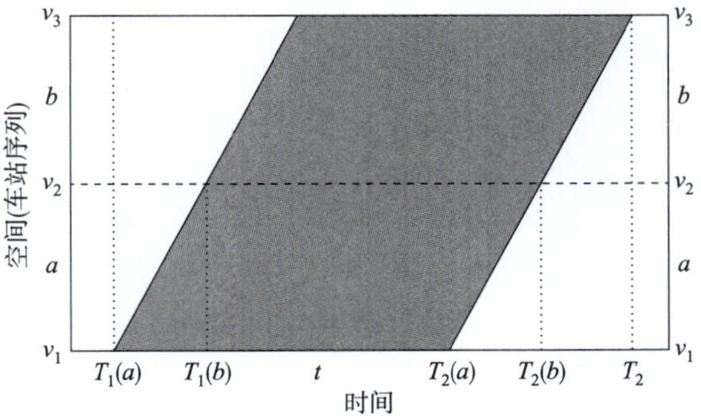

图 4-2　时空服务网络示意图(阴影部分表示区间和的时空服务范围)

4.1.3　时空路径费用与区间流入率计算

在高速铁路网络 G 中，OD 对 $(r,s)\in RS$ 的一条路径可以表示为

$$p_0=\{r,a_1,v_2,a_2,\cdots,v_m,a_m,s\} \tag{4-3}$$

式中，m 为路径 p_0 经过的弧段数，$a_i=(v_i,v_{i+1})$，$i=1,2,\cdots,m-1$ 且 $r=v_1$，$s=v_{m+1}$。高速铁路网络 G 是个空间网络，其路径 p_0 也自然是空间路径。注意到高速铁路网络 G 的服务时间，将路径 p_0 进行时空扩展如下：

$$p=\{r(t),a_1(t_1),v_2(t'_1),a_2(t_2),\cdots,v_m(t'_{m-1}),a_m(t_m),s(t'_m)\} \tag{4-4}$$

式中　$r(t)$——时空路径 p 从车站 r 始发的计划出行时间为 t；

$a_i(t_i)$——路径 p 于时间 t_i 从车站 v_i 出发进入区间 a_i；

$v_i(t'_{i-1})$——路径 p 于时间 t'_{i-1} 离开区间 a_{i-1} 到达车站 v_i；

t——计划出行时间；

t_1——实际始发时间；

t'_m——终到时间。

路径 p 最终于时间 t'_m 达到终点站 s。时空路径 p 满足

$$T_{a_i}=t'_i-t_i \quad (i=1,2,\cdots,m) \tag{4-5}$$

$$w^p_{v_i}=t_i-t'_{i-1}\geqslant 0 \quad (i=1,2,\cdots,m) \tag{4-6}$$

式中　$w^p_{v_i}$——在点 v_i 的等待时间。

定义 OD 对 $(r,s)\in RS$ 计划出发时间为 t(终到时间不限)的时空路径集为 $P_{rs}(t)$。

由于高速铁路列车运行准时、车内不存在拥挤现象，所以高速铁路出行的路径费用是固

定不变的。高速铁路出行路径 $p\in P_{rs}(t)$ 的费用 η_{rsp} 包括区间出行费用 η_{rsp}^{Z}，车站等待费用 η_{rsp}^{w} 和出发时间调整惩罚费用 η_{rsp}^{b}，即

$$\eta_{rsp}=\eta_{rsp}^{Z}+\eta_{rsp}^{w}+\eta_{rsp}^{b} \tag{4-7}$$

记 $h_{rsp}(t,\tilde{t})$ 为客流 $Q_{rs}(t,\tilde{t})$ 在路径 $p\in P_{rs}(t)$ 的客流量。流量守恒条件可描述为式(4-8)和式(4-9)。

$$Q_{rs}(t,\tilde{t})=\sum_{p\in P_{rs}(t)}h_{rsp}(t,\tilde{t})\quad (t\in[T_1,T_2];\tilde{t}\in[\tilde{T}_1,\tilde{T}_2];(r,s)\in RS) \tag{4-8}$$

$$h_{rsp}(t,\tilde{t})\geqslant 0\quad (p\in P_{rs}(t);t\in[0,T];\tilde{t}\in[0,\tilde{T}];(r,s)\in RS) \tag{4-9}$$

截至购票时间 $\tilde{t}\in[\tilde{T}_1,\tilde{T}_2]$，记区间 $a\in A$ 关于出行时间 $\bar{t}\in[T_1(a),T_2(a)]$ 的流入率为 $x_a(\bar{t},\tilde{t})$，即

$$x_a(\bar{t},\tilde{t})=\sum_{(r,s)\in RS}\int_{\tilde{T}_1}^{\tilde{t}}\int_{T_1}^{T_2}\sum_{p\in P_{rs}(t)}h_{rsp}(t,\tilde{t})\delta_{rs}^{ap}(\bar{t})\mathrm{d}t\mathrm{d}\tilde{t} \tag{4-10}$$

式中，$\delta_{rs}^{ap}(\bar{t})$ 是区间 a、路径 p 和时间 $\bar{t}$ 三者的关联参数。若 OD 对 (r,s) 之间路径 $p\in P_{rs}(t)$ 且在时间 $\bar{t}$ 进入区间 a，则 $\delta_{rs}^{ap}(\bar{t})=1$；否则 $\delta_{rs}^{ap}(\bar{t})=0$。

区间 a 的运输能力强度 $\overline{N}_a\overline{C}_T$ 是流入率的限制值，记 $u_a(\bar{t})=\overline{N}_a\overline{C}_T$，所以

$$x_a(\bar{t},\tilde{t})\leqslant u_a(\bar{t})\quad (\bar{t}\in[T_1(a),T_2(a)];\tilde{t}\in[\tilde{T}_1,\tilde{T}_2];a\in A) \tag{4-11}$$

4.1.4 高速铁路区间断面时变需求分配模型

由于旅客购票过程就是旅客出行方案选择过程和能力占用过程，所以旅客购票顺序就是路径的选择顺序。先购票的旅客将优先选择费用更小的路径出行。

截至购票时间 $\tilde{t}\in[\tilde{T}_1,\tilde{T}_2]$，记区间 $a\in A$ 的剩余能力为 $r_a(\bar{t},\tilde{t})$，即

$$r_a(\bar{t},\tilde{t})=u_a(\bar{t})-x_a(\bar{t},\tilde{t}) \tag{4-12}$$

对于路径 $p\in P_{rs}(t)$，由购票时间 $\tilde{t}$ 的区间剩余能力可计算出路径 p 的当前可用能力 $R_p(\tilde{t})$，即

$$R_p(\tilde{t})=\min\{r_a(\bar{t},\tilde{t})\mid a\in p\cap A\} \tag{4-13}$$

注意到购买车票以后还需要进站上车，购票时间 $\tilde{t}$ 在实际出发时间 t_1 之前，还需要额外预留乘车站 r 的进站上车时间 Δt_r。记购票时间 $\tilde{t}$ 可用能力 $R_p(\tilde{t})>0$ 的路径集为 $\tilde{P}_{rs}(t,\tilde{t})$，称为可行路径集，可表示为

$$\tilde{P}_{rs}(t,\tilde{t})=\{p\mid p\in P_{rs}(t),R_p(\tilde{t})>0,\tilde{t}+\Delta t_r\leqslant t_1\} \tag{4-14}$$

显然满足

$$\tilde{P}_{rs}(t,\tilde{t}_1)\supseteq\tilde{P}_{rs}(t,\tilde{t}_2)\quad (\tilde{t}_1<\tilde{t}_2;t\in[T_1,T_2];\tilde{t}_1,\tilde{t}_2\in[\tilde{T}_1,\tilde{T}_2]) \tag{4-15}$$

给定 $p\in P_{rs}(t)$，记路径费用小于 η_{rsp} 的所有路径的可用能力的总和为 $\tilde{R}_p(\tilde{t})$，即

$$\widetilde{R}_p(\widetilde{t}) = \sum_{p'\in K_{rsp}(t,\tau)} R_{p'}(\widetilde{t}) \tag{4-16}$$

式中，$K_{rsp}(t,\widetilde{t})=\{p'|p'\in P_{rs}(t);\eta_{rsp'}<\eta_{rsp}\}$为路径费用小于 η_{rsp} 的路径集。

客流分配的均衡条件可描述如下：

若守恒流量 $h=(h_{rsp}(t,\widetilde{t}),p\in P_{rs}(t),(r,s)\in RS,t\in[T_1,T_2],\widetilde{t}\in[\widetilde{T}_1,\widetilde{T}_2])$满足以下条件，则流量 h 达到均衡状态。

$$h_{rsp}(t,\widetilde{t})=0,\widetilde{R}_p(\widetilde{t})>0 \quad (p\in P_{rs}(t);t\in[T_1,T_2];\widetilde{t}\in[\widetilde{T}_1,\widetilde{T}_2];(r,s)\in RS) \tag{4-17}$$

根据上述流量达到均衡状态的描述形式，可建立高速铁路动态均衡配流的数学规划模型(I)。

$$\min_h Z(h) = \sum_{(r,s)\in RS}\sum_{p,q\in\widetilde{P}_{rs}(t,\tau)}\int_{\widetilde{T}_1}^{\widetilde{T}_2}\int_{T_1}^{T_2} h_{rsp}(t,\widetilde{t})\max\{0,\eta_{rsp}-\eta_{rsq}\}\mathrm{d}t\mathrm{d}\widetilde{t} \tag{4-18}$$

s. t. 式(4-9)～式(4-16)。

4.1.5　求解算法设计

由于目标函数非凸且非可微，很难确定其导数，所以一般凸组合等收敛性方法很难对其进行求解。但是前述假设中路径费用不随着流量变化而变化，极大地简化了模型的求解方法，我们将基于离散网络模拟加载方法，求解基于连续运输的高速铁路网络客流均衡模型。

(1)模型的离散化

首先将上述连续的数学规划模型转化为离散模型。选择合适的时间间隔 $\tau\leqslant\min\{T_a|a\in A\}$，将计划出行时间$[T_1,T_2]$均等地划分为 N 个时段，记各时段为 $k=1,2,\cdots,N$。区间旅行时间 T_a 和服务时间$[T_1(a),T_2(a)]$的离散化利用时间间隔 τ 划分和四舍五入取整的方法实施。将 T_a 和$[T_1(a),T_2(a)]$的离散结果分别表示 K_a 和$\{K_1(a),K_1(a)+1,\cdots,K_2(a)\}$，并满足 $1\leqslant K_1(a)\leqslant K_2(a)\leqslant N$。离散化后，区间的时空服务范围划分成多个相同的平行四边形，每一个平行四边形构成一个区间运输单元。记 $a\in A$ 和时段 $k=K_1(a),K_1(a)+1,\cdots,K_2(a)$对应的区间运输单元为 $a(k)$。

$$T_1(a)=T_1,T_2(a)=T_2-T_a-T_b,T_1(b)=T_1+T_a,T_2(a)=T_2-T_b \tag{4-19}$$

例如，在图 4-2 中，设 $T_a=T_b=30$ min，$T_1=6:00$，$T_2=24:00$，可计算出 $T_1(a)=6:00$，$T_2(a)=23:00$，$T_1(b)=6:30$，$T_2(a)=23:30$。设 $\tau=10$ min，计划出行时间$[T_1,T_2]$划分为 108 个时段，即时段 $k=1,2,\cdots,108$，$K_a=K_b=3$，$[K_1(a),K_2(a)]=[1,102]$，$[K_1(b),K_2(b)]=[4,105]$。图 4-2 离散化后生成图 4-3，离散化后区间 a 对应的多个平行四边形由阴影部分表示。

下面构成离散时空网络 G。网络 G 包括车站时空节点 $v(k)$、区间出行弧$(v(k),u(k+K_a))$、车站等待弧$(v(k),v(k+1))$和出发时间调整弧$(v(k),v(k'))$。节点 $v(k)$对应于车站 $v\in V$ 和时段 $k=1,2,\cdots,N$。区间出行弧$(u(k),v(k+K_a))$对应于区间出行单元 $a(k)$，也记 $a(k)=(u(k),v(k+K_a))$。车站等待弧$(v(k),v(k+1))$对应于车站 $v\in V$ 和时段 $k=$

$K_1(a), K_1(a)+1, \cdots, K_2(a)$。出发时间调整弧$(v(k), v(k'))$对应于在车站 v 计划出行时间 k 调整为实际出行时间。由图 4-1 所示的高速铁路网络生成的离散时空网络如图 4-4 所示。

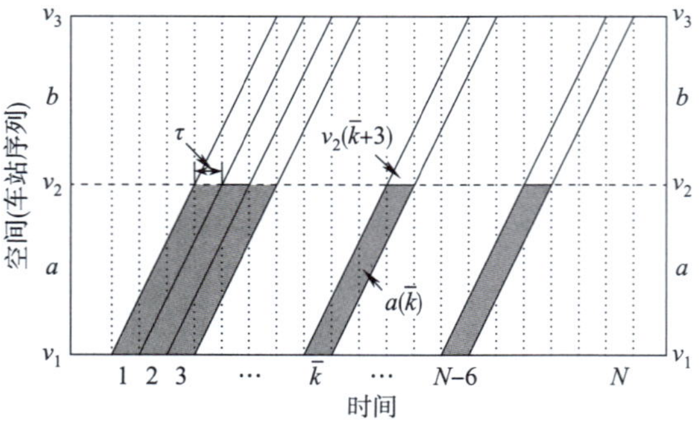

图 4-3　时空网络离散化示意

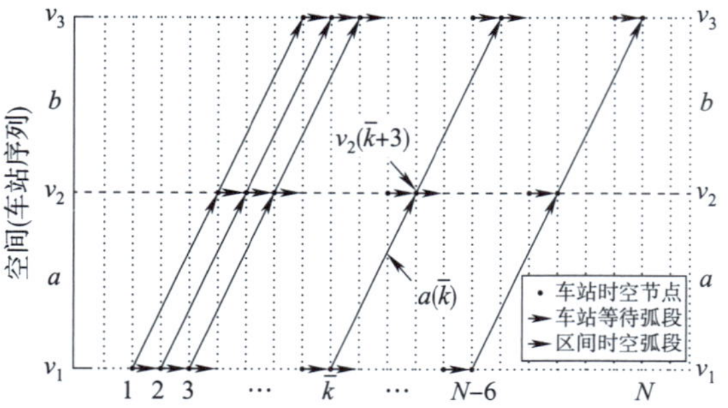

图 4-4　离散时空网络示意

记区间出行弧集为$\mathcal{A}=\{a(k) \mid K_1(a) \leqslant k \leqslant K_2(a), a \in \mathcal{A}\}$。在时空网络$\mathcal{G}$中，仅仅在$a(k) \in \mathcal{A}$上才考虑能力限制。参照符号 $u_a(t)$，将自变量由连续时间 t 变更为离散时段 k，采用符号 $u_a(k)$表示区间出行弧 $a(k)$的能力，等于时段长度 τ 内的区间 a 的运输能力，即

$$u_a(k)=\overline{N}_a \overline{C}_T \tau \quad (a(k) \in \mathcal{A}) \tag{4-20}$$

参照连续情形时空路径费用构成式(4-7)～式(4-10)，定义离散时空网络$\mathcal{G}$中区间出行弧 $a(k)$的费用为 $\alpha K_a \tau$，车站等待弧$(v(k), v(k+1))$的费用为 $\beta\tau$，出发时间调整弧$(v(k), v(k'))$的费用为 $\theta\tau|k-k'|$。

参照符号 $P_{rs}(t)$，将自变量由连续时间 t 变更为离散时段 k，采用符号 $P_{rs}(k)$表示离散情形下 OD 对$(r,s) \in RS$ 计划出发时段为 t(终到时段不限)的时空路径集。路径 $p \in P_{rs}(k)$表示见式(4-21)。

$$p=\{r(k), a_1(k_1), v_2(k'_1), a_2(k_2), \cdots, v_m(k'_{m-1}), a_m(k_m), s(k'_m)\} \tag{4-21}$$

在图 4-4 中，$p=\{v_1(8), a(6), v_2(9), b(11), v_3(14)\}$表示一条时空路径。时空路径 p 的始发车站为 v_1，计划出行时段为 8，从 v_1 实际出发时段为 6，通过区间 a，在时段 9 到达点

v_2，在 v_2 等待了 11－9＝2 个时段，于时段 11 进入区间 b，最后在时段 14 到达目的地 v_3。

选择合适的时段长度为 $\tilde{\tau}$，将购票时间$[\widetilde{T}_1,\widetilde{T}_2]$均等地划分为$\widetilde{N}$个时段，记各购票时段为$\tilde{k}=1,2,\cdots,\widetilde{N}$。由此可将点对$(r,s)\in RS$之间的客流分解为

$$Q_{rs}(k,\tilde{k})=\int_{\widetilde{T}_1+(\tilde{k}-1)\tilde{\tau}}^{\widetilde{T}_1+\tilde{k}\tilde{\tau}}\int_{T_1+(k-1)\tau}^{T_1+k\tau}Q_{rs}(t,\tilde{t})\mathrm{d}t\mathrm{d}\tilde{t}\quad(1\leqslant k\leqslant N;1\leqslant\tilde{k}\leqslant\widetilde{N})\tag{4-22}$$

截至购票时段$\tilde{k}=1,2,\cdots,\widetilde{N}$，记区间$a\in A$在时段$\bar{k}\in\{K_1(a),K_1(a)+1,\cdots,K_2(a)\}$的流入量为$x_a(\bar{k},\tilde{k})$，可计算出

$$x_a(\bar{k},\tilde{k})=\sum_{(r,s)\in RS}\sum_{z=1}^{\tilde{k}}\sum_{k=1}^{N}\sum_{p\in P_{rs}(k)}h_{rsp}(k,z)\delta_{rs}^{ap}(\bar{k})\tag{4-23}$$

其中，$\delta_{rs}^{ap}(\bar{k})$是区间$a$、路径$p$和时段$\bar{k}$三者的关联参数。若 OD 对$(r,s)$之间路径$p\in P_{rs}(t)$且在时段$\bar{k}$进入区间$a$，则$\delta_{rs}^{ap}(\bar{k})=1$；否则$\delta_{rs}^{ap}(\bar{k})=0$。

截至购票时段$\tilde{k}=1,2,\cdots,\widetilde{N}$，类似地记$r_a(\bar{k},\tilde{k})$为区间$a\in A$在时段$\bar{k}\in\{K_1(a),K_1(a)+1,\cdots,K_2(a)\}$的剩余能力；记$\widetilde{P}_{rs}(k,\tilde{k})$为 OD 对$(r,s)\in RS$在计划出行时间$k$的可行路径集。

根据计划出行时间和购票时间的离散方案，将连续模型转化为高速铁路动态均衡配流的离散模型。

$$\min_h Z(h)=\sum_{(r,s)\in RS}\sum_{\tilde{k}=1}^{\widetilde{N}}\sum_{k=1}^{N}\sum_{p,q\in\widetilde{P}_{rs}(k,\tilde{k})}h_{rsp}(k,\tilde{k})\max\{0,\eta_{rsp}-\eta_{rsq}\}\tag{4-24}$$

s. t.

$$Q_{rs}(k,\tilde{k})=\sum_{p\in P_{rs}(k)}h_{rsp}(k,\tilde{k})\quad(1\leqslant k\leqslant N;1\leqslant\tilde{k}\leqslant\widetilde{N};(r,s)\in RS)\tag{4-25}$$

$$h_{rsp}(k,\tilde{k})\geqslant0,p\in P_{rs}(k)\quad(1\leqslant k\leqslant N;1\leqslant\tilde{k}\leqslant\widetilde{N};(r,s)\in RS)\tag{4-26}$$

(2)基于 ε－饱和的客流加载方法

由于旅客出行方案的集体选择结果取决于旅客购票过程，我们参照旅客购票过程将时变客流在高速铁路网络上进行加载。我们在允许一定的误差的前提下进行客流加载，为此定义 ε－饱和及 ε－可行的概念如下。

对于区间出行弧$a(\bar{k})\in\mathcal{A}$，任意给定$\varepsilon>0$，在时段$\bar{k}=K_1(a),K_1(a)+1,\cdots,K_2(a)$，$\tilde{k}=1,2,\cdots,\widetilde{N}$，若

$$|x_a(\bar{k},\tilde{k})-u_a(\bar{k})|/u_a(\bar{k})\tag{4-27}$$

则称区间出行弧$a(\bar{k})$关于流量$x_a(\bar{k},\tilde{k})$达到 ε－饱和。若

$$[x_a(\bar{k},\tilde{k})-u_a(\bar{k})]/u_a(\bar{k})\leqslant\varepsilon\tag{4-28}$$

则称流量$x_a(\bar{k},\tilde{k})$是 ε－可行。若对所有$a(\bar{k})\in A$，流量$x_a(\bar{k},\tilde{k})$都是 ε－可行，则称流量$x_a(\bar{k},\tilde{k})$，$a(\bar{k})\in A$是 ε－可行。

客流量加载的初始状态是一个空网络，相当于增加一个初始时段$\tilde{k}=0$，在网络上分配值为 0 的客流量，显然 $x_a(\bar{k},0)=0$。下面按照$\tilde{k}=1,2,\cdots,\tilde{N}$的顺序进行客流加载。

假设已经完成了购票时段$\tilde{k}=1,2,\cdots,\tilde{k}^*-1$ 的客流加载，且 $x_a(\bar{k},\tilde{k}^*-1)(a(\bar{k})\in A)$ 是 ε—可行的。购票时段$\tilde{k}^*$ 的客流加载以 $x_a(\bar{k},\tilde{k}^*-1)$为区间出行弧 $a(\bar{k})$客流初值，并且若区间出行弧 $a(\bar{k})$关于流量 $x_a(\bar{k},\tilde{k}^*-1)$达到 ε—饱和，则将剩余能力 $r_a(\bar{k},\tilde{k}^*-1)$置为 0，即区间出行弧 $a(\bar{k})$不参与时段$\tilde{k}^*$ 及往后的客流加载。对所有 OD 对$(r,s)\in RS$ 和计划出行时段 k，设当前最短路 $p\in\tilde{P}_{rs}(k,\tilde{k}^*)$。将 $Q_{rs}(k,\tilde{k}^*)$加载到路径 p 上，即

$$x_{a_i}(k_i,\tilde{k}^*)=x_{a_i}(k_i,\tilde{k}^*)+Q_{rs}(k,\tilde{k}^*)\quad(a_i\in p\cap A)\tag{4-29}$$

如此循环，直至全部购票时段的客流加载完毕。

由于每一个区间出行弧最多只能在一次加载中达到 ε—饱和，而区间出行弧的条数为 $\sum_{a\in A}[K_2(a)-K_1(a)+1]$，所以最多只有 $\sum_{a\in A}[K_2(a)-K_1(a)+1]$ 次加载能够使得某条区间出行弧达到 ε—饱和。注意到可行路径集满足

$$\tilde{P}_{rs}(k,\tilde{k}-1)\supseteq\tilde{P}_{rs}(k,\tilde{k})\quad(1\leqslant k\leqslant N;1<\tilde{k}\leqslant\tilde{N};(r,s)\in RS)\tag{4-30}$$

式中，等式成立当且仅当购票时段$\tilde{k}-1$ 的客流加载不会导致任何新增区间出行弧达到 ε—饱和。由此可知，只要某一次加载不会导致任何新增区间出行弧达到 ε—饱和，就可在原有最短路上进行下一次客流加载。进而，若时段$\tilde{k}=\tilde{k}_i,\tilde{k}_{i+1},\cdots,\tilde{k}_{i+m}$的客流加载仅仅只有时段$\tilde{k}_i,\tilde{k}_{i+m}$分别导致某区间出行弧达到 ε—饱和，则

$$\tilde{P}_{rs}(k,\tilde{k}_{i+1})=\tilde{P}_{rs}(k,\tilde{k}_{i+2})=\cdots=\tilde{P}_{rs}(k,\tilde{k}_{i+m})\tag{4-31}$$

即在时段$\tilde{k}=\tilde{k}_{i+1},\tilde{k}_{i+2},\cdots,\tilde{k}_{i+m}$，客流加载的最短路是相同的，加载流量为

$$\sum_{\tilde{k}=\tilde{k}_{i+1}}^{\tilde{k}_{i+m}}Q_{rs}(k,\tilde{k})\tag{4-32}$$

由此可将时段$\tilde{k}=\tilde{k}_{i+1},\tilde{k}_{i+2},\cdots,\tilde{k}_{i+m}$的总客流式(4-31)进行加载。

基于以上描述，可以设计全部加载过程如下：

首先，令$\check{k}=0$、$\hat{k}=1$。一般地，对于任意两个时段$\check{k}$、$\hat{k}(\check{k}<\hat{k})$，不妨设时段$\check{k}$的客流加载是 ε—可行的。求解时段$\check{k}$加载后的最短路，全有全无加载时段$\check{k}+1,\check{k}+2,\cdots,\hat{k}$的总客流量。记时段$\check{k}$、$\hat{k}$加载的剩余能力分别为 $r_a(\bar{k},\check{k})$、$r_a(\bar{k},\hat{k})(a(\bar{k})\in A)$，可计算出时段$\check{k}+1,\check{k}+2,\cdots,\hat{k}$在区间出行弧 $a(\bar{k})\in A$ 加载的客流量为 $r_a(\bar{k},\check{k})-r_a(\bar{k},\hat{k})$，平均每时段加载流量为

$$[r_a(\bar{k},\check{k})-r_a(\bar{k},\hat{k})]/(\hat{k}-\check{k})\tag{4-33}$$

预计从时段$\check{k}+1$ 开始，需要加载的时段数量为

$$\Delta\tilde{k}(a(\bar{k}),\hat{k})=\max\{1,\min\{\tilde{N}-\hat{k},\mathrm{round}(r_a(\bar{k},\check{k})(\hat{k}-\check{k})/[r_a(\bar{k},\check{k})-r_a(\bar{k},\hat{k})],0.5)\}\}$$

(4-34)

之后才能使得区间出行弧 $a(\bar{k})$ 达到 ε－饱和，其中，round(x,0.5)是对 x 的四舍五入操作。

令

$$\Delta\tilde{k}=\begin{cases}\min\{\Delta\tilde{k}(a(\bar{k}),\hat{k})\mid a(\bar{k})\in B\},\text{若时段}\hat{k}\text{加载后是}\varepsilon-\text{可行}\\\min\{\Delta\tilde{k}(a(\bar{k}),\hat{k})\mid a(\bar{k})\in A_\varepsilon\},\text{其他}\end{cases}\tag{4-35}$$

则预计加载至时段 $\check{k}+\Delta\tilde{k}$，才能使得某个区间出行弧达到 ε－饱和。其中 B 为时段 $\hat{k}$ 的加载后未达到 ε－饱和的区间出行弧集，A_ε 为时段 $\hat{k}$ 的加载后不是 ε－可行的区间出行弧集。采用时段数修正量 $\Delta\tilde{k}$，分别按以下 3 种情形，获得新的加载时段范围：

①若时段 $\hat{k}$ 的客流加载不是 ε－可行，则将 $\hat{k}$ 替换为 $\check{k}+\Delta\tilde{k}$，重复上述过程。

②若时段 $\hat{k}$ 的客流加载是到 ε－可行，并且没有新增区间出行弧 $a(\bar{k})$ 达到 ε－饱和，则分别将 $\check{k}$，$\hat{k}$ 替换为 $\hat{k}$，$\check{k}+\Delta\tilde{k}$，重复上述过程。

③若时段 $\hat{k}$ 的客流加载是 ε－可行，并且新增达到 ε－饱和的区间出行弧 $a(\bar{k})$，则分为 2 种子情形：若 $\hat{k}<\tilde{N}$，则分别将 $\check{k}$，$\hat{k}$ 替换为 $\hat{k}$，$\check{k}+\Delta\tilde{k}$，重复上述过程，否则终止。

根据上述思想，设计客流分配步骤如下：

第 1 步　$\check{k}\leftarrow 0$，$\hat{k}\leftarrow 1$；对于 $a(\bar{k})\in A$，$r_a(\bar{k},\check{k})\leftarrow u_a(\bar{k})$；$B\leftarrow A$，$A_\varepsilon\leftarrow\varnothing$。

第 2 步　基于剩余能力 $r_a(\bar{k},\check{k})$，$a(\bar{k})\in B$ 求解最短路，将时段 $\check{k}+1$，$\check{k}+2$，…，$\hat{k}$ 的客流全有全无加载，获得 $x_a(\bar{k},\hat{k})$，$r_a(\bar{k},\hat{k})$，$a(\bar{k})\in A$。更新 B 和 A_ε，按照式(4-35)计算 $\Delta\tilde{k}$。

第 3 步　若 $x_a(\bar{k},\hat{k})$，$\bar{k}=1,2,\cdots,N$，$a\in A$ 不是 ε－可行的，则 $\hat{k}\leftarrow\check{k}+\Delta\tilde{k}$，否则，{若 $\hat{k}<\tilde{N}$，则 $\check{k}\leftarrow\hat{k}$，$\hat{k}\leftarrow\check{k}+\Delta\tilde{k}$，转第 2 步，否则算法终止}。

以上求解加载时段数的方法称之为平均时段增量法，也可借助于二分法来求解。

4.2　基于区间断面时变需求的列车开行方案优化问题分析

高速铁路网络列车开行方案优化是一个大规模复杂问题，其求解复杂性与难度非常高。为了提高方法求解效率，首先以具有始发终到的车站以及线路交叉车站为界将高速铁路网络分解成离散线路区段，并基于对高速铁路车站的分类，形成若干候选停站模式集。在此基础上，先逐区段进行列车开行方案设计，然后对各离散线路区段开行列车拼接，形成全网列车开行方案，其中列车的停站简化为从候选停站模式集中选择一种即可。这种设计思路有效解决了网络结构的复杂性、停站组合量的巨大化等。

4.2.1 高速铁路网络分解策略

动车运用所主要是对所在客运站始发、终到动车组的技术和运用整备，同时对所属动车组进行一级、二级检修和临修作业，其中主要任务包括承担动车所在客运站以及根据分工确定的枢纽内客运站始发、终到动车组的存放和运用整备作业。动车运用所一般具有存车能力而且配备在高等级高速铁路车站，除了动车运用所还有一些大站同样具备一定的存车能力。具备存车能力的车站才能提供动车的始发终到服务。因此，利用以能提供始发终到服务的高速铁路车站、线路交叉车站为界分解高速铁路网络，将每条高速铁路线路分解成互不重合的离散区段。如果在区段上进行列车开行方案设计，可以简化解决始发终到列车数约束，同时针对区段上开行的列车，进行拼接组合成长运距的列车。

记高速铁路网络 $G=(V,A)$，其中 V 为车站集，A 为区间集，$a=(v_i,v_j)\in A(v_i,v_j\in V)$ 表示一区间，且 $T_a(a\in A)$ 为区间旅行时间，$d_a(a\in A)$ 为区间里程。我们记 $\widetilde{V}$ 表示具有始发终到服务车站和线路交叉车站集合，则 $\widetilde{V}\subset V$。利用车站集 $\widetilde{V}$，将高速铁路网络 $G=(V,A)$ 分解成 N_L 条区段 l，区段集记为 L。记区段 l 包含的车站集为 $V_l=\{v_0,v_1,v_2,\cdots,v_{n_l}\}$，其中 v_0 和 v_{n_l} 分别为区段 l 的端点站，同时端点站是具有始发终到服务的车站或线路交叉车站，即 $v_0,v_{n_l}\in\widetilde{V}$，且 $v_m,m=1,2,\cdots,n_l-1$ 为非端点车站，区段 l 包含总车站数为 (n_l+1)。

4.2.2 列车候选停站模式选择

为了确定高速铁路开行方案的停站模式，首先对于车站进行分类。对于高速铁路网络，记 V 为车站集，对于任意车站 $v_i\in V$，根据车站旅客需求以及车站设备配置条件，可以将其按照 N 个级别进行评级，其中第 1 级的级别最高，第 N 级的级别最低，然后将车站集 V 分成 N 个子车站集，即 $V_1,V_2,\cdots,V_N$。对于任意一个子车站集 $V_i,i=1,2,\cdots,N$，表示子车站集 V_i 包含所有第 i 等级的车站，则满足

$$V=\bigcup_{i=1}^{N}V_i \tag{4-36}$$

$$V_i\cap V_j=\varnothing \quad (\forall i,j=1,2,\cdots,N,i\neq j) \tag{4-37}$$

对于第 1 等级的车站，级别最高，是高需求车站，一般是一线或省会城市的高速铁路车站，以及在网络结构上线路交汇的高速铁路车站。对于分解区段的端点站，即具有始发终到服务的高速铁路车站，以及高速铁路网络中线路交叉高速铁路车站一般属于第 1 等级车站。

对于区段 l，记其车站集为 V_l，则可以对于区段 l 的车站集 V_l 进行车站等级分类。记 V_i^l 为区段 l 上第 i 等级车站集，可以表示为

$$V_i^l=V_i\cap V_l \quad (i=1,2,\cdots,N;l\in L) \tag{4-38}$$

对于根据上述车站分类以及确定区段 l 的 N 个子车站集，可以确定区段 l 相应的 N 类停站模式以及 N 个列车级别，即第 i 类停站模式为：在区段上，对应 i 等级列车，列车在始发站与终到站之间，经由的路线，在其沿线的第 1 至第 i 等级车站进行停站。

从上述区段 l 的停站模式规定可知，第 1 类停站模式对应的是一站直达停站模式或大站停模式；第 2 类至第 $N-1$ 类停站模式对应的是择站停模式；而第 N 类停站模式对应的是站站停模式。

4.2.3 基于停站模式选择的 OD 需求分类

上节中基于车站分类确定了区段 l 的候选停站模式。由于只有列车在该车站停站才能服务于该车站的需求，所以根据停站模式的规定可以看出，每种停站模式只能服务于特定的 OD 需求。

记高速铁路网络的 OD 集为 RS。对于区段 l，根据其 N 类候选停站模式，对 OD 需求进行分类。OD 需求分类的原则就是尽量选择等级高的停站模式，即选择的停站少，列车等级高的列车所属的停站模式。

按照 OD 需求选择停站模式原则，如下 4 类 OD 会选择第 1 类停站模式，包括：

第 1 类：起点和终点为区段 l 外车站的 OD 需求。

第 2 类：起点为区段 l 外车站终点为区段 l 的 1 等级车站的 OD 需求。

第 3 类：起点为区段 l 的 1 等级车站终点为区段 l 外车站的 OD 需求。

第 4 类：起点和终点都是区段 l 的 1 等级车站的 OD 需求。

记区段 l 的第 1 类停站模式服务的 OD 集为 RS_1^l，则

$$\begin{aligned}RS_1^l=&\{(r,s)\mid(r,s)\in RS,r\in(V-V_l),s\in(V-V_l)\}\\&\cup\{(r,s)\mid(r,s)\in RS,r\in(V-V_l),s\in V_1^l\}\\&\cup\{(r,s)\mid(r,s)\in RS,r\in V_1^l,s\in(V-V_l)\}\\&\cup\{(r,s)\mid(r,s)\in RS,r\in V_1^l,s\in V_1^l\}\end{aligned}\tag{4-39}$$

对于区段 l 的第 $i(i>1)$类停站模式，如下 4 类 OD 会选择该类停站模式，包括

第 1 类：起点为区段 l 外车站终点为区段 l 的第 i 等级车站的 OD 需求。

第 2 类：起点为区段 l 的第 i 等级车站终点为区段 l 外车站的 OD 需求。

第 3 类：起点为区段 l 的第 1 至 i 等级车站和终点是区段 l 的第 i 等级车站的 OD 需求。

第 4 类：起点为区段 l 的第 i 等级车站和终点是区段 l 的第 1 至 i 等级车站的 OD 需求。

记区段 l 的第 i 类停站模式服务的 OD 集为 RS_i^l，则

$$\begin{aligned}RS_i^l=&\{(r,s)\mid(r,s)\in RS,r\in(V-V_l),s\in V_i^l\}\\&\cup\{(r,s)\mid(r,s)\in RS,r\in V_i^l,s\in(V-V_l)\}\\&\cup\{(r,s)\mid(r,s)\in RS,r\in\bigcup_{j=1}^{i}V_i^l,s\in V_i^l\}\end{aligned}$$

$$\cup\{(r,s)\mid(r,s)\in RS, r\in V_i^l, s\in\bigcup_{j=1}^{i}V_i^l\} \tag{4-40}$$

从上面可以看出，对于任意 OD 集RS_i^l，$i=1,2,\cdots,N$，满足

$$RS=\bigcup_{i=1}^{N}RS_i^l,$$
$$RS_i^l\cap RS_j^l=\varnothing \quad (\forall i,j=1,2,\cdots,N,i\neq j) \tag{4-41}$$

这样根据各 OD 需求对停站模式的选择，将 OD 集 RS 分成 N 个子 OD 集RS_i^l，$i=1,2,\cdots,N$。

根据区段 l 的第 $i(i=1,2,\cdots,N)$类停站模式的定义，我们可知对于第 $j(j=2,3,\cdots,N,j<i)$类停站模式有能力服务于第 i 类停站模式所服务的所有 OD 需求，但是由于第 i 类停站模式，停站少，列车等级高，第 i 类停站模式所服务的所有 OD 需求当然会倾向选择第 i 类停站模式，而不会倾向选择第 j 类停站模式，这也是将 OD 集按照该方法划分的原则。

4.2.4 时变区间断面需求分类

区间断面时变需求类似于客流区段密度，但不同的是这种区间断面需求是时变的。按照区间断面时变需求进行“按流按时开车”，是确定高速铁路列车开行方案首要的和最基本的原则。

对于每个区段，可以分为上行方向和下行方向两个方向。对于区段 l，记车站 v_0 至车站 v_{n_l} 的方向为下行方向 D，车站 v_{n_l} 至车站 v_0 的方向为上行方向 U，可以记区段 l 下行方向 $\vec{l}_D=(v_0,v_1,v_2,\cdots,v_{n_l})$，区段 l 上行方向$\vec{l}_U=(v_{n_l},v_{n_l-1},\cdots,v_1,v_0)$，并记区段方向集合为 L_d，即

$$L_d=\{\vec{l}_d\mid d\in\{D,U\},l\in L\} \tag{4-42}$$

对于区段下行方向$\vec{l}_D$，其包含的区间为(v_{j-1},v_j)，$j=1,2,\cdots,n_l$，记区段下行方向$\vec{l}_D$ 包含的区间集合为 $A(\vec{l}_D)$，即

$$A(\vec{l}_D)=\{a\mid a=(v_{j-1},v_j),j=1,2,\cdots,n_l\} \tag{4-43}$$

同理可知区段上行方向 l_U包含的区间集合A_l^U，这样可以获得区段 l 包含的区间集合为 A_l，即

$$A_l=A(\vec{l}_D)\cup A(\vec{l}_U) \quad (l\in L) \tag{4-44}$$

同时记区段下行方向$\vec{l}_D$ 的车站集为

$$V(\vec{l}_D)=\{v_0,v_1,v_2,\cdots,v_{n_l}\} \tag{4-45}$$

记 $x_a(t)$为区间 $a\in A$，在时刻 $t\in[T_1,T_2]$的区间断面需求，其中 T_1、T_2 分别是高速铁路开行方案规划服务的起始时间和终止时间。

根据 OD 集分类，可以根据不同类 OD 集的需求形成的区间断面需求，对区间断面需求进行分类。对于区段 l，子 OD 集RS_i^l，$i=1,2,\cdots,N$，在区间 $a\in A_l$ 产生的区间断面需求记为$x_a^i(t)$，则$x_a^i(t)$，$t\in[T_1,T_2]$，$a\in A$，$t\in[T_1,T_2]$满足

$$x_a(t) = \sum_{i=1}^{N} x_a^i(t) \quad (t \in [T_1, T_2]; a \in A) \tag{4-46}$$

这样区间断面需求也被分为 N 类，并称$x_a^i(t)$，$t\in[T_1,T_2]$，$a\in A$ 为第 i 类区间断面需求，如此一来，不同类的子 OD 集需求形成了相应的区间断面需求。根据停站模式和 OD 需求的服务对应关系，则可以看出第 i 类停站模式负责服务第 i 类区间断面需求。

4.3　基于区间断面时变需求的列车开行方案优化模型

将整个高速铁路网络列车开行方案优化分解为两个基本环节，首先基于各分解区段内区间断面时变需求生成相应区段内列车开行方案；在此基础上，通过构建基于列车拼接组合的列车生成策略，实现对各区段列车开行方案的组合。

4.3.1　区段列车开行方案生成

区段开行方案的确定主要是通过开行相关等级的列车区段满足区段上的时变区间断面需求。对于时变区间断面需求的满足包括两个内容，其中一个内容是对于“量”的满足，即满足时变区间断面需求的总量；另一个内容是对于“出发时间”的满足，即尽可能使得开行列车区段吸收的时变区间断面需求偏离其被列车输送的时刻最少。当然，如果开行列车区段越多，越能满足时变区间断面需求，但是会导致运营成本增加，所以如果要开行一列车区段，那么上座率一定要达到一定水平。

下面只是叙述区段下行方向 l_D 的开行方案确定方法，对于区段上行方向 l_U 可以采用同样的方法确定其开行方案。

对于区段下行方向$\vec{l}_D$ 的开行方案确定，按照等级从高等级到低等级列车区段制定开行方案，即针对各类区间断面需求，按照第 1 类至第 N 类的顺序制定开行方案进行满足其区间断面需求。

一列车能吸引一定时间范围的区间断面需求，并负责运输该时间范围的区间断面需求。对于区段下行方向$\vec{l}_D$，其包含 n_l 个区间，令 $a_m=(v_{m-1},v_m)$，$m=1,2\cdots,n_l$。对于区间 $a\in A_l^D$，第 i 类区间断面需求$x_a^i(t)$。记平均列车定员记为 C，且 $\tau(v_0,v)$为从车站 v_0 沿着区段上行方向到达车站 v 的旅行时间。如果一列车区段负责的区间断面需求范围的起始时间为 $\check{t}$，对于任意区间 a_m，$m=1,2,\cdots,n_l$，存在 τ_m 满足

$$\int_{\check{t}+\tau(v_0,v_{m-1})}^{\tau_m+\tau(v_0,v_{m-1})} x_{a_m}^i(t)\mathrm{d}t = \lambda_1(\vec{l}_D,i)C \tag{4-47}$$

式中，$\lambda_1(\vec{l}_D,i)$为上座率参数，则令 $t_m=\tau_m$；否则，令 $t_m=\infty$。由此可得

$$\hat{t}=\min\{T_2,\min\{t_m|m=1,2\cdots,n_l\}\} \tag{4-48}$$

该列车负责的区间断面需求的范围为$[\check{t},\hat{t}]$。

但是当$\hat{t}=T_2$，对于任意区间 a_m，$m=1,2,\cdots,n_l$，均满足

$$\int_{\check{t}+\tau(v_0,v_{m-1})}^{T_2+\tau(v_0,v_{m-1})} x_{a_m}^i(t)\mathrm{d}t < \lambda_2(\vec{l}_D,i)C \tag{4-49}$$

式中，$\lambda_2(\vec{l}_D,i)$为上座率参数，说明在时间范围$[\check{t},\hat{t}]$的第 i 类区间断面需求不够开行一列车区段，可将时间范围$[\check{t},\hat{t}]$的第 i 类区间断面需求加进第 $i+1$ 类区间断面需求。

为了使得该列车负责的区间断面需求偏离列车区段的始发时间的总量最小，去确定合适的列车区段始发时间。首先令

$$y^i(t)=\sum_{m=0}^{n_l-1} x_{a_m}^i(t+\tau(v_0,v_m)) \quad (t\in[t_0,t_1]) \tag{4-50}$$

式中，$y^i(t)$为区段下行方向$\vec{l}_D$ 在时刻 t 的区间断面需求的累计量。

假设列车区段始发时间为 t_x，为了最小化该列车区段负责的区间断面需求偏离列车的始发时间的总累计量，即

$$\min_{t_x}\int_{t_0}^{t_1}(t-t_x)^2 y^i(t)\mathrm{d}t \tag{4-51}$$

则求解该无约束优化问题，可得

$$t_x=\int_{t_0}^{t_1} t y^i(t)\mathrm{d}t \Big/ \int_{t_0}^{t_1} y^i(t)\mathrm{d}t \tag{4-52}$$

则可以得到该列车区段的始发时间 t_x。

同时可以计算出该列车区段的周转量

$$Z=\sum_{m=0}^{n_l-1}\left(d_{a_m}\int_{\check{t}+\tau(v_0,v_{m-1})}^{\hat{t}+\tau(v_0,v_{m-1})} x_{a_m}^i(t)\mathrm{d}t\right) \tag{4-53}$$

上述即为一列车区段的覆盖范围和最优始发时间确定，基于其确定方法，可以对下行方向区段 l_D 第 i 等级列车区段的开行方案进行确定。对于高速铁路系统的运营时间范围为$[T_1,T_2]$，通过在该时间范围内开行下行方向的第 i 等级列车区段去满足第 i 类区间断面需求，从而确定开行第 i 等级第 j 列的发车时间 T_{ij}。

首先选择 $t_0=T_1$，利用上述一列车区段的覆盖范围求得 t_1，并根据该列车吸引的区间断面需求的范围为$[t_0,t_1]$，计算该列车最优的始发时间 t_x。将 t_0 更新为 t_1，采用上述同样的方法求解新的列车的覆盖范围$[t_0,t_1]$和最优的始发时间 t_x，如此循环，直到开行的列车区段能够满足运营时间范围为$[T_1,T_2]$内第 i 类区间断面需求，即使得 $t_1=T_2$。

重复上述过程，直至制定开行完第 1 至第 N 等级的列车区段，满足第 1 至第 N 类区间断面需求，从而形成的区段的开行方案。

按照上述思想求解区段的开行方案的具体算法框架如下：

算法 4-1 区段下行方向的开行方案求解算法

输入　区段下行方向 $\vec{l}_D=(v_0,v_1,v_2,\cdots,v_{nl})$，高速铁路运营时间范围为 $[T_1,T_2]$，各类区间断面需求 $x^i_{a_m}(t),t\in[T_1,T_2],m=1,2\cdots,n_l,i=1,2,\cdots,N$，列车平均定员 C，上座率参数 $\lambda_1(\vec{l}_D,i),\lambda_2(\vec{l}_D,i)$。

输出　各等级列车区段开行数 n_i、第 i 等级第 j 个列车区段 $r(\vec{l}_D,i,j)$ 的发车时间 T_{ij}、周转量 Z_{ij} 以及其负责的区间断面需求时间范围 $[\check{t}_{ij},\hat{t}_{ij}]$。

开始

对于 $i=1,2,\cdots,N$，执行：

开始 1

令 $j\leftarrow 0$；

当 $\check{t}<T_2$ 时循环执行

开始 2

令 $\check{t}\leftarrow T_1$；

对于任意区间 $a_m,m=1,2,\cdots,n_l$，执行

开始 3

求解 $\tau_m\in(\check{t},T_2]$，使得：$\int_{\check{t}+\tau(v_0,v_{m-1})}^{\tau_m+\tau(v_0,v_{m-1})} x^i_{a_m}(t)\mathrm{d}t=\lambda_1(\vec{l}_D,i)C$

如果有解，令 $t_m\leftarrow\tau_m$，否则令 $t_m\leftarrow\infty$；

返回 3

利用 $t_m,m=1,2,\cdots,n_l$，求解：

$$\hat{t}\leftarrow\min\{T_2,\min\{t_m\mid m=1,2\cdots,n_l\}\};$$

如果 $\hat{t}=T_2,i<N$，且对于任意区间 $a_m,m=1,2,\cdots,n_l$，均满足

$$\int_{\check{t}+\tau(v_0,v_{m-1})}^{T_2+\tau(v_0,v_{m-1})} x^i_{a_m}(t)\mathrm{d}t<\lambda_2(\vec{l}_D,i)C$$

则对于任意区间 $a_m,m=1,2,\cdots,n_l$，令

$$x^{i+1}_{a_m}(t+\tau(v_0,v_{m-1}))\leftarrow x^i_{a_m}(t+\tau(v_0,v_{m-1})),t\in[\check{t},T_2]$$

否则，求解

$$t_x\leftarrow\int_{t_0}^{t_1} ty^i(t)\mathrm{d}t\Big/\int_{t_0}^{t_1} y^i(t)\mathrm{d}t$$

执行 $j\leftarrow j+1,\check{t}_{ij}\leftarrow\check{t},\hat{t}_{ij}\leftarrow\hat{t},t_{ij}\leftarrow t_x$，获得第 i 等级第 j 列的发车时间 t_{ij}，以及第 i 等级第 j 列列车区段的吸引的区间断面需求时间范围 $[\check{t}_{ij},\hat{t}_{ij}]$；可以计算第 i 等级第 j 列列车区段的周转量：

$$Z(r(\vec{l},i,j))=\sum_{m=0}^{n_l-1}\left(d_{a_m}\int_{\check{t}_{ij}+\tau(v_0,v_{m-1})}^{\hat{t}_{ij}+\tau(v_0,v_{m-1})} x^i_{a_m}(t)\mathrm{d}t\right)$$

令$\check{t} \leftarrow \hat{t}$;

返回 2

令 $n_i \leftarrow j$,获得第 i 等级列车区段数 n_i;

返回 1

结束

4.3.2 基于拼接组合的列车生成策略

通过具有始发终到服务的车站和线路交叉车站为界,将高铁网络分解成多个区段。以区段为单元进行开行方案规划,以满足区段的时变区间断面需求。基于区段的开行的列车区段,通过拼接组合成长运距的列车,这样可以减少列车数以及换乘人数,节约系统运营成本,且提高旅客服务质量。

通过拼接组合的方法,形成高速铁路开行方案,但是并不是任意两个列车区段都能拼接成开行的长运距列车,需要考虑各列车区段的径路、列车等级、始发时间、运输的区间断面需求,才能让相互组合的列车区段发挥其长运距的效应。

高速铁路网络 $G=(V,A)$,列车区段 $r_k \in R$ 可以表示为一个五元组$\{\vec{l}_k, g_k, t_k, \check{t}_k, \hat{t}_k\}$,其中$\vec{l}_k$ 表示列车区段r_k 的区段方向,g_k 表示列车区段r_k 的等级,t_k 表示列车区段r_k 初始始发时间,以及$[\check{t}_k, \hat{t}_k]$表示初始负责的区间断面需求时间范围。记r_k^h, r_k^t 分别为列车区段 r_k 的首端点高铁站和尾端点高铁站,以及 η_k 为列车区段 r_k 的运行时间,d_k 为列车区段 r_k 的运行距离。

(1)列车区段的组合拼接关系

基于列车区段集 R,$r \in R$,可以拼接出不同形式的列车,为列车开行方案设计提供大量的组合方案。在列车区段的拼接过程中,列车区段必须有且只有一个相同的端点,拼接后没有重复高速铁路车站,同时必须满足线路长度约束。

为了阐述组合拼接思想并建立数学模型,首先定义列车区段组合拼接函数关系:如果存在两个列车区段 $r_u = \{\vec{l}_u = (u_1, u_2, \cdots, u_{m_u}), g_u, t_u, \check{t}_u, \hat{t}_u\}$和 $r_v = \{\vec{l}_v = (v_1, v_2, \cdots, v_{m_v}), g_v, t_v, \check{t}_v, \hat{t}_v\}$,且 $u_{m_u} = v_1$,则$\oplus$运算表示其两个区段方向拼接成的列车径路为

$$\vec{l}_u \oplus \vec{l}_v = (u_1, u_2, \cdots, u_{m_u} = v_1, v_2, \cdots, v_{m_v}) \tag{4-54}$$

如果由该两个列车区段 r_u 和 r_v 拼接而成列车 $p = \{\vec{l}_p, t_p\}$,其中 t_p 表示列车 p 的始发时间,$\vec{l}_p$ 表示列车 p 的径路。可以用运算符"$\|$"表示列车区段拼接运算,则

$$p = r_u \| r_v \tag{4-55}$$

其中

$$\vec{l}_p = \vec{l}_u \oplus \vec{l}_v \tag{4-56}$$

如果存在 $r_w=\{\vec{l}_w=(w_1,w_2,\cdots,w_{m_w}),g_w,t_w,\check{t}_w,\hat{t}_w\}$，且 $v_{m_v}=w_1$ 时，则

$$p=r_u \parallel r_v \parallel r_w \tag{4-57}$$

其中

$$\begin{aligned}\vec{l}_p&=\vec{l}_u\oplus\vec{l}_v\oplus\vec{l}_w=(\vec{l}_u\oplus\vec{l}_v)\oplus\vec{l}_w=l_u\oplus(\vec{l}_v\oplus\vec{l}_w)\\&=(u_1,u_2,\cdots,u_{m_u}=v_1,v_2,\cdots,v_{m_v}=w_1,w_2,\cdots,w_{m_w})\end{aligned} \tag{4-58}$$

式(4-58)表示为三个区段方向的拼接运算，其中 m_u、m_v、m_w 分别为区段方向$\vec{l}_u$、$\vec{l}_v$、$\vec{l}_w$ 的节点数。

由拼接运算可知，一列车 p 是由多个列车区段 $r\in R$ 组合拼接而成，有序的列车区段集合 $R_p=\{r_{k(1)},r_{k(2)},\cdots,r_{k(m(p))}\}$，其中 $m(p)$表示为列车 p 包含的列车区段数量，则

$$p=r_{k(1)} \parallel r_{k(2)} \parallel \cdots \parallel r_{k(m(p))} \tag{4-59}$$

通过$\oplus$运算可以描述列车 p 中径路$\vec{l}_p$ 的组合拼接方式。

$$\vec{l}_p=\vec{l}_{k(1)}\oplus\vec{l}_{k(2)}\oplus\cdots\oplus\vec{l}_{k(m(p))},\vec{l}_{k(1)},\vec{l}_{k(2)},\cdots,\vec{l}_{k(m(p))}\in L_d \tag{4-60}$$

(2)列车的始发时间确定以及相应列车区段始发时间的调整

当通过拼接组合形成整个高速铁路网络列车开行方案 P，但是拼接成列车的这些有序列车区段，并不能在始发时间上吻合得很好，使得每个列车区段的终到时间不能刚好与紧接后序的列车区段的始发时间相同。

比如对于列车

$$p=r_{k(1)} \parallel r_{k(2)} \parallel \cdots \parallel r_{k(m(p))} \tag{4-61}$$

对于 $i=1,2,\cdots,m(p)-1$，列车区段 $r_{k(i)}$ 的终到时间为 $t_{k(i)}+\eta_{k(i)}$，而列车区段 $r_{k(i)}$ 的紧接后序列车区段为 $r_{k(i+1)}$，其始发时间为 $t_{r(i+1)}$，则 $t_{k(i)}+\eta_{k(i)}$ 有可能不等于 $t_{k(i+1)}$。

为了要使得列车每个列车区段的终到时间与紧接后序的列车区段的始发时间吻合，需要综合调整各列车区段的始发时间。

首先列车 p 中列车区段集 R_p 中的最大周转量的列车区段 $r_{k(i^*)}$，然后以列车区段 $r_{k(i^*)}$ 的始发时间作为基准，即该列车始发时间不变化，列车区段集 R_p 中其他列车区段改变始发时间来吻合列车区段 $r_{k(i^*)}$。

如果调整后列车 p 的始发时间和终到时间超出了高速铁路系统运营时间范围[T_1，T_2]，需要整体调整列车区段集 R_p 中各列车区段 $r_{k(i)}$ 的始发时间，即如果始发时间早于时间 T_1，则整体推迟始发时间，使得列车 p 的始发时间等于时间 T_1；如果终到时间晚于时间 T_2，则整体提前始发时间，使得列车 p 的终到时间等于时间 T_2。

按照上述思想求解列车的始发时间确定以及相应列车区段始发时间的调整的具体算法框架如下：

算法 4-2　列车的始发时间确定以及相应列车区段始发时间调整算法

输入　列车 $p=r_{k(1)} \parallel r_{k(2)} \parallel \cdots \parallel r_{k(m(p))}$，列车区段 $r_{k(i)}$，$i=1,2,\cdots,m(p)$的始发时间 $t_{k(i)}$，周转量 $Z_{k(i)}$，以及高铁系统运营时间范围[T_1，T_2]。

输出 列车 p 的始发时间 t_p、各列车区段的调整后始发时间 $t^*_{k(i)}$，$i=1,2,\cdots,m(p)$。

开始

首先寻找列车 p 中列车区段集 R_p 中的最大周转量的列车区段 $r_{k(i^*)}$，即

$$i^*=\underset{i}{\operatorname{argmax}}\{Z_{k(i)},r_{k(i)}\in R_p\}$$

令 $t\leftarrow t_{k(i^*)}-\sum_{i=1}^{k^*-1}\eta_{k(i)}$；如果 $t<T_1$，则令 $\Delta t\leftarrow T_1-t$；

令 $t\leftarrow t_{k(i^*)}+\sum_{i=k^*}^{m(p)}\eta_{k(i)}$；如果 $t>T_2$，则令 $\Delta t\leftarrow T_2-t$；

令 $t^*_{k(i^*)}\leftarrow t_{k(i^*)}+\Delta t$；

对于 $i=i^*+1,i^*+2,\cdots,m(p)$，执行 $t^*_{k(i)}\leftarrow t^*_{k(i-1)}+\eta_{k(i-1)}$

（获得列车区段 $r(k)$ 的调整后始发时间 $t^*_{k(i)}$）；

对于 $i=i^*-1,i^*-2,\cdots,1$，执行 $t^*_{k(i)}\leftarrow t^*_{k(i+1)}-\eta_{k(i)}$

（获得列车区段 $r(k)$ 的调整后始发时间 $t^*_{k(i)}$）；

令 $t_p\leftarrow t^*_{k(1)}$（获得列车 p 的始发时间 t_p）；

结束

(3)列车区段吸引的区间断面需求时间范围调整及其周转量计算

当根据上述原则进行列车的始发时间确定以及相应列车区段始发时间的调整，对于该区段方向的该等级列车区段，按照新的始发时间进行排序。对于区段方向 $\vec{l}=(v_0,v_1,v_2,\cdots,v_{n_l})$ 的第 i 等级第 j 列列车区段 $r(\vec{l},i,j)$，令其新的始发时间为 t^*_{ij}。对于集合 $R(\vec{l},i)$ 列车区段按照 t^*_{ij} 进行排序，排序为 $j_1,j_2,\cdots,j_{n_i}$。对于其中相邻两个列车区段为 $r(\vec{l},i,j_k)$ 和 $r(\vec{l},i,j_{k+1})$，则在时间范围 $[t^*_{ij_k},t^*_{ij_{k+1}}]$ 内时变区间断面需求，会重新选择该两个列车区段为 $r(\vec{l},i,j_k)$ 和 $r(\vec{l},i,j_{k+1})$，按照时间偏离最少的原则进行选择。所以对于 $r(\vec{l},i,j_k)$ 相邻的前一列车区段为 $r(\vec{l},i,j_{k-1})$，后一列车区段为 $r(\vec{l},i,j_{k+1})$，则 $r(\vec{l},i,j_k)$ 吸引的区间断面需求时间范围为 $[\check{t}^*_{ij_k},\hat{t}^*_{ij_k}]$，其中

$$\check{t}^*_{ij_k}=(t^*_{ij_{k-1}}+t^*_{ij_k})/2 \tag{4-62}$$

$$\hat{t}^*_{ij_k}=(t^*_{ij_{k+1}}+t^*_{ij_k})/2 \tag{4-63}$$

对于排在第一的列车区段为 $r(\vec{l},i,j_1)$ 其吸引的区间断面需求时间范围 $[\check{t}^*_{ij_1},\hat{t}^*_{ij_1}]$，其中

$$\check{t}^*_{ij_1}=\check{t}_{i1} \tag{4-64}$$

$$\hat{t}^*_{ij_1}=(t^*_{ij_1}+t^*_{ij_2})/2 \tag{4-65}$$

对于排在最尾的列车区段为 $r(\vec{l},i,j_{n_i})$ 其吸引的区间断面需求时间范围 $[\check{t}^*_{ij_{n_i}},\hat{t}^*_{ij_{n_i}}]$，其中

$$\check{t}^*_{ij_{n_i}}=(t^*_{ij_{n_i-1}}+t^*_{ij_{n_i}})/2 \tag{4-66}$$

$$\hat{t}^*_{ij_{n_i}}=\hat{t}_{in_i} \tag{4-67}$$

对于列车 $p=r_{k(1)}\parallel r_{k(2)}\parallel\cdots\parallel r_{k(m(p))}$，也可以记列车区段 $r_{k(j)}$ 吸引的区间断面需求的时间范围为$[\check{t}^*_{k(j)},\hat{t}^*_{k(j)}]$。

根据各列车区段的吸引的区间断面需求时间范围，我们可以进一步计算其每个区间被吸引的区间断面需求总量，有可能其总量大于列车定员，按照定员与区间断面需求的比例计算其运输的区间断面需求，同时需要重新计算列车区段运输的各区间断面需求总量及其周转量。首先计算出各列车区段 r_k 各区间负责的区间断面需求总量 $y_{a_m}(r_k)$，即令$\vec{l}_k=(v_0, v_1,v_2,\cdots,v_{n_l})$，对于任意区间 $a_m=(v_{m-1},v_m)$，$m=1,2,\cdots,n_l$，

$$y_{a_m}(r_k)=\int_{\check{t}^*_k+\tau(v_0,v_{m-1})}^{\hat{t}^*_k+\tau(v_0,v_{m-1})}x^{g_k}_{a_m}(t)\mathrm{d}t \tag{4-68}$$

列车区段 r_k 的运输比例$\theta(r_k)$可以计算获得

$$\theta(r_k)=\min\left\{1,\min\left\{\frac{C_p}{y_{a_m}(r_k)}\middle|\begin{matrix}y_{a_m}(r_k)\geqslant C_p,m=1,2,\cdots,n_l,\\ r_k\in R_p\end{matrix}\right\}\right\} \tag{4-69}$$

其中 C_p 为列车 p 的列车定员为

$$C_p=b_pc \tag{4-70}$$

式中　b_p——列车的编组数量；

　　c——平均车辆定员。

同时记编组种类集合为 B。

列车区段 r_k 运输的区间断面需求总量 $y^*(r_k)$为

$$y^*(r_k)=\theta(r_k)\sum_{m=1}^{n_l}y^i_{a_m}(r_k) \tag{4-71}$$

则列车 $p=r_{k(1)}\parallel r_{k(2)}\parallel\cdots\parallel r_{k(m(p))}$运输的区间断面需求为

$$y(p)=\sum_{i=1}^{m(p)}y^*(r_{k(i)}) \tag{4-72}$$

同时可以计算出列车区段 r_k 的周转量 $Z(r_k)$为

$$Z^*(r_k)=\theta(r_k)\sum_{m=1}^{n_l}y^i_{a_m}d_{a_m} \tag{4-73}$$

则可以计算列车 $p=r_{k(1)}\parallel r_{k(2)}\parallel\cdots\parallel r_{k(m(p))}$的总周转量为

$$Z^*(p)=\sum_{i=1}^{m(p)}Z^*(r_{k(i)}) \tag{4-74}$$

列车区段 r_k 的区间最大上座率

$$E(r_k)=\frac{\max\{y^i_{a_m}(r_k),m=1,2\cdots,n_l\}}{C_p} \tag{4-75}$$

则可以计算列车 $p=r_{k(1)}\parallel r_{k(2)}\parallel\cdots\parallel r_{k(m(p))}$ 的区间最大上座率为

$$E_p=\max\{E(r_{k(i)}),i=1,2\cdots,m(p)\} \tag{4-76}$$

(4)列车运输的通过需求计算

对于相邻两个区段方向之间可以计算出其通过需求，假设区段方向$\vec{l}_u$ 和$\vec{l}_v$ 相邻，即区段方向$\vec{l}_u$ 的尾端点是区段方向$\vec{l}_v$ 首端点，且区段方向$\vec{l}_u$ 和$\vec{l}_v$ 只有一个共同点。令区段方向$\vec{l}_u$ 的第 g 类需求在时刻 t 通过$\vec{l}_u$ 的尾端点并进入$\vec{l}_v$ 的流量为 $f_o(\vec{l}_u,\vec{l}_v,g,t)$，令区段方向$\vec{l}_v$ 的第 g 类需求在时刻 t 通过$\vec{l}_u$ 的尾端点并进入$\vec{l}_v$ 的流量为 $f_e(\vec{l}_u,\vec{l}_v,g,t)$，则整个的高速铁路系统的通过需求为：

$$f_{vd}^{\text{total}}=\sum_{(\vec{l}_u,\vec{l}_v)\in\vec{l}}\sum_{i=1}^{N}\int_{T_1}^{T_2}f_o(\vec{l}_u,\vec{l}_v,g,t)\mathrm{d}t \tag{4-77}$$

其中，$\vec{l}=\left\{(\vec{l}_u,\vec{l}_v)\left|\begin{array}{l}\vec{l}_u=(u_1,u_2,\cdots,u_{m_u}),\vec{l}_v=(v_1,v_2,\cdots,v_{m_v}),\\ V_u\cap V_v=u_{m_u}=v_1,\vec{l}_u\neq\vec{l}_v,\vec{l}_u\in L_d,\vec{l}_v\in L_d\end{array}\right.\right\}$。

式中，对于列车 $p=r_{k(1)}\parallel r_{k(2)}\parallel\cdots\parallel r_{k(m(p))}$，通过列车 p 从区段方向$\vec{l}_{k(i)}$ 的第 $g_{k(i)}$ 类需求通过$\vec{l}_{k(i)}$ 并进入$\vec{l}_{k(i+1)}$ 的流量为

$$f_o^p(\vec{l}_{k(i)},\vec{l}_{k(i+1)},g_{k(i)})=\int_{\check{t}_{k(j)}^*}^{\hat{t}_{k(j)}^*}f_o(\vec{l}_{k(i)},\vec{l}_{k(i+1)},g_{k(i)},t+\eta_{k(i)})\mathrm{d}t \tag{4-78}$$

通过列车 p 从区段方向$\vec{l}_{k(i+1)}$ 的第 $g_{k(i+1)}$ 类需求通过$\vec{l}_{k(i)}$ 并进入$\vec{l}_{k(i+1)}$ 的流量为

$$f_e^p(\vec{l}_{k(i)},\vec{l}_{k(i+1)},g_{k(i+1)})=\int_{\check{t}_{k(j)}^*}^{\hat{t}_{k(j)}^*}f_e(\vec{l}_{k(i)},\vec{l}_{k(i+1)},g_{k(i+1)},t+\eta_{k(i)})\mathrm{d}t \tag{4-79}$$

则通过列车 p 通过 $r_{k(i)}$ 的尾端站并进入 $r_{k(i+1)}$ 的通过流量为

$$f_{vd}^p(r_{k(i)},r_{k(i+1)})=\theta(r_{k(i)})f_o^p(\vec{l}_{k(i)},\vec{l}_{k(i+1)},g_{k(i)})\frac{f_e^p(\vec{l}_{k(i)},\vec{l}_{k(i+1)},g_{k(i+1)})}{\sum_{g=1}^{N}f_e^p(\vec{l}_{k(i)},\vec{l}_{k(i+1)},g)} \tag{4-80}$$

则列车 p 服务的通过总流量为

$$f_{vdp}=\sum_{i=1}^{m(p)-1}f_{vd}^p(r_{k(i)},r_{k(i+1)}) \tag{4-81}$$

4.3.3 模型约束条件

一方面，高速铁路列车开行方案是在列车总数、车站整备能力等的限制条件下，确定列车对数、运行区段以及停站，满足旅客的出行需求，使高速铁路运营效益最大化。另一方面，列车开行方案所提供的出行服务需要满足一定要求，即服务指标约束，其分为列车指标和方案指标两类。其中，列车指标有列车拼接组合约束、列车径路长度约束、始发终到时间约束、最大区间上座率约束；方案指标有满足始发站发车能力约束、终到站终到能力、始发终到列车数相等约束、区间通过能力约束和列车总数约束。

对于高速铁路列车开行方案，从开行列车设置合理性来看，由列车区段组合拼接而成的

列车必须满足列车区段组合拼接条件、列车径路长度、始发终到时间、最大区间上座率等合理性约束；基于列车区段描述的具体约束条件描述如下。

(1)列车区段的组合拼接的约束条件：组合拼接的任意相邻两个列车区段的结合点必须仅有一个公共点，且为端点。

$$V_{k(i)}\cap V_{k(i+1)}=r_{k(i)}^{t}=r_{k(i+1)}^{h}$$

$$(r_{k(i)},r_{k(i+1)}\in R;i=1,2,\cdots,m(p)-1;p=r_{k(1)}\parallel r_{k(2)}\parallel\cdots\parallel r_{k(m(p))},p\in P)\quad(4\text{-}82)$$

式中 $r_{k(i)}$——列车 p 拼接中排列在第 i 位的列车区段；

$r_{k(i)}^{t},r_{k(i+1)}^{h}$——表示列车区段 $r_{k(i)}$ 的尾端车站和列车区段 $r_{k(i+1)}$ 首端车站。

除了满足式(4-82)，拼接成列车的所有不相邻列车区段不能有重复车站。

$$V_{k(i)}\cap V_{k(j)}=\varnothing$$

$$(r_{k(i)},r_{k(j)}\in R;i<j;\forall j=2,\cdots,m(p);p=r_{k(1)}\parallel r_{k(2)}\parallel\cdots\parallel r_{k(m(p))},p\in P)\quad(4\text{-}83)$$

(2)列车径路长度的约束条件：列车径路长度与高速铁路网络的规模、旅客的平均出行距离等有关。列车径路过短，会增加高速铁路系统的运营费用；列车径路过长则不利于列车周转和维护。一般限制

$$D_{\min}\leqslant D_{p}=\sum_{i=1}^{m(p)}d_{k(i)}\leqslant D_{\max}\quad(p=r_{k(1)}\parallel r_{k(2)}\parallel\cdots\parallel r_{k(m(p))},p\in P)\quad(4\text{-}84)$$

式中 $D_{\min}$——列车径路长度的下限；

$D_{\max}$——列车径路长度的上限；

D_{p}——列车 p 的长度；

$d_{k(i)}$——列车区段 $r_{k(i)}$ 运行距离。

(3)始发终到时间约束：由于高速铁路系统需要在特定的天窗时间范围，对高速铁路设备进行整修维护，高速铁路系统存在运营时间范围，所有拼接成的列车的始发终到时间需要在高速铁路系统的运营时间范围之内。对于高速铁路系统运营时间范围$[T_1,T_2]$，一般限制列车 p 的始发时间约束为

$$t_{p}\geqslant T_{1}\quad(p=r_{k(1)}\parallel r_{k(2)}\parallel\cdots\parallel r_{k(m(p))},p\in P)\quad(4\text{-}85)$$

同时限制列车 p 的终到时间约束为

$$t_{p}+\eta_{p}\leqslant T_{2}\quad(p=r_{k(1)}\parallel r_{k(2)}\parallel\cdots\parallel r_{k(m(p))},p\in P)\quad(4\text{-}86)$$

式中，$\eta_{p}=\sum_{i=1}^{m(p)}\eta_{k(i)}$ 表示列车 p 的全程运行时间。

(4)最大区间上座率约束：对于开行一趟列车，它必须能够承担一定的运输任务，使其能够达到一定的服务率。所以对于开行一列车需要满足列车区间最大上座率约束，否则会浪费该列车的运能，增加高速铁路系统费用。一般限制

$$E_{p}\geqslant\varphi\quad(p\in P)\quad(4\text{-}87)$$

式中 E_{p}——列车 p 的区间最大上座率；

φ——列车区间最大上座率的下限。

对于高速铁路列车开行方案的整体性来看，所有开行的列车需要受到始发站发车能力约束、终到站终到能力约束、区间通过能力约束和列车总数约束。具体方案约束条件描述如下。

(1)始发站发车能力约束：一般而言，线路上所有运行的列车都将从具有存车能力的停车场发出，即具有始发能力的车站才有可能作为始发站。故车站发车能力直接影响列车在高速铁路网络上的分布。一般限制

$$\sum_{p\in P}\rho_{ps}\leqslant F_s \quad (s\in V) \tag{4-88}$$

式中，$p=r_{k(1)}\parallel r_{k(2)}\parallel\cdots\parallel r_{k(m(p))}$，且 ρ_{ps} 表示列车 p 与车站 s 的关联参数，如果列车 p 始发站为车站 s，即$r^h_{k(1)}=s$，则 $\rho_{ps}=1$，否则 $\rho_{ps}=0$；F_s 为车站 s 的最大发车能力。

(2)终到站终到能力约束：与上述始发站发车能力约束同理，故终到站终到能力同样能影响列车在高速铁路网络上的分布。一般限制

$$\sum_{p\in P}\sigma_{ps}\leqslant B_s \quad (s\in V) \tag{4-89}$$

式中，$p=r_{k(1)}\parallel r_{k(2)}\parallel\cdots\parallel r_{k(m(p))}$，且 σ_{ps} 表示列车 p 与车站 s 的关联参数，如果列车 p 终到站为车站 s，即$r^t_{k(m(p))}=s$，则 $\sigma_{ps}=1$，否则 $\rho_{ps}=0$；B_s 为车站 s 的最大终到能力。

(3)车站始发终到列车数相等约束：为了方便列车周转，故保证车站始发车和终到列车数相同。一般限制

$$\sum_{p\in P}\rho_{ps}=\sum_{p\in P}\sigma_{ps} \quad (s\in V) \tag{4-90}$$

(4)区间通过能力约束：列车开行受区间通过能力的影响，若列车开行对数超过区间通过能力，应适当减少区间开行的列车对数，则区间通过能力约束表述为

$$\sum_{p\in P}\zeta_{pa}\leqslant H_a \quad (a\in A) \tag{4-91}$$

式中，$p=r_{k(1)}\parallel r_{k(2)}\parallel\cdots\parallel r_{k(m(p))}$，且 ζ_{pa} 表示列车 p 与区间 a 的关联参数，如果列车 p 通过区间 a，即 $a\in A_p$，其中 A_p 为列车 p 通过的区间集合，$A_p=\bigcup_{i=1}^{m(p)}A(r_{k(i)})$，则 $\zeta_{pa}=1$，否则 $\zeta_{pa}=0$；B_s 为车站 s 的最大终到能力。值得注意的是对于该区间通过能力约束的满足，可以在列车区段生成过程中，调节相应的上座率参数来控制满足区间通过列车数，达到满足区间通过能力约束的目的。

(5)列车总数约束：高速铁路系统运营成本费用主要取决于列车数，列车数过大会导致成本费用增加，则列车总数约束表述为

$$|P|\leqslant W \tag{4-92}$$

式中 $|P|$——列车开行方案 P 的列车元素个数；

W——高速铁路系统提供的最大列车使用数。

4.3.4 模型优化目标

高速铁路列车开行方案的目标是使旅客、高速铁路运营管理部门两者受益，主要体现在高速铁路的运营收入最大化，同时使得高速铁路系统运营成本费用以及高速铁路系统未能满足旅客需求的惩罚费用两者之和最小，从而使整个高速铁路系统的效益最大。

高速铁路系统的运营收入主要是包括总客票收入。记 c_a 为旅客的人公里票价率，则高速铁路总客票收入为

$$C_1 = \sum_{p\in P} c_a Z^*(p) \quad (p \in P) \tag{4-93}$$

高速铁路系统运营总成本主要包括车辆公里费用和列车组织费用，其取值主要取决于开行列车的数量、列车运行线路、列车停站等。

车辆公里费用主要是指在车辆在运营过程中所引起的折旧费、能耗等费用。记 $c_b(p)$ 为列车 p 中的每辆车辆的每公里费用，则车辆公里费用为

$$C_2 = \sum_{p\in P} c_b(p) b_p D_p \tag{4-94}$$

列车组织费用主要是列车调度，以及车站组织旅客上车等引起的费用。记 $c_m(p)$ 为列车 p 开行组织费用，则列车组织费用为

$$C_3 = \sum_{p\in P} c_m(p) \tag{4-95}$$

高速铁路系统未能满足旅客需求的惩罚费用包括发车时间偏移量惩罚、通过需求惩罚和区间需求惩罚。这些惩罚费用是为衡量列车开行方案对于时变需求的满足程度。

发车时间偏移量惩罚费用是指针对区间需求原始在该区间的出行时间与实际列车通过该区间时间的差值的周转量总和而引起的惩罚费用。

首先对于列车 $p=r_{k(1)} \parallel r_{k(2)} \parallel \cdots \parallel r_{k(m(p))}$，其对于列车区段 $r_{k(i)}$ 的发车时间偏移量为

$$f_\varepsilon(r_{k(i)}) = Z(r_{k(i)}) \left| t_{k(i)}^* - t_{k(i)} \right| \tag{4-96}$$

则列车 p 的流量偏移总量为

$$c_\varepsilon(p) = \sum_{i=1}^{m(p)} f_\varepsilon(r_{k(i)}) \tag{4-97}$$

可以计算出高速铁路系统总的区间流量偏移量

$$C_4 = \sum_{p\in P} c_\varepsilon(p) \tag{4-98}$$

通过需求惩罚是指没有满足旅客在相邻两区段方向之间的通过需求形成的惩罚费用。先计算出整个开行方案 P 服务的通过需求为

$$f_{vd}^P = \sum_{p\in P} f_{vdp} \tag{4-99}$$

则通过需求惩罚为

$$C_5 = (f_{vd}^{\text{total}} - f_{vd}^P) \tag{4-100}$$

区间需求惩罚是指未能满足旅客在区间的出行需求而形成的惩罚。对于整个高速铁路网络的区间断面需求为

$$f_{ad}^{\text{total}}=\sum_{a\in A}\sum_{i=1}^{N}\int_{T_1}^{T_2}x_{a_m}^{i}(t)\mathrm{d}t \tag{4-101}$$

整个高速铁路网络服务的区间需求为

$$f_{ad}^{P}=\sum_{p\in P}y(p) \tag{4-102}$$

则区间需求惩罚为

$$C_6=(f_{ad}^{\text{total}}-f_{ad}^{P}) \tag{4-103}$$

引入以上六项费用的权重因子 λ_1、λ_2、λ_3、λ_4、λ_5、λ_6，则模型目标函数可描述为

$$\min_{P}\Psi=-\lambda_1C_1+\lambda_2C_2+\lambda_3C_3+\lambda_4C_4+\lambda_5C_5+\lambda_6C_6 \tag{4-104}$$

4.4 基于模拟退火的优化算法设计

高速铁路列车开行方案优化是一个 NP 难问题，求解高速铁路开行方案优化模型是非线性且离散的组合优化问题，是基于列车区段的拼接组合问题。鉴于模拟退火算法通用性好、求解质量高以及算法容易实现等优点，采用模拟退火算法作为基本理论框架设计算法求解高速铁路列车开行方案模型。结合高速铁路列车开行方案优化模型的特点，通过确定高铁列车开行方案初始解生成方法、邻域系构造方法以及设计模拟退火计划表，设计了高速铁路列车开行方案优化的模拟退火算法。

4.4.1 初始解的生成方法

高速铁路开行方案的初始解通过拼接列车区段形成，从而确定列车的径路和发车时间。列车的径路通过拼接列车区段的径路确定，而列车发车时间确定是通过拼接的列车区段的发车时间以及相关约束条件确定。

初始开行方案是由列车区段集合 R 中列车区段拼接组成并满足列车约束条件的列车集合，将列车集合分为本线列车集合 P_b 和跨线列车集合 P_c，通过以下操作生成初始列车集 P。

(1)拼接延伸本线列车

对于每条线路的上行方向，对于任意列车区段通过就近拼接，一直延伸到线路方向的末端。假设该线路起始区段方向为$\vec{l}_u$，并且该线路上行方向上紧接的区段方向为$\vec{l}_v$。按照等级高低顺序，对于区段方向$\vec{l}_u$ 的第 g 等级列车区段集按照始发时间先后顺序，选择列车区段 $r_{k(1)}\in R(\vec{l}_u)\backslash R_c$，其中 R_c 为已经拼接的列车区段集并令 $r_{k(1)}$ 为本线列车 p 的起始列车区段，即令 $p=r_{k(1)}$，且 $R_c=R_c\cup\{r_{k(1)}\}$。从列车区段 $r_{k(1)}$ 开始，沿着上行方向，往后拼接延伸。

定义

$$R(\vec{l}_v,\check{t}_{k(1)}+\eta_{k(1)},\hat{t}_{k(1)}+\eta_{k(1)})=\{r_k\in R(\vec{l}_v)\mid \check{t}_{k(1)}+\eta_{k(1)}\leqslant t_k\leqslant \hat{t}_{k(1)}+\eta_{k(1)}\} \quad (4\text{-}105)$$

在集合 $R(\vec{l}_v,\check{t}_{k(1)}+\eta_{k(1)},\hat{t}_{k(1)}+\eta_{k(1)})\backslash R_c$ 中，找到其始发时间与列车区段 $r_{k(1)}$ 的终到时间 $t_{k(1)}+\eta_{k(1)}$ 最接近的列车区段 $r_{k(2)}$，则令 $p=r_{k(1)}\parallel r_{k(2)}$，且 $R_c=R_c\cup\{r_{k(2)}\}$，然后按照上述步骤进一步往后拼接延伸，直到找不到拼接不到列车区段或到达该线路上行方向的最末端区段方向或不超过列车最大的列车径路长度约束，则停止 p 的拼接延伸。按照上述方法对区段方向 $\vec{l}_u$ 的等级的列车区段进行拼接延伸。

整个上述过程是针对该线路的上行方向的第 1 个区段方向的列车区段进行拼接延伸。同样可以利用上述方法对于该线路的上行方向的第 2,3,…个区段方向的未拼接的列车区段进行拼接延伸，直到所有线路上的列车区段都拼接成列车，这样就形成了本线列车集 P_b。

(2)拼接跨线列车

针对线路之间的交叉点 v_h，定义跨线方式 $h=(\vec{l}_u,v_h,\vec{l}_v)$，其中 $\vec{l}_u=(u_1,u_2,\cdots,u_{m_u})$，$\vec{l}_v=(v_1,v_2,\cdots,v_{m_v})$，且 $\vec{l}_u$ 和 $\vec{l}_v$ 相邻即满足

$$V_u\cap V_v=u_{mu}=v_1=v_h \quad (4\text{-}106)$$

$$\vec{l}_u\neq\vec{l}_v,\vec{l}_u\in L_d,\vec{l}_v\in L_d \quad (4\text{-}107)$$

$$L_i\neq L_j,\vec{l}_u\in L_i,\vec{l}_v\in L_j \quad (4\text{-}108)$$

式中，L_i 和 L_j 为第 i 条和第 j 条线路跨线方式集合。

对于跨线方式 $h=(\vec{l}_u,v_h,\vec{l}_v)$，利用通过需求的分布 $f_o(\vec{l}_u,\vec{l}_v,g,t)$，进行跨线车的拼接。首先计算出各类通过需求的总量，即

$$f_{hg}=\int_{T_1}^{T_2}f_o(\vec{l}_u,\vec{l}_v,g,t)\mathrm{d}t \quad (4\text{-}109)$$

从而计算出跨线车的拼接数

$$n_{hg}=\int_{T_1}^{T_2}f(\vec{l}_u,\vec{l}_v,g,t)\mathrm{d}t/(\alpha_cC) \quad (4\text{-}110)$$

式中，α_c 为跨线流量的占用率，C 为列车平均载客能力。

对于跨线方式 h，在区段方向 $\vec{l}_u$ 中的 g 等级列车区段集合中，选择覆盖通过需求流量值排序在前 n_{hg} 的列车区段 r_k，然后找到 r_k 所在的本线列车 p；在 $R(\vec{l}_v,\check{t}_k+\eta_k,\hat{t}_k+\eta_k)$ 集合中，选择其终到时间与列车区段 r_k 的始发时间最接近的列车 $r_{k'}$，然后找到 $r_{k'}$ 所在的本线列车 p'。将 p 和 p' 分别在 r_k 和 $r_{k'}$ 处分拆，然后拼接形成跨线列车 p 以及其他本线列车。按照上述步骤可以形成跨线列车集合 P_c。

(3)综合调整列车

由于前述步骤已经形成列车集合 $P=P_c\cup P_b$。首先对于跨线列车集 P_c 中的列车 p，如果其不满足列车最小的列车径路长度约束，令其分别从列车 p 的两端，拼接列车集合 P 中其他列车进行延伸，直到满足列车最小的列车径路长度约束。然后对于本线列车集 P_b 中

的列车 p'，如果其不满足列车最小的列车径路长度约束，采用上述的方法进行拼接延伸。这样形成了新的列车集合 P。

如果整个列车集 P 不满足始发站发车能力约束，对列车集中以该始发站 v_0 为起始站的列车，选择其中列车径路长度最小的列车 p。针对列车 p，从始发站 v_0 这一端拼接列车，直到满足始发站发车能力约束。对于不满足终到站发车能力约束，采用类似的方法以该终到站为边界进行拼接。

如果整个列车集 P 不满足列车总数约束，计算出各个始发站 v 的始发能力 C_v^0 占用率 φ_v，同时计算出各个始发站 v_0 需要减少的列车数

$$\bar{n}_{v_0} = \min\left\{\left\lceil (|P| - W)\frac{\varphi_{v_0} C_{v_0}^0}{\sum\limits_{v\in V_0}\varphi_v C_v^0}\right\rceil, \varphi_{v_0} C_{v_0}^0\right\} \tag{4-111}$$

式中，V_0 为始发站集合；$\lceil x \rceil$表示向上取整函数，即取不小于实数 x 的最小整数，x 为 $(|P| - W)\frac{\varphi_{v_0} C_{v_0}^0}{\sum\limits_{v\in V_0}\varphi_{v_0} C_{v_0}^0}$；再利用上述满足始发站发车能力约束的调整方法减少各个始发站 v_0 的列车数达到$\bar{n}_{v_0}$。然后采用同样的方法去满足终到站终到能力约束。

(4)确定列车始发时间

按照算法 4-2 中的列车始发时间确定方法确定列车集 P 中各列车的始发时间。对于初始解中的各列列车，设置其编组都为统一编组即选择编组种类中实际应用中数量最多的一类编组。

(5)确定列车编组

首先计算出各列车 $p = r_{k(1)} \| r_{k(2)} \| \cdots \| r_{k(m(p))}$ 的运输比例 θ_p

$$\theta_p = \min\{\theta(r_{k(i)}), i = 1, 2\cdots, m(p)\} \tag{4-112}$$

根据不同的列车定员 C_p 可以计算不同的运输比例 $\theta_p(C_p)$ 和最大区间上座率 $E_p(C_p)$。

对于列车 p，可以计算出其编组候选集合

$$B(p) = \{b_p \in B | \theta_p(C_p) \geqslant \beta, E_p(C_p) \geqslant \varphi, C_p = b_p c\} \tag{4-113}$$

式中，$\beta(0.5 \leqslant \beta \leqslant 1)$为运输比例参数。

对于列车 p，从其编组候选集合 $B(p)$ 中等概率随机选择一个编组，作为该列车 p 的编组。

4.4.2 邻域系的构造及搜索策略

高速铁路列车开行方案优化是列车径路、停站和始发时间三者的综合优化。通过线路分解，列车区段生成等步骤，将高速铁路列车开行方案优化转变成了以列车区段为基本单元的优化问题。高速铁路列车开行方案的邻域系是指满足约束条件的所有列车集 P 的可行解空间，是需要设计以列车区段为基本单元的邻域系搜索策略。

在每次邻域解构造操作时，对于每列车，按照一定概率随机选择列车调整策略，其中列车调整策略包括列车互换列车区段、列车交叉重组、列车分拆以及列车相互拼接；然后对于整个开行方案进行综合调整以适应列车径路长度、始发站始发能力、终到站终到能力、列车总数约束，同时进行列车始发时间调整以及列车编组调整。整个邻域解构造包括 4 种列车调整策略和 5 种综合方案调整策略。

每进行一次邻域解构造操作，对得到的列车开行方案进行判断，若列车开行方案在进行操作之后仍然存在上述约束条件不满足，则返回到操作前的方案；若满足，按照模拟退火算法原理以一定概率接受当前邻域解。

对于列车调整策略，具体步骤如下。

(1)列车互换列车区段

对于任意列车区段 $r_{k(i)}$，若 Random(0,1)$<Pro_e$，其中 Pro_e 为互换列车区段选择概率，找到列车区段 $r_{k(i)}$ 所在的列车 $p=r_{k(1)}\parallel r_{k(2)}\parallel\cdots\parallel r_{k(m(p))}$，对于集合 $R(\vec{l}_{k(i)},\check{t}_{k(i)},\hat{t}_{k(i)})\backslash\{r_{k(i)}\}$中列车区段同概率随机选择一个列车区段 $r_{k'(j)}$，并找到 $r_{k'}$ 所在的列车 $p'=r_{k'(1)}\parallel r_{k'(2)}\parallel\cdots\parallel r_{k(m(p'))}$，将列车 p 中的列车区段 $r_{k(i)}$ 与列车 p' 中的列车区段 $r_{k'(j)}$ 进行调换形成新的列车 p_1 和 p_2

$$p_1=r_{k(1)}\parallel r_{k(2)}\parallel\cdots\parallel r_{k'(j)}\parallel\cdots\parallel r_{k(m(p))}\tag{4-114}$$

$$p_2=r_{k'(1)}\parallel r_{k'(2)}\parallel\cdots\parallel r_{k(i)}\parallel\cdots\parallel r_{k(m(p'))}\tag{4-115}$$

并设置编组 $b_{p_1}=b_p$ 和 $b_{p_2}=b_{p'}$，然后删除相应的列车 p 与 p'。

(2)列车交叉重组

对于列车 p，若 Random(0,1)$<Pro_c$，其中 Pro_c 为列车交叉重组选择概率。对于列车 $p=r_{k(1)}\parallel r_{k(2)}\parallel\cdots\parallel r_{k(m(p))}$，计算服务的通过需求 $f_{vd}^{p}(r_{k(i)},r_{k(i+1)})$，计算相邻列车区段之间的分界点的适应度函数为

$$f(r_{k(i)},r_{k(i+1)})=\max\{f_{vd}^{p}(r_{k(i)},r_{k(i+1)}),i=1,2,\cdots,m(p)-1\}-f_{vd}^{p}(r_{k(i)},r_{k(i+1)})\tag{4-116}$$

利用轮盘赌选择方法，选择列车 p 将要分拆的分界点。

如果选择的是$(r_{k(i)},r_{k(i+1)})$的分界点，令与$\vec{l}_{k(i)}$紧后相邻的区段方向集合 $L_d(\vec{l}_{k(i)})$，然后确定集合 $L_d(\vec{l}_{k(i)})$中可以选择的候选列车区段集合为

$$\widetilde{R}(r_{k(i)})=\bigcup_{\vec{l}_w\in L_d(\vec{l}_{k(i)})}R(\vec{l}_w,\check{t}_{k(i)}+\eta_{k(i)},\hat{t}_{k(i)}+\eta_{k(i)})\tag{4-117}$$

对于列车区段 $r_k\in\widetilde{R}(r_{k(i)})$，可计算从区段方向$\vec{l}_{k(i)}$的第 g_k 类需求通过 $r_{k(i)}$ 并进入$\vec{l}_k$ 的流量为

$$f_o(r_{k(i)},r_k,g_{k(i)})=\int_{\check{t}_{k(i)}}^{\hat{t}_{k(i)}}f_o(\vec{l}_{k(i)},\vec{l}_{k(i+1)},g_{k(i)},t+\eta_{k(i)})\mathrm{d}t\tag{4-118}$$

以及通过从区段方向$\vec{l}_k$ 的第 g_k 类需求通过$\vec{l}_{k(i)}$并进入 r_k 的流量为

$$f_e(r_{k(i)},r_k,g_k)=\int_{\check{t}_k}^{\hat{t}_k} f_e(\vec{l}_{k(i)},\vec{l}_{k(i+1)},g_k,t)\mathrm{d}t \tag{4-119}$$

计算该列车区段被选择的适应度函数为

$$\tilde{f}(r_{k(i)},r_k)=f_o(r_{k(i)},r_k,g_{k(i)})f_e(r_{k(i)},r_k,g_k) \tag{4-120}$$

同样利用轮盘赌选择方法，选择列车区段。

如果选择的列车区段 $r_{k'(j)}$，并找到 $r_{k'(j)}$ 所在的列车 $p'=r_{k'(1)}\parallel r_{k'(2)}\parallel\cdots\parallel r_{k(m(p'))}$，这样形成新的 2 列车，即

$$p_1=r_{k(1)}\parallel r_{k(2)}\parallel\cdots\parallel r_{k(i)}\parallel r_{k'(j)}\parallel\cdots\parallel r_{k(m(p'))} \tag{4-121}$$

$$p_2=r_{k'(1)}\parallel r_{k'(2)}\parallel\cdots\parallel r_{k'(j-1)}\parallel r_{k(i+1)}\parallel\cdots\parallel r_{k(m(p))} \tag{4-122}$$

如果新的列车 p_1 和 p_2 如果满足拼接约束条件，则设置编组 $b_{p_1}=b_p$ 和 $b_{p_2}=b_{p'}$，删除列车 p 和 p'；如果不满足拼接约束条件，则舍弃列车 p_1 和 p_2，保留原来的列车 p 和 p'。

(3)列车分拆

对于列车 p，若 Random(0,1)$<Pro_d(m(p)-1)/(\overline{m}-1)$，其中 Pro_d 为选择列车分拆的概率，$\overline{m}$为所有列车包含列车区段的平均数。对于列车 $p=r_{k(1)}\parallel r_{k(2)}\parallel\cdots\parallel r_{k(m(p))}$，计算服务的通过需求 $f_{vd}^{p}(r_{k(i)},r_{k(i+1)})$，计算相邻列车区段之间的分界点的适应度函数为

$$f(r_{k(i)},r_{k(i+1)})=\max\{f_{vd}^{p}(r_{k(i)},r_{k(i+1)}),i=1,2,\cdots m(p)-1\}-f_{vd}^{p}(r_{k(i)},r_{k(i+1)}) \tag{4-123}$$

利用轮盘赌选择方法，选择列车 p 将要分拆的分界点。

如果选择的是$(r_{k(i)},r_{k(i+1)})$的分界点，则可以将列车 p 分拆成

$$p_1=r_{k(1)}\parallel r_{k(2)}\parallel\cdots\parallel r_{k(i+1)} \tag{4-124}$$

$$p_2=r_{k(i+1)}\parallel r_{k(i+2)}\parallel\cdots\parallel r_{k(m(p))} \tag{4-125}$$

同时设置 $b_{p_1}=b_{p_2}=b_p$，然后删除列车 p。

(4)列车相互拼接

对于列车 p，若 Random(0,1)$<Pro_w(\overline{\eta}/\eta_p)$，其中 Pro_w 为选择列车分拆的概率，η_p 为列车 p 的运行时间，$\overline{\eta}$为所有列车的平均运行时间，运行时间长的列车被选择的概率较小，运行时间短的列车被选择的概率较大。

对于列车 $p=r_{k(1)}\parallel r_{k(2)}\parallel\cdots\parallel r_{k(m(p))}$，与$\vec{l}_{k(m(p))}$紧后相邻的区段方向集合 $L_d(\vec{l}_{k(m(p))})$，对于 $\vec{l}\in L_d(\vec{l}_{k(m(p))})$，计算该区段方向被选择的适应度函数为

$$\overline{f}(r_{k(m(p))},\vec{l})=\int_{\check{t}_{k(m(p))}}^{\hat{t}_{k(m(p))}} f_o(\vec{l}_{k(m(p))},\vec{l},g_{k(m(p))},t+\eta_{k(m(p))})\mathrm{d}t \tag{4-126}$$

同样按照轮盘赌选择方法选择区段方向。如果被选择的区段方向为 $\vec{l}$，找到满足以区段方向 $\vec{l}$ 的列车区段为列车的起始端列车区段的列车集合为

$$P(\vec{l})=\{p'\mid p'=r_{k'(1)}\parallel r_{k'(2)}\parallel\cdots\parallel r_{k(m(p'))},\vec{l}_{k'(1)}=\vec{l}\} \tag{4-127}$$

从 $P(\vec{l})$中选择其始发时间与 $t+\eta_{k(m(p))}$最接近的列车 p'，然后将列车 p 与 p'进行拼接，

形成新的列车即

$$p_1 = r_{k(1)} \parallel r_{k(2)} \parallel \cdots \parallel r_{k(m(p))} \parallel r_{k'(1)} \parallel r_{k'(2)} \parallel \cdots \parallel r_{k(m(p'))} \tag{4-128}$$

然后设置编组 $b_{p_1} = \max\{b_p, b_{p'}\}$，同时删除相应的列车 p 与 p'。

对于方案综合调整策略，包括 6 种调整策略，按照如下顺序依次完成这 6 种调整策略，具体顺序及步骤如下。

(1)列车径路长度约束满足操作

对于不满足列车径路长度约束的列车，如果列车径路长度大于列车径路长度约束的上限，则执行列车调整策略中的分拆操作，使得该列车的径路长度变短；如果列车径路长度小于列车径路长度约束的下限，则执行列车调整策略中的列车拼接操作，将该列车进行延伸，使得该列车的径路长度变长。

(2)始发站始发能力约束满足操作

对于整个列车集 P 不满足始发站始发能力约束，如果始发站 v_0 的始发能力约束不满足，对于以车站 v 为尾端站的区段方向集为

$$L_d(v) = \{\vec{l} \mid \vec{l} = (v_0, v_1, v_2, \cdots, v_{n(\vec{l})}), v_{n(\vec{l})} = v\} \tag{4-129}$$

对于区段 $\vec{l} \in L_d(v)$，则以满足该区段方向 $\vec{l}$ 的列车区段为列车的最尾端列车区段的列车集合为

$$\widetilde{P}(\vec{l}) = \{p \mid p = r_{k(1)} \parallel r_{k(2)} \parallel \cdots \parallel r_{k(m(p))}, \vec{l}_{k(m(p))} = \vec{l}\} \tag{4-130}$$

需要将集合 $\widetilde{P}(\vec{l})$ 中列车进行拼接的列车数目为：

$$\bar{n}(\vec{l}) = \frac{|\widetilde{P}(\vec{l})|}{\sum\limits_{\vec{l}_0 \in L_d(v)} |\widetilde{P}(\vec{l}_0)|} \left(\sum_{\vec{l}_0 \in L_d(v)} |\widetilde{P}(\vec{l}_0)| - F_v \right) \tag{4-131}$$

对于 $p = r_{k(1)} \parallel r_{k(2)} \parallel \cdots \parallel r_{k(m(p))} \in \widetilde{P}(\vec{l})$，可以计算列车区段 $r_{k(m(p))}$ 的流出流量为

$$f_o(r_{k(m(p))}, g_{k(m(p))}) = \sum_{\vec{l} \in L_d(\vec{l}_{k(m(p))})} \int_{\check{t}_{k(m(p))}}^{\hat{t}_{k(m(p))}} f_o(\vec{l}_{k(m(p))}, \vec{l}, g_{k(m(p))}, t + \eta_{k(m(p))}) \mathrm{d}t \tag{4-132}$$

在集合中 $\widetilde{P}(\vec{l})$ 选择 $f_o(r_{k(m(p))}, g_{k(m(p))})$ 排序在前 $\bar{n}(\vec{l})$ 的列车，按照列车调整策略中的相互拼接策略操作进行拼接，以减少始发站 v_0 的始发车。

按照上述操作减少所有始发站的始发车，使整个方案满足始发站始发能力约束，同时可以明显知道也减少了相应的终到车数量。

(3)终到站终到能力约束满足操作

首先重新计算终到站终到能力约束满足情况，如果整个列车集 P 不满足终到站终到能力约束，重新利用始发站始发能力约束满足操作，以达到满足终到站终到能力约束。

(4)列车总数约束满足操作

如果整个列车集 P 不满足列车总数约束，计算出各个始发站 v_0 的始发能力 C_v^0 占用率 φ_v，同时计算出各个始发站 v_0 需要减少的列车数。

$$\overline{n}_{v_0}=\min\left\{\left[(|P|-W)\frac{\varphi_{v_0}C_{v_0}^0}{\left(\sum_{v\in V_0}\varphi_v\right)C_v^0}\right],\varphi_{v_0}C_{v_0}^0\right\} \tag{4-133}$$

式中,V_0 为始发站集合,然后利用上述满足始发站发车能力约束的调整方法减少各个始发站 v_0 的列车数达到$\overline{n}_{v_0}$,从而使得整个列车集满足列车总数约束。

(5)列车始发时间调整操作

按照**算法 4-2** 中的列车始发时间确定方法确定列车集 P 中各列车的始发时间。

(6)列车编组调整操作

对于各列车 p,如果原来的编组 $b_p\in B(p)$,则不变,如果 $b_p\notin B(p)$,则选择 $B(p)$内最接近 b_p,然后代替 b_p。

对于各列车 p,若 Random(0,1)$<Pro_b$,其中 Pro_b 为选择列车调整编组的概率,从其编组候选集合 $B(p)$等概率随机选择一个编组,作为该列车 p 的编组。

4.4.3 模拟退火计划表的设计

模拟退火计划表设计是模拟退火算法中的重要步骤,主要是包括如下参数和规则的设置:初始温度确定、温度下降序列确定、内循环终止条件设置、算法终止条件设置。

初始温度确定方法一般通过数值方法确定。通过不断选择初始温度 T_0,同时随机重复计算接受概率接近某一预定的概率值 pro(一般在 0.8 与 0.9 之间)。具体方法为对于选择某初始温度 T_0,执行 N 次搜索,计算其接受次数,若其接受频率小于 pro 时,将初始温度适当提高;相反则降低,直到使接受频率接近 pro 为止。

温度下降序列确定一般采用等比例下降法,即采用 $T_{k+1}=T_k a$ 的迭代算法确定温度序列 T_k,其中 k 为温度修正次数。采用等比例下降法,能使得在温度较高时下降较快,温度较低时下降较慢,具有单步下降幅度递减的特点。

内循环终止条件设置是指同一温度下的迭代次数 $\overline{\overline{K}}(T)$设置。在同一温度下,通过迭代搜索获得一些极小值,然后跨越出来搜索其他的极小值。接受概率和跨越能力随着温度的变化成反比关系。当外循环的循环次数很多时,迭代次数 $\overline{\overline{K}}(T)$可以设置较小,相反则设置较多。内循环终止条件设置的简单方法就是固定每一温度的循环次数。

算法终止条件设置也叫作外循环终止条件,一般采用温度下降至接近 T_f 或目标函数在相应迭代次数下无改变来综合控制。

4.4.4 模拟退火求解算法

根据初始高速铁路列车开行方案的生成方法、邻域系的构造方法以及开行方案的评价方法,在上述模拟退火计划表的基础上,便可设计求解高速铁路列车开行方案的模拟退火算法,其流程图如图 4-5,具体算法如下:

算法 4-3　高速铁路列车开行方案优化的模拟退火算法

输入　高速铁路网络 $G=(V,A)$，区间 $a\in A$ 的里程 d_a，区间 $a\in A$ 的旅行时间 T_a，各等级车站集合 $V_i(i=1,2,\cdots,N)$，各类第 i 类区间断面需求 $x_a^i(t)(a\in A;i=1,2,\cdots,N)$，区段集记 L，区段方向集合 L_d，区段方向 $\vec{l}$ 的第 i 等级的列车区段集为 $R(\vec{l},i)(t\in[T_1,T_2];\vec{l}\in L_d;i=1,2,\cdots,N)$。对于列车区段 $r_k\in R$，其初始负责的区间断面需求时间范围$[\check{t}_k,\hat{t}_k]$，初始周转量 $Z(r_k)$，运行时间 η_k，运行里程 d_k，列车载客定员 C，旅客的人公里票价率 c_α，设置每列列车每公里费用都为 c_d，列车组织费用都为 c_m，目标函数的权重因子 λ_1、λ_2、λ_3、λ_4、λ_5、λ_6，当前温度 T 下的迭代次数 $\overline{\overline{K}}(T)$和目标函数值不变次数上限 K_{end}。

输出　高速铁路列车开行方案即列车集 $P=\{p=\{\vec{l}_p,t_p,b_p\}\}$。

第 0 步　初始化。

给定初始温度 T_0，终止温度 T_f，设置温度下降比例为 θ，令当前温度 T 下的线网方案迭代次数 $K=1$，转第 1 步。

第 1 步　生成初始列车开行方案 P_0。

根据高速铁路列车开行方案初始解生成方法，生成初始列车开行方案 P_0。并置 $P=P_0$，当前最优解 $P_{\max}=P_0$。转第 2 步。

第 2 步　计算列车开行方案目标函数。

根据高速铁路系统运营收入成本的计算方法，计算高速铁路系统的总客票收入 C_1，高速铁路系统的运营成本包括车辆公里费用 C_2 和列车组织费用 C_3，以及计算出高速铁路系统为满足需求的惩罚费用包括发车时间偏移量惩罚 C_4、通过需求惩罚 C_5 和区间需求惩罚 C_6，从而确定目标函数值Ψ_0，令 $\Psi=\Psi_0$，当前最优解为$\Psi_{\max}=\Psi_0$。转第 3 步。

第 3 步　生成列车开行方案邻域解。

根据邻域系构造方法，按照一定概率选择列车调整策略：列车互换列车区段、列车交叉重组、列车分拆以及列车相互拼接，然后对于每列车以一定概率进行相应操作，然后对于已经列车调整后的列车集，进行方案综合调整，即按照如下调整顺序，即列车径路长度约束满足操作、始发站始发能力约束满足操作、终到站终到能力约束满足操作、列车总数约束满足操作、列车始发时间调整和列车编组调整操作，从而得到邻域解 P'。转第 4 步。

第 4 步　更新当前最优解。

对于邻域解 P'，进行开行方案评价，计算其目标函数值 Ψ'，如果$\Psi_{\max}<\Psi'$，则令 $P_{\max}=P'$，$\Psi_{\max}=\Psi'$。转第 5 步。

第 5 步　更新当前解。

如果 $\Psi<\Psi'$，或 $\Psi\geqslant\Psi'$ 且 $\text{Random}(0,1)<\exp[(\Psi-\Psi')/T]$，则接受邻域解 P'，即令 $P=P'$，$\Psi=\Psi'$。转第 6 步。

第 6 步　迭代次数检验。

$K=K+1$，若此时 $K\geqslant\overline{\overline{K}}(T)$，其中 $\overline{\overline{K}}(T)$为当前温度下迭代次数上限，则令 $T=\theta T$，进

行第 7 步;否则,回到第 3 步。

第 7 步　算法终止检验。

若 $T<T_f$,或目标函数值 Ψ 已经在 K_{end} 次迭代中无变化,则转第 8 步,否则令 $K=1$,返回第 3 步。

第 8 步　结果输出。

输出最优解 P_{max} 及其目标函数值 Ψ_{max},算法终止。

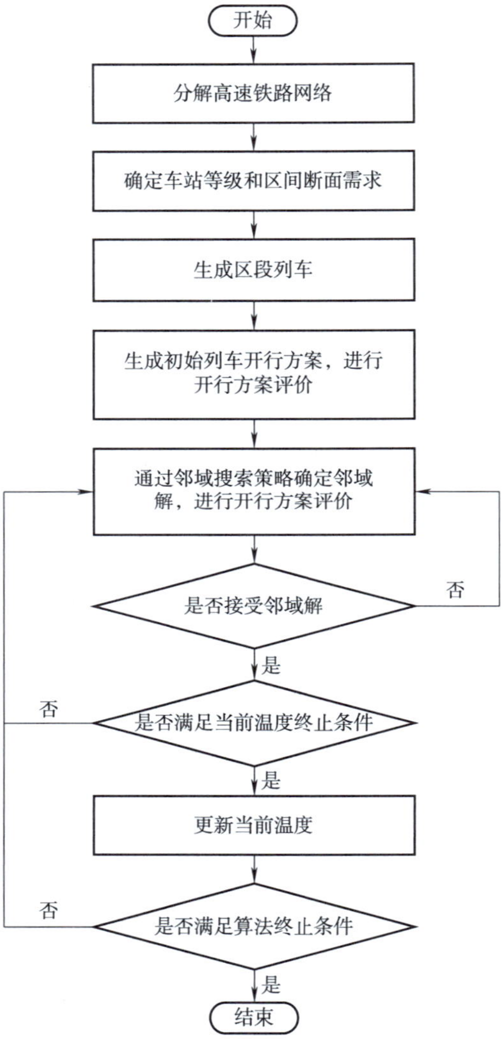

图 4-5　高速铁路列车开行方案的模拟退火求解算法流程

4.5　算例分析

4.5.1　算例数据

根据基于区间断面需求的高速铁路列车开行方案优化方法，以 2014 年京广高速铁路、沪汉蓉高速铁路以及郑西高速铁路为例，如图 4-6 所示，用以计算和分析高速铁路列车开行方案优化方法。

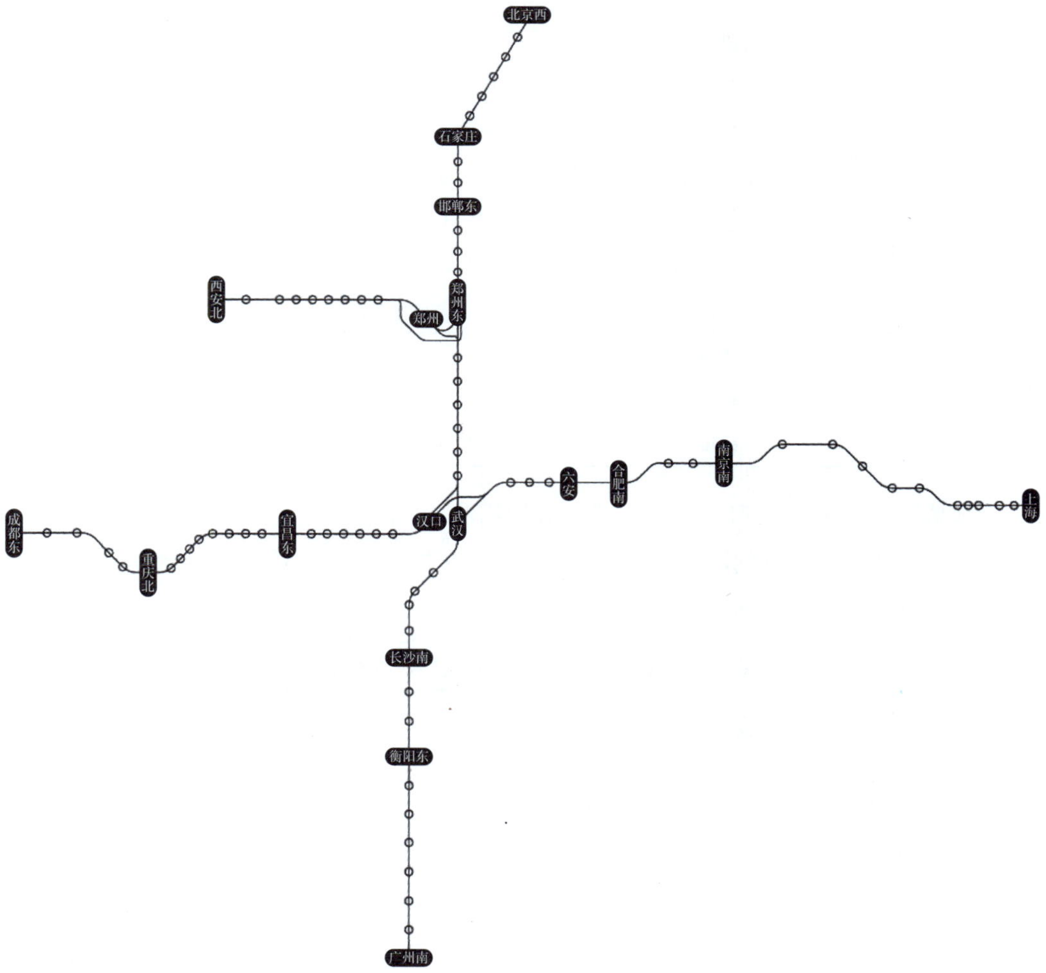

图 4-6　京广、沪汉蓉和郑西高速铁路网络

该高速铁路网络一共包括 82 个高铁站，总长 4 786 km。按照高速铁路网络分解原则，其中筛选出具有始发终到服务的高速铁路车站以及线路交叉车站，包括：北京西、石家庄、邯郸东、郑州东、武汉、长沙南、衡阳东、广州南、上海虹桥、南京南、合肥南、六安、汉口、宜昌东、

重庆北、成都东、西安北共 17 个高铁站，然后以上述高速铁路车站作为分界点，分成 15 个区段，见表 4-1。

表 4-1 高速铁路网络分解的区段

区段编号	高铁站
1	北京西、涿州东、高碑店东、保定东、定州东、正定机场、石家庄
2	石家庄、高邑西、邢台东、邯郸东
3	邯郸东、安阳东、鹤壁东、新乡东、郑州东
4	郑州东、许昌东、漯河西、驻马店西、明港东、信阳东、孝感北、武汉
5	武汉、咸宁北、赤壁北、岳阳东、汨罗东、长沙南
6	长沙南、株洲西、衡山西、衡阳东
7	衡阳东、耒阳西、郴州西、韶关、英德西、清远、广州北、广州南
8	郑州东、郑州、巩义南、洛阳龙门、渑池南、三门峡南、灵宝西、华山北、渭南北、西安北
9	汉口、汉川、天门南、仙桃西、潜江、荆州、枝江北、宜昌东
10	宜昌东、巴东、建始、恩施、利川、石柱县、丰都、涪陵北、长寿北、重庆北
11	重庆北、合川、潼南、遂宁、大英东、成都东
12	汉口、红安西、麻城北、金寨、六安
13	六安、合肥南
14	合肥南、肥东、全椒、南京南
15	南京南、镇江南、丹阳北、常州北、无锡东、苏州北、昆山南、上海虹桥

列车总数约束为 800 列，同时，只考虑 8 编组和 16 编组 2 类编组，其相应定员为 610 人和 1 220 人。具有始发终到服务的车站，始发站发车能力和终到站的终到能力见表 4-2，由于武汉站与汉口站相隔很近，所以在本算例中将该两个站合并一起考虑。

表 4-2 各始发站发车能力和终到站终到能力

车站	始发站始发能力/列	终到站终到能力/列
北京西	169	169
石家庄	44	44
邯郸东	20	20
郑州东	40	40
武汉和汉口	187	187
长沙南	128	128
衡阳东	0	0
广州南	165	165
西安北	95	95
宜昌东	48	48

续上表

车站	始发站始发能力/列	终到站终到能力/列
重庆北	57	57
成都东	51	51
六安	13	13
合肥南	50	50
南京南	90	90
上海虹桥	179	179

4.5.2　区段方向列车开行方案

首先利用基于连续运输能力的高速铁路网络客流均衡分配方法，获得各个区段方向的各类区间断面需求密度。首先设置对于区段方向 $\vec{l}$，以及不同等级 i，设置不同的上座率参数 $\lambda_1(\vec{l},i)$，$\lambda_2(\vec{l},i)$：对于 $\vec{l}\in L_d$，设置 $\lambda_1(\vec{l},1)=1$，$\lambda_1(\vec{l},2)=0.9$，$\lambda_1(\vec{l},3)=0.8$。为了考虑到各始发站发车能力和终到站终到能力约束，以及车站始发终到列车数相等约束，调整上座率参数使得同一区段的两个方向的列车区段数一样，同时考虑衡阳站始发终到能力约束，调整区段方向 11 和 12 的列车区段数与区段方向 13 和 14 的区段列数相等，同时考虑区间通过能力约束，具体各区段方向各等级的上座率参数的见表 4-3。

表 4-3　各区段方向的上座率参数

区段方向编号	各列车区段等级的上座率参数		
	1	2	3
1	0.990	0.891	0.792
2	1.000	0.909	0.808
3	1.000	0.900	0.800
4	1.000	0.900	0.800
5	0.911	0.820	0.729
6	0.997	0.981	0.872
7	0.961	0.865	0.768
8	1.000	0.937	0.832
9	1.000	1.000	0.947
10	0.843	0.759	0.674
11	0.996	0.996	0.996
12	0.790	0.711	0.632
13	0.988	0.988	0.945
14	0.841	0.757	0.673

续上表

区段方向编号	各列车区段等级的上座率参数		
	1	2	3
15	0.970	0.873	0.776
16	1.000	0.927	0.824
17	1.000	0.965	0.858
18	0.932	0.839	0.746
19	1.000	0.955	0.849
20	0.941	0.847	0.753
21	1.000	1.000	1.000
22	0.475	0.428	0.380
23	0.886	0.798	0.709
24	1.000	1.000	0.901
25	0.951	0.856	0.761
26	1.000	0.946	0.841
27	1.000	0.900	0.800
28	1.000	0.900	0.800
29	1.000	0.946	0.841
30	0.951	0.856	0.761

然后根据各个区段方向的各类区间断面需求密度分布，利用区段方向的列车开行方案求解**算法 4-1**，获得各个区段方向各等级的列车开行方案，其中区段方向 1 的第 1 等级列车开行方案如图 4-7 所示，从图 4-7 可以看出，所开行列车分布与其区间断面需求密度分布是一致的。其中各区段方向各等级的列车区段数以及列车总数见表 4-4。

表 4-4　各区段方向的各等级列车区段总数　　单位：列

区段方向编号	区段通过能力约束	列车区段总数	列车区段等级		
			1	2	3
1	120	86	81	3	2
2	120	86	80	3	3
3	120	62	56	5	1
4	120	62	57	4	1
5	120	58	47	11	0
6	120	58	47	11	0
7	120	55	31	23	1

续上表

区段方向编号	区段通过能力约束	列车区段总数	列车区段等级		
			1	2	3
8	120	55	34	20	1
9	120	75	58	13	4
10	120	75	56	15	4
11	120	96	87	9	0
12	120	96	85	11	0
13	120	96	77	17	2
14	120	96	71	22	3
15	100	43	24	16	3
16	100	43	24	16	3
17	100	64	29	26	9
18	100	64	25	28	11
19	100	23	12	4	7
20	100	23	10	4	9
21	100	12	10	1	1
22	100	12	9	2	1
23	120	54	46	1	7
24	120	54	47	1	6
25	120	54	54	0	0
26	120	54	54	0	0
27	120	73	69	1	3
28	120	73	69	1	3
29	200	164	143	21	0
30	200	164	141	23	0

4.5.3 高速铁路线网列车开行方案

首先利用初始解的生成方法生成高速铁路列车开行方案的初始方案。按照初始解的生成方法第 1 步首先生成本线列车，以京广高铁的下行方向为例，共生成列车总数 835 列；然后通过第 2 步生成跨线列车，统计整个高速铁路网络列车数为 814 列。统计其各始发终到站的始发列车数和终到列车数，见表 4-5，可以看出有 3 个高铁站的始发列车数超过其始发终到能力。

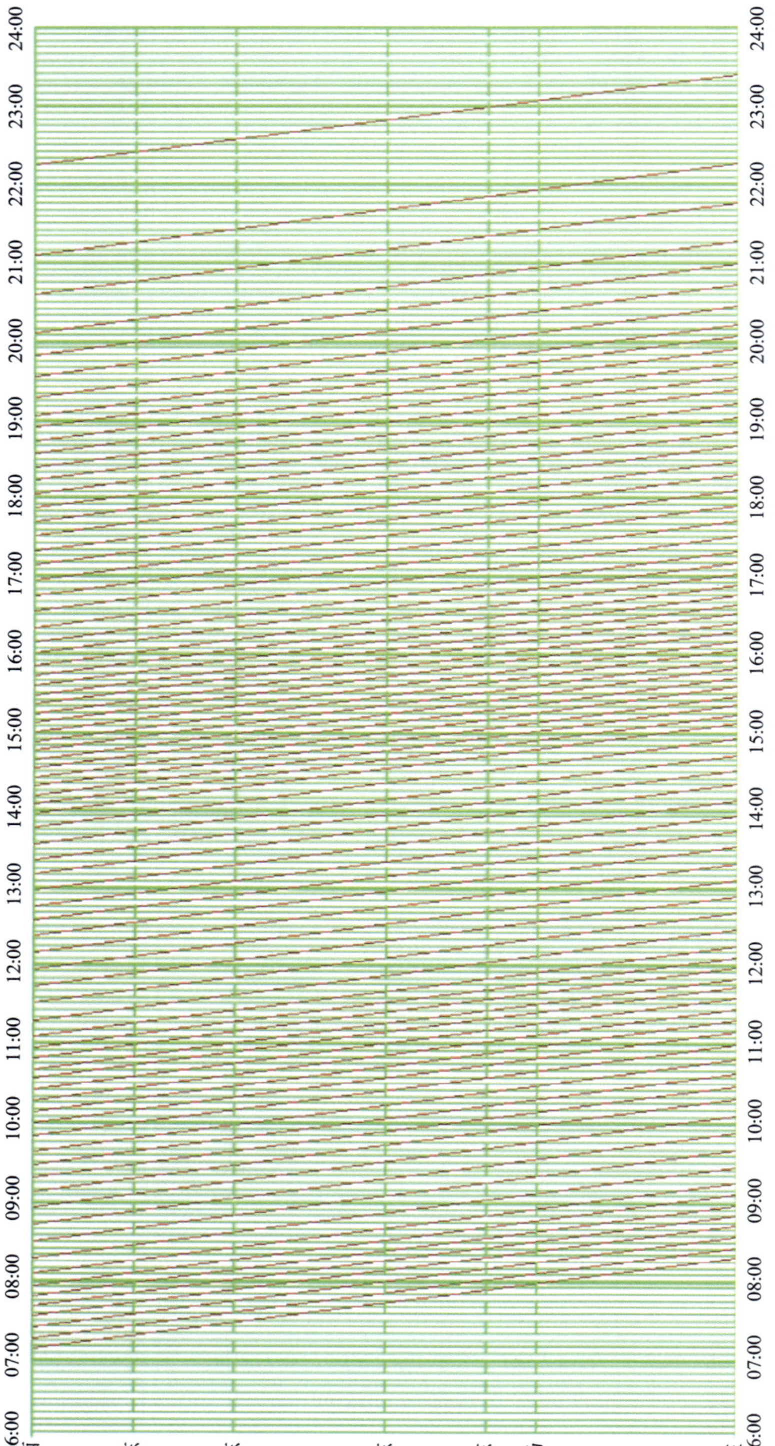

图 4-7 区段方向 1 的第 1 等级列车开行方案

表 4-5　各高铁站的始发和终到列车数(标* 为超过能力)　　单位:列

车站	始发终到能力	始发终到列车数	
		调整前	调整后
北京西	169	86	86
石家庄	44	27	27
邯郸东	20	14	14
郑州东	40	46 *	38
武汉和汉口	187	87	87
长沙南	128	33	33
衡阳东	0	25 *	0
广州南	165	96	96
西安北	95	43	43
宜昌东	48	43	43
重庆北	57	13	13
成都东	51	12	12
六安	13	13	13
合肥南	50	20	20
南京南	91	92*	91
上海虹桥	179	164	164

最后经过初始解的生成方法第 3 步综合调整后，统计其各始发终到站的始发列车数和终到列车数，可以看出所有高速铁路车站都满足始发终到能力约束，同时高速铁路网络列车总数为 780 列，也满足了列车总数要求。同时确定列车始发时间和列车编组，其中 8 编组列车数为 712 列，16 编组列车数为 68 列。

经过初始解的生成方法得到京广高铁下行方向的初始开行方案如图 4-8 所示，从运行方案图可以看出，初始生成的高速铁路列车开行方案充分满足了各约束条件，同时充分考虑了各区段方向各等级列车的分布，即充分考虑了各区间断面需求的分布。从算例通过整个初始解生成过程展示，也表明了初始解生成方法的有效性。

对于高速铁路网络开行的高速列车，其列车上旅客的人公里票价率为 0.35 元/人公里，同时车辆公里费用为 5.5 元/km，对于单列高速铁路列车，其开行组织费用为 4 200 元。设置权重值为：$\lambda_1=1$，$\lambda_2=1$，$\lambda_3=15$，$\lambda_4=0.01$，$\lambda_5=150$，$\lambda_6=30$。初始解目标函数值为 4.213×10^7。

对于模拟退火算法参数设置如下：初始温度 $T_0=10^8$ ℃，终止温度 $T_f=100$ ℃，设置温度下降比例为 $\theta=0.95$，当前温度下迭代次数上限函数 $\overline{\overline{K}}(T)=500$，目标函数值不变次数上限 $K_{end}=1\ 000$。

采用 Matlab(2010b) 软件进行编程，电脑配置为：Pentium(R) Dual-Core 3.20 GHz processor 和 1.96 GB RAM，共花费 CPU 时间为 2.42 h。所求的高速铁路列车开行方案优化解目标函数值为 3.836×10^7。

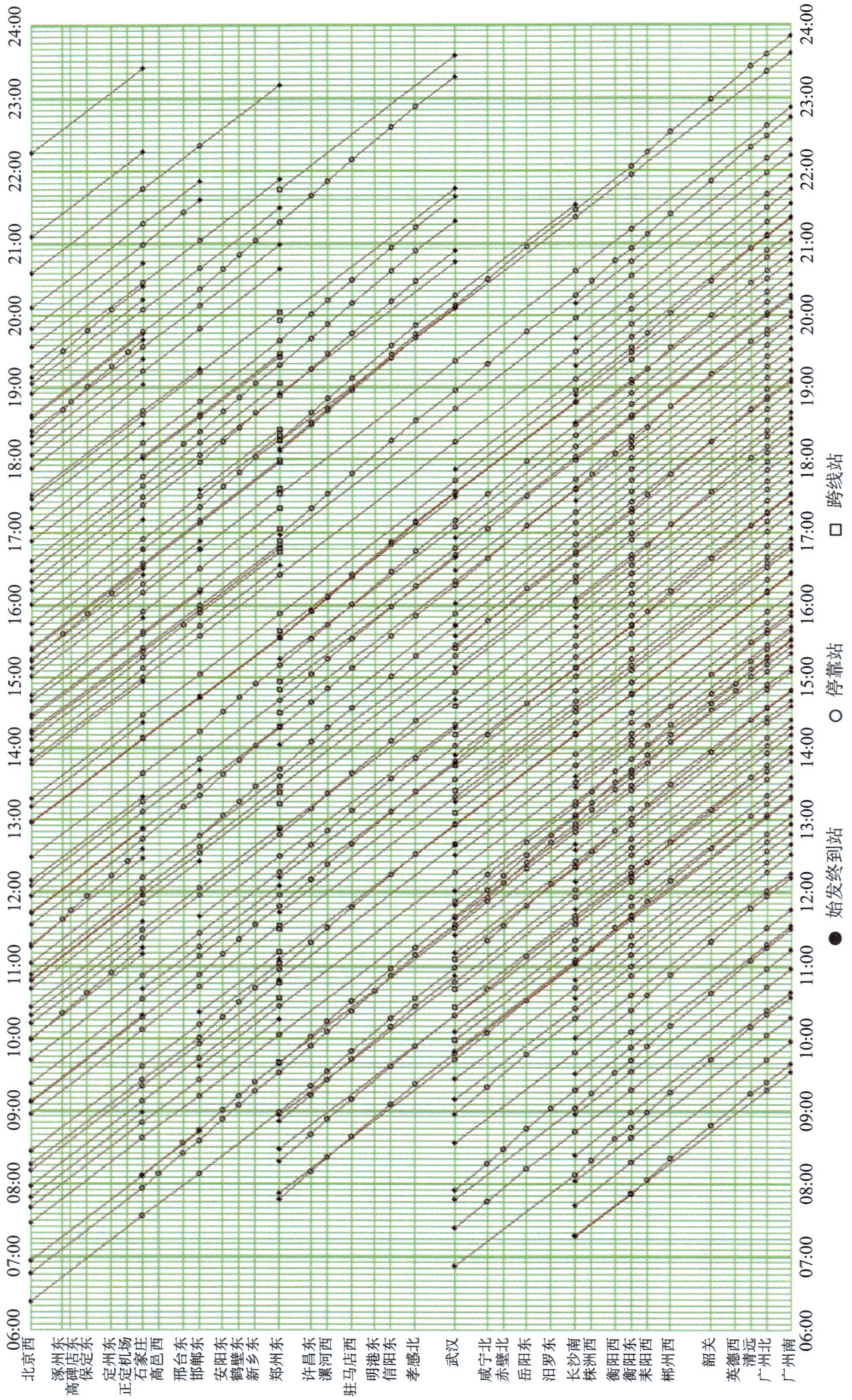

图 4-8 初始解高铁开行方案京广高铁下行方向的运行方案图

高速铁路列车开行方案优化解的列车总数为 741 列，满足列车总数约束，其中 8 编组列车数为 646 列，16 编组列车数为 95 列，相对初始解，列车总数降低，8 编组列数减少，但是 16 编组列车数有所增加。

分析该高速铁路列车开行方案优化解其各具有始发终到的车站的始发列车数和终到列车数见表 4-6，从表中可以看出各始发站的始发列车数满足始发列车数约束，同时各终到站的终到列车数满足终到列车数约束，而且各车站都满足始发终到列车数相等约束。

优化后京广高铁下行方向的运行方案图如图 4-9 所示。从优化的运行方案图可以看出，各个区段的列车分布都基本保持了列车区段生成时的分布，即尽量满足区间断面需求的时变分布。

分别计算列车开行方案初始解和优化解的各项收益见表 4-7，从比较可以看出，优化解相对初始解，列车组织费用减少，是因为列车总数降低；优化解的车辆公里费用有所增加，其中重要的原因是优化解的 16 编组的列车数有所增加；相对优化解的客票收入没有变化。从表 4-7 还可以看出，对于高速铁路系统为满足旅客需求的 3 项惩罚费用，优化解相对初始解，都有所降低，说明该高速铁路列车开行方案优化方法充分考虑了旅客利益。

整个算例分析表明了优化算法的有效性，结果显示：基于区间断面需求进行高速铁路列车开行方案优化综合考虑了高速铁路系统效益和旅客需求，能够获得合理的并满足约束条件的高速铁路列车开行方案。

表 4-6　各高铁站的始发和终到列车数

车站	始发终到能力/列	始发终到列车数/列
北京西	169	86
石家庄	44	24
邯郸东	20	14
郑州东	40	38
武汉和汉口	187	64
长沙南	128	22
衡阳东	0	0
广州南	165	96
西安北	95	43
宜昌东	48	43
重庆北	57	11
成都东	51	12
六安	13	13
合肥南	50	20
南京南	91	91
上海虹桥	179	164

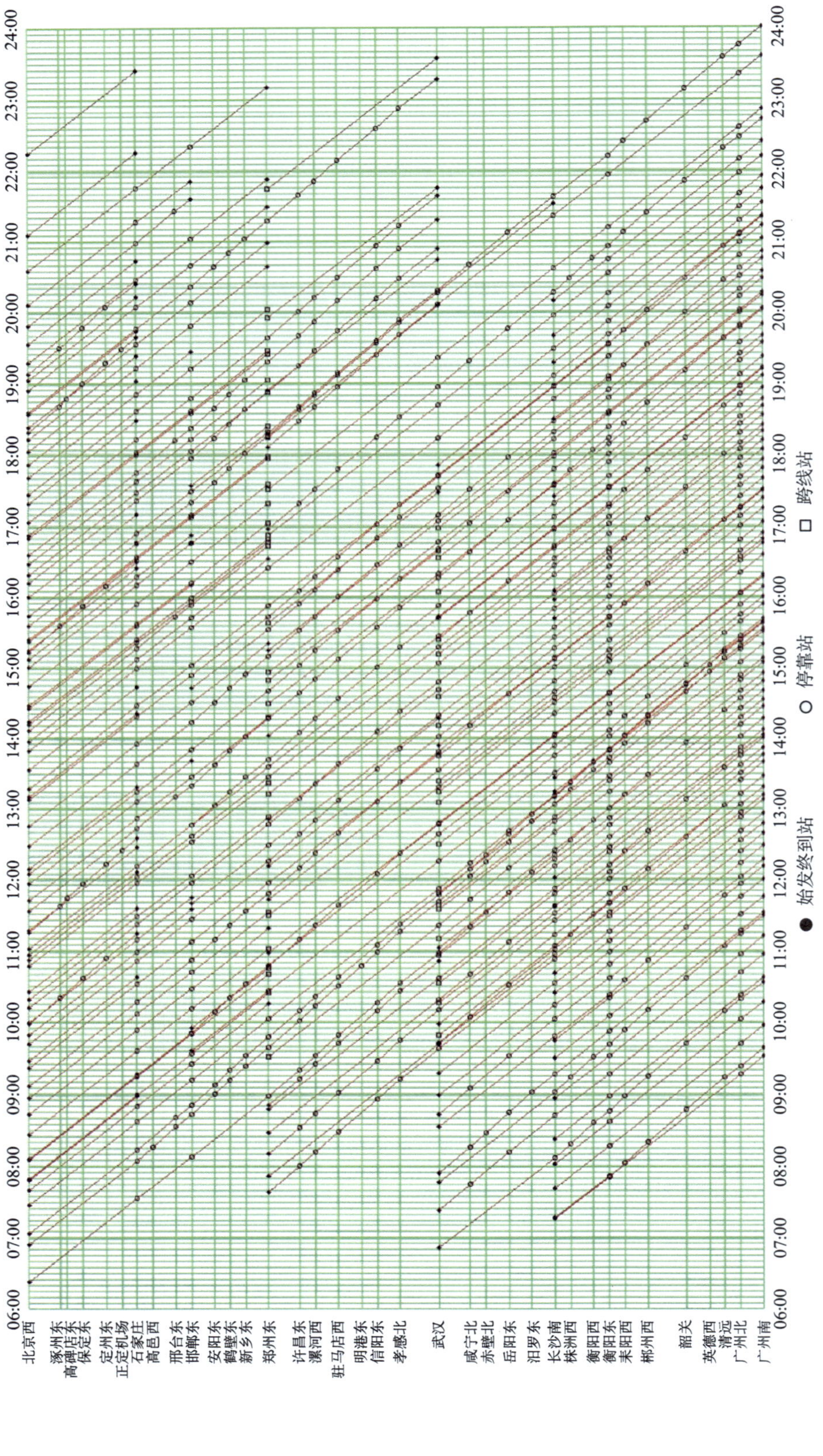

图 4-9 优化解高铁开行方案京广高铁下行方向的运行方案

表 4-7　高速铁路列车开行方案初始解和优化解收益比较

开行方案	客票收入/元	车辆公里费用/元	列车组织费用/元	发车时间偏移惩罚费用/元	通过需求惩罚费用/元	区间需求惩罚费用/元
初始解	1.058×10^{8}	3.028×10^{7}	3.276×10^{6}	2.583×10^{9}	2.018×10^{5}	4.149×10^{5}
优化解	1.058×10^{8}	3.069×10^{7}	3.112×10^{6}	2.491×10^{9}	1.978×10^{5}	4.074×10^{5}

参 考 文 献

[1] Smith M J. A new dynamic traffic model and the existence and calculation of dynamic user equilibria on congested capacity-constrained road networks[J]. Transportation Research, Part B. Methodological, 1993, 27 (1):49-63.

[2] NGUYEN S,PALLOTTION S,MALUCELLI F. A modeling framework for passenger assignment on a transport network with timetables [J]. Transportation Science, 2001, 35(3):238-249.

[3] 房复民．客运专线运营成本研究[D]. 成都:西南交通大学,2011.

[4] CHABINI I. A new algorithm for shortest paths in discrete dynamic networks[J]. IFAC Proceedings Volumes,1997,30(8):537-542.

[5] CHABINI I. Discrete dynamic shortest path problems in transportation applications: Complexity and algorithms with optimal run time[J]. Transportation Research Record, 1998, 1645:170-175.

[6] 周文梁．客运专线网络列车开行方案与运行图综合优化模型及算法[D]. 长沙:中南大学, 2010.

[7] 王甦男．旅客运输[M]. 北京:中国铁道出版社,2003.

[8] 徐斌．高速铁路列车停站方案研究[D]. 北京:北京交通大学, 2012.

[9] 杜剑．哈大客运专线运输组织相关问题研究[D]. 北京:北京交通大学,2008.

[10] 上海铁路局 2004 年第一期赴韩考察团．赴韩国铁路考察报告[J]. 上海铁道科技,2004,(5):51-54.

[11] 罗建．客运专线与既有线合理分工及协调优化研究[D]. 成都:西南交通大学,2009.

[12] 陈凡,王昊．城市圈城际铁路列车开行方案的优选[J]. 铁道运营技术,2011,17(1):34-36.

[13] 李登闯．高速铁路旅客列车停站方案优化研究[D]. 成都:西南交通大学,2014.

[14] HENDERSON D,JACOBSON S H,JOHNSON A W. The theory and practice of simulated annealing [M]. Kluwer Academic Publishers, 2003.

[15] 邓连波．客运专线相关旅客列车开行方案优化研究[D]. 长沙:中南大学, 2007.

第5章 基于客流分配的高速铁路列车开行方案优化

第 4 章设计的基于区间时段客流密度的高速铁路列车开行方案优化方法需要事先确定各 OD 客流在路网上的出行线路，由此将在同一时段内经由同一区间的 OD 客流量累加获得路网上各区间时段客流密度，在此基础上实现高速铁路列车开行方案优化。当面对复杂的大规模非树状结构高速铁路网络时，各 OD 客流的可选出行线路较多、相互影响紧密、对线路出行服务敏感性强，难以有效获得各 OD 客流对各出行线路的选择量。为此，本章直接考虑 OD 客流对可选出行列车的选择，将其描述为基于给定开行列车的客流分配问题；进而根据铁路企业制定列车开行方案决策与 OD 客流出行列车选择决策之间的主从博弈关系，构建高速铁路列车开行方案优化的双层规划方法，其中，上层规划为铁路运输企业优化制定列车开行方案，下层规划为旅客基于给定开行列车的客流分配，相应地结合双层规划模型设计模拟退火算法进行求解。

5.1 高速铁路列车开行方案优化的上层规划

5.1.1 上层规划的约束条件

上层规划模型用于描述铁路运输企业制定列车开行方案决策问题。高速铁路列车开行方案的优化需要在铁路企业现有的各类运输资源能力限制下，结合高速铁路运输组织要求，合理确定各类列车开行数量、路线、速度等级、停站以及编组等，实现相应服务水平的旅客出行。该决策问题通常必须满足如下若干约束条件。

(1)动车组总里程约束

由于列车开行方案在列车运行图之前编制，无法确定动车组运用计划和准确的动车组数量，所以在优化列车开行方案时无法采用动车组数量约束，转而采用动车组总里程的上限约束替代动车组数量约束，该约束也体现了高速铁路网络运能配置上限条件。记列车 $T\in\Omega$ 从 v_i^T 至 v_j^T 的区段为 $T(i,j)$，里程为 $|T(i,j)|$，列车开行方案使用的动车组里程应不超过可支配动车组里程数 TD，即

$$\sum_{T\in\Omega}\sum_{i=1}^{h(T)-1}|T(i,i+1)|B_T/8\leqslant TD \tag{5-1}$$

式中　$B_T/8$——编组折算系数，当 $B_T=8$ 时，$B_T/8=1$；当 $B_T=16$ 时，$B_T/8=2$。

(2)全天或单位时间区间能力约束

记全天运营时段为 D，记全天进入区间 $e\in E$ 的列车数为 $T_e(D)$，单位时间长度 Δt 时段 $k=1,2,\cdots,(t_2-t_1)/\Delta t$ 内进入区间 e 的列车数为 $T_e(k)$。$T_e(D)$ 和 $T_e(k)$ 分别受相应的通过能力限制，即

$$T_e(D)\leqslant C_e(D)\quad(e\in E) \tag{5-2}$$

$$T_e(k)\leqslant C_e(\Delta t)\quad(e\in E;k=1,2,\cdots,(t_2-t_1)/\Delta t) \tag{5-3}$$

式中　$[(t_2-t_1)/\Delta t]$——不超过 $(t_2-t_1)/\Delta t$ 的最大整数。

(3)车站始发或终到列车数的能力约束

车站 $v\in V$ 的始发列车数等于 $|\{T\in\Omega|v=v_1^T\}|$，终到列车数等于 $|\{T\in\Omega|v=v_{\Delta(T)}^T\}|$，分别满足其能力 C_v 约束，即

$$|\{T\in\Omega|v=v_1^T\}|\leqslant C_v\quad(v\in V) \tag{5-4}$$

$$|\{T\in\Omega|v=v_\Delta^T(T)\}|\leqslant C_v\quad(v\in V) \tag{5-5}$$

(4)长途列车径路的非直线系数约束

长途列车径路的非直线系数用于描述列车不绕道的特征，表示为列车径路长度与其首末站之间的直线距离的比值，要求满足阈值 CI 的上限约束。由于每一条高速铁路线路的非直线系数都接近于 1，非直线系数主要是用来筛选跨线列车的开行径路。将列车集 Ω 分为线路列车集 Ω_1 和跨线列车集 Ω_2，列车开行径路的非直线系数满足以下约束：

$$\sum_{i=1}^{h(T)-1}|T(i,i+1)|/D(v_1^T,v_{h(T)}^T)\leqslant CI\quad(T\in\Omega_2) \tag{5-6}$$

式中　$D(v_1^T,v_{\Delta(T)}^T)$——列车 T 起讫点之间的直线距离；

CI——列车径路的非直线系数阈值。

(5)列车编组约束

列车 T 的编组分为 8 辆编组和 16 辆编组，即

$$B_T\in\{8\text{ 辆编组},16\text{ 辆编组}\}\quad(T\in\Omega) \tag{5-7}$$

(6)列车到发时间估计的区间约束

列车 T 在车站 v_j^T 的到达时间 a_j^T 和发车时间 d_j^T，可依据列车 T 的始发时间估计值 D_T，由运行时间 $t_{e_{Ti}}^{\text{run}}$、停站和车站启停附加时间 t_v^{stop} 推算出来，即

$$a_j^T=D_T+\sum_{j=1}^{i-1}t_{e_{Ti}}^{\text{run}}+\sum_{i=2}^{j-1}t_{v_i^T}^{\text{stop}}\quad(2\leqslant j\leqslant\Delta(T);T\in\Omega) \tag{5-8}$$

$$d_j^T=D_T+\sum_{i=1}^{j-1}t_{e_{Ti}}^{\text{run}}+\sum_{i=2}^{j}t_{v_i^T}^{\text{stop}}\quad(1\leqslant j\leqslant\Delta(T)-1;T\in\Omega) \tag{5-9}$$

$$t_1 \leqslant D_T, a_{h(T)}^T \leqslant t_2 \quad (T \in \Omega) \tag{5-10}$$

(7)动车组周转约束

在任意车站 $v \in V$,动车组周转约束要求同类编组的始发、终到列车数相等,8 辆编组的始发列车数等于 $|\{T \in \Omega | v = v_1^T, B_T = 8\}|$,终到列车数等于 $|\{T \in \Omega | v = v_{h(T)}^T, B_T = 8\}|$,对应的约束条件为

$$|\{T \in \Omega | v = v_1^T, B_T = 8\}| = |\{T \in \Omega | v = v_{h(T)}^T, B_T = 8\}| \quad (v \in V) \tag{5-11}$$

同理可得

$$|\{T \in \Omega | v = v_1^T, B_T = 16\}| = |\{T \in \Omega | v = v_{h(T)}^T, B_T = 16\}| \quad (v \in V) \tag{5-12}$$

(8)OD 对服务列车数约束

在省会城市、地级政府所在城市和县级政府所在城市的高速铁路车站分别称为省级站、地级站和县级站,省级站之间、省级站与同省的地县级站之间的 OD 对集分别记为 RS_{11}、RS_{12}、RS_{13}(其中 1、2、3 分别对应省地县级车站)。注意到高速铁路旅客出行的集聚特征,这 3 类需求的份额很大,规定这些需求类的服务列车数的下限标准分别为 n_{11}^0、n_{12}^0、n_{13}^0,满足 $n_{11}^0 > n_{12}^0 > n_{13}^0$。由于服务于 $(r,s) \in RS_{11}$ 的列车数等于 $|\{T \in \Omega | \forall i,j, r = v_i^T, s = v_j^T, i < j\}|$,即同时在车站 r、s 停站的列车数,满足约束

$$|\{T \in \Omega | \forall i,j, i < j, r = v_i^T, s = v_j^T\}| \geqslant n_{11}^0 \quad ((r,s) \in RS_{11}) \tag{5-13}$$

同理,还满足

$$|\{T \in \Omega | \forall i,j, i < j, r = v_i^T, s = v_j^T\}| \geqslant n_{12}^0 \quad ((r,s) \in RS_{12}) \tag{5-14}$$

$$|\{T \in \Omega | \exists i,j, i < j, r = v_i^T, s = v_j^T\}| \geqslant n_{13}^0 \quad ((r,s) \in RS_{13}) \tag{5-15}$$

由于通过省级车站的全部高速铁路列车都停站,对于需求类 RS_{11} 的约束条件可解释为通过省级站的全部列车数的约束;对于需求类 RS_{12} 和 RS_{13} 的约束条件可解释为地县级站停站的列车数下限约束。分别记省地县级站集为 V_1、V_2、V_3,注意到在车站 $v \in V_i$ 停站的列车数等于 $|\{T \in \Omega | \exists i, v = v_i^T\}|$,对于需求类 RS_{11}、RS_{12}、RS_{13} 的约束条件可转化为对车站集 V_1、V_2、V_3 的约束条件,即

$$|\{T \in \Omega | \exists i, v = v_i^T\}| \geqslant n_{11}^0 \quad (v \in V_1) \tag{5-16}$$

$$|\{T \in \Omega | \exists i, v = v_i^T\}| \geqslant n_{12}^0 \quad (v \in V_2) \tag{5-17}$$

$$|\{T \in \Omega | \exists i, v = v_i^T\}| \geqslant n_{13}^0 \quad (v \in V_3) \tag{5-18}$$

(9)列车平均客座率约束

列车平均客座率是指列车平均每一席位公里运输的人公里数。对于铁路运输企业而言,平均客座率越高表明运输能力利用率越高;对旅客而言,平均客座率越低,表明列车开行数量越多,可搭乘的列车越多。因此,列车平均客座率需要位于规定范围之内。列车平均客座率 $\overline{LF}$ 可计算获得。

$$\overline{LF} = \sum_{T \in \Omega} \sum_{i=1}^{h(T)-1} F_T(i) \mid T(i,i+1) \mid / \sum_{T \in \Omega} \sum_{i=1}^{h(T)-1} C_T \mid T(i,i+1) \mid \tag{5-19}$$

$$LF_l \leqslant \overline{LF} \leqslant LF_u \tag{5-20}$$

式中　$F_T(i)$——列车开行区段 $T(i,i+1)$ 的客流；

C_T——列车 T 载客定员；

LF_l, LF_u——列车平均客座率下限和上限。

5.1.2　上层规划的优化目标

列车开行方案的优化目标主要包括铁路运输成本、旅客出行费用最小化，为了方便描述线路上 OD 需求的出行径路在本线上、尽可能满足全部出行需求、车站到发列车均匀排列等 3 项约束，将它们纳入优化目标，分别量化描述如下。

(1)铁路运输成本最小化

铁路运输成本主要考虑动车组总里程数，其他成本可以描述为动车组总里程数的常数倍的形式。动车组总里程数可表示为

$$Z_1 = \sum_{T \in \Omega} \sum_{i=1}^{h(T)-1} \mu_T \mid T(i,i+1) \mid \tag{5-21}$$

式中　μ_T——不同编组列车的折算权值，考虑到 8 辆编组列车与 16 辆编组列车对线路通过能力的影响，对于 8 辆编组的列车设置 $\mu_T=1$，对于 16 辆编组的列车设置 $1<\mu_T<2$。

(2)旅客出行费用最小化

旅客的出行费用主要考虑出行时间偏差 τ_c、乘车时间 τ_r 和换乘时间 τ_h，这些量都由基于给定列车开行方案的客流分配来确定，通过各类时间价值 w_c、w_r、w_h，折算成旅客出行费用，即

$$Z_2 = w_r\tau_r + w_h\tau_h + w_c\tau_c \tag{5-22}$$

(3)线路上 OD 需求的出行径路尽可能在本线上

线路上 OD 需求的出行径路尽可能在本线上，可以描述为线路上出行人数的出行里程与最短路长的偏差达尽可能小，其中出行人数为出行需求与滞留人数之差。考虑到部分高速铁路线路的非直线系数很高，比如从大连至深圳的旅客就不一定沿着沿海线出行。对于线路 $l \in L$ 上的任意 OD 对 (r,s)，如果线路 l 上的里程 d_{rs} 与网络上的最短路长 d'_{rs} 之间的绝对偏差或相对偏差在规定范围内，即

$$d_{rs} - d'_{rs} \leqslant \delta \text{ 或 } (d_{rs} - d'_{rs})/d_{rs} \leqslant \varepsilon \tag{5-23}$$

式中　δ——绝对偏差上限值(作为短距离衡量标准)，通常取 $\delta=20$；

ε——相对偏差上限值(作为长距离衡量标准)，通常取 $\varepsilon=0.05$。

记线路 $l \in L$ 上的 OD 对集 $RS_l = \{(r,s) \in RS \mid r \in l, s \in l, (d_{rs} - d'_{rs} \leqslant \delta \text{ 或 } (d_{rs} - d'_{rs})/d_{rs} \leqslant \varepsilon)\}$，记 $(r,s) \in RS$ 的滞留人数为 q^0_{rs}，出行人数 $q_{rs} - q^0_{rs}$ 的人均出行里程为 $\overline{d}_{rs}$，各线路上出行里程与最短路长的偏差为

$$Z_3 = \sum_{l \in L} \sum_{(r,s) \in RS_l} (q_{rs} - q_{rs}^0) \mid \overline{d}_{rs} - d_{rs} \mid \tag{5-24a}$$

与问题规模大小无关起见，分析时可以采用各线路上出行里程与最短路长的偏差关于出行人数的加权平均值 Z'_3，即

$$Z'_3 = \sum_{l \in L} \sum_{(r,s) \in RS_l} (q_{rs} - q_{rs}^0) \mid \overline{d}_{rs} - d_{rs} \mid / \sum_{l \in L} \sum_{(r,s) \in RS_l} (q_{rs} - q_{rs}^0) \tag{5-24b}$$

(4)尽可能满足全部出行需求

在线路 $l \in L$ 上，当开行列车数量偏少、停站数量偏少或运能配置的时空分布不合理时，难以满足 OD 对$(r,s) \in RS_l$ 的全部出行需求，产生大量滞留旅客。以滞留旅客人公里数作为惩罚项的最小化目标函数

$$Z_4 = \sum_{(r,s) \in RS_l} q_{rs}^0 l_{rs} \tag{5-25a}$$

式中　l_{rs}——(r,s)之间在高速铁路网络上的最短路长。

与问题规模大小无关起见，分析时可以采用各 OD 对滞留人数关于最短路长的加权平均值 Z'_4，即

$$Z'_4 = \sum_{(r,s) \in RS} q_{rs}^0 l_{rs} / \sum_{(r,s) \in RS} l_{rs} \tag{5-25b}$$

(5)车站到发列车均匀排列

在出行时间偏差最小、列车客座率标准一致的驱使下，旅客出行需求稀疏的时空区域开行的列车很少，列车开行间隔很大，降低了高速铁路列车服务时间间隔的服务水平。解决这个问题的有效手段是提高运营时间$[t_1, t_2]$内车站到发列车的均匀性。

对于线路 $l \in L$ 上运行的全部列车中，在车站 $v \in l$ 到达时间排列为 $d_{v,0}, d_{v,1}, \cdots, d_{v,m(v)+1}$，发车时间排列为 $a_{v,0}, a_{v,1}, \cdots, a_{v,n(v)+1}$，其中 $m(v)$为到达列车数，$n(v)$为发车列车数，$d_{v,0} = a_{v,0} = t_1$，$d_{v,m(v)+1} = a_{v,n(v)+1} = t_2$ 是虚拟列车的到发时间。全部出发列车在运营时间$[t_1, t_2]$内均匀排列对应相邻两个发车时间差的平方和 $\sum_{j=0}^{m(v)+1} (d_{v,j+1} - d_{v,j})^2$ 最小，全部到达列车在运营时间$[t_1, t_2]$内均匀排列对应相邻两个到达时间差的平方和 $\sum_{j=0}^{n(v)+1} (a_{v,j+1} - a_{v,j})^2$ 最小。全部车站到发列车均匀排列等价于 Z_5 达到最小

$$Z_5 = \sum_{l \in L} \sum_{v \in l} \left[\sum_{j=0}^{m(v)+1} (d_{v,j+1} - d_{v,j})^2 + \sum_{j=0}^{n(v)+1} (a_{v,j+1} - a_{v,j})^2 \right] \tag{5-26}$$

分别引入权值 $\alpha_1, \alpha_2, \cdots, \alpha_5$，将其转化为单一优化目标见式(5-27)。

$$\min Z(\Omega) = \alpha_1 Z_1 + \alpha_2 Z_2 + \alpha_3 Z_3 + \alpha_4 Z_4 + \alpha_5 Z_5 \tag{5-27}$$

以上上层规划模型中变量 $F_T(i)$、τ_c、τ_r、τ_h、$\overline{d}_{rs}$、q_{rs}^0 的取值将通过求解接下来的客流分配下层规划获得。

5.1.3　模型的罚函数转化

由于约束条件式(5-1)～式(5-5)和式(5-16)～式(5-20)在求解搜索时工作量较大，并且这些约束条件也不是绝对严格的，相应地引入罚函数，将这些约束条件转移至目标函数中，以便减少搜索工作量。

(1)对于约束条件式(5-1)，构造动车组总里程偏差

$$Z_6 = \max\left\{0, \sum_{T\in\Omega}\sum_{i=1}^{h(T)-1} |T(i,i+1)| B_T/8 - TD\right\} \tag{5-28}$$

(2)对于约束条件式(5-2)、式(5-3)，构造区间通过能力偏差

$$Z_7 = \sum_{e\in E}\max\{0, T_e(D) - C_e(D)\} + \sum_{e\in E}\sum_{k=1}^{[(t_2-t_1)/\Delta t]}\max\{0, T_e(k) - C_e(\Delta t)\} \tag{5-29}$$

(3)对于约束条件式(5-4)、式(5-5)，构造车站始发或终到能力偏差

$$Z_8 = \sum_{v\in V}[\max\{0, |\{T\in\Omega \mid v = v_1^T\}| - C_v\} + \max\{0, |\{T\in\Omega \mid v = v_{h(T)}^T\}| - C_v\}] \tag{5-30}$$

(4)对于约束条件式(5-16)～式(5-18)，构造 OD 服务列车数偏差

$$\begin{aligned} Z_9 = & \sum_{v\in V_1}\max\{0, n_{11}^0 - |\{T\in\Omega \mid \forall i,j,i<j,r=v_i^T,s=v_j^T\}|\} \\ & + \sum_{v\in V_2}\max\{0, n_{12}^0 - |\{T\in\Omega \mid \forall i,j,i<j,r=v_i^T,s=v_j^T\}|\} \\ & + \sum_{v\in V_3}\max\{0, n_{13}^0 - |\{T\in\Omega \mid \forall i,j,i<j,r=v_i^T,s=v_j^T\}|\} \end{aligned} \tag{5-31}$$

(5)对于约束条件式(5-19)、式(5-20)，构造列车平均客座率偏差

$$Z_{10} = \max\{0, \overline{LF} - LF_u, LF_l - \overline{LF}\} \tag{5-32}$$

引入罚因子 $\rho_6,\rho_7,\cdots,\rho_{10}$，构造如下罚函数转化模型

$$\min Y(\Omega) = Z(\Omega) + \rho_6 Z_6 + \rho_7 Z_7 + \rho_8 Z_8 + \rho_9 Z_9 + \rho_{10} Z_{10} \tag{5-33}$$

s. t.　式(5-6)～式(5-12)

显然，当这些罚因子趋近无穷大时，罚函数转化模型与原模型等价。

5.2　高速铁路客流分配的下层规划

5.2.1　客流分配问题与连续动态决策

基于给定列车的高速铁路客流分配问题通常考虑一天的运营时间，已知高速铁路网络上一天内开行的全部高速铁路列车和旅客出行 OD 需求，在列车上旅客数量受到列车席位数量严格能力限制下，求解客流分配方案，即各列车区段上的客流量。

与高速铁路客流分配问题相关的高速铁路组织形式和旅客出行行为具有如下特征：

(1)计划出行时间：旅客希望在所期望的时间出发，这个期望出发时间称为计划出行时间。

(2)提前购票时间：旅客一般在发售期间提前购买车票，即出发之前就已确定了出行过程中乘坐列车的信息。

(3)时变需求：相比于普速铁路，高频率的高速铁路旅客运输组织模式，使得旅客在一天中不同时段的出行需求能够得以满足，因此旅客出行需求的时变性特征更加明显。

(4)能力限制：旅客可购买的席位数量受到列车席位数量的限制。

(5)能力占用：高速铁路旅客在购票的一瞬间便占用行程中各个列车区段的能力。

(6)没有拥挤效应：每位旅客的车票上都明确了具体席位，旅客之间不会产生拥挤的感觉。

根据上述特征，高速铁路客流分配过程可以转换为旅客购票模拟过程，而旅客购票过程可以描述为一个连续动态决策。在任意提前购票时刻，旅客总是基于此前购票旅客的剩余列车能力，选择最小费用出行方案购票。在同一个提前购票时刻，不同计划出行时间的旅客具有不同的最低出行费用。旅客出行费用包括计划出行时间与实际上车时间偏差(提前或者推迟)、中途换乘时间衔接、票价开支和旅途出行时间等费用。

为了实现高速铁路旅客购票过程模拟，接下来首先在 5.2.2 节描述旅客出行需求，并构建其出行网络，进而在 5.2.3 节对旅客购票连续动态决策进行离散化，在此基础上，5.2.4 节给出相应的客流分配算法，并在 5.2.5 节进行案例分析。

5.2.2 出行需求描述与出行网络设计

(1)高速铁路出行需求及其分布描述

给定高速铁路拓扑网络 $G=(V,E,L)$，其中 $V=\{v_1,v_2,\cdots,v_h\}$ 为车站集，$E=\{(u,v)\in V\times V\}$ 为区间集，L 为线路集。记高速铁路网络在一天的运营时间为 $[t_1,t_2]$(不考虑夜间开行的列车)，出行需求的 OD 集为 $RS\subset V\times V$，每天出行的 OD 需求量为 q_{rs}，$(r,s)\in RS$。

旅客的出行需求具有时变性特征。在旅客的计划出行时间，可能没有开行列车，也可能没有合适的列车，还可能车票可能已经售完。这时旅客的实际上车时间可能在计划出行时间的基础上提前或者推迟。给定 OD 对 (r,s)，高速铁路出行需求可表示为关于计划出行时间 x 的一个分布，其出行强度分布函数记为 $f_{rs}(x)$，$x\in[t_1,t_2]$，满足

$$\int_{t_1}^{t_2} f_{rs}(x)\mathrm{d}x = q_{rs} \quad ((r,s)\in RS) \tag{5-34}$$

注意到旅客总是提前购票，购票时间至开车时间的时间段称为提前购票时间段。提前购票时间是一个随机变量，严格地说，这是一个与计划出行时间相关的随机变量。

铁路客票的销售期一般都比较长，出行当天购票的旅客多数选择那些能力富足的列车。

若将购票分布进行适当调整，将当天购票客流全部调整到前一天（即出行当天 00:00 之前），虽然增加了出行前一天的需求强度，但不会对客流分配结果产生多大影响。因此，可以假设提前购票时间与计划出行时间两个随机变量相互独立。

在对购票分布的上述假设下，给定点对(r,s)，高速铁路出行需求是关于提前购票时间 y 的一个分布，其购票强度分布函数记为 $g_{rs}(y)$，$y\in[-\bar{t},0]$（其中负数$\bar{t}$表示出行当日以外的预售期限），满足

$$\int_{\bar{t}}^{0} g_{rs}(y)\mathrm{d}y = q_{rs} \quad ((r,s)\in RS) \tag{5-35}$$

因为提前购票时间与计划出行时间相互独立，所以 OD 对$(r,s)\in RS$ 的出行需求关于提前购票时间和计划出行时间的联合分布的概率密度函数为

$$f_{rs}(x)g_{rs}(y)/q_{rs}^{2} \quad (x\in[t_1,t_2], y\in[-\bar{t},0]) \tag{5-36}$$

客流强度分布函数为

$$f_{rs}(x)g_{rs}(y)/q_{rs} \quad (x\in[t_1,t_2], y\in[-\bar{t},0]) \tag{5-37}$$

(2)旅客出行网络设计

记列车集为 $\Omega=\{T\}$，对于列车 $T\in\Omega$，记 $h(T)$为列车 T 的停站数，P_T 为列车 T 的径路，$V_T=(v_1^T,v_2^T,\cdots,v_{h(T)}^T)$为列车 T 的沿途停站序集$(v_i^T\in V)$，B_T 为列车 T 的编组，D_T 为列车 T 的始发时间估计值。给定列车 T 在最小运行区段 $e_{Ti}=(v_i^T,v_{i+1}^T)$，$1\leqslant i<m(T)$的运行时间为 $t_{e_{Ti}}^{\text{run}}$，在车站 $v\in V$ 的启停附加时间与停站时间之和为 t_v^{stop}，可推算出在车站的到达 $a_j^T(j=2,3,\cdots,h(T))$和出发时间 $d_j^T(j=1,2,\cdots,h(T)-1)$。称列车 T 从停站 v_i^T 至停站 v_j^T 的区段为列车区段，记为 $T(i,j)$，区段 $T(i,j)$的里程为$|T(i,j)|$。特别地，简称列车区段 $T(i,i+1)$为区段。根据高速铁路网络旅客列车开行方案问题的界定，列车开行方案可表示为 $\Omega=\{T=(P_T,V_T,B_T,D_T)\}$。

旅客出行过程包括的所有乘车和换乘环节称为旅客换乘方案，对于点对(r,s)之间的任意一个旅客，相继换乘列车 $T_1(i_1,j_1)$，$T_2(i_2,j_2)$，$\cdots$，$T_u(i_u,j_u)$后到达终点，则换乘方案可表示为

$$P_{rs}^{\text{tran}}=T_1(i_1,j_1)+T_2(i_2,j_2)+\cdots+T_u(i_u,j_u) \tag{5-38}$$

式中　“+”——区段之间的换乘衔接；

r——$r=v_{i_1}^{T_1}$；

s——$s=v_{j_u}^{T_u}$。

利用高速铁路网络(V,E,L)和列车集 Ω 构建旅客换乘网络(V,A)，其中 V 为时空节点集，A 为时空弧集，使得任意的换乘方案都对应网络(V,A)中的一条路径。

列车 T 在沿途停站出发时对应一个出发时空节点(v_i^T,d_i^T)，到达时对应一个到达时空节点(v_i^T,a_i^T)，由于符号 a_i^T、d_i^T 中隐含了车站 v_i^T 的信息，在不引起混淆的情况下，将时空节点(v_i^T,a_i^T)和(v_i^T,d_i^T)分别简记 a_i^T 和 d_i^T。此外，旅客一般对出发时间和达到时间都有一定

的要求，简明起见，只考虑旅客的计划出发时间约束，不考虑到达时间约束，相应地记到达车站 s 的时空节点为 (s,∞)，简记为 s_∞。由此，可得时空节点集

$$V=\{d_i^T \mid 1\leqslant i<h(T),T\in\Omega\}\cup\{a_i^T \mid 1<i\leqslant h(T),T\in\Omega\}\cup\{s_\infty \mid s\in V\} \qquad (5\text{-}39)$$

时空弧段包括如下五类：

①对于列车区段 $T(i,i+1)$，若考虑旅客在车站 v_i^T 上车，则可表示为弧 (d_i^T,a_{i+1}^T)，记该类列车区段弧集为 A_{board}。

②若考虑旅客在车站 v_i^T 乘车通过，可表示为弧 (a_i^T,a_{i+1}^T)，记该类列车区段弧集为 A_{pass}。

③列车 T 到达车站 v 后，设最早一趟可换乘的列车为 T'，在车站 v 将列车 T 与列车 T' 之间的换乘表示为弧 $(a_i^T,d_j^{T'})$，记换乘弧集为 A_{tran}。

④对于车站 v 出发的所有列车，将相邻出发时间的列车 T 和 T' 之间连接一条弧，称为候车弧 $(d_i^T,d_j^{T'})$，记候车弧集为 A_{wait}。

⑤旅客乘列车 T 终到 $s=v_i^T$ 可表示为弧 (a_i^T,s_∞)，记终到弧集为 A_{end}。

所以，$A=A_{\text{board}}\cup A_{\text{tran}}\cup A_{\text{wait}}\cup A_{\text{pass}}\cup A_{\text{end}}$。在上述 5 类弧集中，$A_{\text{board}}$ 的弧数最多，所以 $|A|\leqslant 5|A_{\text{board}}|$，所以换乘网络 (V,A) 的弧段总数规模为 $O(|A_{\text{board}}|)$。按照上述方法构造的换乘网络如图 5-1 所示。该网络是在 Kaspi 等设计的旅客路线图的基础上为每个车站增加到达时空节点 s_∞ 和相关弧段，下面还将为每条弧段定义广义费用。

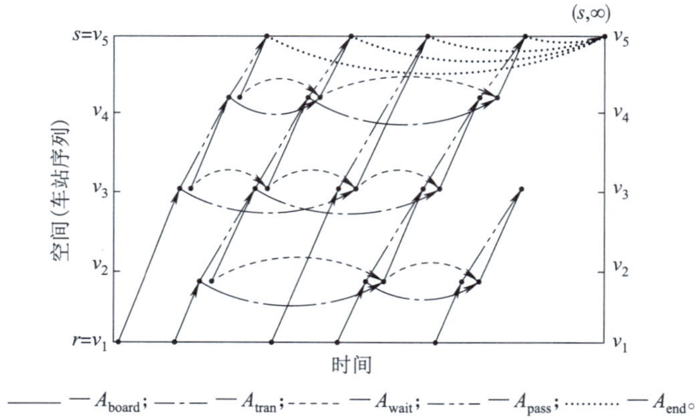

图 5-1 一条铁路线路上的换乘网络 (V,A) 示意

(3)旅客出行费用分析

高速铁路出行费用由票价开支、旅途时间和换乘费用等组成。对于式(5-38)中的换乘方案 P_{rs}^{Tran}，根据列车 T 的票价率 $r_p(T)$ 和里程可计算出票价为 $\sum_{k=1}^{u}[r_p(T_k) \mid T_k(i_k,j_k) \mid]$。换乘过程中会有额外的体力和精力支出、换乘风险等，因此旅客在出行过程中希望尽可能少地换

乘，记旅客在车站 $v_{j_k}^{T_k}$ 的换乘费用为 $\rho(v_{j_k}^{T_k})$，由此得换乘方案 P_{rs}^{Tran} 的换乘费用 $\sum_{k=1}^{u-1}\rho(v_{j_k}^{T_k})$ 。旅途时间对应的费用称为疲劳费用，记旅途单位时间的疲劳费用为 w，得 P_{rs}^{Tran} 的旅途疲劳费用 $w(t_{j_u^a}^{T_u}-d_{i_1}^{T_1})$。综上所述，换乘方案 P_{rs}^{Tran} 的费用可用(5-40)表示。

$$|P_{rs}^{\mathrm{Tran}}|=\sum_{k=1}^{u}[r_p(T_k)\mid T_k(i_k,j_k)\mid]+\sum_{k=1}^{u-1}\rho(v_{j_k}^{T_k})+w(a_{j_u}^{T_u}-d_{i_1}^{T_1}) \tag{5-40}$$

在换乘网络(V,A)中，对于 $b\in A$，定义 $\Phi(b)$ 为弧段 b 的费用，具体形式见式(5-41)。

$$\Phi(b)=\begin{cases}r_p(T)\,|T(i,i+1)|+w(a_{i+1}^{T}-d_i^{T}),b=(d_i^{T},a_{i+1}^{T})\in A_{\mathrm{board}}\\ r_p(T)\,|T(i,i+1)|+w(a_{i+1}^{T}-a_i^{T}),b=(a_i^{T},a_{i+1}^{T})\in A_{\mathrm{pass}}\\ \rho(v_i^{T})+w(d_j^{T'}-a_i^{T}),b=(a_i^{T},d_j^{T'})\in A_{\mathrm{tran}}\\ w(d_i^{T'}-a_i^{T}),b=(d_i^{T},d_i^{T'})\in A_{\mathrm{wait}}\\ 0,b=(a_i^{T},s_\infty)\in A_{\mathrm{end}}\end{cases} \tag{5-41}$$

对于 OD 对(r,s)，换乘方案是从始发站 r 搭乘某趟列车 T 开始，对应于换乘网络(V,A)中节点 d_i^T 至 s_∞ 的一条路径，记为 $P_{rs}^{\mathrm{Tran}}(d_i^T)$（其中节点 d_i^T 代表的空间位置为车站 v_i^T，满足 $v_i^T=r$)，并且路径的第一条弧是$(d_i^T,a_{i+1}^T)\in A_{\mathrm{board}}$。由表达式(5-40)可见，换乘方案的费用$|P_{rs}^{\mathrm{Tran}}(d_i^T)|$可分解到在换乘网络$(V,A)$中对应路径的弧段上，且关于弧段费用具有线性可加性，即为该路径的费用。因此，可以在换乘网络(V,A)中采用最短路算法求解最小费用换乘方案，记为$\hat{P}_{rs}^{\mathrm{Tran}}(d_i^T)$。

下面简单分析求解所有最小费用换乘方案的最短路算法。在网络(V,A)中，换乘方案 $\hat{P}_{rs}^{\mathrm{Tran}}(d_i^T)$对应路径的第一条弧段是固定的，为$(d_i^T,a_{i+1}^T)$，所以只需要计算节点 a_{i+1}^T 至 s_∞ 的最短路即可。对于每一个节点 $s\in V$，由于(V,A)是无圈网络，所以只要从节点 s_∞ 开始，沿着弧的逆方向搜索所有节点 $a_i^T(1<i\leqslant n(T),T\in\Omega)$即可，这是一种较为常见的基于无圈网络的多点到一点的最短路搜索算法，所以不再给出具体的算法细节。对于单个终点 s_∞，这样的最短路搜索算法具有关于弧数$|A|$的线性复杂度。

相对于旅客的计划出行时间，由于旅客的实际上车时间可能提前或者推迟，调整了日程安排，必将产生一定费用。为此，定义旅客的出行方案为在换乘方案的基础上增加旅客从计划出行时间至实际上车时间的调整(注意:本章中的出行方案开始于计划出行时间，换乘方案开始于实际上车时间。所以，出行方案包含换乘方案)。对于 OD 对(r,s)之间的任意一个旅客，设计划出行时间为 x，实际上车时间为 $d_{i_1}^{T_1}$，起始时段记为$(x,d_{i_1}^{T_1})$，记提前或推迟产生费用的单位时间费用分别为 θ^- 或 θ^+ $(\theta^-,\theta^+>0)$。简化表达起见，引入新的参数 θ，若$x\geqslant d_{i_1}^{T_1}$，则 $\theta=\theta^-$，否则 $\theta=\theta^+$ 。由此，可将起始时段$(x,d_{i_1}^{T_1})$的费用统一记为 $\theta|x-d_{i_1}^{T_1}|$。

综上所述，OD 对(r,s)之间出行方案可见式(5-42)。

$$P_{rs}=(x,d_{i_1}^{T_1})+P_{rs}^{\mathrm{Tran}}(d_{i_1}^{T_1}) \tag{5-42}$$

其费用为

$$|P_{rs}|=\theta|x-d_{i_1}^{T_1}|+|P_{rs}^{\mathrm{Tran}}(d_{i_1}^{T_1})| \tag{5-43}$$

5.2.3 连续动态决策的离散化

由于高速铁路客流分配问题可以描述为一个连续动态决策，简化求解起见，设法将其转化为离散动态决策。具体而言，我们对提前购票时间段和计划出行时间段分别进行离散化处理。

(1)提前购票时间的离散化

随着购票时间的推移，已购票旅客的数量不断增加，不断产生满员的列车区段，导致旅客的最小费用出行方案发生变化。因此，以任意一个列车区段变得满员的时刻为划分节点，可将提前购票时间段划分成若干区间，在每一个划分区间内，同一计划出行时间的旅客具有相同的最小费用决策。

将这样的时间划分节点用一系列 y_n 表示，定义为向量 $\boldsymbol{y}=(y_0,y_1,\cdots,y_N)$，其中，$N$ 为列车区段总数，即 $N=|A_{\mathrm{board}}|=\sum_{T\in\Omega}[h(T)-1]$，$-\bar{t}=y_0\leqslant y_1\leqslant\cdots\leqslant y_N=0$。向量 $\boldsymbol{y}$ 将提前购票时间段$[-\bar{t},0]$划分为若干区间：$[y_0,y_1)$，$[y_1,y_2)$，$\cdots$，$[y_{N-1},y_N]$。若实际划分区间数 $N'<N$，则可令 $y_{N'}=y_{N'+1}=\cdots=y_N=0$，后面的 $N-N'$个区间均为无效区间。

已知提前购票时间段的一个划分 $\boldsymbol{y}$，在提前购票时间区间$[y_n,y_{n+1})(n=0,1,\cdots,N-1)$内，对于所有 OD 对$(r,s)\in RS$ 和任意计划出行时间 $x\in[t_1,t_2]$的旅客，若最小费用出行方案保持不变，则将其记为$\hat{P}_{rs}(x,y_n)$，简记为$\hat{P}_{rsn}(x)$。进而，对于任何 $y_{n-1}<0(n=1,2,\cdots,N)$，若存在 $x\in[t_1,t_2]((r,s)\in RS)$，满足$\hat{P}_{rs}(x,y_{n-1})\neq\hat{P}_{rs}(x,y_n)$，即对于相邻的划分区间，存在某个计划出行时间的最小费用出行方案发生了变化，则称 $\boldsymbol{y}$ 为提前购票时间段的最优划分。

显然，在提前购票时间段最优划分的任意区间$[y_n,y_{n+1})(n=0,1,\cdots,N-1)$内，对于所有 OD 对$(r,s)\in RS$，最小费用换乘方案保持不变，记为$\hat{P}_{rs}^{\mathrm{Tran}}(\tilde{x},y_n)$，$\tilde{x}\in\{d_i^T|v_i^T=r,T\in\Omega\}$，简记为$\hat{P}_{rsn}^{\mathrm{Tran}}(\tilde{x})$。

(2)计划出行时间的离散化

在提前购票时间区间$[y_n,y_{n+1})$内，OD 对(r,s)的旅客计划出行时间分布在$[t_1,t_2]$中。根据式(5-43)可知，最小费用出行方案 $\hat{P}_{rsn}(x)$的包括两部分，一是出行时间调整费用 $\theta|x-d_i^T|$，二是换乘方案费用$|\hat{P}_{rsn}^{\mathrm{Tran}}(d_i^T)|$。给定计划出行时间 x，OD 对(r,s)的最小费用出行方案是对上车时间 d_i^T 的选择。因此，对于不同的计划出行时间 x，最小费用出行方案对应的上车时间 d_i^T 是相同的，即包含共同的最小费用换乘方案$\hat{P}_{rsn}^{\mathrm{Tran}}(d_i^T)$。

给定换乘方案的费用 $|\hat{P}_{rsn}^{\mathrm{Tran}}(d_i^T)|$，出行方案的费用 $\theta|x-d_i^T|+|\hat{P}_{rsn}^{\mathrm{Tran}}(d_i^T)|$ 关于计划出行时间 x 是两段线性函数，计划出行时间段 $[t_1,t_2]$ 最多可划分为 $M_r=|\{d_i^T|v_i^T=r,T\in\Omega\}|$ 个连续区间，记为 $[x_{rsn0},x_{rsn1}],[x_{rsn1},x_{rsn2}],\cdots,[x_{rsn(M_r-1)},x_{rsnM_r}]$。在每个划分区间 $[x_{rsnm},x_{rsn(m+1)}]$，最小费用出行方案包含共同的最小费用换乘方案 $\hat{P}_{rsn}^{\mathrm{Tran}}(\hat{x}_{rsnm})$，其中 $\hat{x}_{rsnm}\in\{d_i^T|v_i^T=r,T\in\Omega\}$，是该区间共同的实际上车时间。

记向量 $\boldsymbol{x}=(x_{rsnm})_{|RS|\times N\times M_r}$，$t_1=x_{rsn0}\leqslant x_{rsn1}\leqslant\cdots\leqslant x_{rsnM_r}\leqslant t_2$。对于任意的 OD 对 (r,s) 和提前购票时间 y_n，$\boldsymbol{x}$ 包含了计划出行时间段 $[t_1,t_2]$ 的一个划分。若实际划分区间数 $M'_r<M_r$，则可令 $x_{rsnM'_r}=x_{rsn(M'_r+1)}=\cdots=x_{rsnM_r}=t_2$，后面的 $M_r-M'_r$ 个区间均为无效区间。

任意给定划分 $\boldsymbol{x}$ 的有效区间 $[x_{rsnm},x_{rsn(m+1)}]$，即该区间满足 $x_{rsnm}<t_2$，若存在唯一的 $\hat{x}_{rsnm}\in[x_{rsnm},x_{rsn(m+1)}]$，对于任意 $x\in[x_{rsnm},x_{rsn(m+1)}]$，均满足 $\hat{P}_{rsn}(x)=(x,\hat{x}_{rsnm})+\hat{P}_{rsn}^{\mathrm{Tran}}(\hat{x}_{rsnm})$，则称 $\boldsymbol{x}$ 为计划出行时间段的最优划分。最优划分 $\boldsymbol{x}$ 显然满足

$$\hat{P}_{rsn}(\hat{x}_{rsnm})=(\hat{x}_{rsnm},\hat{x}_{rsnm})+\hat{P}_{rsn}^{\mathrm{Tran}}(\hat{x}_{rsnm})=\hat{P}_{rsn}^{\mathrm{Tran}}(\hat{x}_{rsnm}) \tag{5-44}$$

综上所述，求解最优划分 $(\boldsymbol{x},\boldsymbol{y})$ 是客流分配的核心内容。由此可确定矩形区域 $[x_{rsnm},x_{rsn(m+1)}]\times[y_n,y_{n+1})$，$0\leqslant m<M_r$，$0\leqslant n<N$，$(r,s)\in RS$，矩形区域内的客流量 $f_{rs}(x)g_{rs}(y)/q_{rs}$，以及这些客流的最小费用出行方案 $\hat{P}_{rsn}(x)=(x,\hat{x}_{rsnm})+\hat{P}_{rsn}^{\mathrm{Tran}}(\hat{x}_{rsnm})$。由此可方便地计算出客流分配结果。

5.2.4　客流分配算法

为了求解最优划分 $(\boldsymbol{x},\boldsymbol{y})$，我们从初始提前购票时间 $y_0=-\bar{t}$ 开始。对于任意提前购票时间 y_n，首先需要借助于屋顶方法求出计划出行时间段的最优划分 $\boldsymbol{x}$，然后求出下一个最优划分节点 y_{n+1}，使得区间 $[y_n,y_{n+1})$ 的客流分配后正好使得某个列车区段达到满员或 $y_{n+1}=0$。重复上述过程，直至 $y_{n+1}=0$ 为止。

(1)拓展屋顶方法

为了提高求解效率，设计计划出行时间段最优划分的拓展屋顶方法，即对于给定的提前购票时间 y_n 和 OD 对 (r,s)，求解 $x_{rsnm}(0\leqslant m\leqslant M_r)$ 和 $\hat{x}_{rsnm}(0\leqslant m<M_r)$。

便于说明求解过程，先给出一个小例子演示屋顶方法。图 5-2 中有 7 趟列车，分别在时间 $\tilde{x}_i(i=1,2,\cdots,7)$ 从车站 r 出发，任意一趟列车均可直达或者通过换乘到达车站 s，相应的最小费用换乘方案分别为 $\hat{P}_{rsn}^{\mathrm{Tran}}(\tilde{x}_i)(i=1,2,\cdots,7)$。在时间 $\tilde{x}_i$ 处，绘出了高度为 $|\hat{P}_{rsn}^{\mathrm{Tran}}(\tilde{x}_i)|$ 的竖线，竖线顶端有斜率分别为 $-\theta^+,\theta^-$ 的两条斜线，在横坐标为 x 处的纵坐标为 $\theta|x-\tilde{x}_i|+|\hat{P}_{rsn}^{\mathrm{Tran}}(\tilde{x}_i)|$，这表示计划出行时间为 x 的旅客如果选择换乘方案 $\hat{P}_{rsn}^{\mathrm{Tran}}(\tilde{x}_i)$ 出行时的出行方案费用。由于旅客总是选择最小费用出行方案，所以任意给定计划出行时间 x，纵坐标最小

的斜线对应的换乘方案将被旅客选择。根据图 5-2，只有换乘方案$\hat{P}_{rsn}^{\text{Tran}}(\tilde{x}_1)$、$\hat{P}_{rsn}^{\text{Tran}}(\tilde{x}_4)$、$\hat{P}_{rsn}^{\text{Tran}}(\tilde{x}_5)$和$\hat{P}_{rsn}^{\text{Tran}}(\tilde{x}_7)$有旅客选择，而换乘方案$\hat{P}_{rsn}^{\text{Tran}}(\tilde{x}_2)$、$\hat{P}_{rsn}^{\text{Tran}}(\tilde{x}_3)$和$\hat{P}_{rsn}^{\text{Tran}}(\tilde{x}_6)$对应的出行方案费用较高而没有旅客选择，图中位于最下面的斜线交叉点处的虚线对应的横坐标便是计划出行时间段的最优划分，获得图 5-2 中标记的 x_{rsn0}，x_{rsn1}，…，x_{rsn4}。$\tilde{x}_1$、$\tilde{x}_4$、$\tilde{x}_5$ 和$\tilde{x}_7$ 分别是所要计算的$\hat{x}_{rsn0}$、$\hat{x}_{rsn1}$、$\hat{x}_{rsn2}$和$\hat{x}_{rsn3}$。比如，对于计划出行时间位于划分区间$[x_{rsn1},x_{rsn2}]$的旅客，均选择换乘方案$\hat{P}_{rsn}^{\text{Tran}}(\tilde{x}_4)$。还可看出，计划出行时间为$\tilde{x}_3$ 旅客会推迟出行，实际上车时间为$\tilde{x}_4$。

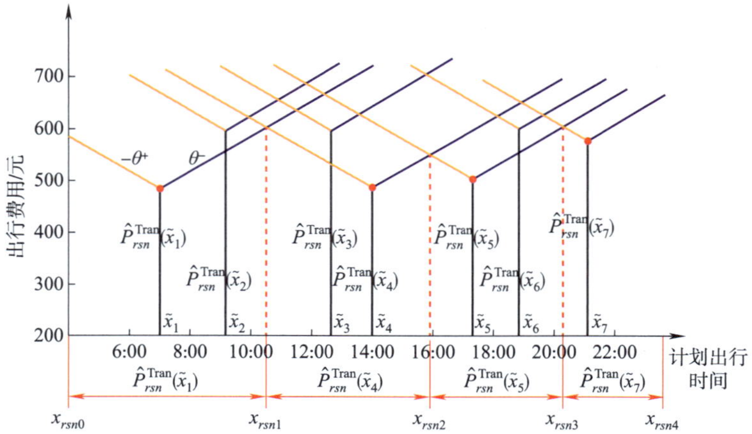

图 5-2 计划出行时间最优划分示意图

我们改进屋顶方法的目的在于获得线性复杂度的求解方法，具体过程如下。在给定 OD 对(r,s)之间存在有效最小费用出行方案的情况下，记车站 r 出发的列车集为$\Omega_r=\{T|r\in V_T,T\in\Omega\}$，任意给定 $d_i^T:v_i^T=r,T\in\Omega_r$，根据最优划分定义可知，若 d_i^T 是某个最优划分区间的共同上车时间，则满足公式(5-44)，即$\hat{P}_{rsn}(d_i^T)=\hat{P}_{rsn}^{\text{Tran}}(d_i^T)$，等价于式(5-45)。

$$|\hat{P}_{rsn}^{\text{Tran}}(d_i^T)|<\min\{\theta|d_i^T-d_{i'}^{T'}|+|\hat{P}_{rsn}^{\text{Tran}}(d_{i'}^{T'})\|d_{i'}^{T'}\neq d_i^T,v_{i'}^{T'}=r,T'\in\Omega_r\}\tag{5-45}$$

利用式(5-45)对所有 $d_i^T:v_i^T=r,T\in\Omega_r$ 进行验证的计算量是$O(M_r^2)$。

为了采用递归的方法求解，将式(5-45)等价地改写为式(5-46)、式(5-47)，d_i^T 是最优划分区间的共同上车时间当且仅当式(5-46)、式(5-47)同时成立。显然，若 $d_i^T=\min\{d_{i'}^{T'}|v_{i'}^{T'}=r,T\in\Omega_r\}$，则不要求满足式(5-46)。若 $d_i^T=\max\{d_{i'}^{T'}|v_{i'}^{T'}=r,T\in\Omega_r\}$，则不要求满足式(5-47)。

$$|\hat{P}_{rsn}^{\text{Tran}}(d_i^T)|<\min\{\theta^-(d_i^T-d_{i'}^{T'})+|\hat{P}_{rsn}^{\text{Tran}}(d_{i'}^{T'})\|d_{i'}^{T'}<d_i^T,v_{i'}^{T'}=r,T'\in\Omega_r\}\tag{5-46}$$

$$|\hat{P}_{rsn}^{\text{Tran}}(d_i^T)|<\min\{\theta^+(d_{i'}^{T'}-d_i^T)+|\hat{P}_{rsn}^{\text{Tran}}(d_{i'}^{T'})\|d_{i'}^{T'}>d_i^T,v_{i'}^{T'}=r,T'\in\Omega_r\}\tag{5-47}$$

方便叙述起见，记 $\Omega_r=\{T_r(1),T_r(2),\cdots,T_r(M_r)\}$，并简记 $T_r(k)$ 在车站 r 的发车时间为 d^k，满足 $d^{k-1}\leqslant d^k$，$1<k\leqslant M_r$。对于 $d^k(1<k\leqslant M_r)$，不等式(5-46)可改写为

$$|\hat{P}_{rsn}^{\text{Tran}}(d^k)|<\min\{\theta^-(d^k-d^j)+|\hat{P}_{rsn}^{\text{Tran}}(d^j)\| j<k\} \tag{5-48}$$

记 $Z^-(k)=\min\{\theta^-(d^k-d^j)+|\hat{P}_{rsn}^{\text{Tran}}(d^j)\| j<k\}$，表示计划出行时间为 d^k 的旅客提前出发时的出行方案费用的最小值。可推出

$$\begin{aligned}Z^-(k)&=\min\begin{Bmatrix}\theta^-(d^k-d^{k-1})+|\hat{P}_{rsn}^{\text{Tran}}(d^{k-1})|,\\ \min\{\theta^-(d^k-d^j)+|\hat{P}_{rsn}^{\text{Tran}}(d^j)\| j<k-1\}\end{Bmatrix}\\ &=\theta^-(d^k-d^{k-1})+\min\begin{Bmatrix}|\hat{P}_{rsn}^{\text{Tran}}(d^{k-1})|,\\ \min\{\theta^-(d^{k-1}-d^j)+|\hat{P}_{rsn}^{\text{Tran}}(d^j)\| j<k-1\}\end{Bmatrix}\\ &=\theta^-(d^k-d^{k-1})+\min\{|\hat{P}_{rsn}^{\text{Tran}}(d^{k-1})|,Z^-(k-1)\}\end{aligned} \tag{5-49}$$

由于 $k=1$ 时不要求式(5-46)成立，所以规定

$$Z^-(1)=\infty \tag{5-50}$$

递推公式(5-49)、式(5-50)可在时间 $O(M_r)$ 内求出所有的 $Z^-(k)(1\leqslant k\leqslant M_r)$，同时也完成了式(5-48)是否成立的判断。

对称地，对于 $d^k(1\leqslant k<M_r)$，不等式(5-48)可改写为

$$|\hat{P}_{rsn}^{\text{Tran}}(d^k)|<\min\{\theta^+(d^j-d^k)+|\hat{P}_{rsn}^{\text{Tran}}(d^j)\| j>k\} \tag{5-51}$$

记 $Z^+(k)=\min\{\theta^+(d^j-d^k)+|\hat{P}_{rsn}^{\text{Tran}}(d^j)\| j>k\}$，表示计划出行时间为 d^k 的旅客推迟出发时的出行方案费用的最小值。可推出

$$\begin{aligned}Z^+(k)&=\min\begin{Bmatrix}\theta^+(d^{k+1}-d^k)+|\hat{P}_{rsn}^{\text{Tran}}(d^{k+1})|,\\ \min\{\theta^+(d^j-d^k)+|\hat{P}_{rsn}^{\text{Tran}}(d^j)\| j>k+1\}\end{Bmatrix}\\ &=\theta^+(d^{k+1}-d^k)+\min\begin{Bmatrix}|\hat{P}_{rsn}^{\text{Tran}}(d^{k+1})|,\\ \min\{\theta^+(d^j-d^{k+1})+|\hat{P}_{rsn}^{\text{Tran}}(d^j)\| j>k+1\}\end{Bmatrix}\\ &=\theta^+(d^{k+1}-d^k)+\min\{|\hat{P}_{rsn}^{\text{Tran}}(d^{k+1})|,Z^+(k+1)\}\end{aligned} \tag{5-52}$$

由于 $k=M_r$ 时不要求式(5-47)成立，所以规定

$$Z^+(M_r)=\infty \tag{5-53}$$

递推公式(5-52)、式(5-53)可在时间 $O(M_r)$ 内求出所有的 $Z^+(k)(1\leqslant k\leqslant M_r)$，同时也完成了式(5-51)是否成立的判断。

因此，对于所有的 $d^k(1\leqslant k\leqslant M_r)$，递推公式(5-49)、式(5-50)和式(5-52)、式(5-53)可以判断式(5-45)成立与否，计算复杂度为 $O(M_r)$。满足公式(5-45)的 d^k 便是某个最优划分区

间的共同上车时间，按照时间顺序排列便可获得$\hat{x}_{rsnm}[0\leqslant m<M_r,(r,s)\in RS]$。

对于$m(0\leqslant m\leqslant M_r-2)$，由于$x_{rsn(m+1)}$是区间$[x_{rsnm},x_{rsn(m+1)}]$和$[x_{rsn(m+1)},x_{rsn(m+2)}]$的最优划分节点，所以$x_{rsn(m+1)}$满足式(5-54)

$$\theta^-(x_{rsn(m+1)}-\hat{x}_{rsnm})+|\hat{P}_{rsn}(\hat{x}_{rsnm})|=\theta^+(\hat{x}_{rsn(m+1)}-x_{rsn(m+1)})+|\hat{P}_{rsn}(\hat{x}_{rsn(m+1)})| \tag{5-54}$$

由此可求出

$$x_{rsn(m+1)}=\frac{1}{(\theta^-+\theta^+)}[\theta^-\hat{x}_{rsnm}-|\hat{P}_{rsn}(\hat{x}_{rsnm})|+\theta^+\hat{x}_{rsn(m+1)}+|\hat{P}_{rsn}(\hat{x}_{rsn(m+1)})|] \tag{5-55}$$

此外，令$x_{rsn0}=t_1$，$x_{rsnM_r}=t_2$。

对于给定的提前购票时间y_n和OD对(r,s)，拓展屋顶方法的计算复杂度为$O(M_r)$。

(2)提前购票时间段的最优划分

假设已经获得了提前购票时间段的最优划分节点y_n，需要求解下一个最优划分节点，设为y_{n+1}。在二维矩形区域$[x_{rsnm},x_{rsn(m+1)}]\times[y_n,y_{n+1})$内，旅客出行需求量为

$$F_{rsnm}=\int_{y_n}^{y_{n+1}}\int_{x_{rsnm}}^{x_{rsn(m+1)}}\frac{1}{q_{rs}}f_{rs}(x)g_{rs}(y)\mathrm{d}x\mathrm{d}y \tag{5-56}$$

客流F_{rsnm}选择共同的换乘方案$\hat{P}_{rsn}^{\mathrm{Tran}}(\hat{x}_{rsnm})$，因此提前购票时间段$[y_0,y_n]$内通过节点$a_i^T$的客流量(列车区段$T(i-1,i)$分配的客流量)为

$$F_T(n,i)=\sum_{u=0}^{n-1}\sum_{(r,s)\in RS}\sum_{m=0}^{M_r-1}\delta(\hat{P}_{rsn}^{\mathrm{Tran}}(\hat{x}_{rsnm}),a_i^T)F_{rsnm} \tag{5-57}$$

式中　$\delta(\hat{P},a_i^T)$——换乘方案$\hat{P}$与节点a_i^T的关联关系，若$\hat{P}$通过节点a_i^T，则$\delta(\hat{P},a_i^T)=1$，否则$\delta(\hat{P},a_i^T)=0$。

假设提前购票时间y'_{n+1}满足$y_n\leqslant y'_{n+1}\leqslant y_{n+1}$，那么提前购票时间区间$[y_n,y'_{n+1})$内通过节点$a_i^T$的新增客流量为

$$F'_{Tn}(i)=\sum_{(r,s)\in RS}\sum_{m=0}^{M_r-1}\delta(\hat{P}_{rsn}^{\mathrm{Tran}}(\hat{x}_{rsnm}),a_i^T)F'_{rsnm} \tag{5-58}$$

式中　F'_{rsnm}——关于流量的二次偏导。

在换乘网络(V,A)中，乘坐列车区段$T(i-1,i)$的旅客分两种情形，一是从上游车站上车，在车站v_{i-1}^T通过，即经过弧段(a_{i-1}^T,a_i^T)；二是从车站v_{i-1}^T上车，即经过弧段(d_{i-1}^T,a_i^T)，但都通过节点a_i^T。所以，只要考虑到达节点集$V_a=\{a_i^T|1<i\leqslant h(T),T\in\Omega\}\subset V$上的能力约束即可。记能力为$C_T(i)$，$a_i^T\in V_a$，表示列车$T$在区段$T(i-1,i)$的定员。

当某个列车区段满员导致客流分配方案发生变化时便获得提前购票时间段的下一个最优划分节点，因此

$$y_{n+1}=\max\{y'_{n+1}|C_T(i)-F_T(n,i)-F'_{Tn}(i)(i)\geqslant 0,a_i^T\in V_a\} \tag{5-59}$$

那么提前购票时间区间$[y_n, y_{n+1})$内通过节点 a_i^T 的新增客流量为

$$F_{T_n}(i) = \sum_{(r,s)\in RS} \sum_{m=0}^{M_r-1} \delta(\hat{P}_{rsn}^{\text{Tran}}(\hat{x}_{rsnm}), a_i^T) F_{rsnm} \tag{5-60}$$

(3)一般情形的高速铁路客流分配算法

根据前面给出的计划出行时间段和提前购票时间段的最优划分方法，设计客流分配**算法 5-1** 一般情形下高铁客流分配算法

输入 高速铁路网络(V,E,L)，换乘网络(V,A)，运营时间$[t_1,t_2]$，列车集$\Omega=\{T\}$；OD 需求 q_{rs}，$(r,s)\in RS$ 及其强度分布函数 $f_{rs}(x)$，$x\in[t_1,t_2]$和 $g_{rs}(y)$，$y\in[-\bar{t},0]$。

输出 客流分配方案$\hat{P}_{rsn}^{\text{Tran}}(\hat{x}_{rsnm})$，$F_{rsnm}[0\leqslant m<M_r;(r,s)\in RS;0\leqslant n<N]$。列车区段上的客流量 $F_T(n,i)$，$1<i\leqslant h(T)$，$T\in\Omega$。

开始

$n\leftarrow 0, y_0\leftarrow -\bar{t}$;

for all $i=2,3,\cdots,h(T)-1, T\in\Omega$ do $F_T(n,i)\leftarrow 0$;

while $y_n<0$ do

begin

基于换乘网络(V,A)求解所有的最小费用换乘方案

$$\{\hat{P}_{rsn}^{\text{Tran}}(d_i^T)\mid v_i^T=r, 1\leqslant i<n(T), T\in\Omega, (r,s)\in RS\};$$

若所有的最小费用换乘方案都不是有效换乘方案，则 break;

采用拓展屋顶方法对计划出行时间段进行最优划分，

获得 x_{rsnm}，$0\leqslant m\leqslant M_r$ 和$\hat{x}_{rsnm}$，$0\leqslant m<M_r$；

由公式(5-59)计算下一个提前购票时间段的最优划分节点 y_{n+1}；

由公式(5-56)计算划分区域内旅客出行需求量 F_{rsnm}，$(r,s)\in RS(0\leqslant m<M_r)$；

由公式(5-60)计算提前购票时间区间$[y_n,y_{n+1})$内通过列车区段 $T(i-1,i)$ 的新增客流量 $F_{T_n}(i)$，$1<i\leqslant h(T)$，$T\in\Omega$；

将客流量分配到换乘网络上：

for all $a_i^T\in V_a$ do $F_T(n+1,i)\leftarrow F_T(n,i)+F_{T_n}(i)$;

$n\leftarrow n+1$;

end

结束

算法 5-1 中 n 记录了最外层的迭代次数，表示客流分配过程中提前购票时间的决策时段，例如 $n=3$ 表示第三个决策时段，在每个决策时段中，所有旅客最小费用出行方案保持不变。

公式(5-59)虽然给出了提前购票时间段的最优划分节点 y_{n+1} 的具体计算方法，但是对于

一般形式的客流需求强度分布函数 $f_{rs}(x), x\in[t_1,t_2]$ 和 $g_{rs}(y), y\in[-\bar{t},0], (r,s)\in RS$，可以采用近似数值计算方法，比如二分法，但算法复杂度较大。

(4)相同购票特征密度函数的高速铁路客流分配算法

作为一种特殊形式下的客流分配算法，我们假设对于任何点对 $(r,s)\in RS$，存在一个相同的概率密度函数 $g(y)$，使得 $g(y)\equiv g_{rs}(y)/q_{rs}$（概率分布 $g(y)\equiv g_{rs}(y)/q_{rs}$ 称为 $g_{rs}(y)$ 的特征密度函数），并且 $f_{rs}(x)$ 为等间隔阶梯函数。

在**算法 5-1** 中，由公式(5-59)计算提前购票时间段的最优划分节点 y_{n+1} 有 2 种可能，其一为 $y_{n+1}=0$，其二为 $y_{n+1}<0$。当 $y_{n+1}=0$ 时表示购票过程结束，即算法结束；当 $y_{n+1}<0$ 时满足

$$\min\{C_T(i)-F_T(i)-F_{Tn}(i)\mid a_i^T\in V_a\}=0 \tag{5-61}$$

记 $a_{i'}^{T'}$ 使得上式左端达到最小，则

$$C_{T'}(i')-F_{T'}(i')=F_{T'n}(i') \tag{5-62}$$

由于 $g(y)\equiv g_{rs}(y)/q_{rs}$，所以

$$F_{rsnm}=\int_{y_n}^{y_{n+1}}\int_{x_{rsnm}}^{x_{rsn(m+1)}} f_{rs}(x)g(y)\mathrm{d}x\mathrm{d}y=\int_{y_n}^{y_{n+1}} g(y)\mathrm{d}y\int_{x_{rsnm}}^{x_{rsn(m+1)}} f_{rs}(x)\mathrm{d}x \tag{5-63}$$

所以

$$\begin{aligned}&C_{T'}(i')-F_{T'}(i')=F_{T'n}(i')\\&=\int_{y_n}^{y_{n+1}} g(y)\mathrm{d}y\sum_{(r,s)\in RS}\sum_{m=0}^{M_r-1}\delta(\hat{P}_{rsn}^{\mathrm{Tran}}(\hat{x}_{rsnm}),a_{i'}^{T'})x_{rsn(m+1)}f_{rs}(x)\mathrm{d}x\end{aligned} \tag{5-64}$$

则

$$\int_{y_n}^{y_{n+1}} g(y)\mathrm{d}y=\frac{C_{T'}(i')-F_{T'}(i')}{\sum\limits_{(r,s)\in RS}\sum\limits_{m=0}^{M_r-1}\delta(\hat{P}_{rsn}^{\mathrm{Tran}}(\hat{x}_{rsnm}),a_{i'}^{T'})\int_{x_{rsnm}}^{x_{rsn(m+1)}} f_{rs}(x)\mathrm{d}x} \tag{5-65}$$

令

$$\Delta(n)=\min\left\{\frac{C_T(i)-F_T(i)}{\sum\limits_{(r,s)\in RS}\sum\limits_{m=0}^{M_r-1}\delta(\hat{P}_{rsn}^{\mathrm{Tran}}(\hat{x}_{rsnm}),a_i^T)\int_{x_{rsnm}}^{x_{rsn(m+1)}} f_{rs}(x)\mathrm{d}x}\,\middle|\, a_i^T\in V_{cur}\right\} \tag{5-66}$$

则 $\Delta(n)=\int_{y_n}^{y_{n+1}} g(y)\mathrm{d}y$，由于 $g(y)$ 是概率密度函数，所以 $0<\Delta(n)<1$。由式(5-66)可将 F_{rsnm} 改写为

$$F_{rsnm}=\Delta(n)\int_{x_{rsnm}}^{x_{rsn(m+1)}} f_{rs}(x)\mathrm{d}x \tag{5-67}$$

进而

$$\sum_{m=0}^{M_r-1}F_{rsnm}=\Delta(n)\sum_{m=0}^{M_r-1}\int_{x_{rsnm}}^{x_{rsn(m+1)}} f_{rs}(x)\mathrm{d}x$$

$$
= \begin{cases} \Delta(n)\int_{t_1}^{t_2} f_{rs}(x)\mathrm{d}x = \Delta(n)q_{rs}, if \ni v_i^T = r, T \in \Omega: |\hat{P}_{rsn}(d_i^T)| < \infty \\ \Delta(n)\int_{t_1}^{t_1} f_{rs}(x)\mathrm{d}x = 0, if \not\ni v_i^T = r, T \in \Omega: |\hat{P}_{rsn}(d_i^T)| < \infty \end{cases}
$$

(5-68)

式(5-68)表明，在提前购票时间段$[y_n, y_{n+1})$内，点对$(r,s)\in RS$之间只要存在有效换乘方案，其购票客流量为$\Delta(n)q_{rs}$，并且，所有点对都按照式(5-66)计算的相同比例$\Delta(n)$确定本阶段分配的客流量。根据计算$\Delta(n)$的式(5-66)可知，计算过程不需要概率密度函数$g(y)$的具体表达式，也不需要计算出具体的提前购票时间段的最优划分节点y_{n+1}，因此只要获得了$\Delta(n)$我们就可以计算每个决策阶段需要分配的客流量。

归纳上述分析，每一决策阶段客流分配流程如下：首先，对于各点对$(r,s)\in RS$和m：$0\leqslant m<M_r$，将流量$\int_{x_{rsnm}}^{x_{rsn(m+1)}} f_{rs}(x)\mathrm{d}x$按照换乘方案$\hat{P}_{rsn}^{Train}(\hat{x}_{rsnm})$进行全有全无分配。然后，按照式(5-66)计算比例$\Delta(n)$，各区段的实际分配流量为全有全无分配流量的$\Delta(n)$倍。最后，若$\Delta(n) = 1-\sum_{u=0}^{n-1}\Delta(u)$，即$\sum_{u=0}^{n}\Delta(u) = 1$，则分配过程结束(对应于$y_{n+1}=0$)；若$\Delta(n) < 1-\sum_{u=0}^{n-1}\Delta(u)$，即$\sum_{u=0}^{n}\Delta(u) < 1$，则继续下一阶段客流分配。

基于上述假设分析，获得**算法 5-1** 的一种简化计算方法**算法 5-2**：各点对需求具有相同概率分布的客流分配算法。

输入　高速铁路网络(V,E,L)，换乘网络(V,A)，运营时间$[t_1,t_2]$，列车集$\Omega=\{T\}$；OD 需求q_{rs}，$(r,s)\in RS$及等间隔阶梯函数$f_{rs}(x)$，$x\in[t_1,t_2]$。

输出　客流分配方案$\hat{P}_{rsn}^{\mathrm{Tran}}(\hat{x}_{rsnm})$，$F_{rsnm}$，$0\leqslant m<M_r$，$(r,s)\in RS$，$0\leqslant n<N$。列车区段上的客流量$F_T(n,i)$，$1<i\leqslant h(T)$，$T\in\Omega$。

开始

$n\leftarrow 0$，$\Delta(n)\leftarrow 0$；

for $i=2,3,\cdots,h(T)-1$，$T\in\Omega$ do $F_T(n,i)\leftarrow 0$；

while $\sum_{u=0}^{n}\Delta(u) < 1$ do

begin

基于换乘网络(V,A)求解所有的最小费用换乘方案

$\{\hat{P}_{rsn}^{\mathrm{Tran}}(d_i^T)\,|\,v_i^T=r, 1\leqslant i<n(T), T\in\Omega, (r,s)\in RS\}$；

若所有的最小费用换乘方案都不是有效换乘方案，则 break；

由拓展屋顶方法对计划出行时间段进行最优划分，

获得$x_{rsnm}(0\leqslant m\leqslant M_r)$和$\hat{x}_{rsnm}(0\leqslant m<M_r)$；

由公式(5-66)计算该决策阶段的客流分配比例 $\Delta(n)$；

由公式(5-67)计算划分区域内旅客出行需求量 $F_{rsnm}((r,s)\in RS;0\leqslant m<M_r)$；

将每个划分区域内旅客出行需求量 F_{rsnm} 分配到换乘网络上：

用公式(5-60)计算该决策阶段内通过列车区段 $T(i-1,i)$ 的新增客流 $F_{Tn}(i)(1<i\leqslant h(T);T\in\Omega)$；

for all $a_i^T\in V_a$ do $F_T(n+1,i)\leftarrow F_T(n,i)+F_{Tn}(i)$；

$n\leftarrow n+1$；

end

结束

下面讨论**算法 5-2** 的计算复杂度。**算法 5-2** 最外层循环最多为区段数 $N=O(|A_{\text{board}}|)$ 次。在主循环内，对于第 n 次迭代，顺序执行了 4 部分工作：

①求解最小费用换乘方案 $\{\hat{P}_{rsn}^{\text{Tran}}(d_i^T)|v_i^T=r,T\in\Omega_r\},(r,s)\in RS$。由于各点至一个终点 s_∞ 的最短路算法复杂度是关于弧数 $|A|$ 的线性算法，而 $|A|<5|A_{\text{board}}|$，所以计算复杂度为 $O(|A_{\text{board}}||V|)$。

②求解 $x_{rsnm}(0\leqslant m\leqslant M_r;(r,s)\in RS)$ 和 $\hat{x}_{rsnm}(0\leqslant m<M_r;(r,s)\in RS)$。这里有两层嵌套，外层对 $(r,s)\in RS$ 进行循环，内层的计算复杂度为 $O(M_r)$，所以计算复杂度为 $O\left(|V|\left(\sum_{r\in V}M_r\right)\right)=O(|A_{\text{board}}||V|)$。

③由式(5-66)和式(5-67)计算 $\Delta(n)$ 和 $F_{rsnm}(0\leqslant m<M_r;(r,s)\in RS)$，显然公式(5-66)的计算复杂度为 $O(|A_{\text{board}}|)$，注意到 $f_{rs}(x)$ 为等间隔阶梯函数，对于一个点对 (r,s)，$\int_{x_{rsnm}}^{x_{rsn(m+1)}}f_{rs}(x)\mathrm{d}x,0\leqslant m<M_r$ 的计算复杂度为 $O(M_r)$，所有 $\int_{x_{rsnm}}^{x_{rsn(m+1)}}f_{rs}(x)\mathrm{d}x$ 的计算复杂度为 $O\left(|V|\left(\sum_{r\in V}M_r\right)\right)=O(|A_{\text{board}}||V|)$。所以计算 $F_{rsnm}(0\leqslant m<M_r;(r,s)\in RS)$ 的复杂度为 $O(|A_{\text{board}}||V|)$。

④将流量 $F_{rsnm}(0\leqslant m<M_r;(r,s)\in RS)$ 分配到换乘网络上。注意到以 s_∞ 为终点的所有最短路构成以 s_∞ 为根的最短路数，可采用由远及近的"累积"分配方法。对于单一终点 s_∞，由于整个分配过程中每条弧只需分配一次，所以，计算复杂度为 $O(|A_{\text{board}}|)$，所有终点的客流分配复杂度为 $O(|A_{\text{board}}||V|)$。

综上所述，**算法 5-2** 的计算复杂度为 $O(|A_{\text{board}}|^2|V|)$。

尽管 $g_{rs}(y)/q_{rs}\equiv g(y),(r,s)\in RS$ 的假设在实际购票过程中有些过于苛刻，但可以借助于具有相同概率分布的思想分成多阶段实施。在中国铁路客票发售的实际过程中，旅途较长的旅客通常比旅途较短的旅客更早购票。这种现象可能与以下原因相关：首先，短途出行可搭乘的列车多，运输能力大。其次，铁路企业总是希望将长途列车的席位出售给长途旅客，这不仅保证长途旅客能够买到车票，也能够保证铁路企业获得更高的收益。为此，我国铁路制定了里程限售策略：优先出售长途车票。

依据铁路企业的里程限售策略，将旅客购票过程分为 2 个阶段，第一阶段只允许长途 OD 对集 $RS'\subset RS$ 的旅客购票，第二阶段允许所有 OD 对集 RS 的旅客购票。在第一阶段，存在一个概率密度函数 $g_1(y)$，购票概率密度函数满足

$$g_1(y)\equiv g_{rs}(y)/q_{rs}\quad (y\in[\bar{t},0],(r,s)\in RS') \tag{5-69}$$

当点对 $(r,s)\in RS'$ 的旅客购票比率达到 $\alpha(0<\alpha<1)$ 时结束第一阶段（记第一阶段结束时间为提前购票时间 y_α）。在第二阶段，存在一个概率密度函数 $g_2(y)$，购票概率密度函数满足

$$g_2(y)\equiv\begin{cases}g_{rs}(y)/q_{rs},(r,s)\in RS\backslash RS'\\ g_{rs}(y)/[q_{rs}(1-\alpha)],(r,s)\in RS'\end{cases},y\in[y_\alpha,0],(r,s)\in RS \tag{5-70}$$

第二阶段终止于全部购票过程结束时间。不论在第一阶段还是第二阶段，均可分别按照前面介绍的相同购票概率密度函数情形来求解。进而，还可将两阶段购票过程推广为多阶段购票过程。

(4)阶梯购票分布的高速铁路客流分配

作为相同购票特征密度函数的特例，将时变需求强度函数 $f_{rs}(x)$ 和 $g_{rs}(y)$ 表示为阶梯函数，其中 $f_{rs}(x)$ 为等间隔阶梯函数。只要阶梯函数的划分间隔充分小，阶梯函数与原函数的误差不大。

对于关于购票时间的时变需求强度函数 $g_{rs}(y)$，一般采用先疏后密法则或等间隔法则确定划分节点，将购票时段 $[-\bar{t},0]$ 划分成若干阶梯时段，生成 $g_{rs}(y)$ 的阶梯函数近似表示形式，关于购票时间的阶梯强度函数记为 $\bar{g}_{rs}(y)$。

不妨设购票时间的划分节点为 $-\bar{t}=\bar{y}_0,\bar{y}_1,\cdots,\bar{y}_\Gamma=0$，阶梯强度函数 $\bar{g}_{rs}(y)$ 见式(5-71)。

$$\bar{g}_{rs}(y)=\frac{1}{\bar{y}_{\lambda+1}-\bar{y}_\lambda}\int_{\bar{y}_\lambda}^{\bar{y}_{\lambda+1}}g_{rs}(t)\mathrm{d}t\quad(y\in[\bar{y}_\lambda,\bar{y}_{\lambda+1});0\leqslant\lambda<\Gamma;(r,s)\in RS) \tag{5-71}$$

记 $G_{rs}(y)=\int_{-\infty}^{y}g_{rs}(t)\mathrm{d}t$ 为 $g_{rs}(y)$ 的累积分布函数，则

$$\bar{g}_{rs}(y)=\frac{1}{\bar{y}_{\lambda+1}-\bar{y}_\lambda}(G_{rs}(\bar{y}_{\lambda+1})-G_{rs}(\bar{y}_\lambda))\quad(y\in[\bar{y}_\lambda;\bar{y}_{\lambda+1});0\leqslant\lambda<\Gamma;(r,s)\in RS) \tag{5-72}$$

值得注意的是，我们要求所有 OD 对 (r,s) 构造阶梯函数 $\bar{g}_{rs}(y)$ 所用的划分节点集都是相同的。

对于任意强度函数 $h(z)$，$z\in[a,b]$，若 $\int_a^b h(z)\mathrm{d}z=q$，则

$$\int_a^b h(z)/q\mathrm{d}z=\frac{1}{q}\int_a^b h(z)\mathrm{d}z=1 \tag{5-73}$$

称函数 $h(z)/q$ 为 $h(z)$ 的特征密度函数。照此定义，函数 $g_{rs}(y)/q_{rs}$ 是强度函数 $g_{rs}(y)$ 的特征密度函数。

可以利用韦伯分布模拟构造旅客购票特征密度函数 $g_{rs}(y)$。以韦伯分布在区间 $[0,\bar{t}]$ 内的部分作为有效部分，将其平移至区间 $[-\bar{t},0]$，并除以这部分的累积总量，以此作为特征密度函数 $g_{rs}(y)/q_{rs}$。进而获得购票强度函数

$$g_{rs}(y)=\begin{cases} q_{rs}\dfrac{k_{rs}}{\lambda_{rs}}\dfrac{((y+\bar{t})/\lambda_{rs})^{k_{rs}-1}e^{-((y+\bar{t})/\lambda_{rs})^{k_{rs}}}}{1-e^{-(\bar{t}/\lambda_{rs})^{k_{rs}}}}, & -\bar{t}\leqslant y\leqslant 0 \\ 0, & y<-\bar{t} \text{ 或 } y>0 \end{cases} \tag{5-74}$$

和累积分布函数

$$G_{rs}(y)=\begin{cases} q_{rs}(1-e^{-((y+\bar{t})/\lambda_{rs})^{k_{rs}}})/(1-e^{-(\bar{t}/\lambda_{rs})^{k_{rs}}}), & y\geqslant -\bar{t} \\ 0, & y<-\bar{t} \end{cases} \tag{5-75}$$

参数 λ_{rs} 和 k_{rs} 的表达式为

$$\lambda_{rs}=\bar{t}[1-(l_{rs}/(1.1\times l_{\max}))^2] \quad (k_{rs}=0.5\lambda_{rs}) \tag{5-76}$$

式中 l_{rs}——OD 对 (r,s) 之间的最短路长，$l_{\max}=\max\{l_{rs}\mid(r,s)\in RS\}$。

较小的 l_{rs} 对应较大的 λ_{rs}，强度函数 $g_{rs}(y)$ 的峰值时间较晚，正好体现了短途旅客购票时间偏晚的特点。对于 $l_{\max}=2\ 400$(km)、$\bar{t}=30$(d)，l_{rs} 分别等于 200 km、800 km、1 600 km、2 200 km 的情形，强度函数 $g_{rs}(y)$ 对应的特征密度函数 $g_{rs}(y)/q_{rs}$ 的模拟曲线如图 5-3 所示。基于客流需求的这种拓展形式，客流分配方法只需依据阶梯函数分界点相应调整既可。

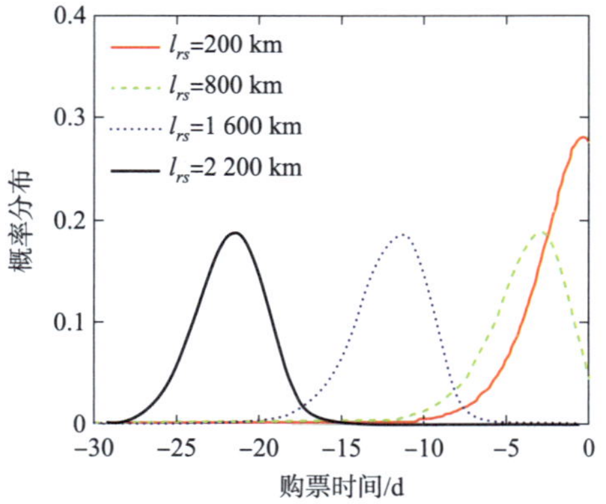

图 5-3 特征分布 $g_{rs}(y)/q_{rs}$ 的模拟曲线

由于阶梯函数的任何常数段都可以看成均匀分布的一部分，所以阶梯购票分布也是相同购票特征密度函数的特例，但仅限于阶梯函数的一个常数段以内。也就是说，如果**算法 5-2** 的一次迭代超越了当前常数段的范围，本次迭代只能截至本常数段终点。**算法 5-2** 相应修改即可。

5.3　基于模拟退火的求解算法设计

5.3.1　模拟退火优化算法框架

列车开行方案的优化过程可以从两个方面进行，一是尽量提高列车客座率，提高列车的运行效率，降低运行成本；二是增加列车服务频率，减少旅客换乘和等待时间，降低旅客的出行费用。

考虑到高速铁路线路上的客流分布集中，出行路线较为明确。因此，可以在客流量允许的情况下适当增加大编组长途列车，减少旅客的换乘；同时增加小编组的短途列车，提高列车的开行频率，减少旅客的等待时间。

模拟退火算法计算过程简单、通用、鲁棒性强，具有渐进收敛性，已经在理论上被证明了是一种以概率 1 收敛于全局最优解的全局优化算法。因此可以采用模拟退火优化算法对高速铁路线路上的列车开行方案优化问题进行求解。模拟退火算法分两层循环，外层迭代使温度下降，内层进行邻域搜索，以一定的概率接收邻域解。模拟退火的算法框架如图 5-4 所示。

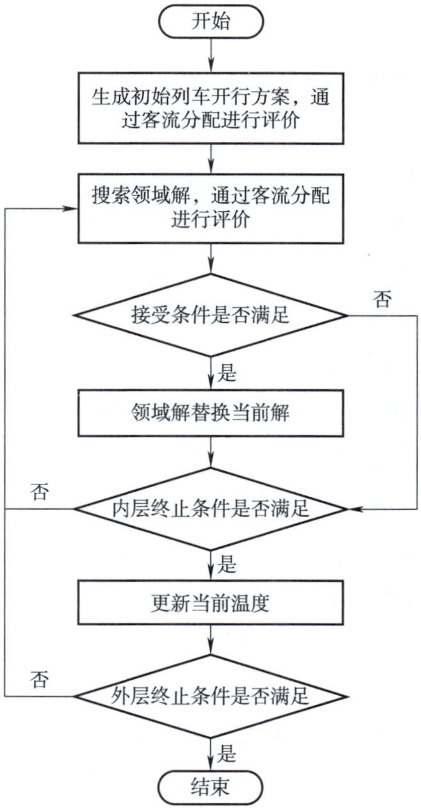

图 5-4　模拟退火算法框架

5.3.2 构造初始列车开行方案

初始列车开行方案的构造过程分为如下关键步骤：

1. 初始化各个客运通道上开行无能力约束列车

在所有高速铁路线路的 2 个端点之间开行一列列车。若 2 个端点在同一条高速铁路线路上，则开行以这条高速铁路线路为径路的列车（径路完全在一条高速铁路线路上的列车简称为线路列车）；若 2 个端点没在同一条高速铁路线路上，则开行以 2 点间最短路为径路的列车（径路不完全在一条高速铁路线路上的列车简称为跨线列车）。如果跨线列车的非直线系数不满足约束条件式(5-6)，则将该列车剔除掉。开行的所有列车都对应一条客运通道，列车在沿途各站停靠、无能力约束。

2. 列车上的客流分配

对于 2 个端点位于同一条高速铁路线路上的 OD 对，将客流量分配到以该高速铁路线路为径路的列车上；对于 2 个端点位于不同高速铁路线路上的 OD 对，将客流量分配到列车网络的最短路上。

3. 初始化有能力约束的列车

按照先高速铁路线路通道再跨线通道的顺序，按如下方法逐条客运通道确定该通道上开行的列车。

在每一条客运通道上，以通道端点站和具有始发终到能力的车站为分界点，将这条客运通道划分为若干通道区段，以每一对具有始发终到能力的车站之间的径路为列车径路（全程旅行时间超过运营时段的列车径路除外）。按照列车径路由长至短的顺序，以一定概率选择 8 辆编组和 16 辆编组（比如，若在高速铁路线路通道上，则概率取 0.5，否则取 0.7），以当前列车径路的最小区段流量（区段流量等于该区段中最大区间流量）为任务目标，以一定客座率（比如 0.9）安排开行足够多的列车。若开行 1 列 8 辆编组列车就足够，则不开行 16 辆编组列车。相应剔除沿途各区段上的列车载客量，保持双向开行列车的编组和数量相同。直至依次遍历所有列车径路。

对于通道上的滞留客流量，反复执行下述过程：在通道上按照列车径路由长至短的顺序，以当前列车径路不间断剩余客流为任务目标，以一定客座率（比如 0.9）安排开行足够多的 8 辆编组列车，相应剔除沿途各区段上的列车载客量，同时反向开行 1 列相同编组的列车，直至依次遍历完所有的列车径路。

跨线通道上开行的线路列车，记入线路开行列车集。

4. 能力与服务的适应性调整

若不满足动车组总里程约束式(5-1)，则选择通过省级站的列车数约束式(5-16)冗余度较高的车站或区段，双向成对缩短列车径路，或双向提高列车客座率，成对减少列车公里数。

若不满足能力约束式(5-2)、式(5-4)和式(5-5)，则选择通过省级站的列车数约束式(5-16)冗余度较高的车站或区段，双向成对缩短列车径路，或双向提高列车客座率，成对减少列车数，或双向成对合并 8 辆编组列车为 16 辆编组列车。

若通道上省(地)级站通过列车数达不到 n_{11}^0 (n_{12}^0)，则若不满足能力约束式(5-16)或式(5-17)，选择能力约束式(5-2)、式(5-4)和式(5-5)冗余度较高的区间或区段，双向成对分拆客座率高的 16 辆编组列车为 8 辆编组列车，或双向成对延伸列车径路，或双向降低列车客座率，成对增加列车数。

以上 3 类约束需协同调整，若不能同时成立，则兼顾每一个约束偏差不要太大。

5. 初始化列车始发时间估计值

依据列车全程旅行时间，确定列车的可能始发时间范围，将这些列车均匀排列在可能始发时间范围即可。

6. 初始化停站方案

在省级站，全部列车都停车。在地县级站，按照约束条件式(5-17)和式(5-18)的要求，停站列车数分别达到 n_{12}^0、n_{13}^0。列车在地县级站的停站分布须满足时空均匀性。

5.3.3　邻域方案搜索策略

对于给定的当前列车开行方案，网络邻域方案由各个通道的邻域方案组合而成，其中所有跨线通道都重新搜索通道邻域方案，而线路通道却按照优化程度分为 2 类，其一为优化程度不高的线路，要求这类线路重新搜索线路邻域方案，其二为优化程度较高的线路，要求这类线路以当前列车开行方案作为线路邻域方案。

下面分别介绍通道邻域方案搜索方法和线路优化程度的量化方法。

1. 通道邻域方案搜索策略

通道邻域方案的搜索策略分为 6 个策略，包括删除列车、改变列车编组、增加列车、拼接列车等 4 个列车径路和编组的调整策略(包括确定相应的停站和始发时间)，还设计了调整停站和调整始发时间的 2 个策略，6 个策略具体内容如下：

(1)删除列车。对于 8 辆编组的列车，若客座率低于某个阈值(比如 0.25)，则以一定概率(比如 0.9)删除该列车。

(2)改变列车编组。对于 16 辆编组列车，若客座率低于某个阈值(比如 0.4)，则以一定概率(比如 0.8)降为 8 辆编组列车；对于 8 辆编组列车，若客座率高于某个阈值(比如 0.9)，则以一定概率(比如 0.1)调整为 16 辆编组列车。

(3)增加列车。针对通道内各 OD 对(r,s)的滞留客流量 q_{rs}^0，参照初始开行方案的构造方法确定新增列车及编组。所不同的是，参照当前开行方案中通道内平均客座率确定增加列车数量。若当前方案包含新增列车径路，则在这类列车中选择客座率最高列车的停站方案作为其停站方案,否则在新增列车径路上分段参照其他客座率最高列车的停站方案作为其停站方案。新增列车的始发时间安排在能力允许范围内客座率最高的时段。

(4)拼接列车。具有相同运行方向的列车 A 和 B 拼接为同一列列车所需满足的条件:

①列车 A 的终点站与列车 B 的始发站相同;

②两列列车的编组相同;

③列车 A 的终到时间与列车 B 的始发时间相近(10 min 以内);

④拼接后全程旅行时间在运营时段之内。

并且反向两列列车同样满足上述条件,则以一定概率(比如 0.5)将这两列列车及其反向两列列车分别拼接起来。拼接后的列车停站方案保持不变,始发时间与前一列列车的发车时间一致。拼接产生的跨线列车以一定概率(比如 0.3)减少在县级站的停站概率。

(5)调整停站。仅限于调整列车在地县级站的停站方案,以满足约束条件式(5-17)、式(5-18)和列车在地县级站的停站分布满足时空均匀性为原则,不满足约束条件式(5-17)、式(5-18)时,相应地在停站稀疏时空区域增加停站;在满足约束条件式(5-17)和式(5-18)的前提下,在停站密集时空区域删除停站(降低旅客出行时间)。

(6)调整始发时间。对于客座率高于某个阈值(比如 0.35)的列车,保持在原始发时段不变;对于其他列车,在能力约束式(5-3)的限制下,以各时段客座率比值对应的概率,随机确定列车的发车时段。

对通道执行搜索策略时,应按策略序号的顺序执行。对于前 4 个策略,通道双向是成对操作,保证动车组的周转限制。策略 1 删除列车,列车客座率越低,删除列车越多,开行列车越少。策略 2 改变列车编组,使列车编组与客流需求相适应。策略 3 增加列车,若滞留客流量越多,则增加列车数越多;若线路上出行里程与最短路长的偏差的加权平均值 Z'_5 越大,则增加列车数越多。策略 4 拼接列车,将可能拼接的列车都拼接起来,尽可能提高列车的 OD 服务能力。策略 5 调整停站,在地县级车站停车数量达到标准的前提下,最小化旅客出行时间。策略 6 调整始发时间,使需求大的区间开行列车更多,同时在需求稀疏的时空区域也适当增加列车。

2. 线路优化程度的量化方法

选择 3 项线路指标,作为评价线路 $l \in L$ 的优化程度的量化指标:

(1)线路 l 的列车平均客座率 $\overline{LF}_l$

(2)线路 l 上出行里程与最短路长的平均偏差率

$$\overline{D}_l = \sum_{(r,s)\in RS_l} (q_{rs} - q_{rs}^0) \mid \overline{d}_{rs} - d_{rs} \mid / \sum_{(r,s)\in RS_l} q_{rs} d_{rs} \tag{5-77}$$

(3)线路 l 上的平均滞留率

$$\overline{R}_l = \sum_{(r,s)\in RS_l} q_{rs}^0 l_{rs} / \sum_{(r,s)\in RS_l} q_{rs} l_{rs} \tag{5-78}$$

由上述 3 项指标获得的 $1-\overline{LF}_l, \overline{D}_l, \overline{R}_l$ 均为区间[0,1]内的数,其值越小,表明线路列

车开行方案越好。统一评价尺度并将它们整合为线路 l 的标准化指标 p_l 如下。

$$I_l=(1-\overline{LF}_l)/\max\{1-\overline{LF}_l\mid l\in L\}+\overline{D}_l/\max\{\overline{D}_l\mid l\in L\}+\overline{R}_l/\max\{\overline{R}_l\mid l\in L\} \tag{5-79}$$

$$p_l=I_l/\max\{I_l\mid l\in L\} \tag{5-80}$$

显然，$0\leqslant p_l\leqslant 1$，$\max\{p_l\mid l\in L\}=1$。线路 l 的标准化指标 p_l 正是我们评价线路 l 的优化程度的量化指标，若 p_l 越小，则线路列车开行方案越好。

下面，利用指标 p_l 确定线路 l 是否参与搜索线路邻域方案。当 $p_l>0.5$ 时，线路 l 参与搜索线路邻域方案，否则以 p_l 为概率参与搜索线路邻域方案。

5.4　案例分析

5.4.1　案例数据及参数设置

案例以我国某年运营的高速铁路网络（包括部分普速铁路）为背景，共计 539 个车站，1 136 个线路区间，未包括部分独立运营的线路和城际线路，共计 51 条线路。网络的整体结构如图 5-5 所示。

1. 车站与区间参数

对于具有多个车站的城市生成一个虚拟车站（用于描述需求节点），共计 50 个虚拟车站，连同 539 个实体车站，共计 589 个车站。按照行政级别、旅客发送量、枢纽性质等属性将车站分为 4 个等级，由高到低依次为北上广三个城市的高速铁路车站、省级车站、地级车站和县级车站。车站的停站时间和启停附加时间为 7 min。具有始发终到能力的车站包括具有动车所的车站、线路端点和当日折返列车的车站，车站始发终到能力结合高速铁路线路连接情况、车站等级和实际列车运行图统计分析获得。

区间的日通过能力为 140 对列车，长度为 $\Delta t=1$ h 的时段通过能力为 9 对列车。列车区段运行时间根据列车运行图统计分析获得。

2. 客流需求

根据某日高速铁路出行的全部客流数据，生成各个 OD 需求 q_{rs}，$(r,s)\in RS$，利用 2015 年全年每个 OD 对在每小时内的日均客流量，生成每个 OD 对 (r,s) 的需求强度分布函数 $f_{rs}(x)$，$(r,s)\in RS$，$x\in[t_1,t_2]$。客流总量为 2 375 976 人，各线路客流量为 1 919 030 人，占客流总量的 80.8%；跨线客流量为 456 946 人，占客流总量的 19.2%。篇幅所限，详细 OD 客流需求从略。

3. 算法参数设置

主要参数设置如下：令旅客出行费用权重因子 $w_1=3$、$w_2=1$，目标函数权重值 $\alpha_1=100$、$\alpha_2=\alpha_5=1$、$\alpha_3=\alpha_4=10$、$\rho_6=\rho_7=\rho_9=10^5$、$\rho_8=100$、$\rho_{10}=10^7$，动车组总里程上限

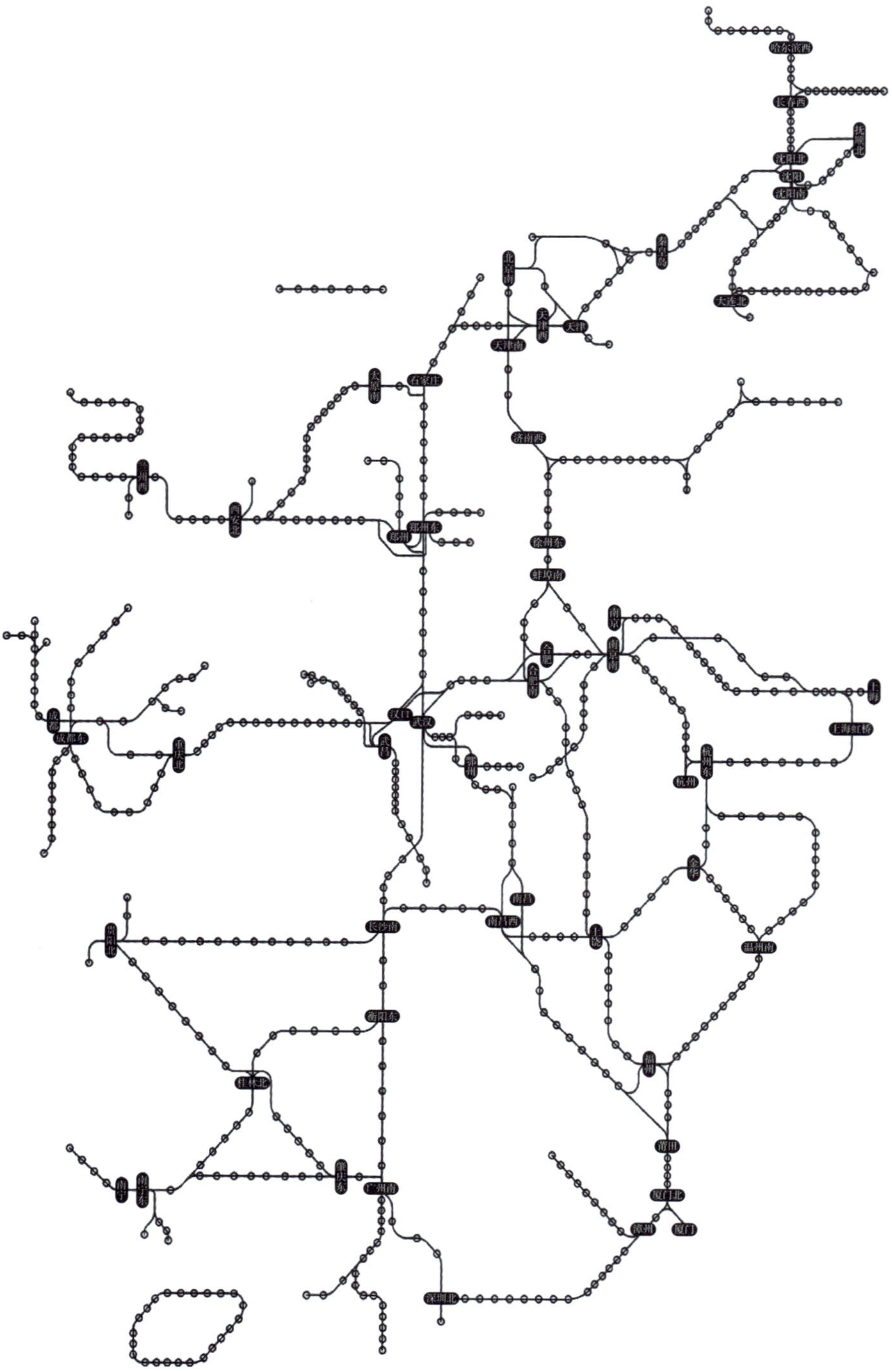

图 5-5　我国某年高速铁路网络(包括部分普速铁路)

TD=2 000 000 km,非直线系数阈值 CI=2.48(以 2014 年高速铁路网络列车径路的最大非直线系数为 2.48 为依据),车站服务频率下限 $n_{11}^{0}=30$、$n_{12}^{0}=26$、$n_{13}^{0}=13$,列车平均客座率

上下限分别为 $LF_l=0.6$、$LF_u=0.75$。在常规模拟算法中，初始温度 $T_0=10^7$，终止温度 $T_f=5$，温度下降比例 $\tau=0.5$，内层循环次数 13 次。

5.4.2　结果分析

采用 C#语言对模拟退火优化算法编程，运行环境为 CPU 双核、主频 2.70 GHz、内存 8 GB 的计算机，整个过程运行时间约 12 h，算法收敛过程如图 5-6 所示，可以看出算法收敛效果良好。

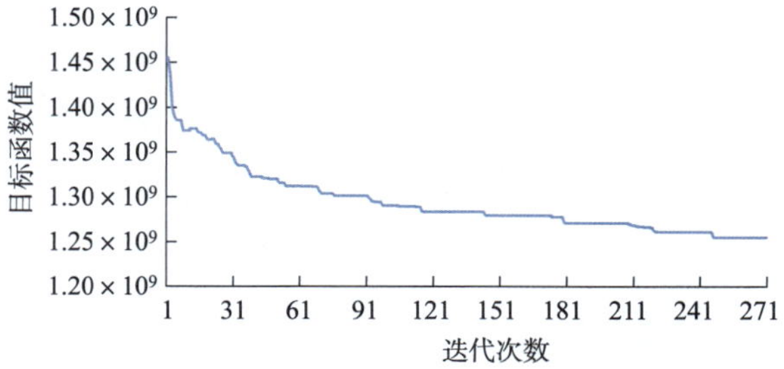

图 5-6　算法迭代收敛示意

1. 网络整体指标分析

高速铁路网络列车开行方案整体运营指标和服务指标见表 5-1 和表 5-2。

表 5-1　列车开行方案运营指标

方案	动车组总里程/km	列车运行成本 Z_1	列车数/列	平均客座率	均匀性指标 Z_5
优化方案	2 554 592	2 296 386	2 488	62.48%	2.65×10^7
实际方案	2 791 444	—	2 678	67.82%	—

表 5-2　列车开行方案服务指标

旅客出行费用 Z_2	线路里程偏差 Z_3/km	滞留人公里数 Z_4/(人・km)	车站服务频率偏差	人均出行时间偏差/min	滞留人数/人
6.68×10^8	3.59×10^7	4 916 178	873	57.21	10 040

(1)运营指标

①动车组公里数和列车数

结合实际开行方案进行运营指标的对比，优化方案的动车组总里程、列车数少于实际开行方案。列车里程分布见表 5-3，可以看出长途列车主要为跨线列车，还有一些线路列车，中短途列车更多一些，这是追求提高列车客座率所致。

表 5-3　列车里程分布

里程/km	(0,500]	(500,1 000]	(1 000,1 500]	(1 500,2 000]	>2 000
列车比例	43.57%	29.26%	12.38%	9.49%	5.3%

②平均列车客座率

平均列车客座率低于实际方案,主要原因在于设定的列车定员比实际列车定员偏高,还有一些次要原因:其一为列车具有严格的能力限制,产生了少量滞留客流,而实际中允许少量超员;其二,以实际运输客流量为需求,实际开行方案与需求的吻合程度更高。

(2)服务指标

①人均出行时间偏差

旅客人均出行时间偏差分布见表5-4,出行时间偏差在1 h以内的客流占62.83%,这部分客流多分布于东部、南部客流需求密度较大,列车开行频率较高的区域,集中于运量大的主干客运通道,如京沪线、广深港线、京广线等。

表5-4 人均出行时间偏差分布

人均出行时间偏差/min	(0,30]	(30,60]	(60,90]	(90,120]	>120
客流比例/%	26.59	36.24	20.18	9.76	7.23

②本线客流里程偏差

优化方案中本线客流出行里程偏差 $Z_3=3.59\times10^7$ km,本线客流上车人数1 913 308人,本线客流里程总偏差 $Z_3=3.59\times10^7$ km,偏差率6.54%,人均里程偏差 $Z'_3=18.8$ km,可以证明本线列车的开行频率基本可以满足本线客流出行。

③滞留客流

最终优化方案的滞留人数为10 040人,上车人数2 365 936人,占总客流量99.6%,其中滞留客流的里程分布见表5-5。从表5-5可以看出,滞留的客流大部分为中短途客流,说明考虑了不同里程的旅客购票分布特征,可以保证长途客流的行程,有利于提高列车的运输能力。此外,优化方案的滞留人公里数为 $Z_4=4\ 916\ 178$ 人·km,全路网客流的最短路总和 4.20×10^8 km,平均单位公里滞留旅客 $Z'_4=0.01$ 人。

表5-5 滞留客流及列车的里程分布

里程/km	(0,500]	(500,1 000]	(1 000,1 500]	(1 500,2 000]	>2 000
滞留客流比例/%	63.92	21.34	11.93	2.49	0.32

④车站服务频率

车站服务频率偏差873次,主要原因为线路投入运营时间太短(甚至刚刚投入运营),或客流统计误差,致使客流太少,无法开行足够多的列车(如成渝线、汉丹线、南昌—萍乡、成灌线、丹大线、盘营线、武石城际、武九线等),通过列车数达不到服务列车数下限。

⑤车站到发列车均匀性

优化方案中车站到发列车均匀性平均值为 $Z'_5=0.047\ 6$,这个值比较小,有利于缩短稀疏需求时空区域的旅客平均等待时间。

(3)运输能力偏差

具有动车所的车站始发终到列车数见表 5-6,其他运输能力统计数据从略。优化方案中始发终到能力偏差、区间通过能力偏差、动车组总里程偏差和列车平均客座率偏差均为 0,说明优化方案满足了能力约束。

表 5-6　各车站始发或终到列车数统计

车站	始发或终到列车数/列	实际始发列车数/列	车站	始发或终到列车数/列	实际始发列车数/列
北京	21	24	汉口	12	38
北京西	42	69	重庆北	19	39
北京南	60	85	成都	7	9
天津南	10	0	成都东	39	41
济南西	29	13	上海	114	70
南京南	53	49	杭州	36	18
上海虹桥	144	188	长春	5	16
杭州东	93	62	南京	37	57
石家庄	14	13	南昌西	25	38
郑州东	19	15	南昌	13	19
武汉	35	62	南宁	42	10
长沙南	32	51	武昌	9	10
广州南	103	170	广州	3	5
深圳北	91	121	广州东	0	3
哈尔滨西	29	52	深圳	7	0
长春西	27	0	南宁东	20	45
沈阳北	22	34	呼和浩特东	5	8
沈阳	8	40	呼和浩特	1	0
天津西	0	10	贵阳	9	2
天津	24	1	贵阳北	16	36
福州	37	59	西宁	0	9
福州南	24	14	兰州西	4	12
济南	19	17	乌鲁木齐南	6	9
太原南	22	41	兰州	3	4
郑州	10	15	哈尔滨	10	15
西安北	31	53	沈阳南	11	20
合肥	8	1	贵阳东	6	0
合肥南	31	38	—	—	—

从表 5-6 中可以看出,上海虹桥、上海和广州南的始发终到列车最多,杭州东和深圳北次之(北京几个站始发终到列车数虽然比实际始发终到列车少一些,但北京南还有不少通过

的跨线列车)。这是由于这些车站等级较高,且为多条线路起点,客流量较大,列车到发频繁。此外,车站列车始发列车数还与旅客的出行选择有关,起讫点位于虚拟车站的旅客在选择出发、终到车站时,会选择里程较短,发车较多的车站,这也是造成个别车站的始发终到列车数与实际列车数有一定偏差。

2. 通道指标分析

(1)线路列车指标

各条线路开行列车的指标见表 5-7。由表 5-7 可以看出,优化方案中的线路列车 1 616 列(8 辆编组列车 896 列,16 辆编组列车 720 列),跨线列车 872 列(8 辆编组列车 646 列,16 辆编组列车 226 列);16 辆编组的列车占列车总数的约 38%,8 辆编组的列车占列车总数的约 62%。

表 5-7 各线路列车总数/平均客座率

线路名称	列车数(8 辆编组/16 辆编组)	平均客座率	线路名称	列车数(8 辆编组/16 辆编组)	平均客座率
昌福线	8(2/6)	60.89%	京沪线	192(76/116)	72.72%
昌九线	6(0/6)	82.37%	兰新客专	20(10/10)	47.21%
长珲城际	20(14/6)	50.81%	宁杭线	20(12/8)	55.09%
大西线	32(16/16)	64.89%	沪汉蓉	138(106/32)	56.42%
赣瑞—龙潭	12(10/2)	48.92%	青荣城际	4(4/0)	47.22%
广九线	2(2/0)	84.6%	沈丹线	24(2/22)	83.51%
南广线	40(16/24)	79.8%	石太客专	4(4/0)	47.65%
贵广线	38(22/16)	66.33%	武冈城际	2(2/0)	61.07%
沈大—沈哈	60(40/20)	65.02%	郑宝线	32(12/20)	65.3%
哈齐客专	32(24/8)	57.04%	钦防线	2(0/2)	54.46%
杭福深线	264(140/124)	68.93%	邕北线	16(4/12)	70.33%
合蚌线	4(4/0)	54.58%	京秦线	14(10/4)	55.45%
合福客专	20(14/6)	56.71%	秦沈客专	12(8/4)	49.88%
衡柳线	40(20/20)	62.04%	达成线	16(2/14)	76.42%
沪昆线	196(140/56)	61.8%	成广线	6(0/6)	73.28%
沪宁线	82(42/40)	60.3%	京石客专	18(10/8)	56.65%
集包线	16(14/2)	69.55%	包西线南	6(0/6)	79.83%
胶济客专	34(26/8)	60.02%	汉丹线	18(0/18)	57.43%
津秦线	2(2/0)	61.59%	沈阳—抚顺	2(2/0)	69.43%
京广线	114(70/44)	59.06%	跨线列车	872(646/226)	60.75%
广深港线	48(14/34)	71.97%	—	—	—

列车客座率较高的线路包括昌九线、广九线、沈丹线、南广线、京沪线、广深港线、邕北线、杭福深线、贵广线等东部、南部线路，这与高速铁路网络东部、南部客流密集相关；此外，还有少量西部线路因没有形成多通道网络，客流只能在该线路出行，出行方案相对单一，也会出现客座率偏高的现象，如集包线、达成线、包西线等。京广线列车客座率不是很高的原因可能是线路断面需求呈北京广州两端高、而中段最低的不均匀分布所致。

客座率相对较低的线路集中于城际线、D 字头动车运行的普速铁路线，或新开通的线路，如秦沈客专、兰新客专、青荣客专等，这是因为需求统计不准确所致（未统计城际客流需求，普速铁路线上 D 字头动车组开行数量有限，新开通的线路的需求正在培育）。

（2）线路客流指标

各条线路的客流总量、剩余客流和人均出行偏差见表 5-8（起讫点位于虚拟车站的客流需求按照 OD 之间最短线路确定归属关系）。

表 5-8　各线路客流总量/剩余客流量及人均出行时间偏差

线路名称	客流总量/剩余客流量/人	人均出行时间偏差/min	线路名称	客流总量/剩余客流量/人	人均出行时间偏差/min
昌福线	18 674/8	97	京津城际	4 206/4	4.56
昌九线	11 626/60	155.85	兰新客专	22 522/25	91.95
长珲城际	16 931/12	62.95	宁杭线	26 680/23	48.8
成灌线	158/0	209.98	沪汉蓉	194 381/1 328	65.99
大西线	46 857/39	67.75	盘营线	29/0	57.27
丹大线	292/0	91.55	青荣城际	5 923/5	105.04
赣瑞—龙潭	9 483/9	56.55	沈丹线	24 421/14	77.01
广九线	119/0	107.84	石太客专	4 990/5	41.96
南广线	48 960/106	50.58	武冈城际	1 248/1	185.25
广珠城际	688/0	165.41	武石城际	3 212/3	51.78
贵广线	33 374/13	68.41	郑宝线	39 122/22	52.84
沈大—沈哈	74 079/36	55.12	钦防线	1 848/2	161.36
哈齐客专	25 583/16	52.81	邕北线	14 102/5	58.22
杭福深线	260 816/517	61.62	京秦线	13 174/7	32.59
合蚌线	6 320/6	52.75	秦沈客专	12 253/4	63.57
合福客专	27 779/15	76.47	达成线	20 784/137	77.64
衡柳线	34 475/12	54.09	成广线	4 689/0	119.34
沪昆线	182 118/2 532	55.41	京石客专	25 467/5	16.61
沪宁线	73 408/50	42.46	徐兰线	3 729/1	119.42
集包线	10 502/10	73.56	武九线	2 398/2	68.07

续上表

线路名称	客流总量/剩余客流量/人	人均出行时间偏差/min	线路名称	客流总量/剩余客流量/人	人均出行时间偏差/min
胶济客专	36 697/14	51.5	包西线南	5 139/0	214.84
津秦线	6 407/5	52.4	汉丹线	18 858/2	43.93
京广线	205 877/76	43.9	沈阳—抚顺	2 463/2	150.9
广深港线	53 195/51	28.78	跨线列车	456 946/4 318	68.91
京沪线	282 974/538	33.28	—	—	—

结合表 5-7 和表 5-8，未开行线路列车的线路(如成灌线、丹大线、京津城际、武石城际、盘营线等)剩余客流并不多，这些线路客流可通过跨线列车出行。

表 5-8 中各线路滞留客流所占比例均在 1%以下(沪昆线除外)。沪昆线和沪汉蓉线剩余客流较多，这是由于两条线路里程较长，跨越区域广，在不同区域之间客流极不均衡。例如，沪昆线上海至上饶段客流量较大，开行列车较多，且客座率较高；长沙南以西客流较为稀疏，开行列车较少，且客座率较低。在客流分布不均衡的线路，很难兼顾客座率高和滞留人数少两项指标，导致剩余客流量较大。

人均出行时间偏差较小的线路开行列车多，包括两类线路：一类是线路自身开行列车多，比如京广线、京沪线、广深港线等；另一类是跨线列车多，比如宁杭线、京津城际、京秦线、石太线、京石客专等，其实这些线路本线客座率并不高。人均出行时间偏差较大的线路开行列车较少，如成灌线、广珠城际、钦防线、青荣城际、武冈城际等。

(3)线路指标及其变化趋势

参照模型的目标函数，类似地构造线路列车开行方案目标函数如下：

$$Z^l = \sum_{T\in\Omega_l}\sum_{i=1}^{h(T)-1}\mu_T\mid T(i,i+1)\mid+\sum_{(r,s)\in RS_l}(q_{rs}-q_{rs}^0)\mid\bar{d}_{rs}-d_{rs}\mid+\sum_{(r,s)\in RS_l}q_{rs}^0 l_{rs} \quad (5\text{-}81)$$

式中 Z^l——线路 $l\in L$ 的目标函数值；

Ω_l——线路 $l\in L$ 的线路列车开行方案。

几条主要干线的列车开行方案目标值变化情况如图 5-7 所示。可以看出，几条主要干线的目标值呈现明显的下降收敛趋势，表明邻域搜索策略同时兼顾了网络指标和线路指标，提出的分解搜索策略是合理的。

3. 跨线通道分析

优化方案包括跨线通道 290 条，每条通道包含双向开行径路，按照每条通道的开行列车对数排列见表 5-9。跨线通道的设置与线路划分有关，表 5-9 表明里程在 1 000 km 以上的跨线通道占 40.83%，500 km 以上的占 74.55%。由于跨线列车以服务跨线客流为主，通常具备开行距离长(中长途列车)、开行对数少的特点，一般为 1～2 对。对于开行对较多的跨线通道，一般为线路通道的延伸，通道主体为一条线路径路，延伸段一般为线路

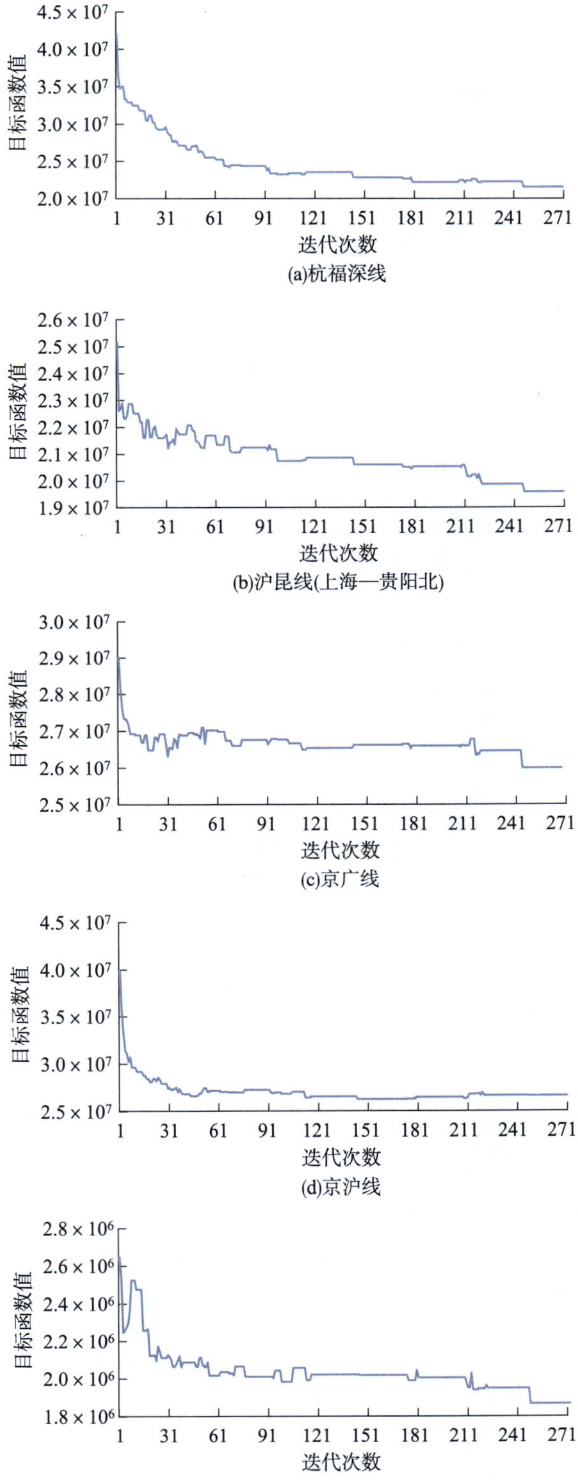
4.5 × 10^7
4.0 × 10^7
3.5 × 10^7
3.0 × 10^7
2.5 × 10^7
2.0 × 10^7
目标函数值
1 31 61 91 121 151 181 211 241 271
迭代次数
(a)杭福深线
2.6 × 10^7
2.5 × 10^7
2.4 × 10^7
2.3 × 10^7
2.2 × 10^7
2.1 × 10^7
2.0 × 10^7
1.9 × 10^7
目标函数值
1 31 61 91 121 151 181 211 241 271
迭代次数
(b)沪昆线(上海—贵阳北)
3.0 × 10^7
2.9 × 10^7
2.8 × 10^7
2.7 × 10^7
2.6 × 10^7
2.5 × 10^7
目标函数值
1 31 61 91 121 151 181 211 241 271
迭代次数
(c)京广线
4.5 × 10^7
4.0 × 10^7
3.5 × 10^7
3.0 × 10^7
2.5 × 10^7
目标函数值
1 31 61 91 121 151 181 211 241 271
迭代次数
(d)京沪线
2.8 × 10^6
2.6 × 10^6
2.4 × 10^6
2.2 × 10^6
2.0 × 10^6
1.8 × 10^6
目标函数值
1 31 61 91 121 151 181 211 241 271
迭代次数
(e)郑宝线

图　5-7

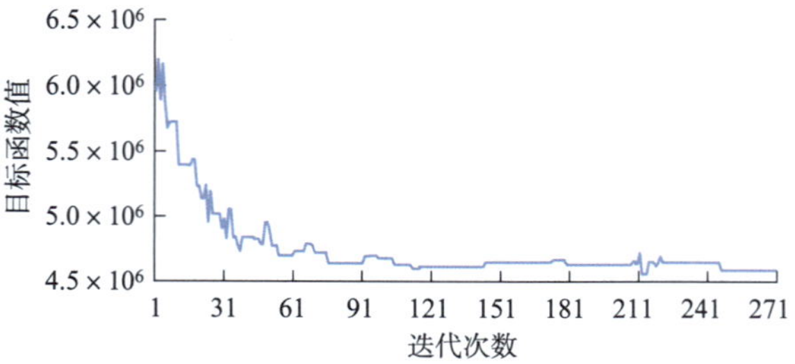

(f)沈大—沈哈线

图 5-7 主要干线本线开行方案目标值变化情况

终点与相邻车站之间的连接或同城站之间的连接，这种跨线通道依旧主要承担线路客流。例如，杭州东—南京通道中，德清—南京南段位于宁杭线通道，延伸段为南京南—南京；泰安—天津通道中，泰安—北京南段位于京沪线通道，延伸段为北京南—天津。类似的情况还有衡阳东—深圳北、宁波—杭州、苍南—杭州、长沙南—深圳北等。

从客座率角度分析，客座率较高的通道分为两种：一种为东南部地区客运通道，如杭州东—苏州、厦门—江山、杭州—合肥南、福州—泉州、上海虹桥—合肥南等，这部分客流具有一定的区域活动属性且客流量较大，这些跨线通道多为中短途通道，为客流之间的区域可达性提供条件；另一种为长途跨线通道，主要连接两个大站或枢纽站，使得跨线客流可集中于大站集散，如上海—西安北、北京南—西安北等。

表 5-9 跨线通道分布

开行列车对数	通道名称
15 对	杭州东—南京
14 对	泰安—天津
8 对	宁波—杭州，苍南—杭州
7 对	苍南—大荔，济南—即墨北
6 对	杭州东—合肥南，长沙南—深圳北
5 对	北京—沈阳北，宁波—合肥南，福州—泉州，武汉—深圳北
4 对	北京南—太原南，南京南—宁波，上海虹桥—合肥南，长沙南—深圳北，广州南—萍乡，宁波—衢州
3 对	北京南—西安北，南京南—上海，上海虹桥—宁波，上海虹桥—杭州，广州南—厦门，深圳北—梧州南，大连北—天津，宁波—南京，福州—龙岩，济南—荣成
2 对	北京—山海关，北京南—青岛北，北京南—青岛，沧州西—沈阳北，济南西—即墨北，泰安—即墨北，徐州东—长春西，徐州东—盘锦北，蚌埠南—重庆北，蚌埠南—杭州，南京南—武汉，杭州东—苏州，石家庄—永济北，郑州东—长寿北，许昌东—西安北，武汉—重庆北，深圳北—贺州，哈尔滨西—盘锦北，长春西—盘锦北，盘锦北—青岛北，福州—厦门北，福州—赣州，厦门—南京，厦门—江山，厦门—萍乡，太原南—宝鸡南，郑州—上海，合肥南—杭州，萍乡—深圳，贵阳北—荣成，即墨北—荣成，衡阳东—深圳北

续上表

开行列车对数	通道名称
1 对	北京—哈尔滨西，北京—长春西，北京—大连北，北京—盘锦，北京—大冶北，北京—齐齐哈尔，北京—珲春，北京西—太原南，北京西—郑州，北京西—西安北，北京西—重庆北，北京西—柳州，北京南—杭州东，北京南—郑州东，北京南—深圳北，北京南—唐山，北京南—泉州，北京南—宝鸡南，北京南—成都东，北京南—南昌，北京南—萍乡，北京南—临汾西，北京南—运城北，北京南—大荔，廊坊—青岛，廊坊—介休东，廊坊—运城北，廊坊—荣成，天津南—福州，天津南—青岛，天津南—青岛，天津南—烟台，沧州西—长春西，沧州西—大连北，沧州西—青岛，济南西—杭州东，济南西—广州南，济南西—哈尔滨西，济南西—福州，泰安—营口东，泰安—六安，徐州东—大连北，徐州东—厦门，徐州东—六安，徐州东—南宁，徐州东—上饶，蚌埠南—广州南，蚌埠南—深圳北，蚌埠南—哈尔滨西，蚌埠南—福州，蚌埠南—厦门，蚌埠南—九江，蚌埠南—齐齐哈尔 南京南—长沙南，南京南—长春西，南京南—营口东，南京南—天津，南京南—徐州，南京南—衢州，南京南—丹东，南京南—贵阳东，上海虹桥—福州，上海虹桥—南宁，上海虹桥—赣州，杭州东—武汉，杭州东—沈阳北，杭州东—无锡，石家庄—深圳北，石家庄—唐山，石家庄—南宁，邯郸东—太原南，邯郸东—南宁，郑州东—深圳北，郑州东—福州，郑州东—南宁，郑州东—怀化南，郑州东—萍乡，许昌东—南宁东，漯河西—沈阳北，信阳东—盘锦北，信阳东—洛阳龙门，武汉—深圳北，武汉—哈尔滨西，武汉—天津，武汉—唐山，武汉—盘锦北，武汉—泉州，武汉—厦门，武汉—南昌，武汉—南宁东，武汉—丹东，岳阳东—深圳北，岳阳东—青岛北，长沙南—福州，长沙南—成都东，长沙南—桂林，衡阳东—天津，衡阳东—福州，衡阳东—西安北，衡阳东—宜昌东，衡阳东—三明北，衡阳东—防城港北，衡阳东—江山，衡阳东—怀化南，广州南—饶平，广州南—西安北，广州南—丰都，广州南—庐山，深圳北—太原南，深圳北—西安北，深圳北—汉口，深圳北—重庆北，深圳北—南京，深圳北—庐山，深圳北—南宁，深圳北—萍乡，深圳北—桂林北，深圳北—丹东，深圳北—赣州，哈尔滨西—上海，哈尔滨西—贵阳北，哈尔滨西—珲春，哈尔滨西—延吉西，长春西—青岛，长春西—合肥，长春西—上海，长春西—南宁，长春西—衢州，长春西—丹东，长春西—齐齐哈尔，沈阳北—唐山，沈阳北—合肥，沈阳北—上海，沈阳北—延吉西，沈阳—上海，沈阳—杭州，营口东—济南，营口东—上海，营口东—衢州，营口东—珲春，大连北—抚顺北，大连北—珲春，天津—厦门，天津—庐山，天津—延吉西，唐山—重庆北，秦皇岛—南宁，山海关—上海，山海关—深圳，盘锦北—合肥，宁波—厦门，宁波—淮南东，宁波—南昌，苍南—南京 福州—合肥，福州—成都东，福州—南京，福州—庐山，福州—大冶北，福州—广安南，福州—南宁东，福州—贵阳北，福州南—厦门，泉州—龙岩，泉州—南宁，泉州—江山，厦门北—南京，厦门北—南昌，厦门北—南丰，厦门—青岛，厦门—合肥南，厦门—重庆北，厦门—成都东，厦门—上海，厦门—庐山，厦门—九江，厦门—南丰，厦门—泰宁，厦门—大冶北厦门—贵阳北，厦门—珲春，饶平—北海，潮汕—萍乡，济南—成都东，青岛北—上海，青岛—太原南，青岛—合肥，青岛—苏州，青岛—南宁，西安北—上海，西安北—南昌，西安北—萍乡，合肥—涪陵北，合肥南—广州，合肥南—深圳，合肥南—赣州，汉口—珠海，宜昌东—郑州西，涪陵北—广州，重庆北—黄冈东，达州—离堆公园，成都东—庐山，成都东—南昌，成都东—大冶北，上海—徐州，上海—即墨北，上海—沈阳南，杭州—苏州，杭州—丹东，南京—萍乡，南京—梧州南，南京—深圳，南京—赣州，淮南东—南宁，庐山—北海，庐山—襄阳，南昌—珲春，泰宁—福田，三明北—上饶，桂林—萍乡，柳州—萍乡，柳州—贵阳北，南宁—萍乡，南宁—珠海，南宁—从江，北海—梧州南，北海—荣成，衢州—深圳，怀化南—福田，大冶北—广安南，抚顺北—珲春，齐齐哈尔—珲春

4. 典型线路列车运行方案图分析

下面选取某时段京广线和京沪线两条主干线路的列车运行方案图进行分析。

(1)京广线

京广线全长 2 298 km，贯穿我国南北地区，跨度较广，长度较长。客流总量 205 877 人，由于线路跨越省份、区域较多，客流并不均衡，呈现南北两端客流密度较大（如北京西—郑州东和武汉—广州南）、中段客流密度较小的分布状态。京广线列车运行方案图如图 5-8 所示。

京广线开行本线列车 114 列，开行径路集中于北京西—广州南、北京西—武汉、北京西—郑州东、武汉—广州南和长沙南—广州南几个区段，这符合京广线客流分布的区域性特征。其中北京西—郑州东、北京西—武汉主要承担京广线北部客流运输，武汉—广州南、长沙南—广州南主要承担京广线南部客流运输，北京西—广州南则是承担跨区域客流运输任务。此外，部分区域客流被上述开行径路的延伸径路承担，如北京西—许昌东、北京西—信阳东，以及武汉、长沙至深圳北的跨线开行径路。京广线本线列车客座率 59.06%，其中上述区域开行径路列车客座率多为 70%以上，进一步证明了京广线列车开行方案与客流分布的区域性特征相吻合。

京广线是高速铁路网络主干线路，枢纽车站包括石家庄（石太客专、京石客专）、郑州东（郑宝线、徐兰线）、武汉（武石城际、武冈城际）、长沙南（沪昆线）、衡阳东（衡柳线）和广州南（广深港线、南广线），因此，京广线上的跨线列车较多，共计 218 列。跨线开行径路在京广线的开行区段多集中于北京西—郑州、武汉—北京西、广州南—衡阳东、广州南—长沙南和广州南—武汉。从列车运行方案图可以看出北京西、石家庄、武汉、长沙南和广州南到发的跨线列车较多。

从列车运行方案图可以看出，长途列车受运营时段的限制，始发时间排布较早，短途列车始发时间分布于全天，排布较为灵活。各始发终到站的列车到发集中于 9:00—21:00，这符合客流出行的波动特征，在运营时段的早（7:00—8:00）、晚（22:00—24:00）两个时段，可通过排布短途列车来提高这部分是空区域的利用率。此外，在目标函数中引入了车站列车到发均匀性，使得车站全天列车到发较为均匀，使需求稀疏时空区域开行列车间隔不会太大。京广线人均出行时间偏差 40 min 左右，说明始发时间设置较为合理，可以满足旅客的出行需要。

（2）京沪线

京沪线全长 1 318 km，位于我国东部沿海地区，经济发达，人口稠密，客流总量 282 974 人，旅客出行密度大，并且各个区段的客流较为均衡。京沪线列车运行方案图如图 5-9 所示。

京沪线开行本线列车 192 列，由于京沪线线路总长适中、各区段客流密度均衡，因此各主要开行径路列车对数较为均匀，本线列车客座率为 72.72%。本线开行径路集中于北京南—上海虹桥、济南西—上海虹桥、徐州东—上海虹桥、蚌埠南—上海虹桥、南京南—上海虹桥。

京沪线上的跨线车有 246 列，枢纽车站包括北京南（京津城际、京石客专）、济南西（胶济客专）、徐州东（徐兰线）、蚌埠南（合蚌线）、南京南（宁杭线、沪汉蓉线）、昆山南（沪宁线、沪汉蓉线）和上海虹桥（沪昆线）。跨线列车开行区段起讫点多集中于北京南、蚌埠南、昆山南和南京南。

• 始发终到站　○ 中间停靠站　□ 跨线列车本线段端点(停靠)　* 跨线列车本线段端点(未停靠)

图 5-8　京广线列车运行方案图

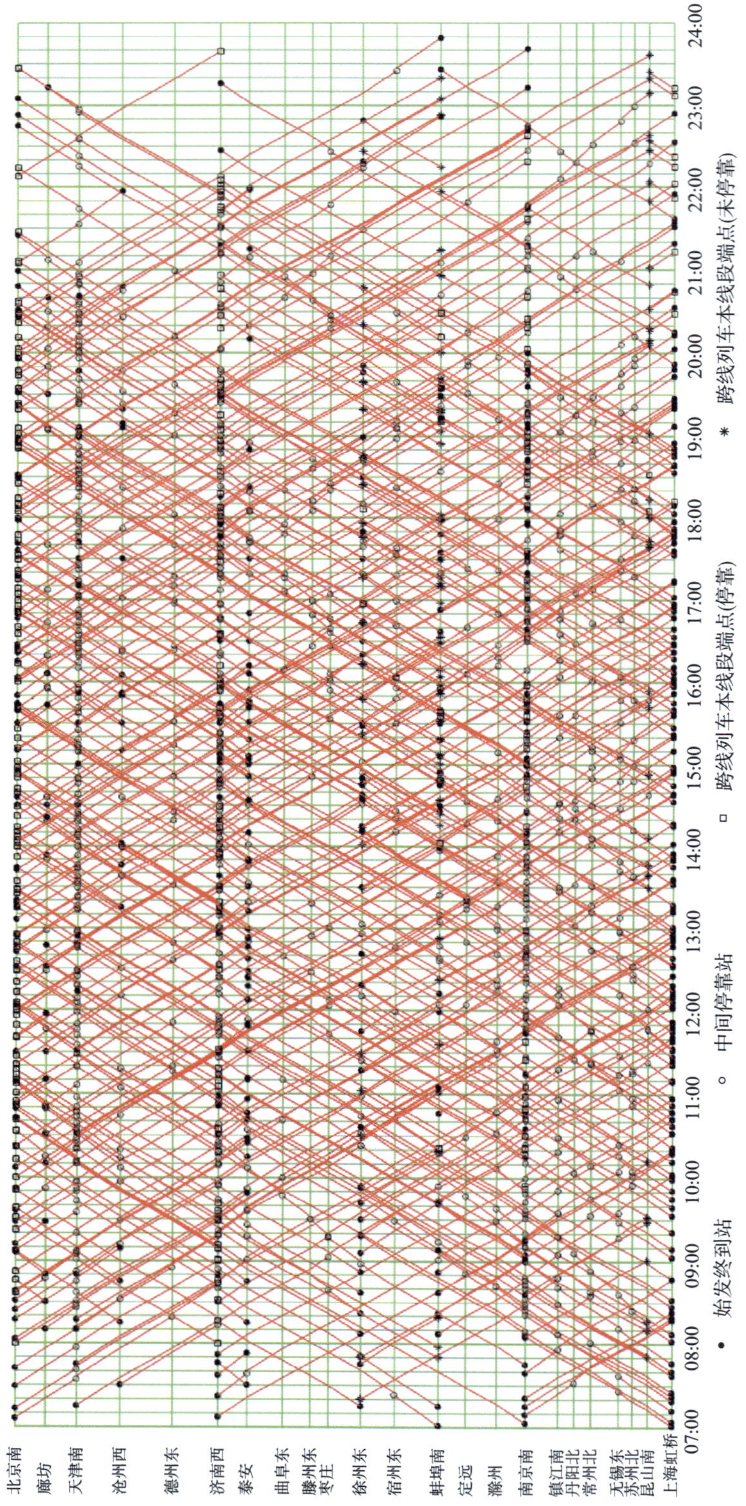

图 5-9 京沪线列车运行方案图

从列车运行方案图可以看出，京沪线开行列车密度较大，始发时间排布较为密集，各始发终到站的列车到发集中于 7:00—22:00，车站到发列车均匀性保证 23:00—24:00 每个车站至少通过一列列车，使得这段时间的发车间隔不会太大。京沪线人均出行时间偏差在 30 min 左右，说明始发时间设置较为合理，可以满足旅客的出行需要。

参考文献

[1] CARRIER E. Modeling the choice of an airline itinerary and fare product using booking and seat availability data [D]. Cambridge: Massachusetts Institute of Technology, 2008.

[2] HETRAKUL P, CIRILLO C. Accommodating taste heterogeneity in railway passenger choice models based on internet booking data[J]. Journal of Choice Modelling. 2013, 6: 1-16.

[3] KASPI M, RAVIV T. Service-oriented line planning and timetabling for passenger trains [J]. Transportation. Science, 2013, 47 (3): 295-311.

[4] DOUGLAS N J, HENN L, SLOAN K. Modelling the ability of fare to spread am peak passenger loads using rooftops: Australasian Transport Research Forum (ATRF)[C/OL]. Australia, 2011: 28-30.

[5] DENG L B, ZENG Q, ZHOU W L, SHI F. The effect of train formation length and service frequency on the determination of train schedules[J]. Proceedings of the Institution of Mechanical Engineers, Part F: Journal of Rail and Rapid Transit, 2014, 228 (4): 378-388.

[6] 王爽 . 快速客运网旅客列车开行方案编制理论与方法研究[D]. 北京:北京交通大学, 2010.

[7] 左大杰 . 铁路快速客运网络旅客列车开行方案优化研究[D]. 成都:西南交通大学, 2010.

[8] 牛永涛 . 成网条件下客运专线列车开行方案编制理论与方法研究[D]. 北京:北京交通大学, 2010.

[9] 周文梁 . 客运专线网络列车开行方案与运行图综合优化模型及算法[D]. 长沙:中南大学, 2010.

[10] 徐斌 . 高速铁路列车停站方案研究[D]. 北京:北京交通大学, 2012.

[11] 楼斌 . 客运专线高速列车开行方案研究[D]. 北京:北京交通大学, 2012.

[12] 汪健雄 . 改进的多目标量子遗传算法及其在旅客列车开行方案中的应用[D]. 北京:中国铁道科学研究院, 2012.

[13] 陶思宇 . 客运专线网络旅客列车开行方案优化设计与调整研究[D]. 成都:西南交通大学, 2012.

[14] 黄鉴 . 基于客流动态调整的客运专线网络列车开行方案优化研究[D]. 成都:西南交通大学, 2013.

[15] 何必胜 . 高速铁路列车开行方案与列车运行图协调优化理论与方法研究[D]. 北京:北京交通大学, 2014.

第 6 章　面向弹性需求的高速铁路列车开行方案优化

高速铁路各 OD 对之间的出行需求量会随着开行列车所引起的旅客广义出行费用的变化而改变，忽视这种直接影响关系而将旅客出行需求视为固定需求，进而基于此优化制定的列车开行方案虽也能取得较好的优化效果。但是这样获得列车开行方案一旦实施，在客运市场竞争影响下，各 OD 对之间的实际出行量将可能与优化给定的需求量产生严重偏差，这直接将改变各开行列车效益，从而影响整个列车开行方案实施效果。在客运市场竞争环境下，通常当铁路旅客广义出行费用相比其他客运方式偏大时，旅客将选择其他交通方式出行或减少出行次数；反之，当铁路旅客广义出行费用相比其他客运方式偏小时，存在部分旅客从其他交通方式转移到铁路出行，甚至诱增一部分旅客选择铁路出行。因此，当铁路企业在制定列车开行方案时，所提供的列车产品服务质量会发生变化，相应的出行需求量也将发生改变，称这样的出行需求为弹性需求。考虑弹性需求制定的列车开行方案能够在一定程度上确保优化效果与实际应用效果的一致性。

6.1　弹性出行需求函数构建

6.1.1　旅客广义出行费用分析

旅客广义出行费用包括出行票价、出行时间价值（包括乘车时间价值和中转费用）以及出行拥挤费用，其中，中转费用主要反映旅客中转时所花费的全部费用，包括中转时间价值和旅客因中转不畅的可能发生而所承担的精力负担等。方便起见，精力负担可以按照其他部分的 ρ 倍来计算。

设起点 i 到终点 j 的客流 q_{ij} 可选择 σ_{ij} 种换乘方案 H_{ij}^{k}，$k=1,2,\cdots,\sigma_{ij}$，则相应的客流量为 q_{ij}^{k}。记 q 为各类客流 q_{ij}^{k} 的集合。将客流分为 m 类消费层次，设 w 类消费层次客流的平均时间价值为 $\beta(w)$，$w=1,2,\cdots,m$。相应的，记客流 q_{ij}^{k} 中第 w 类消费层次的比例为 δ_{ij}^{kw}，则客流 q_{ij}^{k} 的人均时间价值为

$$\beta_{ij}^{k}=\sum_{w=1}^{m}\delta_{ij}^{kw}\beta(w) \tag{6-1}$$

其出行票价 P_{ij}^k、出行时间价值 U_{ij}^k 以及出行拥挤费用 Z_{ij}^k 可分别表示如下。

$$P_{ij}^k = \sum_{e \in T_{i'j'} \in H_{ij}^k} r(u_T, v_e) d(e) \tag{6-2}$$

$$U_{ij}^k = \beta_{ij}^k \left[\sum_{e \in T_{i'j'} \in H_{ij}^k} d(e)/V(u_T, e) + (1+\rho) \sum_{(T', i', T'') \in H_{ij}^k} \tau(u'_{T'}, i, u''_{T''}) \right] \tag{6-3}$$

$$Z_{ij}^k = Z_{ij}^k(q) = \sum_{T_{i'j'} \in H_{ij}^k} y_T(g_T^{i'j'}(q)) \tag{6-4}$$

式中，$r(u_T, v_e)$为类别 u 的旅客列车 T 在类别 v 的线路 e 上行驶的人公里票价率；(T', i', T'')为旅客从列车 T'经车站 i'换乘到旅客列车 T''；$\tau(u'_{T'}, i, u''_{T''})$为类别 u'的旅客列车 T'经停站 i 至类别 u''的旅客列车 T''的中转时间(可由以往旅客在两类旅客列车之间中转的平均中转时间估计而来)；$y_T(x)$为旅客列车 T 乘载客流量 x 的拥挤费用函数，利用旅客列车 T 的定员 x_T 定义拥挤费用函数

$$y_T(x) = \begin{cases} 0, & x \leqslant x_T \\ a\left(\dfrac{x}{x_T}\right)^b, & x > x_T \end{cases}$$

式中，a、b 为待定参数。

此外，$g_T^{i'j'}(q)$为旅客列车在运行区段 $T_{i'j'}$ 上的客流量，其可表示为

$$g_T^{i'j'}(q) = \sum_{i,j=1}^{n} \sum_{k=1}^{\sigma_{ij}} \sum_{T_{i'j'} \in H_{ij}^k} q_{ij}^k$$

6.1.2　旅客出行弹性需求函数构建

铁路旅客运输需求受多方面因素的影响，主要包括旅客出行心理需求因素、铁路运输产品性能因素以及外部环境因素。由于是在假设其他条件不变的情况下，研究旅客列车开行方案对铁路旅客运输需求的影响，因此，所考虑影响因素只需为与旅客列车开行方案相关的旅客出行费用。方便起见，这里采用旅客广义出行费用综合表示旅客出行的各项费用对铁路旅客运输需求的影响，其中，各项费用对旅客运输需求的影响程度通过相应权重大小来体现。因此，可将旅客从起点 i 到终点 j 选择换乘方案 H_{ij}^k 出行时的广义出行费用表示为

$$t_{ij}^k = t_{ij}^k(q) = \alpha_1 P_{ij}^k + \alpha_2 U_{ij}^k + \alpha_3 Z_{ij}^k(q) \tag{6-5}$$

式中，α_1、α_2、α_3 分别为各影响因素的权重。

铁路旅客运输需求函数反映了铁路客运需求量与旅客广义出行费用之间的变化关系。在弹性需求的概念下，可以视确定需求为弹性需求的均值。或者说，弹性需求可以由确定需求这一均值波动而来。这种波动关系与旅客广义出行费用相关，若旅客广义出行费用相对较高，则铁路旅客运输需求量较小；若旅客广义出行费用相对较低，则铁路旅客运输

需求量较大。考虑到现有铁路旅客列车开行方案的编制都是以确定的需求预测量为基础，这里采用铁路客运需求预测量作为这一确定需求量。因此，这种关系可用式(6-6)来描述。

$$q_{ij}=D_{ij}(\mu_{ij})=\bar{q}_{ij}\cdot R(\mu_{ij}-\bar{\mu}_{ij})\quad(i,j=1,2,\cdots,n)\tag{6-6}$$

式中，q_{ij}为从起点i到终点j的铁路客运需求量；$\bar{q}_{ij}$为从起点i到终点j的铁路客运需求预测量；$\mu_{ij}=\min\{t_{ij}^k,k=1,2,\cdots,\sigma_{ij}\}$为客流$f_{ij}$从起点$i$到终点$j$的最小广义出行费用；$\bar{\mu}_{ij}$为预测铁路客运需求量$\bar{q}_{ij}$时起点$i$到终点$j$的广义出行费用水平；$R(\mu_{ij}-\bar{\mu}_{ij})$为铁路客运需求波动率与$\mu_{ij}$、$\bar{\mu}_{ij}$两广义出行费用之差的变化关系，见式(6-7)。

$$R(x)=\begin{cases}\eta, & -\bar{\mu}_{ij}<x<-\dfrac{1}{r}\ln\eta\\ e^{-rx}, & x\geqslant-\dfrac{1}{r}\ln\eta\end{cases}\tag{6-7}$$

式中，η为铁路客运需求量占预测量的最大比值，其取值范围为$\eta>1$；r为波动强度系数。

至此，旅客运输弹性需求函数关系的具体形式可确定为

$$q_{ij}=\begin{cases}\eta\bar{q}_{ij}, & 0<\mu_{ij}<\bar{\mu}_{ij}-\dfrac{1}{r}\ln\eta\\ \bar{q}_{ij}\exp[-r(\mu_{ij}-\bar{\mu}_{ij})], & \mu_{ij}\geqslant\bar{\mu}_{ij}-\dfrac{1}{r}\ln\eta\end{cases}\tag{6-8}$$

当$\mu_{ij}=\bar{\mu}_{ij}$时，$q_{ij}=\bar{q}_{ij}$，此时铁路客运需求量即为其预测量；当$0<\mu_{ij}<\bar{\mu}_{ij}-\dfrac{1}{r}\ln\eta$时，$q_{ij}=\eta\bar{q}_{ij}$，此时由于旅客选择铁路运输方式出行的广义出行费用相对选择其他运输方式出行的广义出行费用要小得多，因此铁路客运需求量达到最大值$\eta\bar{q}_{ij}$；当$\mu_{ij}\geqslant\bar{\mu}_{ij}-\dfrac{1}{r}\ln\eta$时，$q_{ij}=\bar{q}_{ij}\exp[-r(\mu_{ij}-\bar{\mu}_{ij})]$，此时铁路旅客需求量随广义出行费用的变化在其需求预测量附近波动，如图6-1所示。

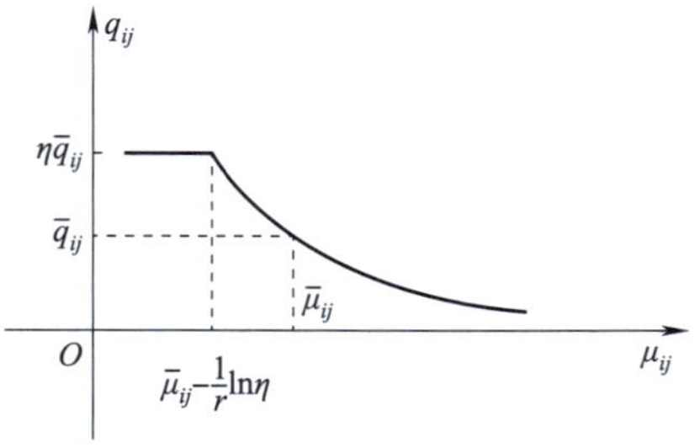

图6-1 铁路客运需求量与广义出行费用函数关系示意

6.2　面向弹性需求的旅客列车开行优化模型

高速铁路开行列车服务水平直接影响着全天不同时段的旅客出行需求量。为了充分考虑这种影响关系，获得更能吻合出行需求的高速列车开行方案，必须考虑弹性需求下的客流出行选择问题。本节以预先生成的候选列车集为基础，通过构建基于候选列车的弹性客流出行网络，结合弹性需求客流出行列车选择，构建一种基于候选列车集与弹性出行需求的高速列车开行方案优化方法，以确定列车开行、停站、到发时刻信息以及客流选择列车情况。

6.2.1　候选列车及其开行收益分析

在列车开行方案制定中考虑客流出行选择问题势必给求解带来一定难度，为降低该问题的规模、提高求解效率，同时为了保证列车开行的合理性与实用性，故可基于客流的时空分布确定合理的候选列车集，从中选择部分候选列车开行，并确定其停站以及到发时间等内容。较多文献通过构造备选列车或备选运行路径集，简化求解列车开行方案优化问题的难度，比如 Bussieck 等(2004)首先将列车运行路径、编组和服务频率相结合，形成候选列车集，然后将问题转化为线性规划模型；付慧伶等(2010)提出基于“备选集”的高速铁路列车开行方案优化方法；Gattermann 等(2017)分析了候选列车集对列车开行方案影响，并提出了候选列车集的生成算法，并将其运用于列车开行方案优化中，表明候选列车能有效提高后续列车开行方案优化算法效率。

1. 候选列车集

基于给定高速铁路网络上客流出行的时空分布，以提供旅客较低的出发等待时间、旅行时间与无缝换乘等良好的出行服务为原则，预先确定出可能开行的候选列车，并确定每列候选列车的开行径路、开行时间范围、速度等级以及编组等部分开行方案内容，形成高速铁路网络的候选开行列车集，并将其作为本章研究的输入。

至于候选列车的生成，可按路径的重要顺序排序确定，再将时段客流量按照平均旅行时间推送到时段区间断面客流量，同时确定该时段各区间的最大客流量。值得说明的是，各时段按照平均旅行时间可确定时段区间临界线，只要在此临界线内都认为属于该时段，由此确定该时段各区间的客流量，并按照一定的列车能力(可以乘以一定的客座率作为折扣)，吸收时段区间内最大的输送客流量，以此确定该路径各时段所采用的候选列车数量。从图 6-2 中可以看到，虚线部分表示时段 1 区间断面客流量的临界线，各实线表示各客流按照平均旅行时间推送到时段区间，各客流量分别为 600 人、200 人、500 人、100 人，以此形成时段 1、各区间的断面客流量。只要在该时段临界线内，都认为是属于时段 1 的客流量，即使有的客流在时段 2 出发进入区间 2，故由图 6-2 给出的断面客流量分配图可知，时段 1 在各区间的断面客流量分别为 1 100 人、1 300 人、1 200 人，以最大断面客流量 1 300 人分配候选列车，默认其候选列车从时段 1 的中间时间点发出，按照具有折扣的列车能力吸收最大断面客流量，比如一趟列车载客能力为 800 人，设客座率为 50%，则一趟列车能吸收的客流量为 400 人，故在此路径中时段 1 可生成 4 列或以上的候选列车。值得注意的是，候选列车在满足客流需求的基础上增加数量，对结果并不影响，但会影响其求解效率，此观点在各文献已得到证明，因而在此可不需要实例证明。

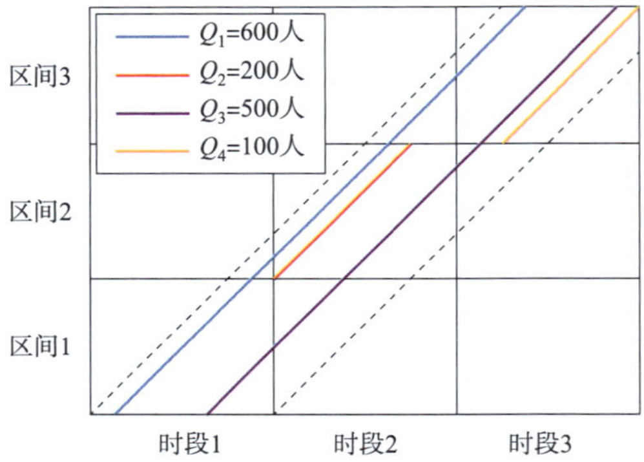

图 6-2　时段 1 在各区间的断面客流量分配示意

记高速铁路网络 $Net=(S,E)$ 上可能开行的候选列车集合为 $\Omega=\{f=(\bar{t}_f,\bar{\bar{t}}_f,S_f)\}$，其中，$S$ 为高速网络的车站集合，$E=\{e=(k,k')\mid k,k'\in S\}$ 为高速网络的区间集合，f 为候选列车，$\bar{t}_f$、$\bar{\bar{t}}_f$ 分别为候选列车 f 最早与最晚发车时间，S_f 为候选列车 f 从其起点至终点的经由车站序列(包括起点站 r_f 与终点站 s_f)。此外，记 E_f 为候选列车 f 经由区间集；Cap 为各候选列车最大载客能力；$R(k,k')$ 为各候选列车在区间 $(k,k')\in E$ 的纯运行时间；$W(k)$ 为各候选列车在车站 k 的停站时间，包括停留时间与起停附加时分。

因高速网络候选列车集是以提供旅客良好的出行服务条件为原则确定，显然，若最终将所有候选列车均开行，则旅客必具有很好的出行服务，但相应的列车客座率、开行效率等将较差。因此，最终所确定的实际开行列车不应多于候选列车。同时在一般的列车开行方案优化过程中，由于不具备列车到发时刻信息，难以准确刻画旅客出行时间等信息，故难以准确描述旅客乘车选择，由此优化的列车开行方案质量难以保证。显然，将列车开行方案与时刻信息结合起来，同时实现对列车开行数量、停站方案以及列车在经由站到发时刻的整体优化可以得到更加合理的列车开行方案。

如此一来，本章基于给定候选列车集优化高速列车开行方案实质上是从预先确定的候选列车集合 Ω 中合理选择部分候选列车组织开行，进一步确定各开行列车的停站方案以及车站到发时刻。

综上所述，便可为每列候选列车 f 定义以下决策内容。

(1)候选列车开行决策变量 x_f：该变量决定了候选列车 $f\in\Omega$ 是否开行，若选择开行，则为 1；否则为 0。

(2)候选列车停站决策变量 $y_f(k)$：该变量决定了候选列车 $f\in\Omega$ 在其经由站 $k\in S_f\setminus\{r_f,s_f\}$是否停车，若选择停车，则为 1；否则为 0。

(3)候选列车车站到达时间变量 $a_f(k)$：该变量确定了候选列车 $f\in\Omega$ 在其经由站 $k\in S_f\setminus\{r_f\}$的到达时间。

(4)候选列车车站出发时间变量 $d_f(k)$：该变量确定了候选列车 $f\in\Omega$ 在其经由站 $k\in S_f\setminus\{s_f\}$的出发时间。

需说明的是，本章虽已将列车到发时刻融入列车开行方案中、扩展至对列车运行方案图的优化，但因并不考虑列车车站到发作业间安全时间间隔要求，故由本章所确定的列车车站到发时刻并不一定满足实际运营要求，而需要在此基础上进一步采用周文梁等的定序优化思想，通过小幅度调整列车车站到发时间使其满足作业安全时间间隔，即生成可行列车运行图。显然，列车到发时刻的小幅度调整并不会导致列车运行方案图质量的明显恶化。

2. 列车开行收益分析

高速铁路列车开行收益为运营收入与成本之差，其中，收入主要为票价，成本包括列车开行固定成本、列车运行成本。

列车票价收入为列车乘车旅客的人公里数与单位人公里票价率的乘积，因所有列车采用相同速度等级的车辆，假定所有列车单位人公里票价率均为 μ。记 D_f 为开行列车 f 乘车旅客的人公里数，该值将在稍后模型中给以明确计算方法，则列车 f 的票价收益为

$$P_f=D_f\mu \tag{6-9}$$

列车开行固定成本，包括固定设备投资、机车车辆购置分摊费用以及相应机车车辆折旧费、固定设备检修费用等，该项成本与列车旅行时间无关。而列车运行成本与开行列车旅行时间成正比，主要包括乘务人员相关费用、动车组检修费用、线路使用费等。记 φ 为任意候选列车开行的组织成本，π 为列车单位旅行时间所需要的平均运行成本，则列车开行的总组织成本与总运行成本，便可分别确定为

$$C_Z=\sum_{f\in\Omega}\varphi x_f \tag{6-10}$$

$$C_T=\sum_{f\in\Omega}\pi[d_f(s_f)-a_f(r_f)]x_f \tag{6-11}$$

6.2.2 旅客出行网络构建

基于给定高速铁路网络及其候选出行列车，构建描述弹性客流出行选择及其出行费用的网络，是获取各开行列车乘车客流量、评价列车开行方案的关键。弹性客流出行网络为由三类节点与五类有向弧构成的有向图，记为 $G=(N,A)$，其中，$N=N_S\cup N_A\cup N_D$ 为节点集合，包括车站节点子集 N_S、列车车站到达节点子集 N_A 以及列车车站出发节点子集 N_D；$A=A_S\cup A_Q\cup A_C\cup A_H\cup A_X$ 为有向弧集合，由上车弧子集 A_S、区间乘车弧子集 A_Q、车站停

留弧子集 A_C、换乘弧子集 A_H 以及下车弧子集 A_X 构成。

三类节点的生成方法如下：首先，为高速铁路网络上的每个车站生成相应的车站节点，记 n_k 为对应于车站 k 的车站节点；其次，针对每列候选列车在其经由站分别构造列车车站到达节点与车站出发节点，记 $n_{f,k}^{\text{arr}}$ 为对应列车 f 在其经由站 k 的到达节点，$n_{f,k}^{\text{dep}}$ 为对应列车 f 在其经由站 k 的出发节点。值得说明的是，车站节只带有车站属性，车站到达节点和出发节点既有车站属性也有列车属性。

为了进一步阐明有向图，图 6-3 给出了一个由 5 个车站和 4 个区段组成的 Y 形轨道网，图 6-4 给出了与图 6-3 所示铁路网相对应的有向图，其中，从 A 站到 D 站和从 B 站到 E 站分别有一列候选列车。图中节点 1、4、9、13、15 分别为线路 4 个车站 A、B、C、D、E 对应的车站节点，节点 2、5、10 和 3、7、12 分别为第一列候选列车车站到达与出发节点，节点 6、11 和 8、14 分别为第二列候选列车车站到达与出发节点。

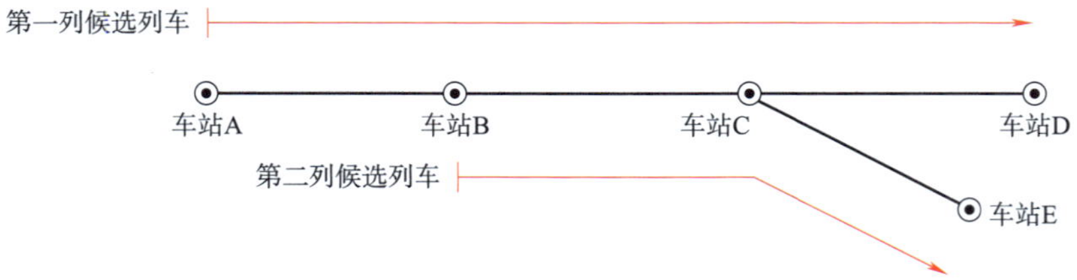

图 6-3　基于 5 个车站、4 个区间构成的 Y 形铁路线路

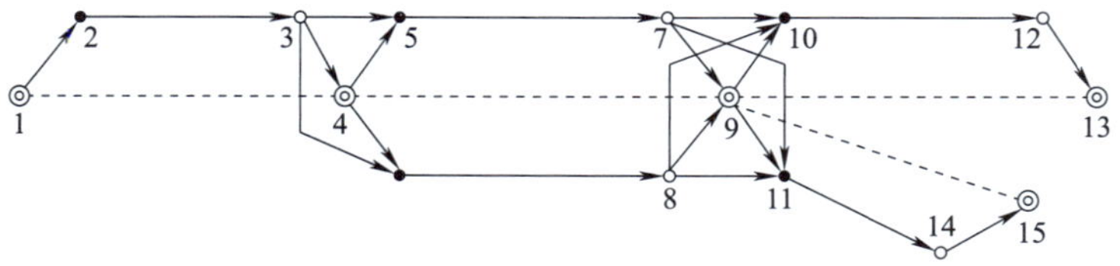

图 6-4　基于 Y 形铁路网和两列候选列车构造的客流出行网络

基于以上三类节点，在它们之间构造以下五类有向弧。

(1)上车弧

针对任意车站 k，在其对应车站节点 n_k 以及任意候选列车 $f \in \Omega$ 在该车站的出发节点 $n_{f,k}^{\text{dep}}$ 之间构造上车弧 $(n_k, n_{f,k}^{\text{dep}})$。如图 6-4 中对应第一列列车在其经由站(A 站、B 站和 C 站)的上车弧分别为(1,2)、(4,5)和(9,10)，第二列列车在其经由站(B 站、C 站)的上车弧分别为(4,6)、(9,11)。

(2)区间乘车弧

针对任意候选列车 f，在其两个相邻经由车站 k,k' 之间构造区间乘车弧 $(n_{f,k}^{\text{dep}}, n_{f,k'}^{\text{arr}})$。如图 6-4 中第一列列车在其经由区间的区间乘车弧分别为(2,3)、(5,7)与(10,12)，第二列列车在其经由区间的区间乘车弧分别为(6,8)与(11,14)。

(3)车站停留弧

针对任意候选列车 f，在其经由车站 k 的到达节点与出发节点之间添加车站停留弧 $(n_{f,k}^{\text{arr}},n_{f,k}^{\text{dep}})$。如图 6-4 中第一列列车在其首个非起点经由站的车站，即在车站 B 和车站 C 的停留弧分别为(3,5)与(7,10)，第二列列车仅一条在车站 C 的停留弧，为(8,11)。

(4)换乘弧

针对任意车站 k，在经由该车站的任意两列列车 f 与 f' 的到达与出发节点之间构造换乘弧 $(n_{f,k}^{\text{arr}},n_{f',k}^{\text{dep}})$。如图 6-4 所示在 B 站和 C 站的第一列候选列车到第二列候选列车的换乘弧分别为(3,6)和(7,11)。而在 C 站的第二列候选列车到第一列候选列车的换乘弧为(8,10)。值得注意的是，为减少换乘弧的生成，规定任意两列车若都在相应的车站停车，且在车站的衔接时间达到最低换乘时间要求，才可生成换乘弧。

(5)下车弧

针对任意车站 k，在任意候选列车 $f\in\Omega$ 在该车站的到达节点 $n_{f,k}^{\text{arr}}$ 与对应车站节点 n_k 之间构造下车弧 $(n_{f,k}^{\text{arr}},n_k)$。如图 6-4 所示中对应第一列列车在其经由站的下车弧分别为(3,4)、(7,9)与(12,13)，第二列列车的下车弧分别为下车弧为(8,9)、(14,15)。

为了后续模型与算法描述方便，定义符号 i,j 均为出行网络上任何类型的节点；$\check{A}_i$ 和 $\hat{A}_i$ 分别为进入节点 i 的有向弧集合与离开节点 i 的有向弧集合。

在以上构建的客流出行网络上，旅客途经每条有向弧均存在一定的运输能力限制，具体而言：

(1)上、下车弧运输能力均有两种可能，其一为当列车开行且在车站停车时，对应的上下车弧的运输能力为无穷大，记为 M；其二为当列车不开行或者列车不在车站停车时，对应的上下车弧运输能力只能为 0，即不允许旅客上下车。

(2)区间乘车弧运输能力取值为列车运输能力或者 0，即当列车开行时，对应该列车在所有经由区间的区间弧运输能力均为列车运输能力，否则，均为 0。

(3)车站停留弧运输能力取决于对应列车是否开行以及在车站停车，若列车开行且停车，则车站弧的运输能力为列车运输能力，否则为 0。

(4)换乘弧运输能力取决于两个关键因素，其一为两列列车是否均开行且在车站停车；其二为两列车在车站的到达与出发时刻是否达到最低换乘时间要求。只有满足这两项条件，换乘弧运输能力可设为无穷大 M，否则，同样为 0。

在客流出行网络中不同类别的弧对应着旅客在出行过程中经历的不同环节。旅客经由各有向弧时，需承担一定的出行成本。为此，需要根据旅客在不同出行环节中支付的广义费用种类及多少，确定客流出行网络中不同类别弧的费用水平。下面，我们给出不同弧相应的出行费用。在上车弧的出行成本主要为旅客出行等待时间，此成本取决于列车的发车时间和旅客的计划出行时间，由于旅客出行需求量是按照时段划分的，通常可将其出行时间视为该时段的中间值；在区间乘车弧的出行成本包括票价与乘车时间，此成本取决于区间里程、列车速度和票价；在车站停留弧上的出行成本为停留时间（不停车时为 0），即列车在车站的消耗时间；在换乘弧上的出行成本为换乘时间，由两列车的到达和离开时间决定，同时为了尽可能避免换乘，可在换乘弧上增加额外的换乘惩罚费用；下车弧上出行成本通常可视为 0。

值得说明的客流出行网络中的节点和弧集仅与轨道网和候选列车有关，若这两者一旦确定，则出行网络节点与弧集均是固定不变的，与候选列车的运行选择决策无关，即不随实际开行列车变化而改变。开行列车的选择只能影响着相关弧上的费用与能力变化。

针对每支时段弹性客流，本章需要为其确定以下决策内容：

（1）时段 OD 出行需求量 $q_{r,s}^{h}$

该决策变量确定了 OD 对(r,s)在时段 $h\in H$ 的出行需求量，显然该值取决于列车开行方案服务水平与弹性需求函数。

（2）旅客在出行网络各有向弧的流量 $\rho_r^h(i,j)$

该决策变量确定了任意时段 $h\in H$ 从各车站 r 出发客流在各有向弧上的流量。注意这里将同一时段从车站去往各目的站的客流进行合并处理，可以有效提高方法的求解效率。

6.2.3 优化模型建立

通常列车开行方案优化一方面应提高速铁路路企业列车开行收益，另一方面应保证旅客出行服务水平。在固定出行需求下，因出行需求量不会因列车服务水平的改变而变化，为避免因减少列车开行成本而导致旅客出行服务质量下降，应选择两者作为优化目标。但在弹性需求下，若要最大化列车开行收益，既要降低列车开行成本，又需通过提高列车服务水平留住甚至吸引更多客流。因此，列车开行收益的最大化实质上就应降低旅客出行成本来提高票价收益，故以此作为模型优化目标。

$$\max Z=\left(\sum_{f\in\Omega}D_f\right)\mu-(C_Z+C_T) \tag{6-12}$$

式中，乘坐列车 f 的旅客人公里数 D_f 为其各经由区间乘车人数与里程之乘积，记 $L(k,k')$为区间(k,k')的里程数，则 D_f 可表示为

$$D_f=\sum_{(k,k')\in E_f}\left[L(k,k')\sum_{r}\sum_{h\in H}\rho_r^h(n_{f,k}^{\text{dep}},n_{f,k'}^{\text{arr}})\right] \tag{6-13}$$

模型满足以下 6 类约束条件。

（1）列车停站约束

$$\sum_{k\in S_f/\{r_f,s_f\}}y_f(k)\leqslant x_f M\quad(\forall f\in\Omega) \tag{6-14}$$

$$y_f(r_f)=x_f\quad(\forall f\in\Omega) \tag{6-15}$$

$$y_f(s_f)=x_f\quad(\forall f\in\Omega) \tag{6-16}$$

约束式(6-14)确保了任意列车 $f\in\Omega$ 在不开行,即 $x_f=0$ 时,其在途经中间车站均应不停车,否则列车开行 $x_f=1$ 时,其在途径中间停站不受限制;而约束式(6-15)与式(6-16)则分别确保了列车 f 在开行时,在起、终点站必停,而不开行时,在两车站均可不停车。

(2)列车始发时间范围约束

$$\overline{t}_f\leqslant d_f(r_f)\leqslant\overline{\overline{t}}_f\quad(\forall f\in\Omega)\tag{6-17}$$

约束式(6-17)使得任意候选列车 f 在其给定的始发时间范围内始发。

(3)列车到发时刻约束

$$a_f(k')-d_f(k)=R(k,k')\times x_f\quad(\forall(k,k')\in E_f;\forall f\in\Omega)\tag{6-18}$$

$$d_f(k)-a_f(k)=y_f(k)\times W(k)\quad(\forall k\in S_f\backslash\{r_f,s_f\};\forall f\in\Omega)\tag{6-19}$$

约束式(6-18)与式(6-19)分别使得任意候选列车 f 在其开行时,在经由区间的运行时间、在经由中间站的停留时间分别等于给定的时间值,而在不开行时,两者均为 0。约束式(6-18)表示若候选列车开行时,则 $x_f=1$,满足 $a_f(k')-d_f(k)=R(k,k')$,否则 $a_f(k')-d_f(k)=0$。约束式(6-19)表示若候选列车 f 在车站 k 停站,即 $y_f(k)=1$,则其在该弧的时间为其在该弧上停留时间 $W(k)$,否则为 0。

(4)区间运输能力约束

$$\sum_{f:d_f(k)\in[\overline{t}_h,\overline{\overline{t}}_h]}x_f=C^h_{k,k'}\quad(\forall(k,k')\in E;\forall h\in H)\tag{6-20}$$

约束式(6-20)确保了任意区间(k,k')在任意时段 h 内运行的列车数量不超过该区间的运输能力,其中,$\overline{t}_h,\overline{\overline{t}}_h$ 分别为时段 h 的起始与结束时间,$C^h_{k,k'}$ 为线路区间(k,k')在时段 h 内的运输能力。

(5)客流流平衡约束

$$\sum_{(n_k,j)\in\hat{A}_{n_k}}\rho^h_k(n_k,j)=Q^h_k\quad(\forall k\in S;\forall h\in H)\tag{6-21}$$

$$\sum_{(i,j)\in\check{A}_j\cap(A\backslash A_S)}\rho^h_k(i,j)=\sum_{(j,i')\in\hat{A}_j}\rho^h_k(j,i')\quad(\forall k\in S;\forall h\in H;\forall j\in N\backslash\{n_{k'}:k'\in S\})\tag{6-22}$$

$$\sum_{(i,n_{k'})\in\check{A}_{n_{k'}}}\rho^h_k(i,n_{k'})=q^h_{k,k'}\quad(\forall k\in S;\forall h\in H;\forall k'\neq k)\tag{6-23}$$

对于在时段 h 从车站 k 始发的所有客流量 Q^h_k,约束式(6-21)确保了其均从起点 n_k 经上车弧流出,约束式(6-22)使得其在任意列车到达或出发节点的流入客流量等于流出客流量,而约束式(6-23)使得其中到达车站 k' 的客流 $q^h_{k,k'}$ 最终将经下车弧到达终点 $n_{k'}$。

(6)客流出行弧能力约束

①上车弧能力限制

$$\sum_{h\in H}\rho^h_k(n_k,n^{\mathrm{dep}}_{f,k})\leqslant y_f(k)\times M\quad(\forall f\in\Omega,k\in S_f\backslash\{s_f\})\tag{6-24}$$

约束式(6-24)使得选择上车弧$(n_k, n_{f,k}^{\text{dep}})$的客流量在列车 f 不在车站 k 停车时，其值必为 0；否则其值可以为任意非负值，即无约束。

②区间乘车弧与车站停留弧能力限制

$$\sum_{k\in S}\sum_{h\in H}\rho_k^h(n_{f,k'}^{\text{dep}}, n_{f,k''}^{\text{arr}}) \leqslant x_f \times Cap \quad (\forall (k', k'') \in E_f; \forall f \in \Omega) \tag{6-25}$$

$$\sum_{k\in S}\sum_{h\in H}\rho_k^h(n_{f,k'}^{\text{arr}}, n_{f,k'}^{\text{dep}}) \leqslant y_f(k') \times Cap \quad (\forall k' \in S_f \backslash \{r_f, s_f\}; \forall f \in \Omega) \tag{6-26}$$

约束式(6-25)确保选择任意区间乘车弧$(n_{f,k'}^{\text{dep}}, n_{f,k''}^{\text{arr}})$的客流量在列车 f 开行时，其值小于或等于列车载客能力 Cap，而在列车不开行时，其值必为 0；同样，约束式(6-26)使得选择任意车站停留弧$(n_{f,k'}^{\text{arr}}, n_{f,k'}^{\text{dep}})$的客流量在列车 f 开行时，其值小于或等于列车载客能力 Cap，而在列车不开行时，其值必为 0。

③换乘弧能力限制

为方便描述换乘弧能力限制，首先引入中间决策变量 $z(n_{f,k}^{\text{arr}}, n_{f',k}^{\text{dep}})$，用于表示换乘弧$(n_{f,k}^{\text{arr}}, n_{f',k}^{\text{dep}})$是否有效，若有效，则其值为 1，否则为 0。所有旅客只能选择有效的换乘弧换乘，故满足

$$\sum_{k'\in S}\sum_{h\in H}\rho_{k'}^h(n_{f,k}^{\text{arr}}, n_{f',k}^{\text{dep}}) \leqslant z(n_{f,k}^{\text{arr}}, n_{f',k}^{\text{dep}})M$$
$$(\forall (n_{f,k}^{\text{arr}}, n_{f',k}^{\text{dep}}) \in A_H; k \in S_f \cap S_{f'}; \forall f' \neq f \in \Omega) \tag{6-27}$$

约束式(6-27)确保了对于任意换乘弧$(n_{f,k}^{\text{arr}}, n_{f',k}^{\text{dep}})$，若选择该弧的流量大于 0，则该换乘弧必须有效，即满足 $z(n_{f,k}^{\text{arr}}, n_{f',k}^{\text{dep}})=1$；否则对该换乘弧是否有效无约束。

对于换乘弧$(n_{f,k}^{\text{arr}}, n_{f',k}^{\text{dep}})$，其有效必须同时满足以下两个条件：

a. 两列列车都在相应车站停车。

$$z(n_{f,k}^{\text{arr}}, n_{f',k}^{\text{dep}}) \leqslant [y_f(k) + y_{f'}(k)]/2 \quad (\forall (n_{f,k}^{\text{arr}}, n_{f',k}^{\text{dep}}) \in A_H; k \in S_f \cap S_{f'}; \forall f' \neq f \in \Omega) \tag{6-28}$$

约束式(6-28)确保了客流在选择换乘弧$(n_{f,k}^{\text{arr}}, n_{f',k}^{\text{dep}})$换乘，即该换乘弧有效 $z(n_{f,k}^{\text{arr}}, n_{f',k}^{\text{dep}})=1$ 时，列车 f 与 f' 均应在车站 k 停车，即 $y_f(k)=1$ 及 $y_{f'}(k)=1$；否则，两列列车在该车站是否停车无约束。

b. 两列车在车站的衔接时间达到最低换乘时间要求。

$$d_{f'}(k) - a_f(k) \geqslant \Psi_k - [1 - z(n_{f,k}^{\text{arr}}, n_{f',k}^{\text{dep}})]M$$
$$(\forall (n_{f,k}^{\text{arr}}, n_{f',k}^{\text{dep}}) \in A_H; k \in S_f \cap S_{f'}; \forall f' \neq f \in \Omega) \tag{6-29}$$

约束式(6-29)确保了旅客选择换乘弧$(n_{f,k}^{\text{arr}}, n_{f',k}^{\text{dep}})$换乘时所花费的时间不小于其换乘所需要的最大换乘时间 Ψ_k，即当此换乘弧有效，$z(n_{f,k}^{\text{arr}}, n_{f',k}^{\text{dep}})=1$ 时，换乘时间满足 $d_{f'}(k) - a_f(k) \geqslant \Psi_k$；而当换乘弧无效，$z(n_{f,k}^{\text{arr}}, n_{f',k}^{\text{dep}})=0$ 时，该约束将不起作用，即对换乘衔接时间无任何要求。

④下车弧能力限制

$$\sum_{k'\in S}\sum_{h\in H}\rho_{k'}^{h}(n_{f,k}^{\text{arr}},n_k)\leqslant y_f(k)M \quad (\forall k\in S_f\backslash\{r_f\};\forall f\in\Omega) \tag{6-30}$$

约束式(6-30)使得选择任意下车弧$(n_{f,k}^{\text{arr}},n_k)$的客流量在列车 f 在车站k 不停车时为 0，而在停车时，可以为任意非负值，即无约束。

6.3　基于模拟退火的优化算法设计

鉴于列车开行方案优化问题的复杂性和求解的难度，通常采用启发式算法通过迭代的方式求解该问题。作为现代启发式算法之一，模拟退火算法具有较强的适用性与鲁棒性等优良特性，较多文献已将其有效用于求解列车开行方案优化问题。比如苏焕银等(2016)人采用模拟退火算法解决时变需求下的高速列车开行方案优化问题，叶玉玲等(2018)通过模拟退火算法解决高速铁路开行频率的优化问题。为此，本章将结合上述考量和所构建模型的特点，采用基于模拟退火算法框架设计其求解算法。

6.3.1　算法求解思路

模拟退火算法优化列车开行方案的思路是在生成初始列车开行方案的基础上，通过邻域解搜索方法不断搜索当前解的邻域解，若产生的邻域解优于当前解，则直接将前者替换后者；否则，按给定的概率随机替换后者。由此逐步改进当前列车开行方案，直至触发某一给定的算法终止条件。

因算法只考虑从给定候选列车集中选择开行列车，并且各候选列车的经由车站与发车时段均已给定，故可首先将所有候选列车均设为开行列车，同一发车时段内开行列车以等时间间隔出发，并针对任意开行列车途经站以一定概率随机确定是否停车，由此形成初始列车开行方案，并将其设为当前解，其中，用于确定列车是否停站的概率可分别针对省级、地级以及县级车站等设不同值，具体参考史峰等提出的高速铁路旅客出行需求集聚下的列车经停比优化方法。

基于当前获得的列车开行方案，更新旅客出行网络费用与能力参数，进而采用最小费用流将各 OD 对客流分配至开行列车上，由此获得各开行列车车站上下车客流量、区间载客量以及车站列车间换乘客流量等。在此基础上，依据计算获得的各列车开行收益、停站比例以及车站旅客服务水平等对开行列车、列车停站与始发时刻进行调整，进而搜索当前列车开行方案的邻域解。

6.3.2　邻域解搜索策略设计

解决优化列车开行方案存在的 NP 难问题，一般是采用一些启发式搜索策略，以期在很短的时间内获得一个很好的近似解，其中邻域解搜索策略是一种较为通用的启发式搜索策略，它是对解空间中某个特定的区域进行搜索，搜索过程如图 6-5 所示。

在邻域解搜索过程中，最关键的步骤在于如何转换当前方案。因为转换质量的好与坏直接与之后计算效率和计算质量有着直接相关的联系。目前还没有定义出如何判别邻域解的质量，为避免搜索的解陷入局部最优，往往需要具体问题具体分析，不过通过当前解得到的指标进行领域解的搜索是一类较优的方法。因而可针对当前获得的列车开行方案，获得相应收益指标，进而搜索当前列车开行方案的邻域解。

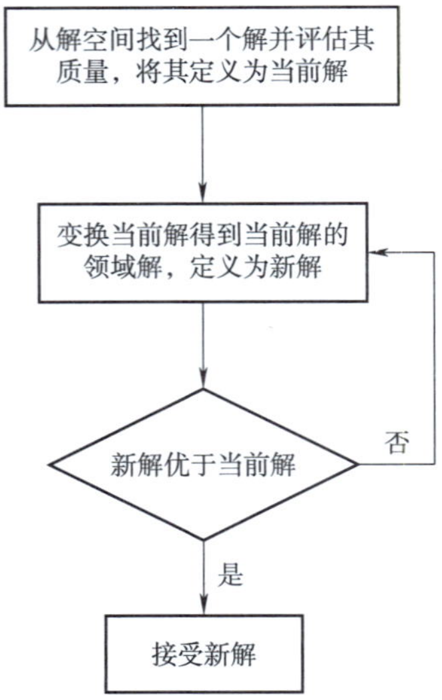

图 6-5　领域解搜索过程示意

列车开行方案邻域解的搜索策略包括停开列车、增开列车、取消列车停站、新增列车停站以及调整列车始发时间。

1. 停开列车

从当前开行列车中按给定概率选择一定比例列车予以停开。记 m、α_{max} 分别为当前开行列车数量与设置的最大停开比，后者可随迭代次数增加而逐渐减小。首先，生成一个 0 至 α_{max} 之间的随机小数 α，确定当前停开列车数为 $m\alpha$；其次，计算当前各开行列车 f 的开行收益 Z_f，并将其由小到大排序，选择排序在前的 $m\alpha_{max}$ 列列车，记为 Ω'，并记 Z_{max} 为 Ω' 中列车开行收益最大值；在此基础上，计算 Ω' 中各列车被选择停开的概率 $P_f = (Z_{max} - Z_f)/\sum\limits_{f'\in\Omega'}(Z_{max} - Z_{f'})$，然后按此概率采用轮盘赌方式选择 $m\alpha$ 列开行列车予以停开。

2. 增开列车

基于给定概率选择一定比例的当前未开行候选列车予以开行，记 n、β_{max} 分别为当前未开行候选列车数量及其允许的最大开行比。首先，生成一个 0 至 β_{max} 之间的随机小数 β，确定当前新开候选列车数量为 $n\beta$；其次，针对任一未开行候选列车 f，计算其各途经站旅客乘坐其发车时段内开行列车的平均候车等待时间 w_f，并选择其由大到小排序在前的 $n\beta_{max}$ 列列车，记为 Ω''；计算 Ω'' 中各列车选择概率 $P_f = w_f/\sum\limits_{f'\in\Omega''}w_{f'}$，进而以此概率采用轮盘赌方式选择 $n\beta$ 列候选列车将其开行，其中，每列新开候选列车以其发车时段内最大时间空当的中间时刻始发，并按当前所有开行列车的平均停站比随机生成停站。

3. 取消列车停站

计算当前各开行列车 f 在其停站 k 的上下车客流量 $Q_{f,k}$ 及其在车站 k 停车的前一列与后一列列车在该站发车时间差值 $T_{f,k}$，选取按 $CR_{f,k}=Q_{f,k}T_{f,k}$ 值由小到大排序在前的固定比例列车停站，记其集合与数量分别为 Ω_c 与 n_c；按给定概率关闭 Ω_c 中一定数量的列车停站，即首先随机生成一个 0 至 n_c 间的整数 σ_c，并计算各列车停站的关闭概率 $P_{f,k}=(CR_{\max}-CR_{f,k})/\sum_{f'\in\Omega_c,k'\in K_{f'}}(CR_{\max}-CR_{f',k'})$，其中 $CR_{\max}$为最大值；其次，以此概率采用轮盘赌方式选择 σ_c 个列车停站将其关闭。此外，若某列车停站无旅客上下车，则直接关闭。

4. 新增列车停站

针对当前开行列车 f 非停站 k，计算在该站停车且与列车 f 同时段出发的其他列车在该站上下车客流总量 $NQ_{f,k}$，及其在车站 k 停车的前一列与后一列列车在该站发车时间差值 $T_{f,k}$，选取按 $AR_{f,k}=NQ_{f,k}T_{f,k}$值由小到大排序在前的固定比例的列车通过站，记其集合与数量分别为 Ω_a 与 n_a。按给定概率新增 Ω_a 中一定数量的列车停站，即首先随机生成一个 0 至 n_a 间的整数 σ_a，并计算各列车在通过站的停车概率 $P_{f,k}=(AR_{\max}-AR_{f,k})/\sum_{f'\in\Omega_a,k'\in K_{f'}}(AR_{\max}-AR_{f',k'})$，其中 $AR_{\max}$为最大值；其次，以此概率采用轮盘赌的方式选择 σ_a 个列车通过站停车。

5. 调整列车始发时刻

基于给定概率选择一定比例的当前开行列车调整其始发时刻，记 m、$\gamma_{\max}$分别为当前开行列车数量及设置的最大调整比。首先，生成一个 0 至 $\gamma_{\max}$之间的随机小数 γ，确定当前调整列车数为 $m\gamma$；其次，针对当前任意开行列车 f，计算其出行旅客出发的总提前时间 H_f 与总延后时间 Y_f 及其选择概率 $P_f=(H_f+Y_f)/\sum_{f'}(H_{f'}+Y_{f'})$，进而按此概率采用轮盘赌方式选择 $m\gamma$ 列开行列车调整始发时刻。若旅客提前出发时间 H_f 大于延后出发时间 Y_f，则将列车 f 始发时间提前，否则将其延后。

6.3.3 基于模拟退火的算法步骤

模拟退火算法相关参数设置为：初始温度 Ψ_0 设为一较大的固定值；温度下降规则遵循比例下降法，其比例值 $\theta(0<\theta<1)$随着温度下降而逐步提高；通过迭代次数下限、上限和接受频率控制相同温度下的迭代次数；算法终止规则，可使用温度降至接近 0 或者目标函数在 λ_{end}次迭代无改变来综合控制。在此基础上，设计高速铁路列车开行方案优化算法的详细步骤如下。

算法 6-1 高速铁路列车开行方案优化的模拟退火算法

输入：高速铁路网络，候选列车集，弹性需求、算法相关参数。

输出：列车开行方案 $\widetilde{\Omega}$，列车开行收益 $\widetilde{Z}$。

开始

初始化温度值 Ψ_0，设置温度下降比例 θ，终止温度 Ψ_{end}，同一温度下迭代上、下限，最大连续不改进迭代次数 λ_{end}，允许的接受频率 ϑ。

令当前温度 $\Psi_T=\Psi_0$，最优解连续保持迭代次数 $\lambda_n=1$。

生成初始列车开行方案 Ω_0，令当前解 $\bar{\Omega}=\Omega_0$。

基于当前解 $\bar{\Omega}$ 计算任意 OD 的服务水平、确定出行需求量，并设置客流出行网络费用与能力参数，采用线性规划方法求解客流出行最小费用流问题，确定各列车上下车人数及区间载客量，计算相应的列车开行收益 $\bar{Z}$。

令 $\tilde{\Omega}=\bar{\Omega}$，$\tilde{Z}=\bar{Z}$；

当 $\Psi_T>\Psi_{\text{end}}$，或最优解 $\tilde{\Omega}$ 已经在 λ_{end} 次迭代中都发生改变；

开始 1

当前温度下迭代次数 $K=1$

当 K 小于温度 Ψ_T 下的迭代下限，或者小于迭代上限且接受频率 ϑ/K 小于给定值

开始 2

基于当前解 $\bar{\Omega}$ 与客流出行选择结果，采用上述邻域解搜索策略生成新的列车开行方案 $\bar{\bar{\Omega}}$。

基于所生成的新列车开行方案 $\bar{\bar{\Omega}}$，计算任意 OD 的平均服务水平、确定出行需求量，并设置客流出行网络费用与能力参数，采用线性规划方法求解客流出行最小费用流问题，确定各列车上下车人数及区间载客量，计算相应的列车开行收益 $\bar{\bar{Z}}$。

若 $\bar{\bar{Z}}>\bar{Z}$ 或 $\bar{\bar{Z}}\leqslant\bar{Z}$ 且 $\exp[(\bar{\bar{Z}}-\bar{Z})/\Psi_T]>\text{Random}(0,1)$，则接受新解，令 $\bar{\Omega}=\bar{\bar{\Omega}}$，$\bar{Z}=\bar{\bar{Z}}$，$\vartheta=\vartheta+1$；否则，保持原有最优解不变。

若 $\tilde{Z}<\bar{\bar{Z}}$，则令 $\tilde{Z}=\bar{\bar{Z}}$，$\tilde{\Omega}<\bar{\bar{\Omega}}$，$\lambda_n=1$；否则，$\lambda_n=\lambda_n+1$；

$K=K+1$；

返回 2

温度下降，即令 $\Psi_T=\Psi_T\times\theta$，并重置迭代次数 $K=1$；

返回 1

输出最优解 $\tilde{\Omega}$，列车开行收益 $\tilde{Z}$。

结束

6.4 算例分析

本节以昌九城际铁路为例分析所建模型与算法的有效性，昌九城际铁路共设九江、庐山、德安、共青城、永修、南昌北 6 个车站，区间里程分别为 18 km、35 km、8 km、25 km、45 km，全长约 131 km。

考虑九江至南昌方向全天列车开行问题，该线路列车运营时间范围为 6:00—23:00，以

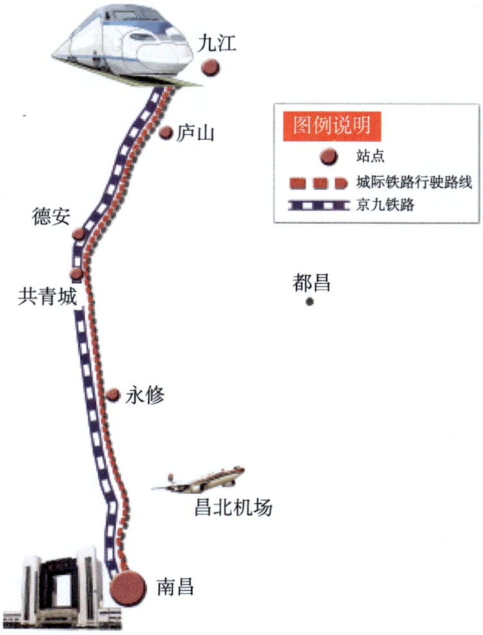

图 6-6　昌九高速铁路线路图

1 h 为时长，将全天运营时间划分为 17 个时段，每个时段设置候选列车 5 列，故全天共 85 列候选列车从九江站始发、终到南昌站。列车运营相关参数设置如下：列车人公里票价率为 0.6 元/km，列车旅行速度为 250 km/h，定员为 800 人，开行固定组织成本为 4 000 元/列，单位时间运营成本为 9 000 元/h。列车在车站的停站时间统一设为 2 min，列车区间起、停附加时分分别设为 2 min 与 1 min。此外，为统一各项出行费用量纲，将客流时间费用转化为等价票价费用，设客流出行单位时间价值为 37.8 元/h，需求弹性系数为 0.05，表 6-1 给出了旅客基准出行需求量所对应的基准出行费用水平。

表 6-1　旅客基准出行需求量所对应的基准出行费用水平

起点	终点	基准出行费用水平/元
九江	庐山	14
九江	德安	44.4
九江	共青城	52
九江	永修	76.2
九江	南昌北	109
庐山	德安	27.3
庐山	共青城	35
庐山	永修	59
庐山	南昌北	95
德安	共青城	6.1

续上表

起点	终点	基准出行费用水平/元
德安	永修	28.6
德安	南昌北	67
共青城	永修	19.4
共青城	南昌北	57.8
永修	南昌北	35.2

模拟退火算法相关参数包括：初始温度设为 10 000 ℃，终止温度为低于 5 ℃，各温度下的迭代次数的下限为 10 次、上限为 20 次，降温速率在整个迭代过程中保持 0.7 不变，目标函数若 100 次迭代无改变则终止算法。

所有的算例均在 Matlab R2014a 版本上执行，并基于 Lenovo C5030 台式电脑的硬件设施，且对应于 2.00 GHz Intel(R)Core(TM)i3-5005U CPU、8.0 GB 内存以及 Windows 10、64-bit 专业操作系统。

6.4.1 不同分布特征弹性需求下的列车开行方案优化结果

列车在全天各时段开行数量分布应与客流分布相吻合，以满足客流出行需求的同时提高列车开行效率。为检验列车开行方案与客流需求时间分布的吻合性，以下针对双峰型、平峰型两种分布特征客流，分别采用模拟退火算法优化获得相应的带有列车时刻信息的开行方案。

图 6-7 和图 6-8 所示分别为针对双峰型与平峰型分布特征客流的模拟退火算法迭代收敛图。从两图中可以看到，随着迭代次数的增加，列车总收益总体呈现上升趋势，最后收敛于某稳定值，故算法具有较好的收敛性。此外，在列车总收益上升过程中，列车票价收益并

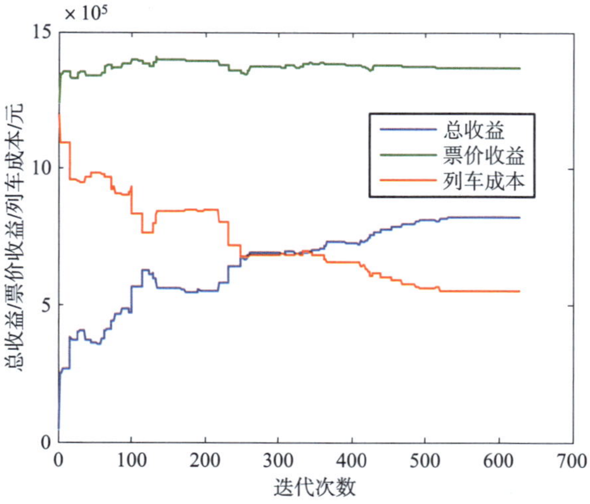

图 6-7　双峰型特征客流下的模拟退火算法收敛示意

不一定保持上升趋势。如图 6-8 所示，列车票价收益在迭代过程中是有所下降的，但是因其减少量比列车开行成本增加量要少得多，故列车总收益仍然上升。值得说明的是因模拟退火算法允许以较小概率接受差解，故列车总收益收敛过程中是有小幅度的波动，并不是完全一直上升。

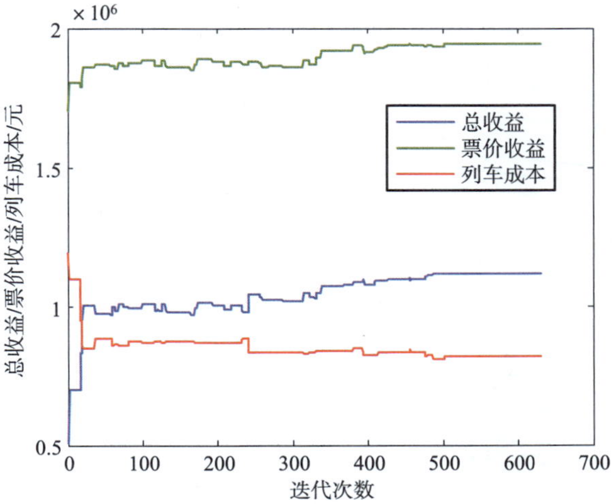

图 6-8　平峰型特征客流下的模拟退火算法收敛示意

针对双峰型与平峰型客流分别优化获得如图 6-9 与图 6-10 所示的列车运行方案图，其相对应的指标见表 6-2。由图 6-9 所示的双峰型客流的列车运行方案图可知：在客流双峰时段内列车开行数量明显高于其他时段列车数；而图 6-10 所示的平峰型客流的列车运行方案图中，各列车在各时段开行数量基本相近。这较好地说明了所获得列车开行方案能够使得各时段开行列车数量有效适应时段客流量。

表 6-2　基于弹性需求下不同分布类型客流的开行方案指标

客流分布	总收益/元	开行列车数	票价收益/元	平均停站	客座率	人均单位里程费用/元
双峰型	1 118 333	63	1 941 983	5	49.02%	0.902 5
平峰型	825 955	41	1 365 255	5	52.96%	0.882 5

图 6-11、图 6-12 和图 6-13 所示分别为庐山—德安、德安—共青城、共青城—永修三个区间列车开行方案所提供的各时段运输能力与客流输送量关系，其中，图 6-11(a)、图 6-12(a)、图 6-13(a)为在双峰型客流下，三个区间各时段运输能力与客流输送量对比图；而图 6-11(b)、图 6-12(b)、图 6-13(b)为在平型客流下，三个区间各时段运输能力和客流输送量对比图。通过比较发现，列车开行方案的运输能力和客流输送量的时段变化趋势是吻合的，各时段列车平均客座率在 52%左右，避免出现在高峰时段运输能力不够，在非高峰时段运能过剩的情况发生，即在高峰时段能提供充足的运输能力，同时在非高峰期间也能提供良好的服务水平。

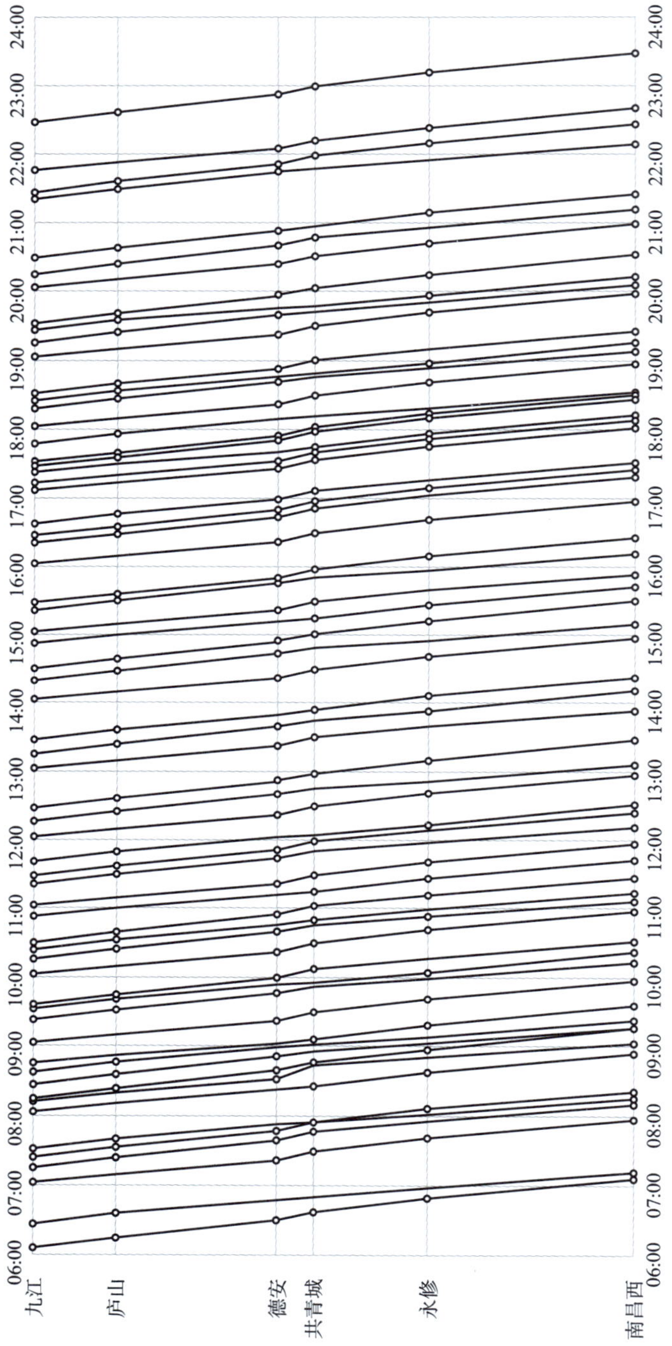

图 6-9　基于双峰型客流生成的列车运行方案示意

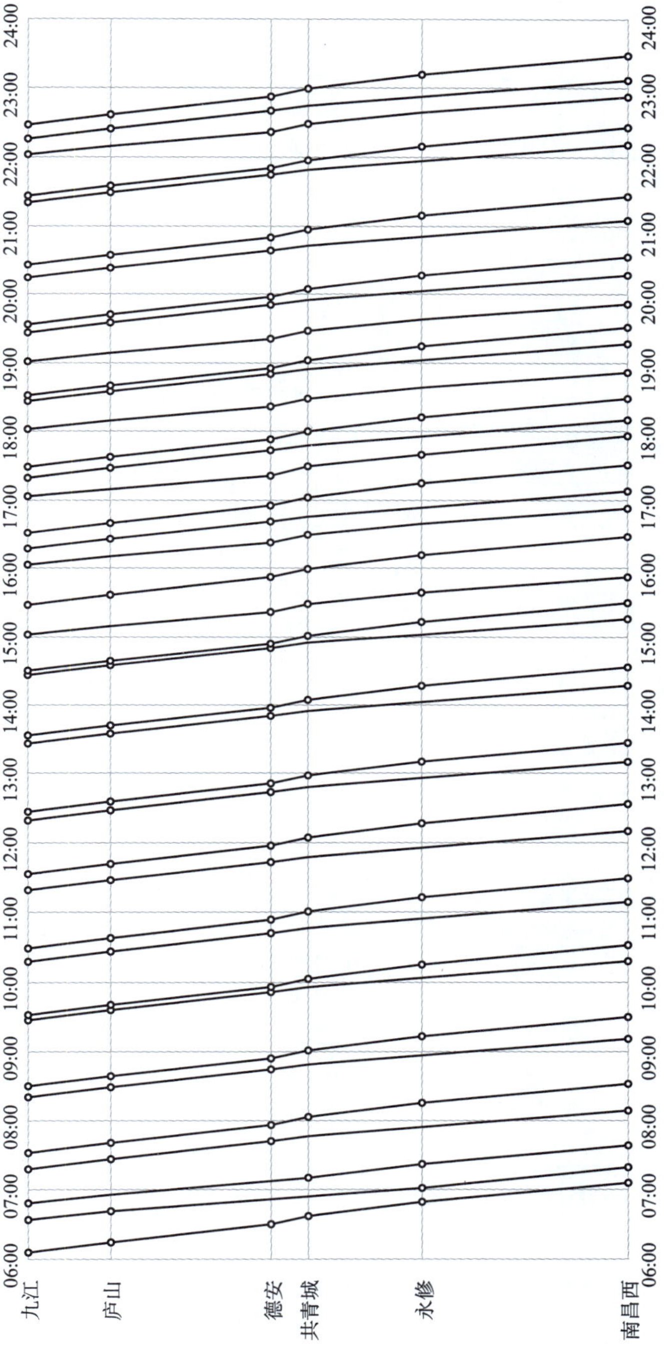

图 6-10　基于平峰型客流生成的列车运行方案示意

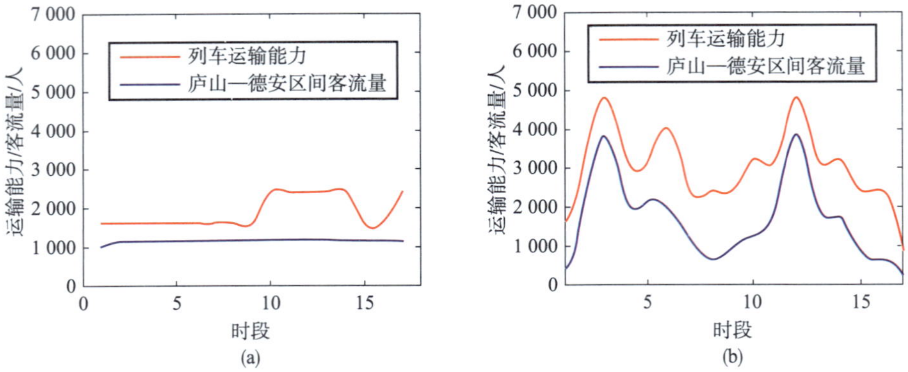

图 6-11 庐山—德安区间客流量与列车运输能力对比示意

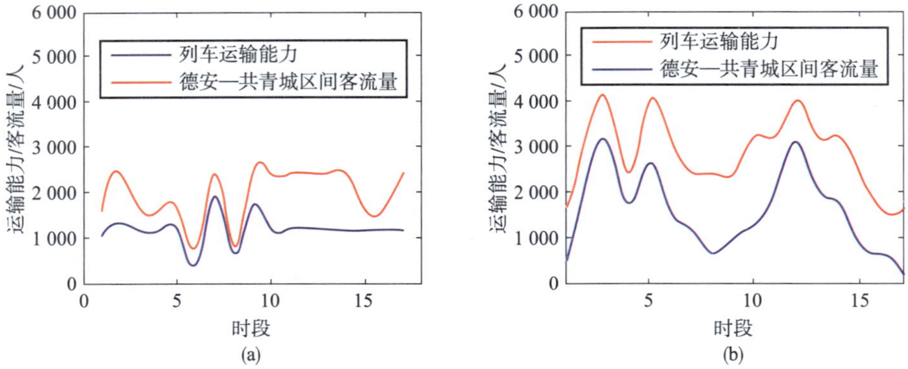

图 6-12 德安—共青城区间客流量与列车运输能力对比示意

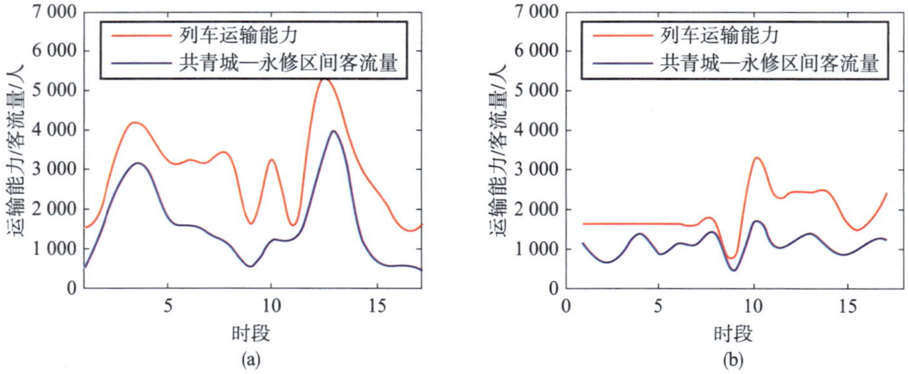

图 6-13 共青城—永修区间客流量与列车运输能力对比示意

6.4.2 弹性系数对优化结果分析

弹性需求的波动不仅与旅客广义出行费用相关，而且与弹性系数有关。弹性系数决定了旅客对出行费用的敏感性，其值越小，说明需求弹性越小、刚性越大；反之，需求弹性越大、刚性越小。下面分析弹性系数的变化对于列车开行方案优化的影响，其中为提高效率，表 6-4给出了 3 个时段的基准出行需求量作为输入，旅客基准出行需求量所对应的基准出行费用水平仍以表 6-2 给出的数据为准，图 6-14 给出了弹性系数从 0 增加至 0.3 时，所获得的列车开行方案各项指标的变化趋势。

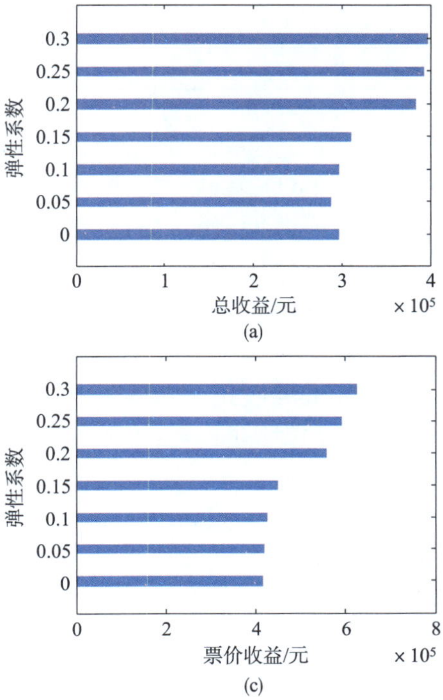

图 6-14　不同弹性系数下各计算指标变化示意

由图 6-14(a)～图 6-14(d)可知，随着弹性系数的增加，旅客出行成本的变化更容易影响客流需求量的波动幅度，此时，因降低旅客出行成本所导致的列车开行成本的增加量相对较少，而导致客流出行需求的增加量相对较多，虽然列车开行成本有所增加，但客流增加所导致的票价收益增加量明显大于列车开行成本的增加量，故随着弹性系数的增加，列车总收益增加，人均单位里程费用减少，表明旅客服务质量不断提升。值得说明的是，在弹性系数为 0，即出行需求量不会因出行成本变化而变化时，为了追求总收益最大化，通过减少开行列车数即降低列车开行成本，但因出行需求量不变故列车票价收益基本不变，这种情况下列车客座率相对较大，达到 73.42%，人均单位里程费用也达到最高。随着弹性系数的增加，需求量对于服务质量的灵敏度增加，列车客座率逐渐下降，但基本在 60%左右。表 6-3 为弹性系数变化下的基准出行需求量。

表 6-3　弹性系数变化下的基准出行需求量

时段	出行 OD 对序号(1—九江;2—庐山;3—德安;4—共青城;5—永修;6—南昌北)														
	1—2	1—3	1—4	1—5	1—6	2—3	2—4	2—5	2—6	3—4	3—5	3—6	4—5	4—6	5—6
1	360	200	80	40	800	200	40	8	320	16	40	240	8	80	80
2	450	250	100	50	1 000	250	50	10	400	20	50	300	10	100	100
3	405	225	90	45	900	225	45	9	360	18	45	270	9	90	90

参 考 文 献

[1] 史峰,邓连波,黎新华,等. 客运专线相关旅客列车开行方案研究[J]. 铁道学报,2004,26(2):16-20.

[2] SHI F,DENG L B,LI X H,et al. Research on passenger train plans for dedicated passenger traffic lines [J]. Journal of the China Railway Society,2004,26(2):16-20.

[3] BUSSIECK M R, LINDNER T, LUBBECKE M E. A fast algorithm for near cost optimal line plans [J]. Mathematical Methods of Operations Research, 2004, 59(2):205-220.

[4] 史峰,周文梁,陈彦,等. 基于弹性需求的旅客列车开行方案优化研究[J]. 铁道学报,2008,30(3):1-6.

[5] 杨宇正,周文梁. 基于弹性需求的高速铁路列车开行方案优化[J]. 铁道科学与工程学报, 2012,9(3): 34-38.

[6] 付慧伶,聂磊,杨浩,等. 基于备选集的高速铁路列车开行方案优化方法研究[J]. 铁道学报,2010,32 (6):1-8.

[7] GATTERMANN P,HARBERING J,SCHOBEL A. Line pool generation[J]. Public Transport, 2017, 9:7-32.

[8] 周文梁,史峰,陈彦. 基于定序优化的客运专线列车运行图铺划方法[J]. 铁道学报,2010,32(1):1-7.

[9] 苏焕银,史峰,邓连波,等. 面向时变需求的高速铁路列车开行方案优化方法[J]. 交通运输系统工程与信息, 2016, 16(5):110-116.

[10] 叶玉玲,周云飞,杨璐齐. 基于不同目标下的城际铁路列车开行频率优化[J]. 同济大学学报(自然科学版),2018,46(4):54-59.

[11] 史峰,李祯怡,赵烁,等. 高速铁路旅客出行需求集聚下的列车经停比优化方法[J]. 中国铁道科学, 2017,38(5):121-129.

[12] SHIFTAN Y, SHARABY N, SOLOMON C. Transport project appraisal in israel[J]. Transportation Research Board,2008,2079:136-145.

[13] 豆飞. 铁路旅客出行选择行为及客运网配流优化方法研究[D]. 北京:北京交通大学, 2014.

[14] 曾玮,王佟. 基于列车时刻表的城际铁路客流分配研究[J]. 交通科技与经济, 2014, 16(2):24-26.

[15] 江政杰. 基于列车时刻表的高速铁路客流分配方法及系统设计[D]. 北京:北京交通大学, 2017.

[16] 黄鉴. 基于客流动态调整的客运专线网络列车开行方案优化研究[D]. 成都:西南交通大学, 2013.

第7章 不同需求日的高速铁路列车开行方案协同优化

不同需求日的高速铁路客流出行需求通常存在一定差异性，尤其是工作日、周末以及节假日之间的客流出行需求差异性更加显著。一方面，为了使得高速铁路在各运营日开行列车所提供的运输能力与每日客流出行需求相吻合，铁路企业应依据各日的客流需求来设计列车开行方案，才能既能有效满足旅客出行需求，同时降低列车开行成本。另一方面，列车开行方案的变化直接影响到铁路列车运行调整，涉及调度、车务、工务、电务、机务等众多部门，是一件复杂而困难的工作，故铁路运输部门不希望对列车开行方案进行频繁调整，尤其是大范围的调整。综合以上两方面考虑，本章基于各需求日差异化的出行需求，提出对不同需求日高速铁路列车开行方案进行协同优化的相关概念，分析了不同需求日高速铁路列车开行方案的协同优化的相关机理，补充了高速铁路列车开行方案研究理论的同时也实现了一种客流需求变化时列车开行方案的设计方法，给铁路运输企业工作人员提供了一种对列车开行方案进行调整的参考途径。

7.1 不同需求日的高速铁路列车开行方案协同优化问题分析

不同需求日的高速铁路列车开行方案协同优化问题实际上是针对多个运营日出行需求存在差异的情况，对多个需求日的列车开行方案进行协同优化，其本质是对基于给定需求的高速铁路列车开行方案优化的扩展，实现多个运营日高速铁路列车开行方案的同时优化。本节首先结合高速铁路历史客流数据分析了客流出行需求的相关特征，在此基础上，针对差异较大的需求日，分析提出了不同需求日高速铁路列车开行方案协同优化问题。

7.1.1 多日客流需求特征分析

按流开车是编制高速铁路列车开行方案的基本原则，同时列车开行方案需要依据客流需求的变化进行相应调整以提高其与需求的吻合程度。不同需求日的高速铁路列车开行方案协同优化的目的就是针对客流的变化情况，来同时确定各日的列车开行方案。通过对客流特征进行分析，为高速铁路列车开行方案协同优化提供依据。

1. 客流空间分布特征分析

(1)车站节点客流特征

车站作为客流的集散与发生节点,承担着旅客的出发、到达与中转换乘。客流流量的大小与方向通常与车站所在城市的政治属性、经济情况、旅游资源及在城市群的联系度有关。以京沪高速铁路为研究对象,对该线路上车站的日均到发客流量进行分析。由图 7-1 可以看出,每个车站自身的到发客流量较为接近,其中,到发总量最高的是北京南与上海虹桥车站,其次是南京南站、济南西站、徐州东站。以上车站都位于直辖市、省会城市或者高速铁路网、络中的枢纽节点。在余下的各车站节点中,地级城市车站的客流量会大于县级城市车站的客流量。在进行开行方案优化时,要尽量保证大站间的客运需求,可考虑安排多趟始发终到列车,只在大站间进行停站;对于需求较小的车站,可以通过增加通过列车停站的方式提供服务。

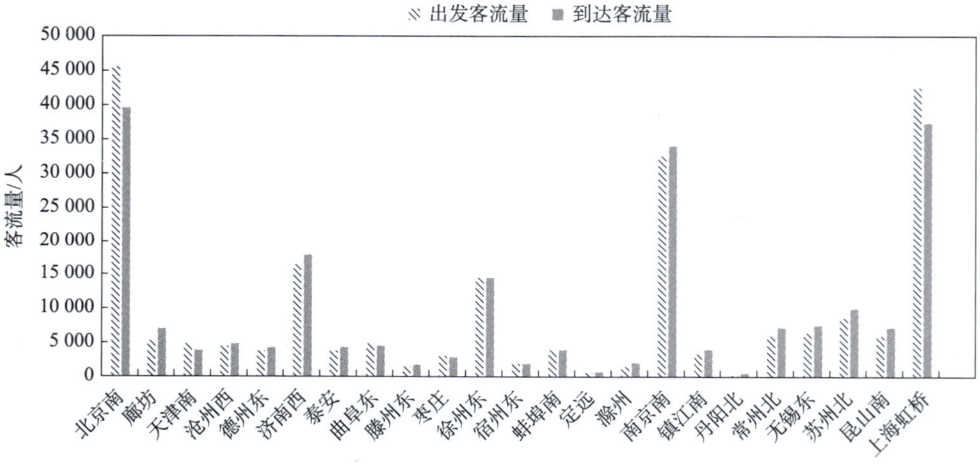

图 7-1 京沪线各车站到发客流量

(2)区段客流特征

京沪高铁线路的上下行日均断面客流量如图 7-2 所示。由图可知,线路上各区段断面客流量相差不大,均在 30 000 人次以上,同时上下行的流量差异不太明显,整体波动幅度较小。针对该线路的此项客流特征,可多开行线路上的直达列车,这样既能服务该线路上的所有车站,同时直达列车的开行便于车底周转和工作人员的组织协调。

2. 客流时间分布特征分析

(1)平日客流总量分布规律

高速铁路旅客平日客流指的是不包含节假日等特殊情况影响下的客流,以京广高速铁路线路某时期的实际客流量为基础,对我国高速铁路客流平日客流总量规律分析如下(图 7-3)。

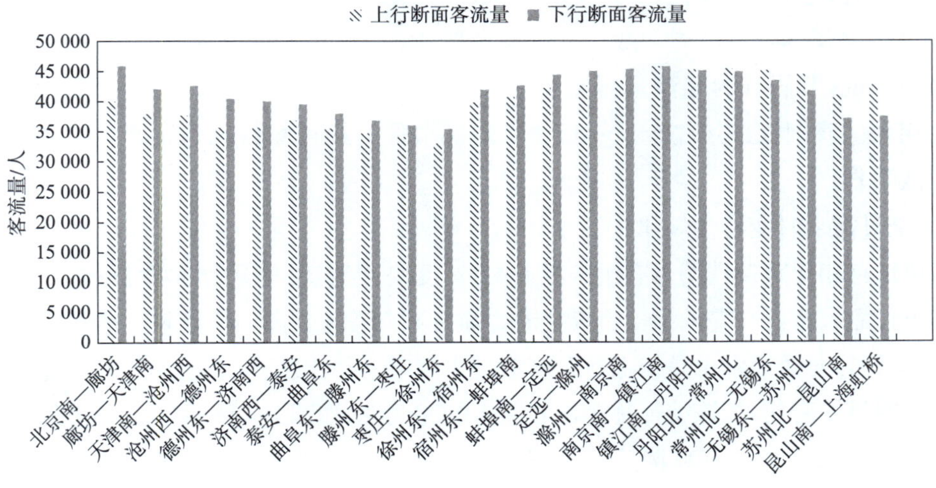

图 7-2 京沪线各区段断面客流量

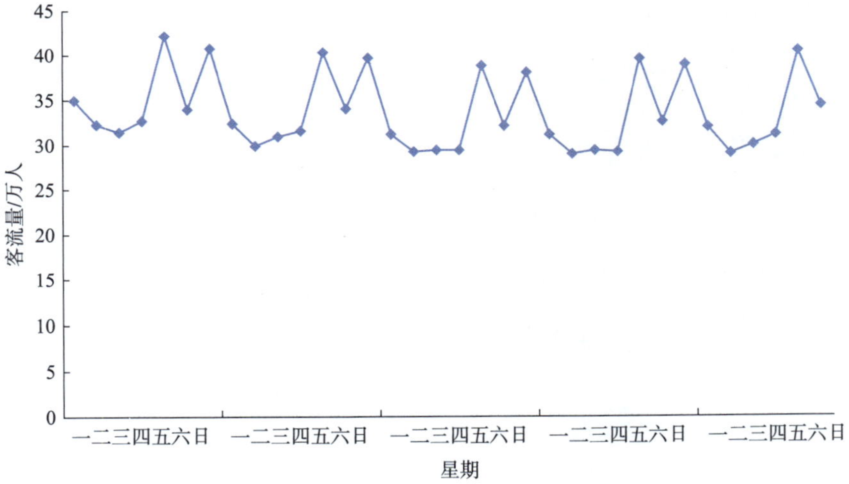

图 7-3 京广高速铁路客流按周波动规律

其变化规律主要表现为：在一个周内，周一到周四以及周六的客流总量上基本一致，需求较为接近，波动系数较小，为平峰日；周五、周日的客流量接近，需求相比之下较大，波动系数较大，为高峰日；即平日客流在总量上会出现以一周为周期的变化规律，各周内客流需求的变化趋势大致相同。对于此种良好特征，可以组织列车有规律地开行来吻合客流需求。

(2)节假日客流变化规律

按照节假日的具体类型，可将客流分为春运流、暑运流、黄金周流等。由于各节假日主要出行人群的出行目的有差异，因此节假日客流的出行结构和特征也有所不同。比如春运暑运客流，主要以外出返乡打工的工人、外出求学的学生为主，一般出行起终点在大城市，出行距离较远；黄金周一般以外出旅游客流为主，其出行目的地多是热门的旅游城市。总的来说，节假日的客流量规模远远大于平日客流量的规模，且其客流特性与节假日特性相关。我国铁路运输企业一般会针对各节假日提前做好相应的应对措施，做好客流的集散工作。

(3)全日需求时变特性规律

高速铁路相比普速铁路具有服务频率高、速度快、能实现网络化运营、舒适度高等特点，其旅客出行需求特性与普铁相比也存在着本质区别。普速铁路的客流量一般是按天进行统计，其列车开行对数通常也是依据每日客流量来制定。相比之下，高速铁路的出行需求在一天内具有明显的变化，把该特征称为旅客需求的时变性，如图 7-4 所示。高速铁路旅客的出行时间分布与出行目的有直接关系，通勤客流一般情况下有更偏向早晚时段的特点，而游玩、访亲、出差等客流的出行时间分布较为平坦，更偏向能使得整个行程出行方便的时段。因此在结合旅客需求时变性制定列车开行方案时，应使得每个车站运输能力的时间分布与旅客出行时间分布相吻合。

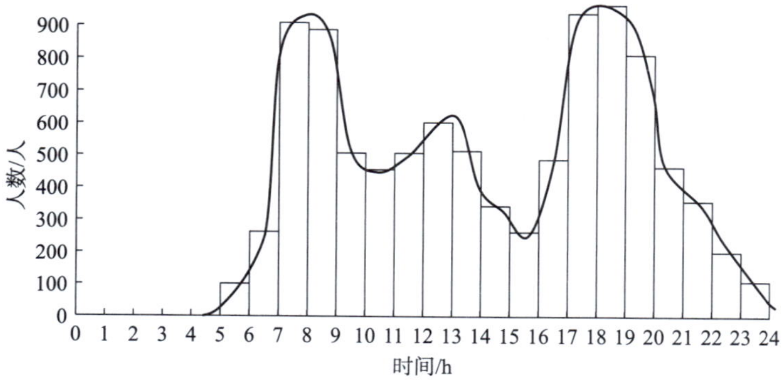

图 7-4　需求时变性示意

3. 客流 OD 差异性分析

由平日客流总量变化规律分析可知，在高速铁路运输中，在不同的运营日(如工作日和周末)之间的出行需求在总量上存在差异，总体来说非节假日及工作日的客流总量较小，但是并不是所有 OD 的客流量都是最小的。以京沪线某周一与某周五为例(表 7-1)，总量上前者比后者少 4 124 人，但是也存在部分 OD 的客流量前者比后者较大。总体来说，大部分 OD 周五的客流量会高于其周一的客流量，但是部分 OD 会存在相反情况，这主要是由于线路上车站所在城市的联系紧密情况，通勤情况等一系列的复杂原因造成的。这种差异情况在不同的线路、不同的运营日均有所变化。

表 7-1　京沪线两日部分 OD 对比量

序号	OD	周一客流量/人	周五客流量/人
1	北京南—上海虹桥	6 500	8 112
2	上海虹桥—北京南	6 372	7 786
3	廊坊—北京南	3 440	3 960
4	济南西—泰安	734	932
5	徐州东—南京南	3 678	5 004
6	沧州西—北京南	3 012	2 601
7	泰安—北京南	1 547	1 324
8	曲阜东—济南西	1 229	1 107
9	沧州西—上海虹桥	390	302
10	泰安—南京南	359	257

由上述对高速铁路客流特征的分析，有以下结论：

(1)高速铁路线路上重点车站间的客流量需求量较大，同时重要城市与邻近的城市车站之间的客流量也较大。如线路上的省会城市到特大城市北京、上海间的客流量，省会城市与邻近城市间的客流量。

(2)平日客流在总量上会出现以一周为周期的变化规律，各周内客流需求的变化趋势大致相同。节假日的客流需求与节假日长短以及性质有较大关联，客流量远大于平日客流量。

(3)高速铁路的出行需求在一天内具有明显的变化，具有时变性。

(4)对于不同的运营日，其需求除在总量上有差异外，在不同的 OD 对间也有差异。即使是高峰日也会存在某些时段和 OD 的需求低于平峰日对应时段和 OD 的需求。

7.1.2　不同需求日的高速铁路列车开行方案协同优化相关分析

由以上分析可知，高速铁路客流需求具有时变性、相对周期性、需求差异性等特征。针对运营日存在需求不同的情况，运输企业在制定高速铁路列车开行方案时，可以考虑对多个需求日的高速铁路列车开行方案进行同时优化，使得各日的列车开行方案均能提供相匹配的运输能力。

1. 不同需求日高速铁路列车开行方案协同优化的概念

列车开行方案协同优化是针对需求不同的典型运营日，对多个需求日采用的列车开行方案进行同时优化的理论与方法，使得各日的开行方案均能满足客流需求，同时互相之间具有较高交集。

高速铁路需求在总量上具有差异性，以在非节假日的一周内为例，周五、周日的客流量需求总量较大，为高峰日；周一到周四及周六的客流量需求总量接近且相对较低，为平峰日。

同时,客流需求在结构上也存在差异性,即使是高峰日也会存在某些时段和 OD 的需求低于平峰日对应时段和 OD 的需求。针对需求有差异的情况,一方面,每日可以采用相同的开行方案,但这将造成运能浪费或不足。另一方面,可根据每日的不同需求特征,设计相应的列车开行方案,但高速铁路列车开行方案的变化,将影响到列车运行图的动态调整,列车运营调度涉及工务、电务、机务、车辆以及运输等多个部门,所以在一段时间内,运输企业不可能频繁对开行方案进行大规模调整,否则会增加运输企业组织工作的复杂性,也将破坏旅客的出行习惯,同时也难以形成品牌列车。考虑到日间需求差异性特征,在现场工作组织中,通常是以工作日列车开行方案为基准,以增加列车的形式编制周末或节假日的列车开行方案。在周末或节假日的列车开行方案中也许会剔除工作日开行的一些列车,但数量很少。增开或是剔除列车依赖于人工经验,与客流需求吻合程度不一定得到较好满足,且运行效益不一定好。

鉴于上述情况,不同需求日高速铁路列车开行方案的协同设计需要考虑下列条件:

(1)针对需求有差异的情况下,设计的每一个列车开行方案必须能满足当日客流需求。

(2)考虑到列车开行方案调整对运输组织的影响,希望各个列车开行方案具有较大相似性,不需要进行过度调整。

2. 不同需求日高速铁路列车开行方案协同优化解决思路

协同优化的列车开行方案不仅需要提供与各个需求日相匹配的运输能力,而且还要使不同需求日间的列车开行方案具有很大的相似性,即具备较多公共开行的列车(我们称之为公共列车集),使得不同需求日的高速铁路运输组织能够平稳过渡。

由于具有很相近品质的列车开行方案可以有很多种列车组合形式,若分别优化每一个需求日的列车开行方案,则很难保证各个需求日列车开行方案具有足够大的公共列车集。为了解决这个问题,不同需求日的现行列车开行方案,主要是以工作日列车开行方为基础,增加开行的列车,从而获得周末的列车开行方案。我们在此基础上进行扩展,采用先总后分的思路对高速铁路列车开行方案协同求解:首先,构建一个不小于任意需求的总需求,基于此总需求优化产生一个高速铁路列车开行方案;然后,对于每一个需求日,以总需求高速铁路列车开行方案的子集构造其对应的高速铁路列车开行方案,使得公共列车集的规模必须满足规定标准;最后,对于每一个需求日的高速铁路列车开行方案可以进行适当调整,获得各个需求日的最终高速铁路列车开行方案。

不同需求日高速铁路列车开行方案协同优化的研究内容主要包括以下几个方面:

(1)高速铁路列车开行方案协同优化总需求的构建

对不同需求日高速铁路列车开行方案进行协同优化,首先需要获得一个基于总需求产生的高速铁路列车开行方案。总需求的构建方法不仅影响着总需求的具体表达,而且影响着总需求高速铁路列车开行方案的产生,进而影响着各个需求日实际获取的高速铁路列车开行方案。

(2)总需求高速铁路列车开行方案的优化方法研究

总需求高速铁路列车开行方案的确定本质上是针对单个需求,产生一个合适的高速铁路列车开行方案。针对单个需求的高速铁路列车开行方案的设计,需要满足客流需求同时在限制条件的约束下,综合考虑旅客出行成本与运输企业的运营成本。

(3)各需求日高速铁路列车开行方案获取

以总需求高速铁路列车开行方案的子集构造各个需求日高速铁路列车开行方案时,实际将协同优化问题转化为:在已知备选开行列车的情况下,对各方案要开行的列车进行选择组合,使得方案间的公共列车集的规模必须满足一定标准,同时要求每一个需求日的开行方案能满足当日的客流需求。

7.2　不同需求日的高速铁路列车开行方案协同优化模型

通常情况下,针对单日的列车开行方案的设计,一般给定高速铁路网络及旅客需求,只需要在资源限制的条件下,通过考虑具体的优化目标来构建相关模型即可求解。而对多个需求日的列车开行方案进行同时优化时,除考虑运营成本、旅客出行成本等优化目标外,还需要考虑不同需求日之间需求的差异性,保持各方案间的相似性以保证运输企业的平稳过渡。

本节首先给出了高速铁路列车开行方案协同优化时采用的总需求的一种构建方法,在获得总需求的基础上,采用已有的模型和方法求解总需求高速铁路列车开行方案。最后求解各个需求日的高速铁路列车开行方案时,在保证开行方案间较大公共列车集的前提下,综合考虑旅客出行费用及铁路运输成本,建立了不同需求日高速铁路列车开行方案的协同优化模型。

7.2.1　高速铁路列车开行方案协同优化问题描述

给定高速铁路线路的车站和区间构成拓扑网络 $G=(V,E)$,其中 $V=\{v_1,v_2,\cdots,v_n\}$ 为车站集,E 为区间集,高速网络运营时间范围为 $[t_1,t_2]$。记车站 $v\in V$ 的始发终到能力为 C_v,区间 $e\in E$ 的全天通过能力为 $C_e(D)$,单位时间 Δt 的通过能力为 $C_e(\Delta t)$。记列车 T 的停站序列为 $V_T=(v_1^T,v_2^T,\cdots,v_{m(T)}^T)(v_i^T\in V;1\leqslant i\leqslant m(T))$,$m(T)$ 为列车停站数。记列车 T 的 $m(T)-1$ 个最小运行区段为 $e_{Ti}=(v_{T,i},v_{T,i+1})(1\leqslant i<m(T))$,在 e_{Ti} 的运行时间为 $t_{e_{Ti}}^{\text{run}}$,停站时间为 t_v^{stop}、车站起停附加时间之和记为 t_v^{app}。

记出行需求的 OD 对集为 $RS\subset V\times V$。对于需求日 $D_j,j\in J=\{1,2,\cdots,d\}$,记全天 OD 需求量为 $q_{rs}^j[(r,s)\in RS;j\in J]$,时变需求强度分布函数为 $f_{rs}^j(t)((r,s)\in RS;t\in[t_1,t_2];j\in J)$,满足

$$\int_{t=t_1}^{t_2} f_{rs}^{j}(t)\mathrm{d}t = q_{rs}^{j} \quad ((r,s) \in RS; j \in J; (r,s) \in RS; t \in [t_1, t_2]) \tag{7-1}$$

不同需求日 D_j 的出行需求有较大差异,这种差异表现为时变需求强度分布函数 $f_{rs}^{j}(t)$ 在部分时间 t 和 OD 对 (r,s) 的差异。当基于旅客出行时变需求优化列车开行方案时,如果对不同需求日 D_j 分别进行优化,会导致高速铁路列车开行方案之间出现较大差异,给不同需求日高速铁路运输组织的平稳过渡带来较大困难。

一般地,记高速铁路列车开行方案为 $\Omega=\{T=(L_T,V_T,B_T,D_T)\}$,其中 L_T 为列车开行区段,V_T 为列车停站方案,B_T 为列车编组,D_T 为预估列车始发时刻。记需求日 D_j 的高速铁路列车开行方案为 $\Omega_j(j\in J)$。协同优化列车开行方案 $\Omega_j(j\in J)$,是在不同需求日高速铁路运输组织能够平稳过渡的前提下,谋求旅客出行费用和铁路运输成本达到最少。

综上所述,可将不同需求日高速铁路列车开行方案协同优化问题描述如下:

给定高速铁路线路对应的拓扑网络 $G=(V,E)$,车站始发终到能力 $C_v(v\in V)$,区间全天通过能力 $C_e(D)(e\in E)$,单位时间 Δt 通过能力 $C_e(\Delta t)(e\in E)$,需求日 D_j 的时变客流需求强度分布函数 $f_{rs}^{j}(t)((r,s)\in RS;t\in[t_1,t_2];j\in J)$。在满足各个需求日和各项约束条件下,协同优化各个需求日的高速铁路列车开行方案 $\Omega_j(j\in J)$,在不同需求日之间列车运行组织方案平稳过渡的条件下,使每一个列车开行方案 Ω_j 的旅客出行费用和铁路运输成本达到最少。

7.2.2 总需求的最大包络构建方法

由 7.1 节的分析可知,高速铁路列车开行方案的协同优化采用先总后分的求解思想。首先,构建一个不小于任意需求的总需求,基于总需求优化产生一个高速铁路列车开行方案;然后,对于每一个需求日,以总需求高速铁路列车开行方案的子集构造每一个需求日的高速铁路列车开行方案。总需求的一种生成方法,是求解各个需求日时变需求强度函数的最大包络函数,显然这仍然是一个时变需求,我们又称总需求为最大包络需求。基于最大包络需求优化产生的列车开行方案称为最大包络需求高速铁路列车开行方案,很显然最大包络需求高速铁路列车开行方案也是一个总需求高速铁路列车开行方案。对于各个需求日 D_j 的时变需求强度分布函数 $f_{rs}^{j}(t)((r,s)\in RS,t\in[t_1,t_2],j\in J)$,其最大包络函数为

$$f_{rs}(t)=\max\{f_{rs}^{j}(t)\mid j\in J\} \quad ((r,s)\in RS;t\in[t_1,t_2]) \tag{7-2}$$

OD 对 $(r,s)\in RS$ 的需求总量为

$$\int_{t=t_1}^{t_2} f_{rs}(t)\mathrm{d}t = q_{rs} \quad ((r,s) \in RS; t \in [t_1, t_2]) \tag{7-3}$$

7.2.3 最大包络需求高速铁路列车开行方案求解方法

对于由最大包络函数法获得的最大包络需求,可以根据苏焕银、史峰、邓连波等人在面向时变需求的高速铁路列车开行方案优化方法中采用的方法优化求解最大包络需求高速铁路

路列车开行方案。为传统列车开行方案引入了列车始发时刻的预估值，以便评价列车开行方案的时变需求的吻合程度。该方法首先以列车运行区段和列车停站模式构成列车备选集，在此基础上设计高速铁路列车开行方案。将高速铁路列车开行方案的优化问题描述为主从博弈，其中铁路运输企业为主体方，出行旅客为从属方。铁路运输企业考虑全天运营时间约束、每个线路区间上每天和每个时段的列车通过能力约束、每趟列车在车站的到达和出发时刻的相互关系、每个车站始发(或终到)列车总数约束，以旅客出行费用和折算动车组小时数为目标优化高速铁路列车开行方案。其中，旅客出行费用由基于列车时刻表的客流分配确定。最后通过构造初始列车开行方案，设计了高速铁路列车开行方案的模拟退火算法并求解。

记最大包络需求高速铁路列车开行方案为 Ω，基于最大包络需求求解高速铁路列车开行方案 Ω 时相关的约束条件、优化目标及求解算法具体描述如下：

1. 约束条件

(1)列车候选集约束

以高速铁路网络的线路特征，旅客需求分布特点，结合以往列车开行方案设计的经验，将可行的运行区段和停站模式结合起来，组成一个备选的列车候选集。列车候选集的产生原则与付慧伶、聂磊、杨浩等人关于基于备选集的高速铁路列车开行方案优化方法研究相似。列车的停站模式和运行区段均从列车候选集 L 中选择

$$l_T=\{(v_1^l,\eta_1),(v_2^l,\eta_2),\cdots,(v_k^l,\eta_k)\}\in L \quad (T\in\Omega) \tag{7-4}$$

式中，$v_i^l(1\leqslant i\leqslant k)$ 表示运行区段上的第 i 个车站，η_i 表示列车在车站 v_i^l 是否停站。若 $\eta_i=1$，则表示停靠，反之则表示不停靠。

(2)列车编组 B_T 限制

$$B_T\in\{8\text{ 辆编组},16\text{ 辆编组}\} \quad (T\in\Omega) \tag{7-5}$$

(3)列车的始发终到时间在运营时间范围内的限制

$$t_1\leqslant d_1^T\leqslant t_2,t_1\leqslant a_{m(T)}^T\leqslant t_2 \quad (T\in\Omega) \tag{7-6}$$

式中，a_j^T 和 d_j^T 为列车 T 在车站 v_j^T 的到达和发车时间。

(4)列车在沿途车站的到发时刻

分别记 a_j^T 和 d_j^T 为列车 T 在车站 v_j^T 的到达和发车时间。依据列车 T 的始发时刻估计值 d_1^T，由运行时间 $t_{e_{Ti}}^{\text{run}}$、停站时间 t_v^{stop}、车站起停附加时间之和 t_v^{app} 等时间标准推算出来列车在沿途车站的到发时刻，即

$$a_j^T=d_1^T+\sum_{i=1}^{j-1}t_{e_{Ti}}^{\text{run}}+\sum_{i=2}^{j}(t_{v_i}^{\text{stop}}+t_{v_i}^{\text{app}})-t_{v_j}^{\text{stop}} \quad (2\leqslant j\leqslant m(T);T\in\Omega) \tag{7-7}$$

$$d_j^T=d_1^T+\sum_{i=1}^{j-1}t_{e_{Ti}}^{\text{run}}+\sum_{i=2}^{j}(t_{v_i}^{\text{stop}}+t_{v_i}^{\text{app}}) \quad (2\leqslant j\leqslant m(T)-1;T\in\Omega) \tag{7-8}$$

$$t_1\leqslant a_{m(T)}^T\leqslant t_2,t_1\leqslant d_1^T\leqslant t_2 \quad (T\in\Omega) \tag{7-9}$$

(5)各时段和全天的区间通过能力限制

记时段 q 内进入区间 e 的列车数为 $T_e(q)$，全天进入区间 e 的列车数为 $T_e(D)$。$T_e(q)$ 和 $T_e(D)$ 分别受相应的通过能力限制，即

$$T_e(q) \leqslant C_e(\Delta t) \quad (e \in E; q=1,2,\cdots;(t_2-t_1)/\Delta t) \tag{7-10}$$

$$T_e(D) \leqslant C_e(D) \quad (e \in E) \tag{7-11}$$

(6)车站始发终到列车总数限制。车站的始发和终到列车数不能超过车站始发终到能力限制，即

$$|\{T \in \Omega | v=v_1^T\}| \leqslant C_v \quad (v \in V) \tag{7-12}$$

$$|\{T \in \Omega | v=v_{m(T)}^T\}| \leqslant C_v \quad (v \in V) \tag{7-13}$$

(7)动车组周转限制。在每个车站始发列车的编组总数与终到列车的编组总数相等以便于列车周转。

$$\sum_{T \in \Omega, v=v_1^T} B_T = \sum_{T \in \Omega, v=v_{m(T)}^T} B_T \quad (v \in V) \tag{7-14}$$

2. 优化目标

最大包络需求高速铁路列车开行方案求解模型的优化目标从旅客出行费用和铁路运输成本两方面来考虑。其中，旅客出行费用由旅客出行时间以及旅客单位时间价值确定，铁路运输成本主要由高速动车组 h 数来确定。

最大包络需求高速铁路列车开行方案 Ω 的旅客出行费用等于旅客出行时间和单位时间价值之积，而旅客出行时间包括乘车时间 τ_{jr}、换乘时间 τ_{jh} 和出行时间偏差 τ_{jc}，单位时间价值包括单位乘车时间 w_{jr}、换乘时间 w_{jh} 和出行时间偏差 w_{jc}，旅客出行费用表示为 $w_{jr}\tau_{jr}+w_{jh}\tau_{jh}+w_{jc}\tau_{jc}$。

高速铁路列车开行方案 Ω 的动车组小时数等于 $\sum_{T \in \Omega} t_T B_T/8$，注意到不同编组的列车占用线路能力相同，将铁路运输成本表示为折算动车组小时数 $\sum_{T \in \Omega} t_T \eta_T$，其中 η_T 为列车 T 的折算动车组数，当 $B_T=8$ 时，$\eta_T=1$；当 $B_T=16$ 时，$1<\eta_T<2$。

$$\min Z = \lambda(w_{jr}\tau_{jr} + w_{jh}\tau_{jh} + w_{jc}\tau_{jc}) + \mu \sum_{T \in \Omega} t_T \eta_T \tag{7-15}$$

s. t. 式(7-4)～式(7-14)

式中，τ_{jr}、τ_{jh}、τ_{jc} 由最大包络需求高速铁路列车开行方案 Ω 在对应列车网络上的客流分配确定。该优化目标权衡了旅客出行费用和铁路运输成本，表示了一个主从博弈：博弈的主体方为铁路运输企业，博弈的从属方为旅客，针对铁路运输企业制定的列车开行方案，选择自己的出行方式，产生旅客出行时间 τ_{jr}、τ_{jh}、τ_{jc}，可作为铁路企业的决策依据。下层规划采用客流分配体现旅客的集体选择行为。

3. 求解算法

最大包络需求高速铁路列车开行方案模型的求解主要分为三部分：一是在满足约束条

件的前提下构造初始解即初始高速铁路列车开行方案;二是基于当前开行方案构造时空换乘网络并进行客流分配,从而计算目标函数值;三是采用模拟退火算法,根据领域解的改进策略对当前方案进行改进,获得一个新的列车开行方案。重复第二到第三部分,直至获得一个满意的方案。关于该算法的具体实现以及相关参数设置在苏焕银、史峰、邓连波等的面向时变需求的高速铁路列车开行方案优化方法中有详细介绍,这里不进行具体阐述。模拟退火算法的框架展示如图 7-5 所示。

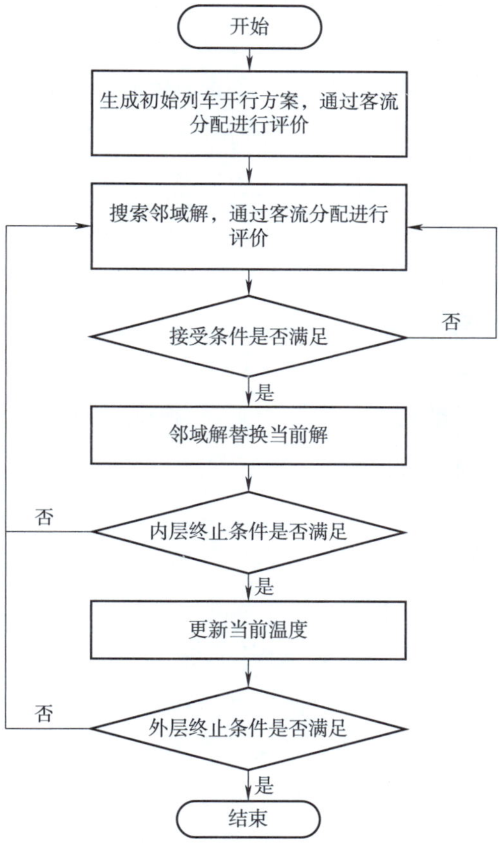

图 7-5　模拟退火算法框架

采用最大包络法获得一个总需求后,在上述约束条件和优化目标下,利用模拟退火算法即可求得一个满意的高速铁路列车开行方案 Ω。很显然,高速铁路列车开行方案 Ω 能满足任意一个需求日 $D_j(j \in J)$的需求。由于最大包络需求在各个 OD 对的需求总量达到或超过每一个需求日的需求量,因此在实际求解最大包络需求高速铁路列车开行方案时,可将各车站 $v \in V$ 的通过能力 C_v 适当扩大为 $C_v + \Delta C_v$,各区间 $e \in E$ 的全天通过能力 $C_e(D)$适当扩大为 $C_e(D) + \Delta C_e(D)$,其增量 ΔD、ΔC_v、$\Delta C_e(D)$的大小取决于最大包络需求与各个需求日的需求偏差等综合因素。基于最大包络需求高速铁路列车开行方案生成每一个需求日的高速铁路列车开行方案时，再按照实际可支配车站的全天通过能力 C_v 和区间的全天通过能力 C_e 进行约束。

7.2.4 不同需求日高速铁路列车开行方案协同优化模型

针对需求有差异的情况，协同优化高速铁路列车开行方案的目的是使得各日开行方案能提供与需求相匹配的运输能力，同时要使不同需求日间的列车开行方案具有很大的相似性，使得不同需求日的高速铁路运输组织能够平稳过渡。上述问题可通过先总后分的思路解决：在获得最大包络需求高速铁路列车开行方案后，结合需求日 $D_j(j\in J)$ 的实际需求对当日开行的列车进行选择组合，从而获得每个需求日的列车开行方案 $\Omega_j(j\in J)$。而如何结合 $D_j(j\in J)$ 的需求进行列车的选择组合，是协同优化问题中最为关键的一部分。

这里需要解决两个问题：一是如何衡量高速铁路运输组织能够平稳过渡；二是如何针对各个方案进行列车的选择组合。

在高速铁路列车开行方案协同优化问题中，并没有给出“平稳过渡不同需求日之间的列车运输组织”的量化标准。对于不同需求日 $D_j(j\in J)$，选择其中一个需求日为基准需求日（一般选择运用天数最多的需求日），记为 $D_1(1\in J)$。采用列车开行方案 $\Omega_j(j\in J)$ 公共列车集 $\bigcap_{j\in J}\Omega_j$ 的列车公里数与基准需求日列车开行方案 D_1 的列车公里数的比例来评价列车开行方案 $\Omega_j(j\in J)$ 的可平稳过渡的程度，我们称之为公共列车集比例，要求其满足下限 α 的约束。

对于结合需求进行列车选择组合的问题，可在满足资源限制及平稳过渡的条件下，对于每一个高速铁路列车开行方案 $\Omega_j(j\in J)$，结合该 D_j 日的时变需求强度分布函数 $f_{rs}^{j}(t)$ $((r,s)\in RS;t\in[t_1,t_2];j\in J)$，采用文献[5]中的客流分配方法确定。客流分配方法根据列车运行的时间信息，设计旅客出行的时空换乘网络，描述旅客的出行路径，设计旅客出行费用。不考虑高速铁路列车上的拥挤现象，将提前购票时间段划分成若干区间，将客流分配过程进行离散化处理，是一种考虑购票过程的客流分配方法。

对于多个列车方案 $\Omega_j(j\in J)$，均从最大包络需求列车开行方案中随机选择当日开行的列车，由被选择的列车构成的开行方案构造该方案的时空换乘网络并进行客流分配，从而计算目标函数值，若下一次列车的选择组合构成方案的目标函数值低于上一次列车的选择组合构成方案的目标函数值，则认为下一次的列车选择组合形式更优。

1. 约束条件

对于全体高速铁路列车开行方案 $\Omega_j(j\in J)$，其公共列车集的列车公里数所占比例必须满足规定标准。对于每一个 Ω_j，需要满足若干约束条件包括：公共列车集比例下限约束、Ω_j 为 Ω 的子方案约束，全天区间通过能力约束，车站始发和终到的列车总数约束。具体约束条件如下：

(1)公共列车集比例下限约束

对于全体列车开行方案 $\Omega_j(j\in J)$,公共列车集的列车公里数 $\sum_{T\in\bigcap_{j\in J}\Omega_j}|T|$ 占基准需求日 D_1(列车开行方案 Ω_1 的列车公里数 $\sum_{T\in\Omega_1}|T|$ 的比例满足下限 α 约束,即

$$\sum_{T\in\bigcap_{j\in J}\Omega_j}|T|/\sum_{T\in\Omega_1}|T|\geqslant\alpha \tag{7-16}$$

式中,$|T|$ 为列车 T 的公里数。

(2)Ω_j 为 Ω 的子方案约束

$$\Omega_j\subset\Omega \quad (j\in J) \tag{7-17}$$

(3)全天区间通过能力约束

记列车开行方案 Ω_j 全天进入区间 e 的列车数为 T_{je},T_{je} 受通过能力 $C_e(D)$ 的限制,即

$$T_{je}\leqslant C_e(D) \quad (e\in E;j\in J) \tag{7-18}$$

(4)车站始发和终到的列车总数约束

车站的始发和终到列车数不能超过车站始发终到能力 C_v 的限制,即

$$|\{T\in\Omega_j\,|\,v=v_1^T\}|\leqslant C_v \quad (v\in V;j\in J) \tag{7-19}$$

$$|\{T\in\Omega_j\,|\,v=v_{m(T)}^T\}|\leqslant C_v \quad (v\in V;j\in J) \tag{7-20}$$

2. 协同优化目标

协同优化的目标是每一个列车开行方案的旅客出行费用和铁路运输成本达到最小,这是一个多目标优化问题。各个需求日的重要程度一般由这些需求日的天数比例确定,因此只要以天数比例为权值,便可获得旅客出行费用加权总量和铁路运输成本的加权总量。进而,引入旅客出行费用和铁路运输成本的权重系数,对二者加权汇总,可将这个多目标优化问题转化为单目标优化问题。

类似于最大包络需求高速铁路列车开行方案 Ω 的优化目标,列车开行方案 Ω_j 的旅客出行费用等于旅客出行时间和单位时间价值之积,而旅客出行时间包括乘车时间 τ_{jr}、换乘时间 τ_{jh} 和出行时间偏差 τ_{jc},单位时间价值包括单位乘车时间 w_{jr}、换乘时间 w_{jh} 和出行时间偏差 w_{jc},旅客出行费用表示为 $w_{jr}\tau_{jr}+w_{jh}\tau_{jh}+w_{jc}\tau_{jc}$。

列车开行方案 Ω_j 的动车组小时数等于 $\sum_{T\in\Omega_j}t_TB_T/8$,注意到不同编组的列车占用线路能力相同,将铁路运输成本表示为折算动车组小时数 $\sum_{T\in\Omega}t_T\eta_T$,其中 η_T 为列车 T 的折算动车组数,当 $B_T=8$ 时,$\eta_T=1$;当 $B_T=16$ 时,$1<\eta_T<2$。

引入旅客出行费用和折算动车组小时数的权重系数为 λ、μ(权重系数 μ 包括了折算动车组小时数的单位成本),需求日 D_j 的天数比例为 $r_j(j\in J)$,满足 $\sum_{j\in J}r_j=1$。建立不同需求日高速铁路列车开行方案协同优化的双层规划模型如下:

$$\min Z=\sum_{j\in J}r_j\left[\mu\sum_{T\in\Omega_j}t_T\eta_T+\lambda(w_{jr}\tau_{jr}+w_{jh}\tau_{jh}+w_{jc}\tau_{jc})\right] \tag{7-21}$$

s. t. 式(7-16)～式(7-20)

其中，τ_{jr}、τ_{jh}、τ_{jc} 由开行方案 Ω_j 对应列车网络上的客流分配确定。上述双层规划模型表示了一个主从博弈，博弈的主体方为铁路运输企业，根据旅客的反应(τ_{jr}、τ_{jh}、τ_{jc} 的值)协同优化不同需求日的列车开行方案 $\Omega_j(j\in J)$，优化目标不仅权衡了旅客出行费用和铁路运输成本，还按照需求日的天数比例权衡了各个需求日的费用；博弈的从属方为旅客，需求日 D_j 的旅客针对铁路运输企业制定的列车开行方案 Ω_j，选择自己的出行方式，产生旅客出行时间 τ_{jr}、τ_{jh}、τ_{jc}，作为铁路企业的决策依据。下层规划基于列车开行方案 Ω_j 采用客流分配，体现旅客的集体选择行为，客流分配方法见文献[5]。

3. 高速铁路列车开行方案协同优化模型的转化

为了方便求解协同优化的双层规划模型，由式(7-16)、式(7-18)～式(7-20)构建罚函数

$$P_1=\max\left\{0,\alpha-\sum_{T\in\bigcap_{j\in J}\Omega_j}|T|/\sum_{T\in\Omega_1}|T|\right\}$$

$$P_2=\sum_{j\in J}\sum_{e\in E}\max\{0,T_{je}-C_e(D)\}$$

$$P_3=\sum_{j\in J}\sum_{v\in V}\max\{0,|\{T\in\Omega_j\mid v=v_1^T\}|-C_v\}$$

$$P_4=\sum_{j\in J}\sum_{v\in V}\max\{0,|\{T\in\Omega_j\mid v=v_{m(T)}^T\}|-C_v\}$$

将原双层规划模型转化为罚函数双层规划模型如下：

$$\min Y=Z+\sum_{k=1}^{4}M_kP_k \tag{7-22}$$

s. t. 式(9-17)

式中，计算 Z 用到的 τ_{jr}、τ_{jh}、τ_{jc} 由列车开行方案 Ω_j 对应列车网络上的客流分配确定。

模型中罚因子 $M_k(k=1,\cdots,4)$ 均为充分大的常数，当 M_k 趋近于无穷大时，罚函数双层规划模型与原双层规划模型等价。

7.3 列车开行方案协同优化的遗传算法设计

不同需求日高速铁路列车开行方案协同优化双层规划模型的上层实际是最大包络需求列车开行方案 Ω 中的列车在每个列车开行方案 Ω_j 中是否被选择的问题，实际是确定方案 Ω 中的列车是否在 Ω_j 中开行，即一个关于列车变量是否选择的 0-1 问题，因此协同优化双层规划模型上层问题的实质是多个整数变量求解，是一个 NP 难问题。可根据列车开行方案协同优化问题的特点，设计遗传算法进行求解：首先根据最大包络需求列车开行方案，由初

始种群产生多个个体，代表多个可行的不同需求日列车开行方案的组合，然后通过优胜劣汰，得到最后采用的不同需求日的高速铁路列车开行方案。协同优化模型的下层规划是多个列车开行方案 Ω_j 的客流分配，体现旅客的集体选择行为，采用考虑购票过程的客流分配方法求解。

7.3.1　协同优化问题的遗传算法设计

1. 遗传算法概述

遗传算法萌生于 50 年代后期，是一种模仿生物进化过程的最优化计算的技术。遗传算法实现了用数学方法模拟自然现象中的优胜劣汰，通过选择、交叉、变异等机制，产生适应度更强的个体，加快了解的搜索速度，具有较好的适用性宽、灵活性强等特点，目前已被广泛应用到机器学习、经济预测、经济学、社会学等领域。遗传算法主要具有以下特点：

(1)群体搜索特性，遗传算法的初始解起始于可行的群体，不容易陷入局部最优；而传统算法的解起始于单个点，容易陷入局部最优。

(2)对问题的依赖性小，不需要辅助信息，只是通过适应度函数来影响搜索方向与解。

(3)通过选择、交叉、变异等模拟生物进化的机制，具有内在启发式随机搜索的性质。

(4)遗传算法通过一定的概率来实现规则，而不是固定的来实现规则。

遗传算法的设计涉及基因的编码方式、适应度评估函数、选择机制、交叉机制、变异机制、算法终止条件等重要环节。针对特定的优化问题，采用不同的设计方案会具有不同的优化效果。

不同需求日高速铁路列车开行方案协同优化遗传算法框架如图 7-6 所示。下面将针对其中关键环节设计相应的解决方案。

2. 编码方案

列车开行方案协同优化问题中的列车选择组合问题，实际是确定最大包络需求高速铁路列车开行方案 Ω 中的列车是否在各需求日高速铁路列车开行方案 $\Omega_j(j\in J)$ 中开行，是一个关于列车变量是否选择的 0-1 问题。因此，将最大包络需求高速铁路列车开行方案 Ω 中的每列列车在各方案 $\Omega_j(j\in J)$ 中是否选择的次序作为染色体。

对于 $\Omega_j\subset\Omega$，罚函数双层规划模型的决策变量可以用 0-1 变量来描述，即

$$g_{ij}=\begin{cases}0,\text{若 } T_i\notin\Omega_j\\1,\text{若 } T_i\in\Omega_j\end{cases}\quad(i=1,2,\cdots,N;j\in J)\tag{7-23}$$

其中，N 表示最大包络需求开行方案 Ω 的列车数，并且 $\Omega=\{T_i\,|\,i=1,2,\cdots,N\}$。

以列车 $T_i\in\Omega$ 是否属于列车开行方案 Ω_j 的 0-1 决策变量 g_{ij} 为基因位，获得求解列车开行方案 $\Omega_j(j\in J)$ 的基因编码，编码采用二进制。

$$p=\{g_{11},g_{21},\cdots,g_{N1}\,|\,g_{12},g_{22},\cdots,g_{N2}\,|\cdots|\,g_{1J},g_{2J},\cdots,g_{NJ}\}\tag{7-24}$$

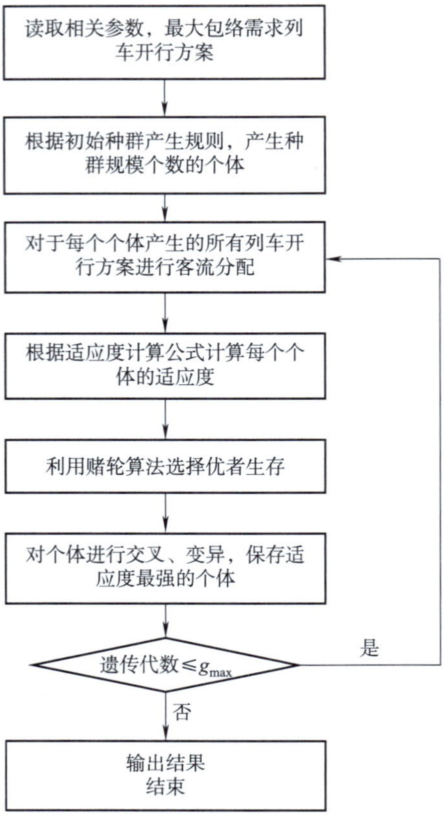

图 7-6　不同需求日高速铁路列车开行方案协同优化问题的遗传算法框架示意

例如 110010 代表高峰日开行最大包络方案中的第一、第二列列车，而平峰日仅开行该方案中的第二列列车。相应地，目标函数 Y 是决策变量 p 的函数，也可表示为 $Y(p)$。

3. 适应度函数

不同需求日高速铁路列车开行方案协同优化目标是一个求最小化的非负数，其值越小时系统费用更低，获得的解越优。对于遗传算法而言，用适应度来衡量个体适应能力的强弱，个体的适应度越大其适应能力越强，其在种群中遗传到下一代群体中的机会就越大。适应度函数要能够反映出目标函数的大小关系并且不宜为负值。对于每一个不同需求日高速铁路列车开行方案协同优化的方案，通过对多个列车开行方案下层的客流分配可以求得每个需求日对应的旅客出行费用，每一个确定的列车开行方案 Ω_j 可以获得其具体开行的列车从而获得方案 Ω_j 对应的铁路运输成本，进而可以求得系统总费用，总费用总是大于 0 的。以目标函数 $Y(p)$ 的倒数设计基因编码 p 的适应度函数 $f(p)$，即

$$f(p)=1/Y(p) \tag{7-25}$$

该适应度函数是非负的，同时目标函数值 $Y(p)$ 越小，适应度函数 $f(p)$ 值越大，对应的解也具有更高的适应度。

4. 选择机制

遗传算法从父代群体中选择包含优良遗传基因的优胜个体进行遗传，其中最重要的衡量指标是个体的适应度值，当个体的适应度越强时其包含优良基因的可能性越大。因此选择机制通常是建立在适应度评价的基础上，通常有适应度比例方法、随机遍历抽样法、局部选择法等方法。对于不同需求日高速铁路列车开行方案协同优化问题我们采用轮盘赌法对个体进行选择。

采用轮盘赌法则进行选择，个体 p 被选中的概率

$$F(p)=f(p)/\sum_{q\in POP}f(q)=\frac{1}{Y(p)}\sum_{q\in POP}[1/Y(q)] \tag{7-26}$$

确定每个不同需求日高速铁路列车开行方案协同优化的方案被选中概率后，重复随机生成[0,1]间的数，根据该值大小的区间范围确定被选择的不同需求日高速铁路列车开行方案协同优化的方案。因为是可重复的选择，更佳的不同需求日高速铁路列车开行方案协同优化的方案因为被选择的概率更大，可以被多次选择从而获得更多交叉产生下一代的机会。

5. 交叉法则

在遗传算法中，通过交叉机制把两个父代个体通过替换重组，随机交换基因生成新的个体，使得遗传算法的搜索能力得以提高。常用的交叉方式有单点交叉法、多点交叉法、均匀交叉法等，针对本文研究的问题，采用单点交叉法则对个体进行操作。

对于每一个子代的不同需求日高速铁路列车开行方案协同优化的方案，其基因来自父代两个的不同需求日高速铁路列车开行方案协同优化的方案，这两个父代由遗传算法的选择机制选择，随机生成$[1,N*J]$之间的整数 p_x，在交叉点 p_x 以给定概率 p_c 对遗传个体进行单点交叉操作。即对于两父代个体 p_a、p_b

$$p_a=\{g_{11},g_{21},\cdots,g_{N1}|g_{12},g_{22},\cdots,g_{N2}|\cdots|g_{1J},g_{2J},\cdots,g_{NJ}\} \tag{7-27}$$

$$p_b=\{e_{11},e_{21},\cdots,e_{N1}|e_{12},e_{22},\cdots,e_{N2}|\cdots|e_{1J},e_{2J},\cdots,e_{NJ}\} \tag{7-28}$$

假设 $p_x=N$，则其通过上述的交叉操作后，产生的子代个体 p_{na}、p_{nb} 表示为

$$p_{na}=\{g_{11},g_{21},\cdots,e_{N1}|e_{12},e_{22},\cdots,e_{N2}|\cdots|e_{1J},e_{2J},\cdots,e_{NJ}\} \tag{7-29}$$

$$p_{nb}=\{e_{11},e_{21},\cdots,g_{N1}|g_{12},g_{22},\cdots,g_{N2}|\cdots|g_{1J},g_{2J},\cdots,g_{NJ}\} \tag{7-30}$$

6. 变异机制

遗传算法通过引入变异机制能提高局部的随机搜索能力，同时能保持群体的多样性以防止出现为未成熟的收敛现象。通过交叉选择机制产生的子代个体，对个体中的编码基因逐一以给定概率进行变异操作。

针对不同需求日高速铁路列车开行方案协同优化的具体问题以及编码的表示形式，对于个体 p 上的每一位基因以给定概率 p_m 逐一对其进行变异操作，即对每一位基因，随机生成[0,1]之间的随机数，若其大于 p_m，则原基因为0则变异为1，1则变异为0。对于上述操

作，其代表的实际问题就是：对应基因上代表的列车在列车开行方案中，在不被选择状态和被选择状态的切换。

7. 初始种群

一般而言，遗传算法的初始种群多采用随机方法生成，这样一般能遍历更多的个体。但是遗传算法的交叉操作对初始种群有较高的依赖性，因此初始种群影响着遗传算法性能的好坏。同时对于不同需求日高速铁路列车开行方案协同优化问题，由于其下层是多个客流分配的问题，随机生成的个体大多不满足客流需求条件，目标函数值尤其大，同时多次随机生成会增大客流分配的计算量，降低算法的效率。因此，针对本文对列车开行方案协同优化的问题，采用特定的方法生成初始种群。

协同优化问题采用的基因编码方法虽然能使约束条件式(7-17)得到满足，使罚函数双层规划模型变成无约束优化问题，但事实上的约束是存在的，应该在尽可能满足约束条件、考虑目标函数最优性的条件下随机生成初始种群。

(1)针对约束条件式(7-16)，对于 $j \in J \backslash \{1\}$，要求初始种群满足 $g_{ij}=g_{i1}=1$ 的 i 达到比例 $\alpha\beta(0<\beta\leqslant 1)$。表明基准开行方案 Ω_1 中至少有比例为 $\alpha\beta$ 的列车包含在其他需求日的列车开行方案 Ω_j 之中。

(2)针对约束条件式(7-18)～式(7-20)，生成初始种群时只要求在一定精度上得到满足。一方面不严格满足约束条件能扩大解的提高搜索能力；另一方面也难于寻找严格满足各项约束的可行解。

(3)针对目标函数最优性，在给定平均客座率标准的基础上，将不同需求日的人公里数换算成动车组公里数，为不同需求日配备相应的运输能力。

上述初始种群的生成方法既适当考虑了约束条件和目标函数的最优性，又避免了下层规划客流分配的大计算量。

8. 算法终止条件

遗传算法常用的终止条件用两种形式，一种是给定遗传代数，无论收敛与否，只要达到预定的总代数时终止算法运行；另一种是在给定的遗传代数内，如果当前目标函数值的变化幅度不超过给定的 $\varepsilon>0$，则终止算法运行。不同需求日高速铁路列车开行方案协同优化问题，采用给定遗传代数的终止条件。

7.3.2 遗传算法的具体求解步骤

综上所述，形成不同需求日高速铁路列车开行方案协同优化的遗传算法步骤如下：

算法 7-1 不同需求日高速铁路列车开行方案协同优化遗传算法

输入 高速铁路网络 $G=(V,E)$，高速网络运营时间范围为 $[t_1,t_2]$。车站 $v\in V$ 的始发终到能力为 C_v，区间 $e\in E$ 的全天通过能力为 $C_e(D)$，单位时间 Δt 的通过能力 $C_e(\Delta t)$。需

求日 $D_j(j\in J)$的全天 OD 需求量为 $q_{rs}^{j}((r,s)\in RS;j\in J)$，时变需求强度分布函数 $f_{rs}^{j}(t)$ $[(r,s)\in RS,t\in[t_1,t_2];j\in J]$。以及最大包络需求方案 Ω，旅客出行费用参数 w_{jr}、w_{jh}、w_{jc}，以及旅客出行费用和折算动车组小时数的权重系数为 λ、μ，需求日 D_j 的天数比例 r_j，交叉概率 p_c，变异概率 p_m 以及种群规模 $n_{\max}$ 和遗传代数 $g_{\max}$。

输出　各个需求日的列车开行方案，各方案的费用以及系统总费用。

开始

从不同需求日高速铁路列车开行方案协同优化的初始解生成办法随机生成初始解集 $pop(1)$；

采用考虑购票过程的客流分配方法计算初始种群所有个体的旅客出行费用和铁路运输成本，使用式(7-22)计算每个个体的总费用；以公式(7-25)计算 $pop(1)$ 中所有个体的适应度函数 $f(pop(1))$；

开始 1

以 $pop(g)$ 中 $f(pop(g))$ 最大值的解作为当前的最优解，然后开始下一代 $pop(g+1)$；

开始 2

根据适应度 $f(pop(g))$ 以轮盘赌法的选择从种群 $pop(g)$ 中选择一个个体 $pop(g)_f$；

根据适应度 $f(pop(g))$ 以轮盘赌法的选择从种群 $pop(g)$ 中选择一个个体 $pop(g)_m$；

随机生成一个交叉点 p_x 以给定概率 p_c 对 $pop(g)_f$、$pop(g)_m$ 进行单点交叉操作，生成子代个体 $pop(g)_{nf}$、$pop(g)_{nm}$；

对于子代个体 $pop(g)_{nf}$、$pop(g)_{nm}$ 中的每一位编码以概率 p_m 进行变异操作；

将 $pop(g)_{nf}$、$pop(g)_{nm}$ 加入 $pop(g+1)$ 中；

结束 2

当 $pop(g+1)$的种群规模小于 $n_{\max}$时，返回到 2；

采用考虑购票过程的客流分配方法计算初始种群所有个体的旅客出行费用和铁路运输成本，使用公式(7-22)计算每个个体的总费用；以公式(7-25)计算 $pop(g+1)$中所有个体的适应度函数 $f(pop(g+1))$；

结束 1

当 $g_{\max}<g$ 时，返回到 1；

输出 $pop(g_{\max})$中 $f(pop(g_{\max}))$适应度最大的解，解码将其还原成不同需求日高速铁路列车开行方案输出。

结束

7.4 算例分析

7.4.1 算例构建

以京沪高速铁路为背景，协同优化两个需求日的列车开行方案。京沪高铁线路上 23 个车站，车站排列顺序与区间里程如图 7-7 所示。区间全天通过能力设置为 140 对列车，区间在时段 $\Delta t=1$ h 的通过能力为 10 对列车，列车停站及启停附加时间 $t_v^{stop}=7$ min。以该线路某周一和某周五为两个需求日，以这两日实际出行客流量为出行需求(仅限于路径在本线上的列车载客量，跨线列车上的客流除外)。其中周一的客流总量为 131 842 人，周五的客流总量为 174 301 人，以这两日的小时出行量为时变需求强度分布(两日及最大包络的 OD 需求因篇幅限制，未列出时变的 OD 信息)。根据张琳奇等人在高速铁路节假日列车开行方案优化研究的相关参数设置，设置最大包络需求开行方案及开行方案协同优化的目标函数中的参数 $\mu=1\ 000$，$\lambda=1$，旅客出行单位时间价值 $w_{jr}=1$ 元/min，$w_{jh}=2$ 元/min，$w_{jc}=3$ 元/min，16 辆编组列车运行时间成本系数 $\eta_T=1.5$，8 辆编组的成本系数 $\eta_T=1$。

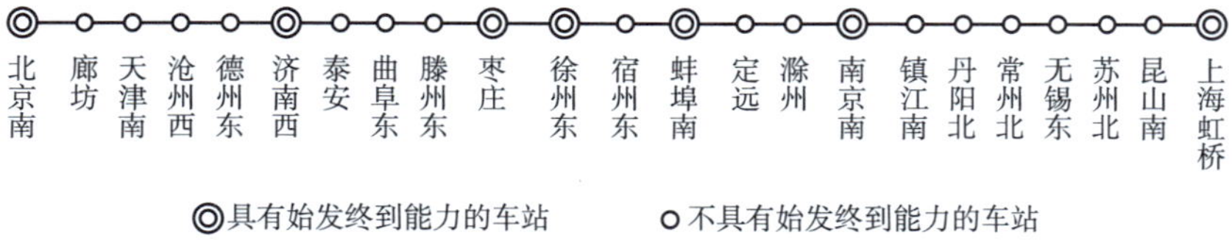

图 7-7 京沪高速铁路线路

7.4.2 求解结果

首先基于最大包络法获得两日的最大包络需求，按照这两日每小时的需求量的最大值求得最大包络需求，总量为 185 128 人(未列出最大包络后的时变 OD 客流信息)。采用第三章介绍的最大包络需求列车开行方案求解算法，求得最大包络需求开行方案，其列车运行方案图如图 7-8、图 7-9 所示，图中实心点表示列车的始发终到站，空心点表示列车停靠站。

在求得上述最大包络需求高速铁路列车开行方案后，采用遗传算法求解两需求日(周一、周五)的列车开行方案。

在不同需求日高速铁路列车开行方案协同优化的遗传算法中，设置遗传算法的种群个数为 50，迭代次数设置为 500 代，交叉概率 $p_c=0.618$，变异概率 $p_m=0.03$，协同优化模型中的比例天数 $r_1=r_2=0.5$。分别针对公共列车集比例下限 $\alpha=0.9$、$\alpha=0.8$ 协同优化出两套列车开行方案，并相应地记为优化方案 1 和优化方案 2。其中，优化方案 1 中周一列车开行方案的上下行方向的运行方案图分别如图 7-10 和图 7-11 所示，优化方案 1 中周五列车开行方案的上下行方向的运行方案图分别如图 7-12 和图 7-13 所示，图中实心点表示列车的始发终到站，空心点表示列车停靠站，其中红色运行线表示在周一和周五列车开行方案中均开行的列车，蓝色运行线表示只在周一或只在周五列车开行方案中开行的列车。

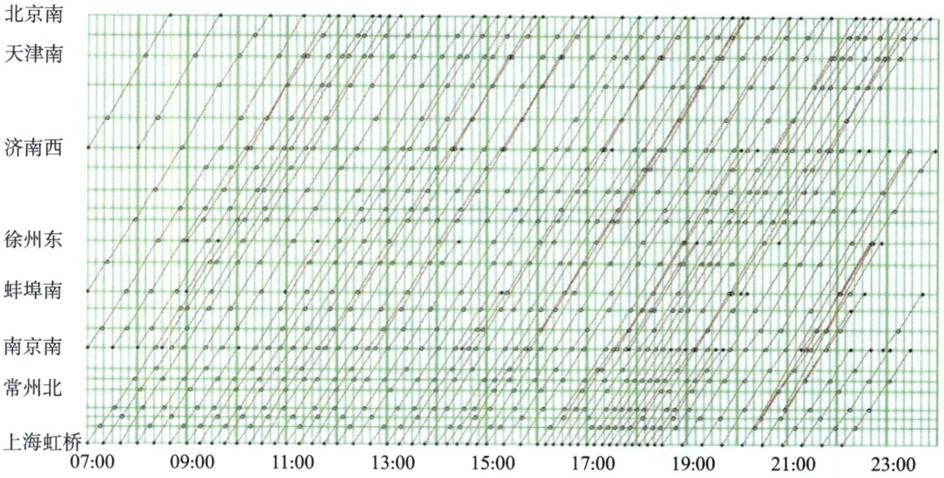

图 7-8　最大包络需求列车开行方案的列车运行方案示意(上行方向)

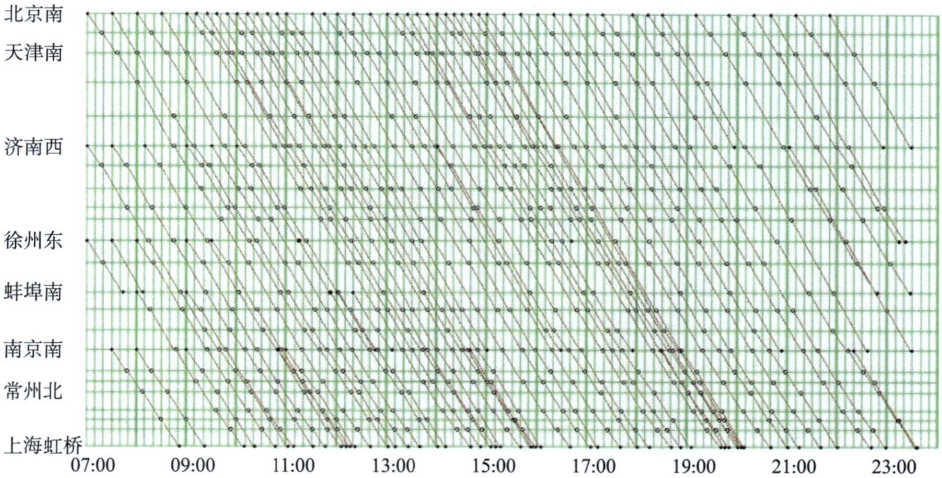

图 7-9　最大包络需求列车开行方案的列车运行方案示意(下行方向)

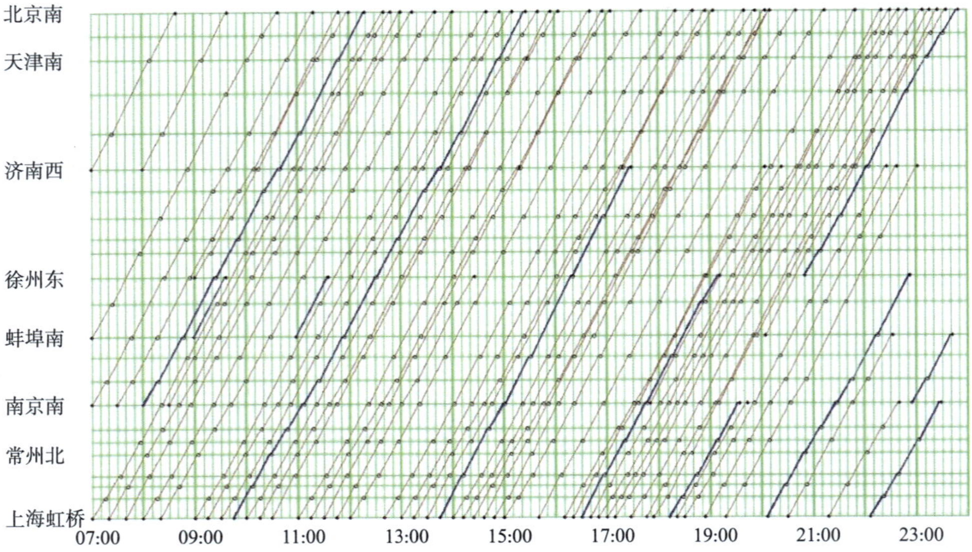

图 7-10　周一列车开行方案的列车运行方案示意(上行方向)

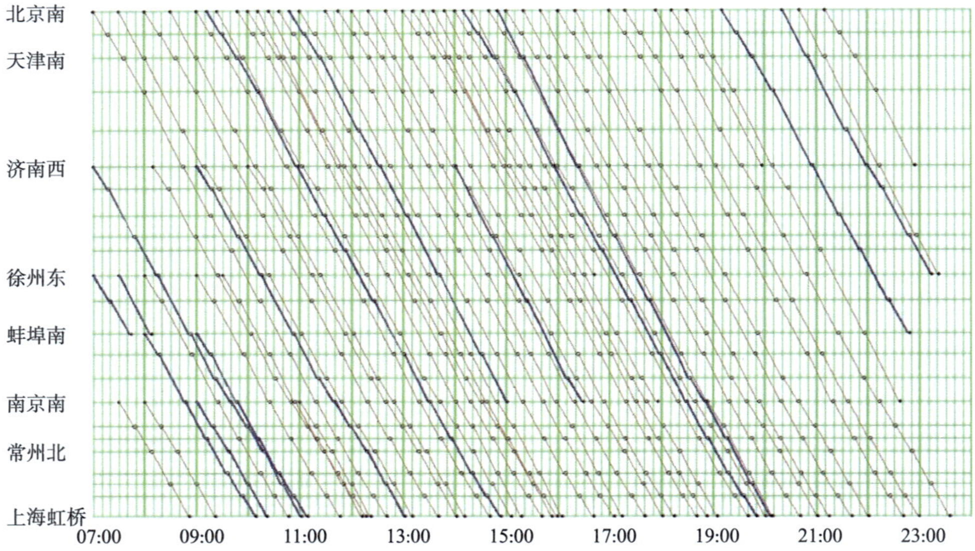

图 7-11　周一列车开行方案的列车运行方案示意(下行方向)

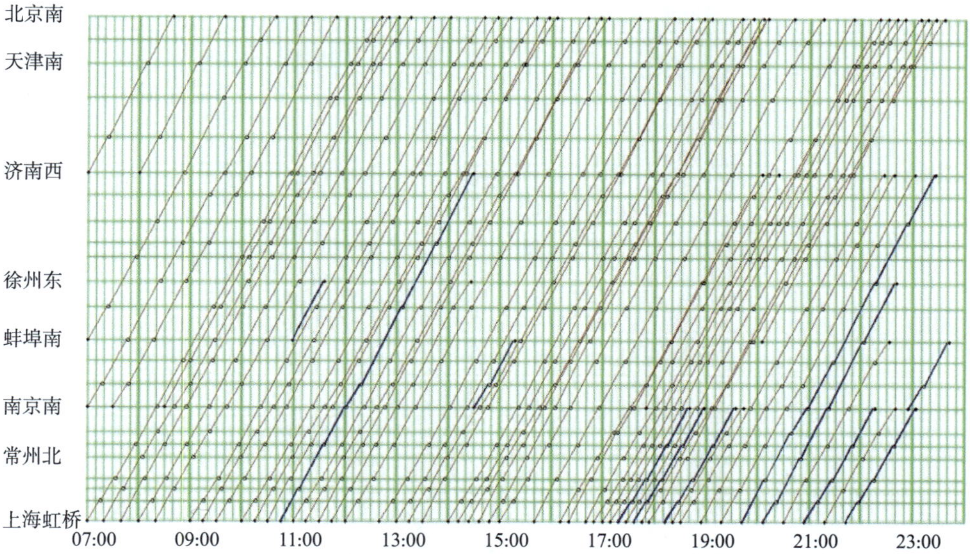

图 7-12　周五列车开行方案的列车运行方案示意(上行方向)

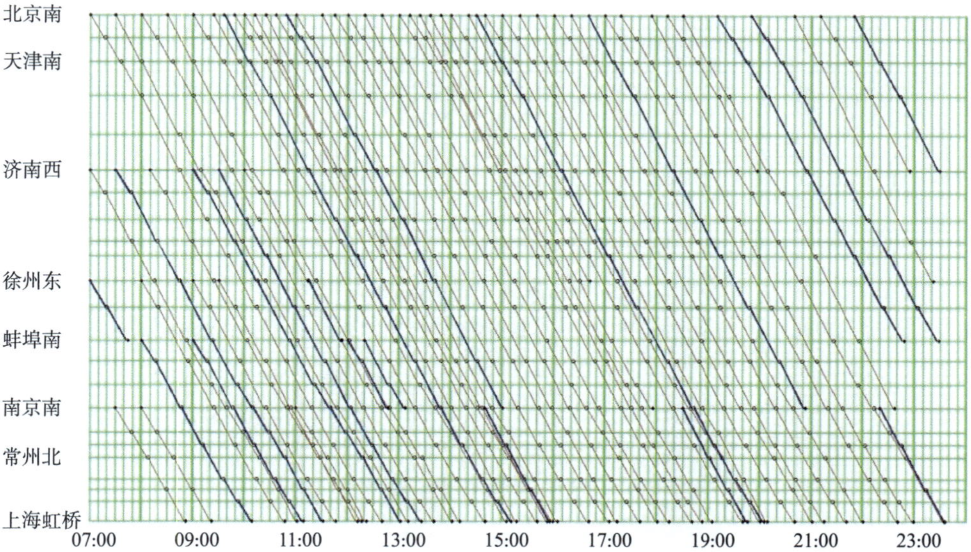

图 7-13　周五列车开行方案的列车运行方案示意(下行方向)

协同优化列车开行方案的遗传算法采用 C# 编程实现，其运行环境是主频为 3.20 GHz、内存为 4 GB、CPU 为双核的计算机，程序运行时间大约为 10 h，优化方案 1 的收敛过程如图 7-14 所示(优化方案 2 具有与之类似的收敛过程以及运行时间)，表明算法具有较好的收敛效果。

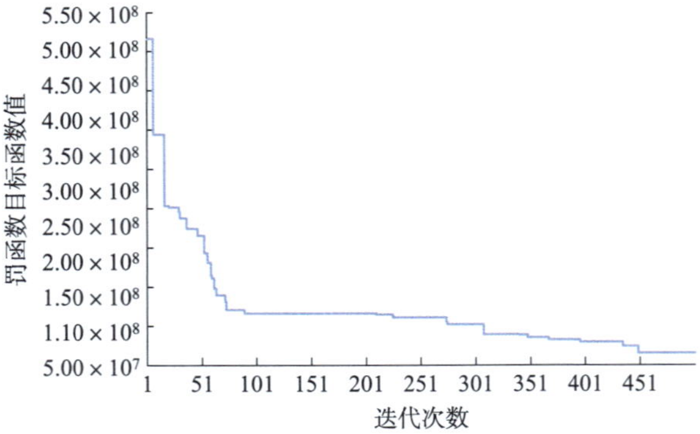

图 7-14　搜索方案收敛示意

7.4.3　结果分析

优化方案 1、优化方案 2 中各开行方案对应的各项评价指标分别展示在表 7-2 及表 7-3 中。见表 7-2、表 7-3，对目标函数的各项费用，以及各需求日列车开行方案以及算法的各项特征分析如下：

表 7-2　优化方案 1 评价指标($\alpha=0.9$)

方案	运行成本/(组·h)	旅客出行费用/万元	剩余客流量	列车总数/列	出发时间偏差/min	平均客座率/%
包络方案	799.1	2.91×10^3	0	154	23.25	67.07
周一方案	678.1	2.24×10^3	0	121	18.39	72.44
周五方案	702.1	2.82×10^3	0	127	24.32	71.86

表 7-3　优化方案 2 评价指标($\alpha=0.8$)

方案	运行成本/(组·h)	旅客出行费用/万元	剩余客流量	列车总数/列	出发时间偏差/min	平均客座率/%
包络方案	799.1	2.91×10^3	0	154	23.25	67.07
周一方案	597.1	2.11×10^3	0	115	22.56	73.07
周五方案	682.3	2.78×10^3	0	123	24.99	74.25

1. 协同优化列车开行方案算法的合理性

见表 7-2、表 7-3，无论 $\alpha=0.9$ 还是 $\alpha=0.8$ 获得的优化方案，最大包络需求列车开行方案、周一、周五列车开行方案的剩余客流量均为 0，也就是说所有的开行方案均满足了当日旅客的出行需求。同时注意到，每个列车开行方案的旅客平均出行时间偏差均在 30 min 以内，说明优化出来的每一个列车开行方案均能较好地吻合高速铁路旅客的出行时变性。

2. 公共列车集比例下限参数 α 对优化方案的影响

优化方案 1 与优化方案 2 相比，公共列车集比例下限 α 从 0.9 降到 0.8。在优化方案 1 中，周五列车开行方案与周一列车开行方案的公共列车集比例为 0.91；在优化方案 2 中，周五列车开行方案与周一列车开行方案的公共列车集比例为 0.81；两个优化方案的公共列车集比例均满足了下限 α 的限制，能很好地实现运输组织要求的平稳过渡。

同时周一列车开行方案的总费用由优化方案 1 中的 6.32×10^7 到优化方案 2 中的 5.69×10^7，下降了 0.63×10^7。其中，动车组小时数由 678.1 组·h 下降到 597.1 组·h，列车总数由 121 列减少到 115 列，旅客平均出发时间偏差由 18.39 min 增加到 22.56 min，旅客出行总费用由 2.24×10^3 万元减少到 2.11×10^3 万元，客座率由 71.86% 增加到 74.07%。

周五列车开行方案的总费用由优化方案 1 中的 7.03×10^7 到优化方案 2 中的 6.97×10^7，下降了 0.05×10^7。其中，动车组小时数由 702.1 组·h 下降到 682.3 组·h，列车总数由 127 列减少到 123 列，旅客平均出发时间偏差由 24.32 min 增加到 24.99 min，旅客出行总费用由 2.82×10^3 万元减少到 2.78×10^3 万元，客座率由 72.44%增加到 73.25%。

从优化方案 1 到优化方案 2，公共列车集比例在下降时，总费用及各项费用会有相应变化。采用相同的参数，多次计算均有上述性质。通过提高公共列车集比例下限 α，可以获得开行方案间的更大列车公共交集，但是会增加各方案的总费用。可根据实际需要，调整 α 的值，获得满意的方案。

3. 需求对列车开行方案的影响

不论是哪一个优化方案，最大包络需求开行方案的各项费用比周一、周五列车开行方案更高一些，但是平均客座率都是最低的。这是由于最大包络需求是由周一、周五各日需求通过最大包络获得的，需求相比而言有所放大，得到的列车开行方案能力也会有所富余。周一列车开行方案与周五列车开行方案相比，铁路企业运行成本及旅客出行费用均有所减少，这是因为周一客流需求小于周五客流需求。这充分说明了不同需求日高速铁路列车开行方案协同优化模型结合各日实际需求优化的效果明显。

结合以上分析，优化方案 1 及优化方案 2 得到的各个需求日的列车开行方案均能满足当日的实际需求，同时能保证规定的公共列车集下限，从而实现运输组织的平稳过渡。算例分析表明，针对不同需求日高速铁路列车开行方案协同优化的方法设计合理，且算法具有较好收敛性。

参 考 文 献

[1] 张琳奇，聂磊，付慧伶，等．高速铁路节假日列车开行方案优化研究[J]. 铁道运输与经济，2017，39(11)：57-62.

[2] 杜文．旅客运输组织[M]. 北京：中国铁道出版社，2012.

[3] 楼斌．客运专线高速列车开行方案研究[D]. 北京：北京交通大学，2012.

[4] 苏焕银，史峰，邓连波，等．面向时变需求的高速铁路列车开行方案优化方法[J]. 交通运输系统工程

与信息，2016，16(5):110-116.

[5] SU H Y，SHI F，XU G M，et al. Schedule-based passenger assignment for high-speed rail networks considering the ticket-booking process[J]. Mathematical Problems in Engineering，2016:1-15.

[6] 付慧伶，聂磊，杨浩，等．基于备选集的高速铁路列车开行方案优化方法研究[J]．铁道学报，2010，32(6):1-8.

[7] KASPI M，RAVIA T. Service-oriented line planning and timetabling for passenger trains [J]. Transportation Science，2013，47(3):295-311.

[8] FU H L，NIE L，MENG L，et al. A hierarchical line planning approach for a large-scale high speed rail network: The China case[J]. Transportation Research Part A: Policy and Practice，2015，75:61-83.

[9] SZETO W Y，JIANG Y. Transit route and frequency design: Bi-level modeling and hybrid artificial bee colony algorithm approach[J]. Transportation Research Part B: Methodological，2014，67(9):235-263.

[10] BOMDÖRFER R，GRÖTSCHEL M，Pfetsch M E. A Column-generation approach to line planning in public transport[J]. Transportation Science，2007，41(1):123-132.

[11] SCHöBEL A. Line planning in public transportation: models and methods[J]. OR Spectrum，2012，34(3):491-510.

[12] BUSSIECK M R，KREUZER P，Zimmermann U T. Optimal lines for railway systems[J]. European Journal of Operational Research，1997，96(1):54-63.

[13] CLAESSENS M T，VAN DIJK N M，ZWANEVELD P J. Cost optimal allocation of rail passenger lines [J]. European Journal of Operational Research，2007，110(3):474-489.

第 8 章 面向多日需求的高速铁路列车开行方案鲁棒优化

在高速铁路的实际运营组织中，为某段运营日的需求制订列车开行计划，通常这段时间内的多个运营日需要实施同一套开行方案。若依据每个运营日的需求设计实施“一日一开行方案”，将频繁调整开行列车，给旅客出行时间的安排带来困扰，铁路客运部门需要在短时间内调整方案，给工作带来不便和难度。显然，如果依据实施同一开行方案的多个运营日需求的平均值或者某一日的需求安排开行计划，无法使其适应需求的波动。目前铁路客运企业分别针对工作日、周末、节假日制定和实施不同的列车开行方案，采用“日常线＋周末线＋高峰线”的模式，即在日常线的基础上根据周末、节假日的实际需求临时增减一些列车。然而，出行需求属于同一类型的各运营日在需求总量及其全天时空分布上仍然存在差异。因此，有必要在将计划实施期内各运营日的出行需求进行聚类分析的基础上，面向出行需求属于同类型并且需要实施同一开行方案的多个运营日的客流需求优化列车开行方案，使其能够有效地适应多日的差异化需求。本章介绍基于多日差异化需求的列车开行方案鲁棒优化问题，以确定实施于多个运营日的同一列车开行方案能够有效地适应各运营日的差异化需求。

8.1 高速铁路列车开行方案鲁棒优化问题分析

本章将详细阐述高速铁路客流需求情景集、候选列车集的生成方法，为后续构建鲁棒优化模型提供前提和理论支持。

8.1.1 客流需求情景集

1. 多日客流需求的出行总量和时空分布差异

在某个计划实施期内各个运营日客流需求的波动难以确定，而且不仅在需求总量上有差异，在时空分布上也具有显著差异性。如图 8-1 所示，以石济高铁线路上石家庄—石家庄东等几个 OD 对为例，各运营日的客流需求均有一定波动。图 8-2 展示了石家庄站—齐河站的客流需求在各运营日及其各个时段内的波动情况，可知对于某些 OD 并不是每个时段都存在出行需求。一般情况下，客流需求呈明显的小时变化特征，存在显著的出行高峰、平峰和低峰时段。由于旅客出行目的和距离等差异，每对起讫点之间的需求大小都会随时间发生变化。因此优化列车开行方案需要进一步考虑旅客对出行时间的需求，即时变需求，通常表示为每个时间段的出行需求。从空间和时间两个角度对列车开行方案进行优化，能够保证所得方案实施于各运营日的效果更优。

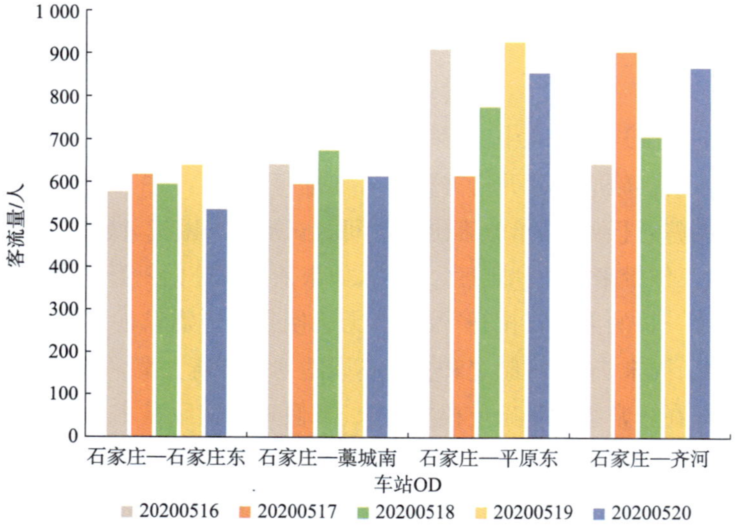

图 8-1　各运营日下同一 OD 客流量的波动情况

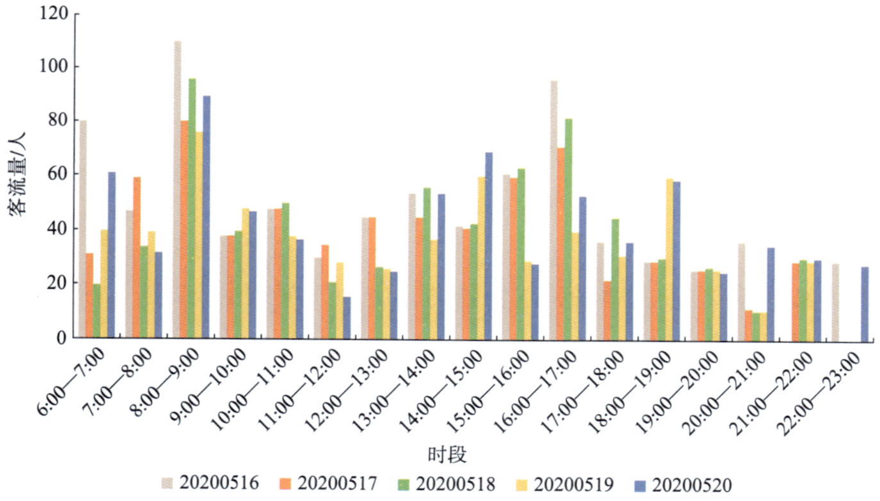

图 8-2　石家庄站—齐河站的时变需求示意

2. 客流需求情景集的获取

本章在将计划实施期内各运营日的需求进行聚类分析，获得实施同一列车开行方案的多个运营日客流需求的基础上，将每个运营日需求的总量及其时空分布描述为一种需求情景，构造多日的需求情景集合，记为 R，即表示未来这些运营日的客流波动情况。多日需求情景集 R 可以结合 OD 客流预测与基于高速铁路售票统计数据的客流出行分布规律的分析获得，即首先借助于历史售票数据分析拟合各 OD 客流在不同运营日与全天不同时段的概率分布，进而将预测获得的各 OD 出行需求量按此概率分布分散到各运营日以及各时段即可。在实际应用中，可以采用铁路客运部门各运营日的客运量实际数据或者对客流进行准确预测，将结果作为模型的输入量进行优化。

在任意需求情景 $r\in R$ 内，每个 OD 需求具有显著的时变特征。简便起见，将旅客全天出行时间范围划分为等时间长度，如 0.5 h、1 h 的多个需求时段。记 M 为需求时段总数，对于其中第 $m=1,2,\cdots,M$ 个时段，记 t_1^m，t_2^m 分别为其起始时刻与终止时刻。对于情景 $r\in R$，记 $Q_{i,i'}^{r,m}$ 为起点 i 至终点 i' 的需求在时段 m 的出行量，其期望出发时间统一假定为时段 m 的中间时刻值，为 $\mu_m=(t_1^m+t_2^m)/2$。

8.1.2 适应多日需求情景的候选列车集

1. 候选列车集的生成原则和方法

候选列车集由若干开行路径和开行时间范围已确定的列车组成，将其作为优化列车开行方案的基础，不仅能确保开行的列车更符合实际要求，同时有助于降低优化问题的求解难度。针对某一天的客流需求，候选列车集的生成通常是先将不具备始发终到条件的车站之间的客流归并到邻近具有始发终到条件的车站，然后以具有始发终到条件的车站作为候选列车的起讫点，并依据车站始发终到能力、起讫点间客流分布、列车定员、线路运输能力等限制大致确定候选列车数量及其开行路径与开行时段。需要注意的是，若车站 OD 间的客流量较少不需要再开行一列列车，则将其归结到同一开行路径上的其他列车中，在之后优化停站计划的过程中为这部分旅客的出行需求选择列车停站；考虑到某些城市的经济水平、地理位置和人文资源等因素，根据实际需要设置经过这些地区的候选列车的开行径路[21]。

生成候选列车集的一般方法如下：

(1)确定旅客列车开行路径

步骤 1 确定旅客列车的始发站和终到站。

步骤 2 合理的安排旅客列车开行路径。

步骤 3 综合考虑各起讫点对之间的客流量、列车需求数、始发终到站能力、区间通过能力等要素确定开行路径。

(2)确定候选列车集合

①候选列车数量的计算公式

定义 $P=1,2,\cdots,p$ 为候选列车起讫点对集合，Q_p^m 表示时段 m 内乘坐起讫点对为 p 的列车客流需求中的最大值，Cap 为列车定员，ε 为多数情况下可以达到的客座率，那么时段

m 内起讫点对 p 的候选列车开行数量的计算公式见式(8-1)。

$$N_p^m = \frac{Q_p^m}{Cap \times \varepsilon} \tag{8-1}$$

定义起讫点对 p 中各时段的始发站和终到站的发车、终到能力分别为 D_p 和 A_p，则在起讫点对 p 之间开行的候选列车数量必须满足以下约束。

$$N_p^m \leqslant D_p \quad (\forall p \in P) \tag{8-2}$$

$$N_p^m \leqslant A_p \quad (\forall p \in P) \tag{8-3}$$

②候选列车数量的求解流程

步骤 1 合理归结各个时段各站间 OD 客流

将不具备始发终到条件车站之间的客流归结到邻近具有始发终到条件的车站，在此基础上，以具有始发终到条件的高速铁路车站作为候选列车的起讫点，即得到所有候选列车的起讫点对。

步骤 2 合理分配各个时段各站间 OD 客流

实际上会存在各候选列车起讫点之间的部分开行区间产生重合的情况，故可以将重合部分中各站间 OD 客流按一定比例分配到有相同开行区间的各候选列车，该比例可根据旅客的意愿和出行费用决定。

步骤 3 根据分配后的 OD 客流及式(8-1)分别计算各起讫点对的候选列车数量。

步骤 4 检验计算得到的候选列车数量。

步骤 4.1 检验各时段各区间开行列车的运输能力能否满足该时段该区间的客流需求，如果能，转**步骤 4.2**；否则，转**步骤 3**，对候选列车数量和开行时间范围进一步调整。

步骤 4.2 检验始发站和终到站的能力能否满足候选列车数量，即式(8-2)和式(8-3)，如果能，转**步骤 5**；否则，转**步骤 3**。

步骤 5 算法结束，得到确定了开行路径和开行时段的候选列车集合。

值得说明的是：在计算候选列车数量的过程中，如果求出的结果有小数部分，则比较小数部分与当前开行列车的最低客座率，当最低客座率小于该小数部分时可以增加一列列车，否则不予开行。

2. 适应多日需求情景的候选列车集生成

由于考虑多种具有差异性的需求情景，按各需求情景分别生成的候选列车集同样具有一定差别，为了使各需求情景实施同一列车开行方案，故需要生成统一的候选列车集。将每个需求情景对应的候选列车集按照一定规则整合，既避免简单合并造成候选列车集规模激增，又能保证所生成候选列车集可以包括所有需求情景下旅客出行可选的列车。

记 L^r 为根据需求情景 r 生成的候选列车集合，$L=\{l=(S_l, E_l, m_l)\}$ 为适应所有需求情景的总候选列车集，其中，l 为一候选列车，S_l 为候选列车 l 从始发站 O_l 和终到站 D_l 的途经车站集，$E_l=\{e_{i,i+1}=(i,i+1) \mid i \in S_l\}$ 为途经区间集，m_l 为候选列车 l 的始发时段。对于总

候选列车集 L 与需求情景 r 对应候选列车集 L^r，其所包含的时段 m 内从起点站 o 始发开往终到站 d 的候选列车数量分别记为 $|L_{o,d}^m|$ 与 $|L_{o,d}^m(r)|$，并建立两者关系，见式(8-4)。

$$|L_{o,d}^m| = \max_{r\in R}\{|L_{o,d}^m(r)|\} \quad (\forall (o,d)\in P; m=1,2,\cdots,M) \tag{8-4}$$

式中，P 为所有需求情景所产生候选列车的起讫点对集合。

在生成所有 L^r 的基础上，按式(8-4)关系确定总候选列车集 L 各时段 m、各起讫点 (o,d) 之间候选列车数量 $|L_{o,d}^m|$，进而按此数量生成相应时段、相应起讫点对之间的多列候选列车，由此生成总候选列车集 L。如图 8-3 所示，假定 A、B、D、E 均为始发站或终到站，在时段 m 内起讫点为 (A,E) 的列车在三个需求情景中的开行数量分别为 3、5 和 4 列，则在总候选列车集 L 中该候选列车开行数量为其中最大值 5 列；此外，虽然起讫点为 (A,B) 和 (B,D) 的列车只在需求情景 1 和需求情景 3 开行，但必须包含在总候选列车集 L 内。

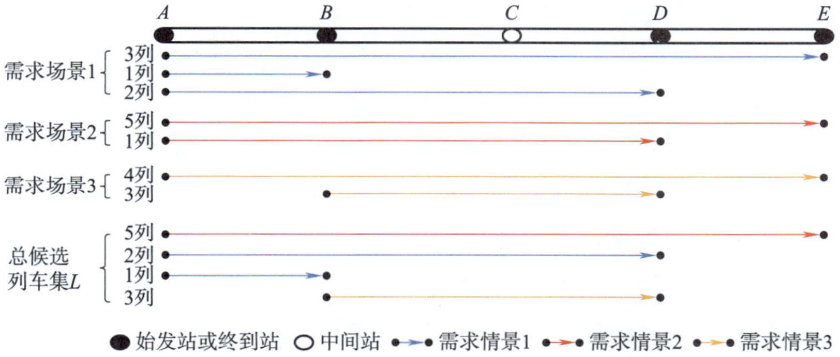

图 8-3　某时段候选列车集生成示意

8.1.3　面向多日需求情景的高速铁路开行方案鲁棒优化问题描述

目前鲁棒优化方法的研究体系日益成熟，可以分为以下两类：将考虑不确定因素的不确定型优化模型通过等价转换理论转变为确定型优化模型，包含鲁棒线性规划、鲁棒二阶锥规划和鲁棒半定规划；直接建立包含不确定参数的鲁棒优化模型，按照目标函数可以分为绝对鲁棒优化、偏差鲁棒优化和相对鲁棒优化三类。不确定优化方法对比见表 8-1。

表 8-1　不确定优化方法对比

方　法	模　型	特　点
随机优化	随机机会模型	采用随机变量描述不确定参数，需要拟合实测数据得到其分布函数
	模糊机会模型	采用模糊集合描述不确定参数，变量的分布函数具有主观局限性
鲁棒优化	遗憾模型	以最小化或最大化偏离程度值为目标函数

如表 8-1 所示，鲁棒优化与只考虑一种确定的情况求最优解的确定优化问题，以及对所有可能的情况取平均值求得期望最优解的随机优化问题不同，其具有以下三个特点。

(1)与之前的不确定性优化方法相比，鲁棒优化不限制不确定参数，可以用集合或区间的形式描述变量，因此不需要预先获得不确定参数的概率分布等，避免了一定的主观局限性。

(2)鲁棒优化方法以在最差情况下体现最好的效果为出发点，保证参数最差取值情况下的总目标仍然处于良好的水平，使其在任何条件下的抗干扰性最强，因此一些确定型模型的目标，例如总成本最小、总时间最短等可能达不到最优。但是当模型参数波动时，仍能保证结果严格满足约束条件。

(3)鲁棒优化方法寻找的是在各种具有差异性的情况下均可行的次优解，其对参数扰动不敏感，从而维持系统的稳定性，因此鲁棒优化思想被广泛运用到各个领域解决不确定问题。

本章采用偏差鲁棒优化方法中的最小最大后悔值准则解决问题，它以最小化目标损失为出发点，计算每种方案可能产生的成本，以及每种方案可能成本与最低成本之间的损失值，然后比较所有方案的最大损失值，选取其中最小的最大损失值对应的方案作为求解方案。最小最大后悔值准则考虑了不确定参数的任意波动情况，尽可能减少潜在的目标损失，保证最终结果鲁棒性很强，不会过于保守，使决策方案用于实际问题能够取得很好的效果。

情景可以展示在未来一段时间内不确定变量的波动情况，每种情景对应一种模拟方案，每种模拟方案依据其可行程度都有可能成为应对实际问题的实施方案。所以需要构造需求情景集以表示客流需求的波动情况，再根据最小最大后悔值准则寻找与各个需求情景最优的列车开行方案偏差最小的鲁棒优化方案，求解思路见表 8-2。

表 8-2　最小最大后悔值准则

方案	情景					
	1	2	…	r	…	最大后悔值
1	$Z_1^1-Z^1$	$Z_1^2-Z^2$	…	$Z_1^r-Z^r$	…	$Z_1^r-Z^r$
2	$Z_2^1-Z^1$	$Z_2^2-Z^2$	…	$Z_2^r-Z^r$	…	$Z_2^r-Z^r$
⋮	⋮	⋮	⋮	⋮	⋮	⋮
g	$Z_g^1-Z^1$	$Z_g^2-Z^2$	…	$Z_g^r-Z^r$	…	$Z_g^r-Z^r$
最小最大后悔值	$\min\{Z_1^r-Z^r, Z_2^r-Z^r, \cdots, Z_g^r-Z^r\}$					

本章考虑由 N 座车站构成的复线高速铁路线路，记下行方向车站依次为 $1,2,\cdots,N$。由于开行方案编制阶段单条高速铁路线路上、下行列车开行安排可视为相互独立，故仅研究高速铁路线路下行方向列车开行方案。

针对多日需求，候选列车集合合理缩小了开行列车的选择范围。由于该集合按照列车开行的可能条件生成，若将所有候选列车组织开行，相应地列车对旅客的服务水平很高，但列车开行成本将相应增加。因此本章研究问题可描述为：基于给定的高速铁路线路以及该线路多个运营日的需求情景集，兼顾铁路企业列车开行效益和各运营日的出行客流服务，从所有候选列车中组织部分列车开行，并优化设置列车停站和始发时段，得到有效适应多日客流需求的鲁棒优化开行方案。列车开行方案所考虑的鲁棒性旨在当同类型的多个运营日内每天的出行需求处于波动状态，可能增加也可能减少，实施的开行方案仍然能够适应具有差异的多日客流需求，其经济性和旅客服务水平等方面不会太差并且与各运营日需求独立优化生成最优方案的差异尽可能达到最小。

针对候选列车集 L 中每列候选列车，设置如下决策内容：

(1)x^l：候选列车 l 是否开行的 0-1 决策变量，若开行，则 $x^l=1$；否则，$x^l=0$。

(2)y_i^l：候选列车 l 在途经站 $i\in S_l\backslash\{O_l,D_l\}$ 是否停站的 0-1 决策变量，若停车，则 $y_i^l=1$；否则，$y_i^l=0$。注意，若候选列车 l 未开行，则其所有车站的停站变量均为 0。

(3)$d_{O_l}^l$：候选列车 l 在其始发站 $O_l\in S_l$ 的发车时刻。

8.2　基于多日需求的旅客出行选择分析

客流的变化和列车开行方案的制定是一个相互反馈的过程。首先根据预测的 OD 客流量编制列车开行方案，然后旅客会依据出行成本选择乘坐的列车，从而引导列车开行方案进行对应的调整。本章在考虑铁路旅客出行选择影响因素的基础上，重点分析各个需求情景下的旅客出行选择以构建客流分配模型，为之后解决列车开行方案鲁棒优化问题奠定基础。

8.2.1　旅客广义出行费用构成

客流分配的前提条件是已经为给定的高速铁路线路编制相应的列车开行方案(图 8-4)，进而构造列车服务网络，旅客乘坐各列车的广义出行费用也可以计算得到，然后将 OD 客流量依据旅客出行选择意愿分配到各列车上。列车服务网络是由车站节点和列车服务弧段构成，其示意图如图 8-5 所示。

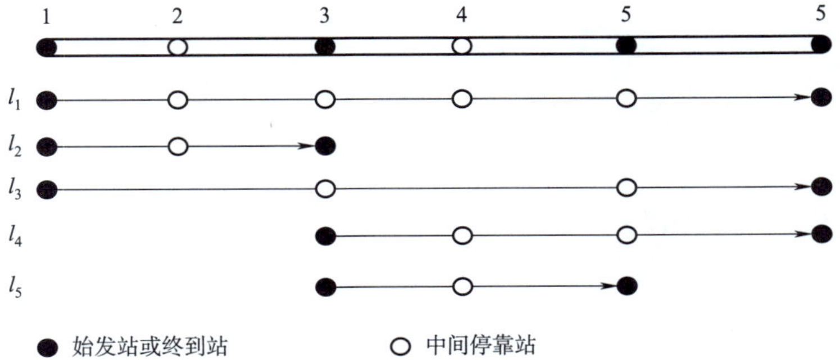

图 8-4　高速铁路线路及其列车开行方案示意

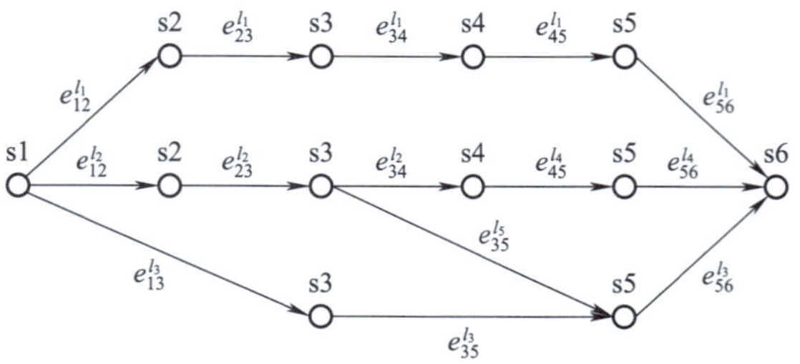

图 8-5 列车服务网络示意

本章从铁路旅客出行选择行为的影响因素中选取与列车开行方案优化息息相关的关键因素，主要包括时效性、经济性和拥挤度，即铁路旅客的广义出行费用由出发时间偏差、旅行时间、票价和超员惩罚费用构成。其中，出发时间偏差是旅客期望出发时刻与所乘列车实际发车时刻的差值，旅客通常选择接近其预期出发时间的列车，但也可能因列车定员、某些车站的服务列车数少以及列车开行成本等限制条件，旅客无法以期望出发时刻出行从而需要乘坐其他时段的列车。旅行时间主要包括区间旅行时间和中途停站等待时间。票价用旅客所乘列车的单位人公里票价率 α 与旅客出行里程的乘积表示。超员惩罚函数是由列车定员和列车在各个运行区间的载客量决定的，现阶段高速铁路列车基本上已不出售无座票，因此当列车某个运行区间的载客量超过列车座席总数时，该区间的剩余运输能力变为 0，则经过该区间的 OD 客流乘坐该列车的费用变为无穷大，即不能选择该列车出行。

对于同一列车开行方案，每种需求情景下所有 OD 旅客的出行费用并不一定相同。为了衡量开行方案适应各需求情景的程度，故需要同时计算各种需求情景下旅客出行费用。对于需求情景 $r\in R$，记时段 m 内起讫点为(i,i')的客流可选的出行列车集为 $L_{i,i'}^{m}\subseteq L$，起讫点为(i,i')的客流选择乘坐候选列车 $l\in L_{i,i'}^{m}$ 的出行量为 $q_{i,i',m}^{r,l}$，则乘坐列车 l 所有旅客的出发时间偏差、旅行时间、票价和超员惩罚函数分别可表示为：

$$\Upsilon_l^r=\sum_{i\in S_l\setminus\{D_l\},i'\in S_l\setminus\{O_l\}}\sum_{m=1}^{M}\left|\mu_m-t_i^l\right|q_{i,i',m}^{r,l} \tag{8-5}$$

$$\Gamma_l^r=\sum_{i\in S_l\setminus\{D_l\},i'\in S_l\setminus\{O_l\}}\sum_{m=1}^{M}\left(\sum_{i=i+1}^{i'-1}y_i^l t_i+t_{i,i'}^l\right)q_{i,i',m}^{r,l} \tag{8-6}$$

$$K_l^r=\sum_{i\in S_l\setminus\{D_l\},i'\in S_l\setminus\{O_l\}}\sum_{m=1}^{M}\alpha D(i,i')q_{i,i',m}^{r,l} \tag{8-7}$$

$$z_l^r(q)=\begin{cases}0, & q_{i,i+1}^{r,l}\leqslant Cap\\ M, & q_{i,i+1}^{r,l}>Cap\end{cases} \tag{8-8}$$

式中，t_i^l 为列车 l 在车站 i(包含通过和停站)的发车时刻；$t_{i,i+1}^l$ 为列车 l 在区间 $e_{i,i+1}$ 的运行时间；t_i 为在中间站 i 的停站时间(包含起动和制动的附加时间)；α 为列车单位人公里票价率,元/人公里;$D(i,i')$为区段(i,i')的里程, km;M是极大的正数;$q_{i,i+1}^{r,l}$为列车l在运行区间$e_{i,i+1}$上的载客量,$q_{i,i+1}^{r,l}=\sum_{i,i'\in S_l}\left(\sum_{m=1}^{M}q_{i,i',m}^{r,l}\times\delta_{i,i+1}^{l,i,i'}\right)$,$\delta_{i,i+1}^{l,i,i'}$表示乘坐列车$l$的 OD 对客流是否经过列车运行区间$e_{i,i+1}$,若经过,则$\delta_{i,i+1}^{l,i,i'}=1$;否则为$\delta_{i,i+1}^{l,i,i'}=0$。

8.2.2　多日需求情景的旅客出行选择

1. 客流分配模型

为了获得各开行列车的乘车客流量,在不违背列车容量、满足客流需求等限制下分别对多个需求情景下的客流进行分配,即确定各个需求情景下各 OD 对客流的出行列车选择。为简化模型求解和客流分配问题,假设旅客只选择可以直达的出行路径,不考虑换乘情况。对于任意需求情景$r\in R$,其客流分配过程可描述为式(8-9)~式(8-12)的模型。

$$\min \Omega^r=\sum_{l\in L}\left[(\Upsilon_l^r+\Gamma_l^r)\psi+K_l^r+z_l^r(q)\right] \tag{8-9}$$

$$\text{s. t. } \sum_{l\in L}q_{i,i',m}^{r,l}=Q_{i,i'}^{r,m}\quad (m=1,2,\cdots,M;\forall i\in S_l\backslash\{D_l\};\forall i'\in S_l\backslash\{O_l\}) \tag{8-10}$$

$$q_{i,i',m}^{r,l}\geqslant 0\quad (m=1,2,\cdots M;\forall l\in L;\forall i\in S_l\backslash\{D_l\};\forall i'\in S_l\backslash\{O_l\}) \tag{8-11}$$

$$q_{i,i+1}^{r,l}\geqslant 0\quad (\forall l\in L;\forall i\in S_l\backslash\{D_l\}) \tag{8-12}$$

式中,ψ表示旅客的单位时间价值系数,可将时间转化为与票价量纲相同的费用。

约束式(8-10)确保各时段的 OD 对客流量都会被分配到各列车上,使 OD 客流需求守恒。约束式(8-11)保证分配至列车l的 OD 对客流量为非负值。约束式(8-12)保证列车l在各开行区间的载客量均为非负值。

2. 求解算法

假设所有客流 OD 均掌握乘坐各候选列车的广义出行费用,则所有客流 OD 会选择费用最少的列车出行。但由于列车的定员限制,并不是所有 OD 都能够乘坐费用最少的列车出行。因此,在客流分配中,当区间载客量超出列车运输能力时,超出的 OD 客流需要分配到候选列车集中其他出行费用相对较少的列车上,使得总旅客出行费用尽可能达到最少,并且保证所有客流需求均被满足。

以上述思路和最短路径算法为基础,客流分配算法的流程图如图 8-6 所示,具体步骤如下:

步骤 1　对每一 OD 对,计算其所有候选列车的广义出行费用。

步骤 2　对每一 OD 对,找出其广义出行费用最少的列车,将所有客流分配到该列车上,保证客流需求守恒。

步骤 3　计算每一列车区间的载客量,根据区间运输能力,生成流量溢出区间集合。

步骤 4　针对当前各列车的流量溢出区间,为经过该区间的所有 OD 客流搜索区间运输能力有剩余且费用相对最少的替代列车。

步骤 5 比较流量溢出区间所有 OD 客流乘坐其替代列车的出行费用与最少出行费用的差值，从中选取最小值对应的 OD 客流作为区间超员的列车需要剔除的流量。

步骤 6 计算转移的流量，即在当前流量溢出区间中选取替代列车可接受的最大流量、原列车的 OD 客流量和列车超额流量这三者的最小值，然后更新替代列车和原列车的客流量。

步骤 7 根据更新后的替代列车和原列车的客流量，重新计算两列车包含的区间客流量，并更新流量溢出区间集。

步骤 8 若不存在流量溢出区间，则终止算法，输出客流分配方案。否则，返回**步骤 4**。

需要说明的是，在调整前一个流量溢出区间时对替代列车的选择，会对调整后一个流量溢出区间时替代列车的选择产生影响，所以总旅客出行费用只能尽量达到最少。

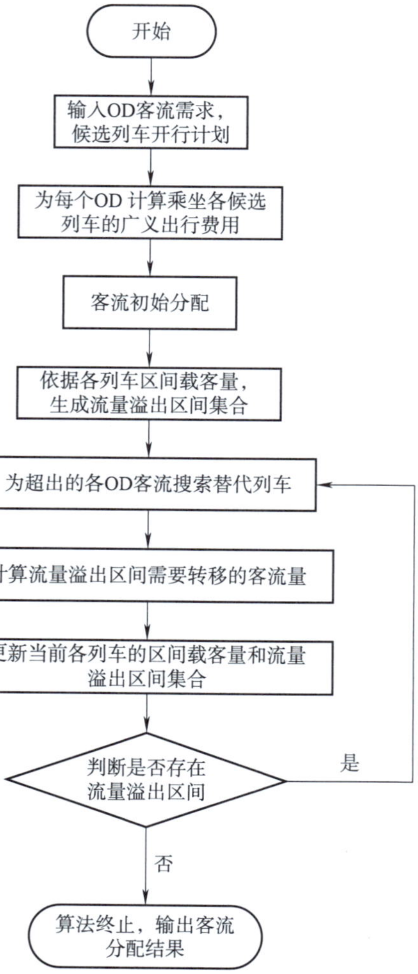

图 8-6 客流分配算法流程

为降低调整客流溢出区间顺序的先后差异造成的影响，可以采用增量分配法进行**步骤 2** 的客流初始分配。该方法有利于使分配结果趋向于总广义出行费用最小，其难度和精度取决于分解各客流 OD 的份数与方法。具体做法是将各 OD 客流按一定比例分解成若干部分（如 30%、25%、20%、15%、10%），将每个 OD 分解后的第一部分分配到最佳列车上，重复上述步骤 3 至步骤 8；重新确定各 OD 客流出行费用最少、且有剩余容量的最佳列车，再将每个 OD 分解后的第二部分分配到该列车上，重复**步骤 3** 至**步骤 8**；以此类推，直至所有客流分配完毕。

8.3　面向多日需求的高速铁路列车开行方案鲁棒优化模型与算法

在已经生成需求情景集和统一的候选列车集以及分析旅客出行选择的基础上，本章运用鲁棒优化方法设计适应多日需求的高速铁路列车开行方案，采用最小最大后悔值的理论建立列车开行方案鲁棒优化模型，并在构造面向多日需求情景的邻域解搜索策略的基础上，设计模拟退火算法以求解模型。

8.3.1　模型假设与符号说明

1. 模型假设

为了简化列车开行方案优化问题，本章提出的方法运用了以下假设条件：

(1)假设各候选列车的种类、定员和速度等级相同；

(2)本章没有上升到高速铁路线网的列车开行方案鲁棒优化，因此假设旅客只选择直达终点的列车，不考虑换乘情况；

(3)假设动车组运用、乘务组的安排等因素都是确定的。

2. 符号说明

表 8-3 列出了模型涉及的主要集合和参数。

表 8-3　模型涉及的主要集合和参数

参数符号	描　　述
L	总候选列车集
S_l	候选列车 l 的途经车站集(包含始发站 O_l 和终到站 D_l)，$i\in S_l$
E_l	候选列车 l 的途经区间集，$E_l=\{e_{i,i+1}=(i,i+1)\mid i\in S_l\}$
R	需求情景集
$Q_{i,i'}^{r,m}$	对于需求情景，起点 i 至终点 i' 的需求在第 m 时段的出行量 $i\in S_l\backslash\{D_l\}$ ($i'\in S_l\backslash\{O_l\}$；$m=1,2,\cdots,M$)

续上表

参数符号	描　述
c_o	列车单位组织成本,元/列
c_v	列车单位运行成本,元/min
$a_{D_l}^l$	列车 l 在终到站 $D_l \in S_l$ 的到站时刻
t_i^l	列车 l 在车站 i(包含通过和停站)的发车时刻
μ_m	在时段 m 出行旅客的期望出发时间
$q_{i,i',m}^{r,l}$	情景 r 下时段 m 内起讫点为(i,i')的客流乘坐候选列车 $l \in L$ 的出行量
$t_{i,i+1}^l$	列车 l 在区间 $e_{i,i+1}$ 的运行时间,$i \in S_l \backslash \{D_l\}$
t_i	在中间站 i 的停站时间,$i \in S_l \backslash \{O_l, D_l\}$
α	列车单位人公里票价率,元/人公里
ψ	旅客的单位时间价值系数,元/min
$D(i,i')$	区段(i,i')的里程, km
Cap	列车定员,人/列
$L_{e_{i,i+1}}^m$	第 m 时段内区间 $e_{i,i+1}$ 的最大列车通过能力
ρ^m	第 m 时段内服务于 OD 对列车的最长发车间隔
$q_{i,i+1}^{r,l}$	情景 r 下列车 l 在运行区间 $e_{i,i+1}$ 的载客量
$\delta_{i,i+1}^{l,i,i'}$	乘坐列车 l 的 OD 对客流是否经过列车运行区间 $e_{i,i+1}$,若经过则为 1,否则为 0

8.3.2　优化指标分析

铁路客运企业通常以减少列车开行成本、增加经济效益为目标制定开行方案,而旅客只能在给定的开行方案中根据出行费用选择乘坐的列车,因此以列车开行成本和旅客出行费用作为在特定需求情景 r 下优化列车开行方案的指标,能够兼顾铁路企业与旅客双方的利益,提高高速铁路列车开行方案的编制质量。

1. 列车开行成本

(1)列车组织成本:属于固定成本,包括动车组、乘务人员配置成本等,该项成本与列车是否开行有关,用 C_z 表示

$$C_z = c_o x^l \tag{8-13}$$

(2)列车运行成本:属于变动成本,由列车的旅行时间或里程决定,包括线路折旧费、列车停站费、能源成本等,用 C_t 表示

$$C_t = c_v (a_{D_l}^l - d_{O_l}^l) x^l \tag{8-14}$$

因各个需求情景实施同一种开行方案,故列车开行成本相同。在任意需求情景 $r \in R$ 下,列车开行方案产生的总成本均可表示为

$$G = \sum_{l \in L} (C_z + C_t) \tag{8-15}$$

2. 旅客出行费用

在鲁棒优化模型中考虑的旅客出行费用包括旅客的出发时间偏差、旅行时间和票价，其具体构成已经在 8.2 小节详细说明了。

将同一种需求情景下所有 OD 客流乘坐各列车的出行费用求和，同时利用旅客的单位时间价值系数 ψ 将时间转化为与票价量纲相同的费用，则在需求情景 $r\in R$ 下，旅客出行总费用 H^r 可表示为

$$H^r = \sum_{l\in L}[(\Upsilon_l^r + \Gamma_l^r)\psi] + K_l^r \tag{8-16}$$

8.3.3 模型构建

通常每种需求情景对应一个最优开行方案，而在多种需求情景下，列车开行方案需要使开行列车与各需求情景的匹配性均较好，即鲁棒方案应用于各需求情景产生的目标值应尽量与各需求情景的最优目标值接近。本章用后悔值作为鲁棒解与最优解产生目标值的偏差，可理解为目标损失值，最大后悔值为目标损失最大情况下的偏差值，通过最小化最大后悔值求解与各需求情景的最优解偏差最小的鲁棒解。

运用最小最大后悔值准则构建鲁棒优化模型，目标函数见式(8-17)。

$$\min_{g*} F = \{\max_{r\in R}(Z_{g*}^r - Z^r)\} \tag{8-17}$$

式中，Z^r 表示以需求情景 r 的客流分布优化开行方案产生的最优目标值，Z_{g*}^r 表示鲁棒解 $g*$ 用于需求情景 r 得到的目标值，则 $Z_{g*}^r - Z^r$ 为鲁棒解用于需求情景 r 时目标值与该需求情景下最优目标值的偏差，即在需求情景 r 实施鲁棒方案的后悔值。

针对特定需求情景 $r\in R$，列车开行方案优化目标是最小化列车开行成本与旅客出行总费用加权之和，引入权重可以更好地决策两个指标对开行方案的影响。用 ω 表示权重，则 Z 可表示为

$$\min Z^r = G\omega + H^r(1-\omega) \tag{8-18}$$

模型所需要考虑的相关约束条件如下：

(1)各时段的区间通过能力约束。

$$\sum_{l:t_i^l \in (t_1^m, t_2^m)} x^l \leqslant L_{e_{i,i+1}}^m \quad (\forall e_{i,i+1} \in E_l; \forall l \in L; m = 1,2,\cdots,M) \tag{8-19}$$

$L_{e_{i,i+1}}^m$ 为在时段 m 内区间 $e_{i,i+1}$ 允许通过的最大列车数。为满足线路区间运输能力限制要求，约束式(8-19)以该区间的通过能力限制了任意时段内在该区间运行的列车数量。

(2)OD 对服务水平的约束。

$$(t_i^{l'} - t_i^l) \leqslant \rho^m \quad (\forall i, i' \in S_l; m=1,2,\cdots,M) \tag{8-20}$$

记 $l(l'\in \boldsymbol{L})$ 为在 OD 客流起讫点 (i,i') 均停站的相邻两列车，约束式(8-20)限制了这两列车的时间间隔不能超过该时段内允许的最大服务间隔 ρ^m，即列车对各 OD 对的服务必须

保持在一定水平。

(3)列车停站约束。

$$\sum_{i\in S_l\setminus\{O_l,D_l\}} y_i^l \leqslant x^l n \quad (\forall l \in L) \tag{8-21}$$

约束式(8-21)确保了任意列车 $l\in L$ 在未开行时,在其开行区段内的所有车站都不停车;若开行,则不限制列车在中途停站的次数。

(4)列车在各车站的发车时刻约束(包含通过和停站后发车)。

$$t_i^l = d_{O_l}^l + \left(\sum_{i'=O_l}^{i} y_{i'}^l t_{i'} + \sum_{i'=O_l}^{i-1} t_{i',i'+1}\right) \quad (i' \in [O_l,i];\forall l \in L;\forall i \in S_l) \tag{8-22}$$

将已知的区间运行时间、停站时间与列车始发时间和停站计划这两个变量相结合,可得列车在开行径路内各站的到发时间,约束式(8-22)表示列车通过车站的时刻或者停站后的发车时刻。

(5)鲁棒解的目标值与各需求情景最优目标值的最大偏差百分比上限约束。

$$\max_{r\in R}\left(\frac{Z_{g^*}^r - Z^r}{Z^r}\right)\leqslant\pi \tag{8-23}$$

π 为鲁棒解的目标值与各需求情景的最优目标值的最大偏差百分比上限。为了逐步缩小鲁棒方案与各情景最优方案之间的差距使得鲁棒方案更加适应多日的差异化需求,约束式(8-23)限制二者之间的最大偏差百分比不能超过规定的上限值 π,保证鲁棒优化方案的鲁棒性以及合理性。

8.3.4 算法设计

一般性的旅客列车开行方案优化问题早已归为大规模复杂的 NP 难问题,而需适应多种需求情景的列车开行方案鲁棒优化问题的求解显然将更加困难。考虑到模拟退火算法具有对新解的搜索能力较强,适用性较好等优势,被证实能够有效求解各类列车开行方案优化问题。因此,本章将结合研究问题的特点设计相应的模拟退火算法。

1. 模拟退火算法理论基础

模拟退火算法是将物理现象中固体物质的退火过程类比于组合优化问题,从而归纳出一个完整的启发式算法。该算法由某一较高温度开始,温度在降温速率的作用下逐渐下降,以一定概率在邻域解的空间中随机寻找目标函数的最优解,并且能依据 Metropolis 准则跳出局部最优解,最终实现全局优化性能。模拟退火算法在各领域的通用程度较高,例如生产调度、运输组织、机器学习等。

模拟退火算法在搜索可行解时,以某一随机概率来接受一个比当前解要差的解,所以增大了跳出这个局部最优解进而获取全局最优解的可能性。图 8-7 描述了算法迭代的全过程,假设初始解为左边点 A,算法首先能够迅速搜索到局部最优点 B,但是算法不会终止,而是以某个随机概率向右边移动，继续迭代更新。于是经过几次跳出局部最优点 C 这样的移动后，最终会到达全局最优点 D。

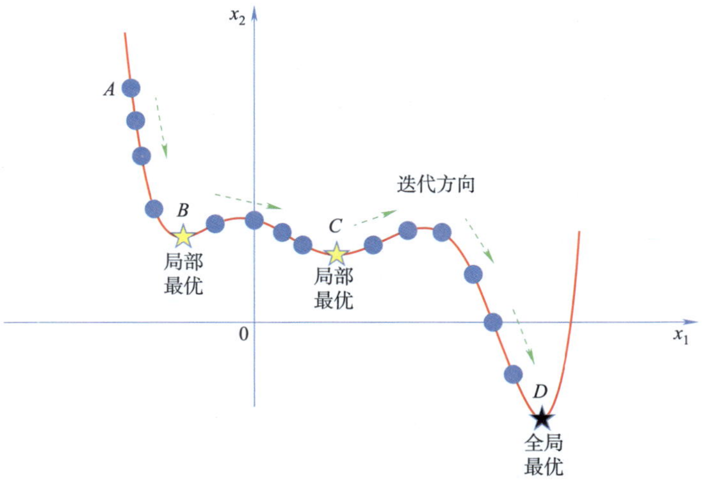

图 8-7　模拟退火算法获取全局最优解示意

模拟退火算法的一般步骤如图 8-8 所示。可以看到，在 Metropolis 准则中，当温度 T 处于较高状态时，搜索以及接受较差的解概率较大，有利于跳出局部最优，当温度 T 下降到较低水平时，接收概率减小，算法逐步收敛，趋于全局最优。算法中的重要参数包括恒温下的迭代次数、降温速率等，都对算法的收敛性和解的质量有重要影响。

2. 模拟退火算法设计框架

最大后悔值的计算依赖于各需求情景所对应的情景最优解，但是大量研究表明各需求情景下的最优解获得并非易事，随着站点数量以及候选列车数量的增加，计算规模呈指数递增，通常只能获得相应的近似最优解，本章称作各个需求情景的满意解。显然，采用各需求情景满意解所计算的最大后悔值并不是准确的，但目前也只能以此估算最大后悔值。为了尽可能准确估算最大后悔值以保证鲁棒解的优化质量，在模拟退火算法迭代求解过程中，不仅需要在生成鲁棒初始解的基础上通过不断迭代产生鲁棒邻域解，进而优化改进鲁棒解，还需在生成各情景满意解的基础上，结合鲁棒解的迭代来改进各情景满意解。为此，构建如图 8-9 所示的算法框架进行模拟退火算法设计，具体过程如下：

首先，应用已有的针对单一需求的列车开行方案优化算法分别求解各种需求情景下的满意解。在此基础上，利用各情景满意解计算相应的最大后悔值，选择其中最小最大后悔值所对应的情景满意解作为算法的初始鲁棒解。

其次，对于当前鲁棒解，结合各需求情景下的旅客出行选择，评估其各开行列车的服务水平，由此生成当前鲁棒解的邻域解。接下来分别针对各需求情景，检查判断以该鲁棒邻域解作为其情景满意解是否更优，若是，则将该鲁棒邻域解替换当前需求情景的满

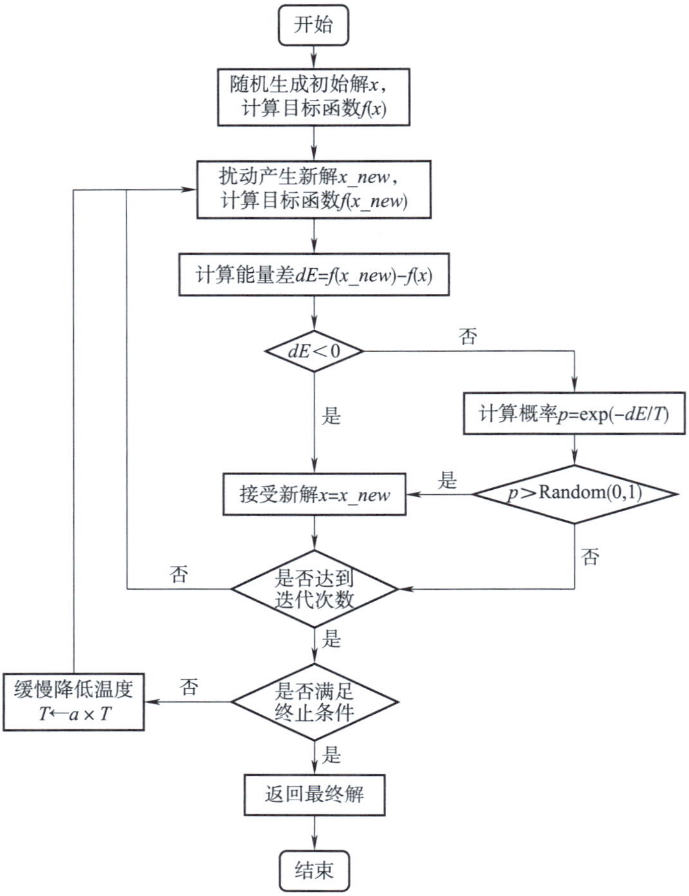

图 8-8　模拟退火算法流程

意解。鲁棒邻域解的构造属于算法中最关键的技术，相比于既有的开行方案邻域解构造仅针对单一需求情景，本算法需要同时结合多种需求情景下的旅客出行选择实现对开行列车的调整。

然后，以更新后的各情景满意解估算鲁棒邻域解对应的最大后悔值并与当前鲁棒解的最大后悔值比较，进而按照模拟退火算法的 Metropolis 准则判断是否接受该鲁棒邻域解作为当前鲁棒解。

最后，重复以上过程直至达到给定的算法终止条件。

由以上算法框架可知，初始鲁棒解可以直接使用已有的开行方案优化方法生成，故接下来主要介绍求解过程中涉及的鲁棒邻域解搜索策略，并给出整个求解算法的详细步骤。

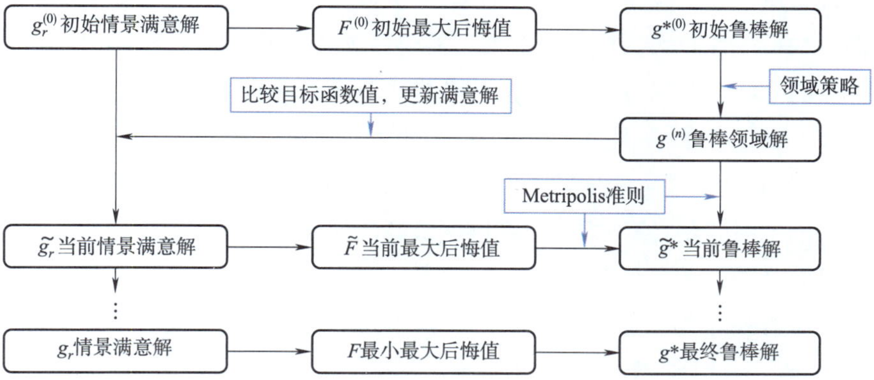

图 8-9　算法框架

3. 面向多日需求情景的鲁棒邻域解搜索策略

基于多日需求情景的客流分配结果，根据评估当前各开行列车服务质量的指标计算调整概率，采用轮盘赌的方式选择需要调整的列车。如图 8-10 所示，轮盘赌的原理是在一定范围内生成一个随机数，当某个体的适用度越大(即累积概率之间的区域越大)，随机数越容易落在这个区域，则该个体被选中的概率越大。

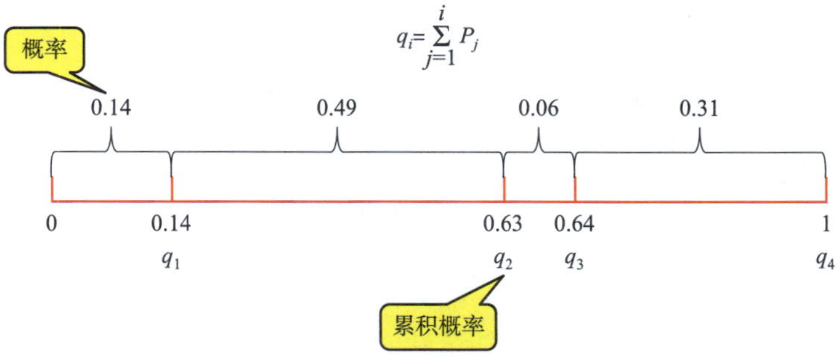

图 8-10　轮盘赌原理示意

构造的邻域解搜索策略如下，按照调整列车开行数量、停站计划和始发时刻的顺序依次执行。

(1)增删开行列车

从当前开行列车中依据列车客座率大小随机删除一定比例列车。记 L' 为当前开行列车总数，$\alpha_{\max}$ 为最大停开比。这三个策略中的最大调整比例均随退火温度下降而逐步减小，使得算法前期搜索范围更广，而后期有助于算法收敛。首先，随机生成停开比例 α，其满足 $\alpha \in (0, \alpha_{\max})$，以 $L' \times \alpha$ 作为计划停开列车数；然后，基于客流分配结果计算每种需求情景下各开行列车的平均客座率 η_r^l，取各需求情景下的平均值作为该列车客座率 η^l；最后，计算当前已开行列车被停开的概率 $p^{l-} = (\eta_{\max} - \eta^l) / \sum_{l \in L'} (\eta_{\max} - \eta^l)$，其中 $\eta_{\max} = \max_{l \in L'} \{\eta^l\}$ 为各列车中客座率最大值。对于客座率越低的列车，随机数越容易落在该列车的累积概率区域中，即被选中停开的可能性越大。被停开的列车需要释放各个需求情景下相对应的客流。

对于释放的 OD 对客流，首先考虑将其安排到具备可用能力的未停开列车上。对于无法安排的所有 OD 对客流，按其客流量从多到少的顺序，选择最合适的未开行候选列车并计算其平均客座率，若达到规定阈值则予以开行。增开的候选列车始发时刻取其发车时段内时间空白最长的中间时刻，停站方式与客座率最高的列车停站相同。

(2)调整列车停站

依据各停站的乘降客流量以及列车服务频率随机取消一定比例的停站。记 L_c 为当前开行列车总数，$\beta_{\max}$ 为计划取消列车停站比例。首先随机生成比例 β，其满足 $\beta\in(0,\beta_{\max})$，以 $L_c\beta$ 作为计划取消停站数；然后对于某一开行列车 l 的停站 i，计算每种需求情景下列车 l 在停站 i 的乘降客流量 $Q^r_{l,i}$ 和车站 i 的服务列车总数 $N^r_{l,i}$，对各情景中的指标 $Q^r_{l,i}(1/N^r_{l,i})$ 取平均值为 $Q_{l,i}(1/N_{l,i})$；最后，计算当前各开行列车取消某停站的概率 $p^-_{l,i}=(\mathrm{Max}-Q_{l,i}(1/N_{l,i}))/\sum\limits_{l\in L_c,i\in S_l}[\mathrm{Max}-Q_{l,i}(1/N_{l,i})]$，其中 $\mathrm{Max}=\max_{l\in L_c,i\in S_l}\{Q_{l,i}(1/N_{l,i})\}$。当某车站的乘降旅客较少而停站频繁，指标 $Q_{l,i}(1/N_{l,i})$ 的值就越小，则该停站容易被取消。若某列车在某停站没有旅客乘降，则直接取消该停站。

依据各车站的乘降客流量以及列车服务频率随机新增一定比例的停站。记 L_c 为当前开行列车总数，$\mu_{\max}$ 为计划增加列车停站比例。首先随机生成比例 μ，其满足 $\mu\in(0,\mu_{\max})$，以 $L_c\mu$ 作为计划新增停站数；其次，对于某一开行列车 l 的非停站 i，计算每种需求情景下与列车 l 在同一时段的其他列车在车站 i 停车时的乘降客流量 $Q'^r_{l,i}$ 以及车站 i 的服务列车总数 $N'^r_{l,i}$，对各情景中的指标 $Q'^r_{l,i}\times(1/N'^r_{l,i})$ 取平均值为 $Q'_{l,i}(1/N'_{l,i})$；最后，计算当前各开行列车新增某停站的概率 $p^+_{l,i}=(Q'_{l,i}\times(1/N'_{l,i})-\mathrm{Min})/\sum\limits_{l\in L_c,i\in S_l}[Q'_{l,i}(1/N'_{l,i})-\mathrm{Min}]$，其中 $\mathrm{Min}=\min_{l\in L_c,i\in S_l}\{Q'_{l,i}(1/N'_{l,i})\}$。当某车站的乘降旅客相对较多而停站频率不足以服务这些客流，指标 $Q_{l,i}(1/N_{l,i})$ 的值就越大，则在该车站的停站概率越大。

(3)调整列车始发时刻

依据旅客的出发时间偏差随机选择需要调整始发时刻的列车。记 L' 为当前开行列车总数，$\gamma_{\max}$ 为最大调整比。首先随机生成比例 γ，其满足 $\gamma\in(0,\gamma_{\max})$，以 $L'\times\gamma$ 作为计划调整列车数；然后计算每个情景中，乘坐各列车的旅客出发时间总偏差，包括提前出发时间 $A^{l'}_r$ 和延后出发时间 $D^{l'}_r$，对各列车在各情景下的出发时间总偏差取平均值；最后计算选择概率 $p_{l',t}=(A^{l'}+D^{l'})/\sum\limits_{l'\in L'}(A^{l'}+D^{l'})$。某列车的旅客出发时间偏差越大，则被选中的概率也随之增大。若 $A^{l'}$ 大于 $D^{l'}$，则提前该列车的始发时刻，否则将其延后。

4. 模拟退火算法步骤

模拟退火计划表的参数包括：初始温度 Ψ_0，降温速率 θ，终止温度 Ψ_{end}，恒温迭代上限为

U_{max}，当前最优解保持次数 φ。算法终止条件为温度下降至终止温度 Ψ_{end} 或者最大后悔值在迭代 φ 次后无改变。

综上，形成面向多日需求情景的高速铁路列车开行方案鲁棒优化的模拟退火求解算法如下：

输入：高速铁路线路，候选列车集 L，需求情景集 R，模拟退火计划表参数。

输出：鲁棒解 g^*，最小最大后悔值 F。

步骤 1　设置模拟退火计划表参数初始值，令当前温度 $\Psi=\Psi_0$，恒温迭代次数 $n=1$。

步骤 2　首先应用针对单一需求的列车开行方案优化算法分别生成各需求情景 r 的初始满意解 $g_r^{(0)}$，并设置各需求情景的当前满意解为 $\tilde{g}_r=g_r^{(0)}$，相应的目标值表示为 Z^{r*}。以各需求情景当前满意解分别作为鲁棒解，计算相应的最大后悔值，最后以最小的最大后悔值 $F^{(0)}$ 所对应的情景满意解作为鲁棒初始解 $g^{*(0)}$，设置当前鲁棒解为 $\tilde{g}^*=g^{*(0)}$，并且令当前最大后悔值为 $\tilde{F}=F^{(0)}$。

步骤 3　基于当前鲁棒解 $\tilde{g}^*$ 分别为各需求情景的 OD 对客流进行分配，以此为依据应用邻域解构造策略搜索产生鲁棒邻域解 $g^{(n)}$。

步骤 4　针对任意需求情景 $r\in R$，若鲁棒邻域解 $g^{(n)}$ 使得 $Z^{r*}>Z^r(g^{(n)})$，则更新该需求情景满意解为 $\tilde{g}_r=g^{(n)}$，并令 $Z^{r*}=Z^r(g^{(n)})$；否则，保持原来满意解不变。

步骤 5 计算当前鲁棒邻域解 $g^{(n)}$ 的最大后悔值 F'，并与当前最大后悔值 $\tilde{F}$ 比较，执行 Metropolis 准则：

①若 $F'<\tilde{F}$，则接受鲁棒邻域解 $g^{(n)}$ 为当前鲁棒解 $\tilde{g}^*$，且令 $\tilde{F}=F'$；

②若 $F'>\tilde{F}$ 且 $\exp[-(F'-\tilde{F})/\Psi]\geqslant \text{rand}(0,1)$，则接受鲁棒邻域解 $g^{(n)}$ 为当前鲁棒解 $\tilde{g}^*$，且令 $\tilde{F}=F'$；

③否则，保持当前最大后悔值 $\tilde{F}$ 和当前鲁棒解 $\tilde{g}^*$ 不变。

步骤 6　检验当前温度下迭代次数，若 $n=U_{max}$，则降温退火，令 $\Psi=\Psi\theta$，$n=1$；否则，令恒温迭代次数 $n=n+1$，转**步骤 3**。

步骤 7　若 $\Psi<\Psi_{end}$ 或者当前最大后悔值 $\tilde{F}$ 在迭代中达到当前最优解保持迭代次数 φ，则算法终止，输出最终的鲁棒解 g^*；否则，令 $n=1$，转**步骤 3**。

8.4　算例分析

本章以石家庄—济南东的高速铁路线路为算例，运用以上模型和算法求解鲁棒方案，并且针对与列车运营相关的各项指标与各需求情景的满意方案进行对比分析，以检验本章提出的列车开行方案鲁棒优化方法的有效性和可行性。

8.4.1 算例介绍

石家庄—济南东高速铁路，处于青岛—太原客运专线的中段。高速铁路正线全长 323 km，设计时速为 250 km。石济高速铁路建成后，青太客运专线全线通车，将山西省、河北省和山东省紧密联系起来。

石济高铁线路共设 11 个车站，包括 2 个客运始发终到站和 9 个中间站，其线路走向和沿途车站如图 8-11 所示，站距分别为 20 km、23 km、33 km、46 km、48 km、42 km、26 km、20 km、30 km 和 35 km。

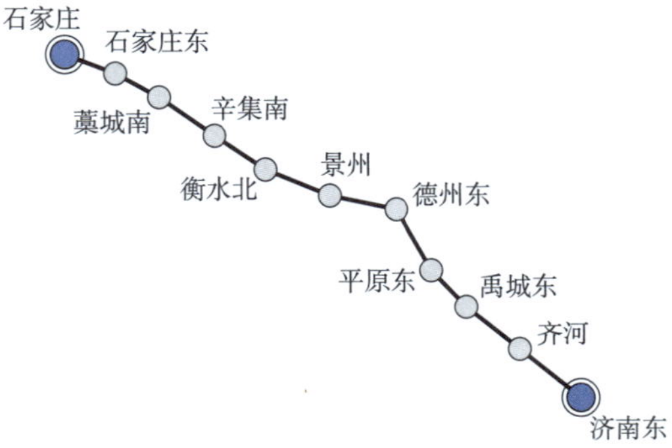

图 8-11　石济高铁线路走向示意

本算例仅优化石家庄至济南东下行方向的列车开行方案，设旅客全天的出行时间范围为 06:00—23:00，时段长度取 1 h，共划分为 17 个时段。选取计划实施期内五天的工作日客流需求，其出行总量分别为 93 967、91 197、94 667、92 433、90 563 人次，全天需求的最大波动量在 4 000 人次左右，该线路上各运营日的时变客流需求如图 8-12 所示。

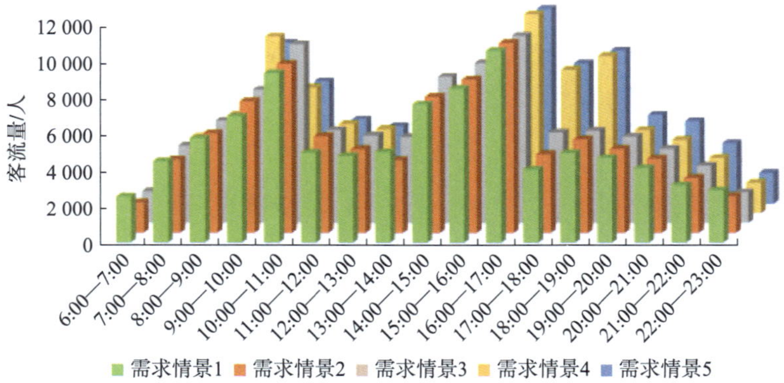

图 8-12　五种需求情景的时变客流量

因为石济高铁线路上具备始发终到能力的车站为石家庄站和济南东站，故将各 OD 对客流量归结到这两个车站，并将其作为各候选列车的起讫点。为满足各运营日内各时段的出行需求，运用 8.2 小节介绍的方法生成适应多日需求情景候选列车集，例如时段 16:00—17:00 在需求情景 4 中的客流量是最多的，共有 10 938 人次，运用候选列车数量的计算公式得到该时段需要安排 12 列候选列车。以此方法得到各时段需要安排的候选列车数量，可得全天共 149 列。

模拟退火算法相关参数见表 8-4 所示，列车运营相关参数见表 8-5 所示。

表 8-4　模拟退火算法相关参数

名称	数值
初始温度 Ψ_0	10 000 ℃
终止温度 Ψ_{end}	100 ℃
恒温下的迭代次数 U_{max}	30
降温速率 θ	0.9
当前最优解连续保持迭代次数 φ	550

表 8-5　列车运营相关参数

名称	数值
列车单位组织成本	4 000 元/列
列车单位运营成本	150 元/min
列车定员	946 人
列车中间站停站时间(包含起动和制动附加)	3 min
列车人公里票价率	0.42 元/km
旅客的单位时间价值系数	37.8 元/h
列车运行速度	250 km/h
各时段区间的最大通过能力	15 对/h
服务于 OD 对列车的最长发车间隔	高峰时段 40 min 其余时段 70 min
鲁棒解与满意解的最大偏差百分比上限	5%

注：通过分析石济高铁线路各运营日的客流需求可得，出行高峰时段为 9:00—11:00 以及 15:00—17:00。

8.4.2　灵敏度分析

一般来说，若列车开行数量较多，那么旅客出行就有更多可选择的列车，从而节省了旅行时间，降低出行成本，但列车开行的成本就会相应增加；反之亦然。为了更好地兼顾两者，本章为列车开行成本和旅客出行费用分别赋予权重，探究权重取值对列车开行方案的影响。

首先对权重值 ω 赋予取值范围[0,1]，间隔取 0.1，对所有需求情景进行灵敏度分析，对两个指标取平均值，得到如图 8-13 所示的列车开行成本和旅客出行费用随 ω 的变化曲线。随着 ω 的增加，列车开行成本占的权重逐步增大，在优化过程中列车开行成本总体呈现降低趋势，而旅客出行费用占的权重逐步减小，该项指标呈上升趋势，但是在 $\omega=0.3$ 时，两个优化指标均处于较低水平，整体处在比较平衡的状态，能够兼顾两个指标均达到最小化。所以权重值取 0.3 更加合理，既能满足较好的列车服务质量又使列车开行成本不会太高。

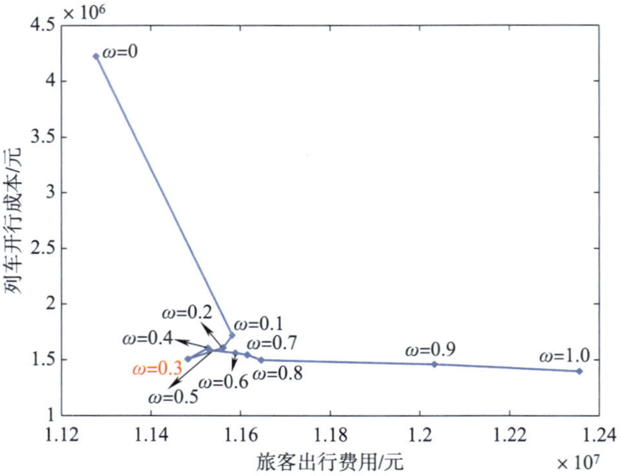

图 8-13　列车开行成本和旅客出行费用随 ω 变化的曲线

8.4.3　结果分析

算例求解采用 Matlab R2018a 编程实现。首先，求解各需求情景满意解的求解时间在 1 000 s 左右，以需求情景 1 求解满意解的收敛过程为例如图 8-14 所示。在获得各需求情景初始满意解基础上求解鲁棒解，迭代时间为 6 679 s，最小最大后悔值的收敛过程如图 8-15 所示。求解鲁棒解达到了当前最优解连续保持迭代次数 φ，曲线最终趋于平稳，证明该算法取得了较好的收敛效果。

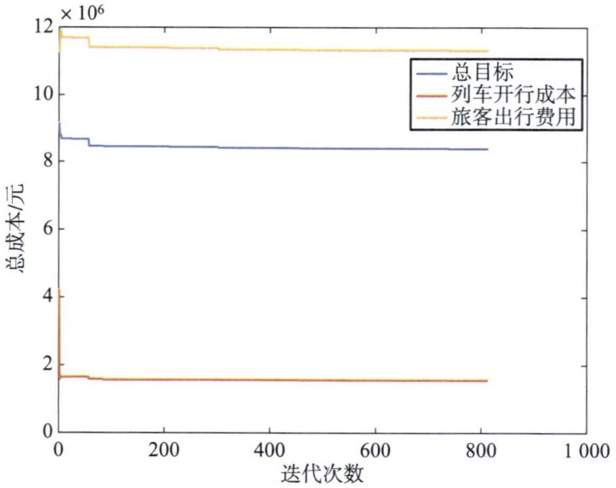

图 8-14　需求情景 1 各项指标的收敛示意

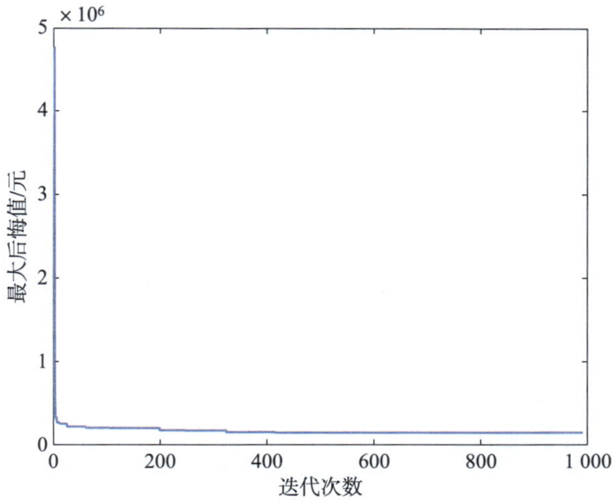

图 8-15 最大后悔值收敛示意

表 8-6 展示了各需求情景实施其满意方案与实施鲁棒方案在总目标、列车开行成本和旅客出行费用的对比。最大后悔值从初始值 4 785 241 收敛到 236 264，偏差逐渐缩小，最大的偏差百分比为 2.81%且小于规定的上限值 5%，表明在迭代过程中鲁棒方案逐步接近各需求情景的满意方案。

表 8-6 鲁棒方案与各需求情景满意方案的对比

需求情景	方案	列车总数/列	总目标/元	列车开行成本/元	旅客出行费用/元	鲁棒方案与满意方案的偏差/元	偏差百分比/%
1	满意方案	74	8 490 938	1 511 300	11 482 211	—	—
	鲁棒方案	80	8 578 625	1 532 900	11 598 221	87 687	1.03
2	满意方案	71	8 138 830	1 443 500	11 008 257	—	—
	鲁棒方案	80	8 311 165	1 532 900	11 216 135	172 335	2.12
3	满意方案	75	8 399 025	1 533 000	11 341 607	—	—
	鲁棒方案	80	8 635 289	1 532 900	11 679 170	236 264	2.81
4	满意方案	77	8 358 884	1 584 050	11 262 384	—	—
	鲁棒方案	80	8 532 729	1 532 900	11 532 656	173 845	2.08
5	满意方案	80	8 280 392	1 543 700	11 167 545	—	—
	鲁棒方案	80	8 320 424	1 532 900	11 229 363	40 032	0.48

注：偏差百分比=(鲁棒方案的目标值－满意方案的目标值)/满意方案的目标值。

基于 5 种需求情景得到的鲁棒优化开行方案如图 8-16 所示，其中包含列车的起讫点、开行数量、停站计划和始发时间等基本信息。该列车开行方案共开行石家庄—济南东的列车 80 列，包括一站直达列车 3 列以及交替停站列车 77 列，其中只在石家庄东站、衡水北站或德州东站这样的大站停车的列车有 23 列。直达列车和大站停车的列车能够保证出行需求较大的 OD 对旅客的出行效率处于较高水平。

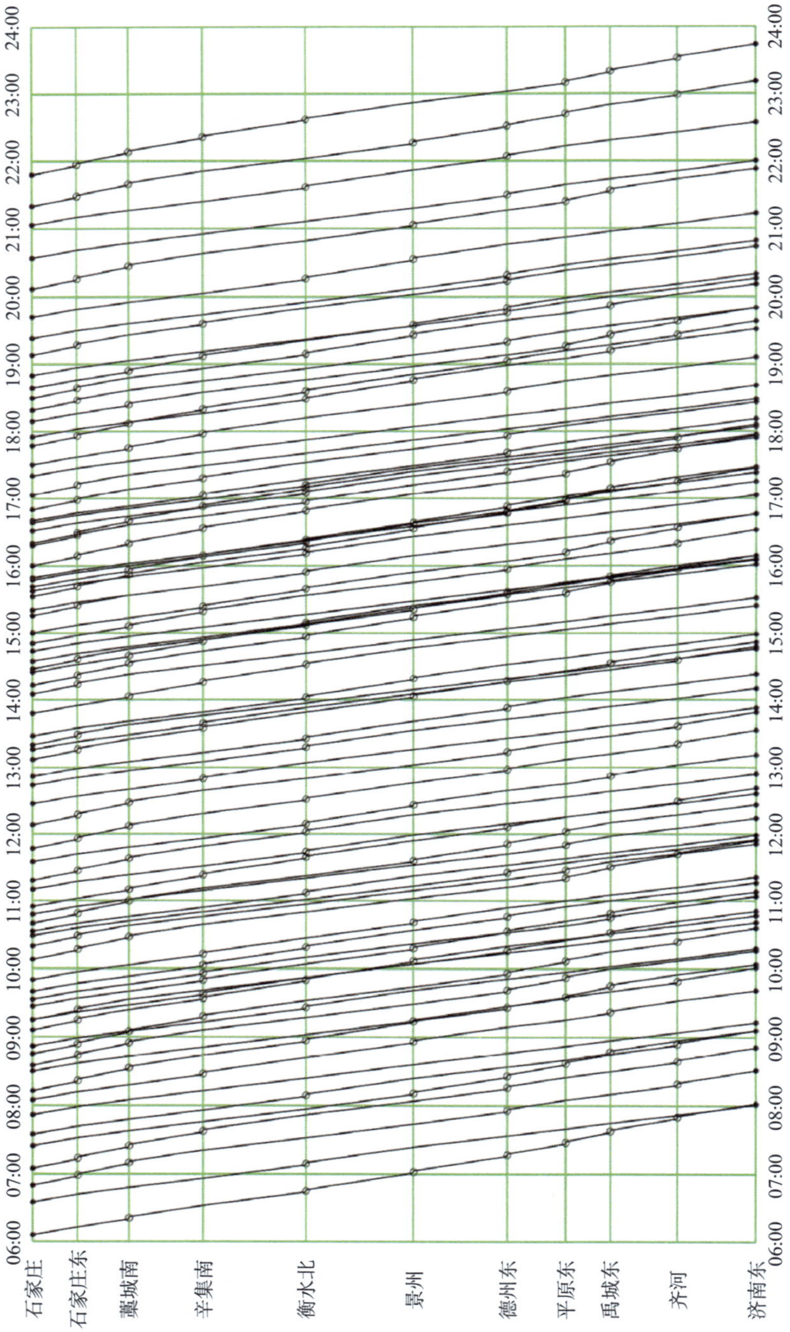

图 8-16　石济高铁下行方向列车开行方案

为了分析鲁棒方案实施于各运营日的效果，考虑以下三种方案实施情形：其一，针对每个运营日需求独立生成实施列车开行方案，记为 S_{best}；其二，分别将基于每日需求获得的满意方案作为实施方案应用于五个运营日，分别记为 $S_1, S_2, \cdots, S_5$；其三，将本章获得鲁棒方案实施于五个运营日，记为 S_{robust}。三种方案实施情形对应的各项指标在 5 种情景中的平均值见表 8-7。结果表明如果从各需求情景的满意方案中选择一套开行方案实施于所有运营日，其总目标以及平均最大后悔值均大于本章所得鲁棒方案，即在总成本方面的损失相对鲁棒方案更大。这说明鲁棒方案能够比各需求情景独立优化产生的满意方案更能有效适应多日的需求。此外，鲁棒方案的平均停站频率低于各需求情景的满意方案，这在缩短旅客旅行时间、提升列车服务质量和降低列车运行成本等方面具有一定意义。

表 8-7　三种方案实施情形关于各项指标的对比

方案	列车总数/列	平均最大后悔值/元	平均总目标/元	平均列车开行成本/元	平均旅客出行费用/元	平均停站频率
S_{best}	76	—	8.334×10^6	1.523×10^6	1.125×10^7	6.0
S_{robust}	80	1.420×10^5	8.476×10^6	1.533×10^6	1.145×10^7	5.0
S_1	74	3.680×10^5	8.702×10^6	1.511×10^6	1.178×10^7	6.2
S_2	71	1.554×10^5	8.489×10^6	1.444×10^6	1.151×10^7	5.9
S_3	75	2.701×10^5	8.604×10^6	1.533×10^6	1.163×10^7	6.2
S_4	77	4.374×10^5	8.771×10^6	1.584×10^6	1.185×10^7	6.5
S_5	80	1.480×10^5	8.485×10^6	1.544×10^6	1.146×10^7	5.3

注：平均最大后悔值、平均总目标、平均列车开行成本以及平均旅客出行费用这四项指标均保留四位有效数字。

8.4.4　鲁棒方案列车与各需求情景的匹配性分析

图 8-17 给出了鲁棒方案中各时段开行列车数与服务 OD 对客流量之间的匹配性。在 9:00—11:00 和 14:00—17:00 时段内各 OD 对出行量较大，相应的开行列车数量均达到 7～8 列；而在其余时段因客流量相对较少，故列车开行数量相应地减少。由此可见鲁棒方案能够使得各时段开行列车数量有效匹配各时段的出行需求量。需要说明的是，由于综合考虑铁路客运企业和旅客双方的利益使总成本最小，没有为时段 22:00—23:00 的部分 OD 对需求安排列车，允许这部分旅客提前出行乘坐其他时段的列车，以此来平衡列车开行成本和旅客出行费用。

图 8-18 描述了每个车站上下车客流量与停站列车数之间的对应关系。在列车各途经站中，上下车客流量较大的车站相应的停站频率较高，服务这些车站的列车数接近列车总数的 50%。而藁城南站、平原东站和齐河站的客流量相对较少，相应的停站列车数也较少但达到了 16 列以上，仍然保证了服务于这些车站客流的列车时间间隔满足约束条件。

图 8-17　各时段开行列车数与服务 OD 对客流量的匹配性

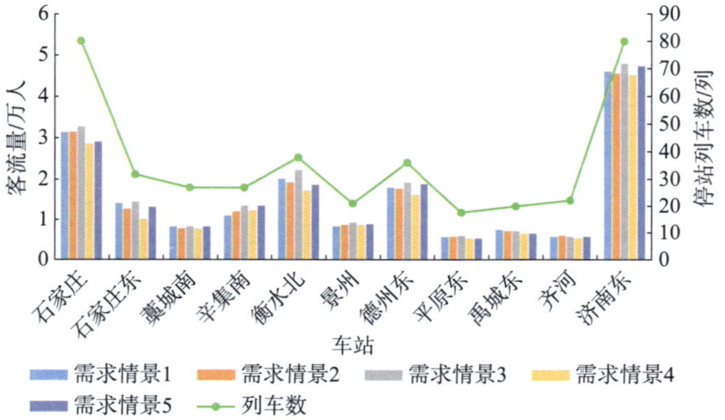

图 8-18　各车站的停站列车数与上下车客流量的关系

从图 8-19 可以看到，运输高峰区间为辛集南—平原东区段，该区段经过出行需求较大的衡水北站、德州东站，其客座率均在 80%左右，大部分区间的客座率均在 70%以上，因此鲁棒方案中列车运输能力的利用率在各需求情景下均处于较高水平。

图 8-20 给出了各需求情景下各时段的旅客出发时间偏差，其中，5 种需求情景下的旅客平均出发时间偏差（在图中以红色实线表示）分别为：16.04 min、15.45 min、15.60 min、17.87 min、18.17 min。由图可知多数时段的出发时间偏差在平均值以下，出行需求量最大的时段 11 的偏差值均低于平均值且在需求情景 5 中仅为 10.23 min，说明高峰时段的列车始发时刻符合旅客对出发时间的需求。因为鲁棒方案必须同时兼顾各需求情景的时变客流，故在满足旅客对出发时间的需求也有一定差异，例如：时段 15 的出发时间偏差在需求情景 4 和需求情景 5 中超过了平均值并且接近 40 min，而在其他需求情景中都处于平均值以下，说明时段 15 开行的列车与需求情景 4 和需求情景 5 的匹配度有待提高。

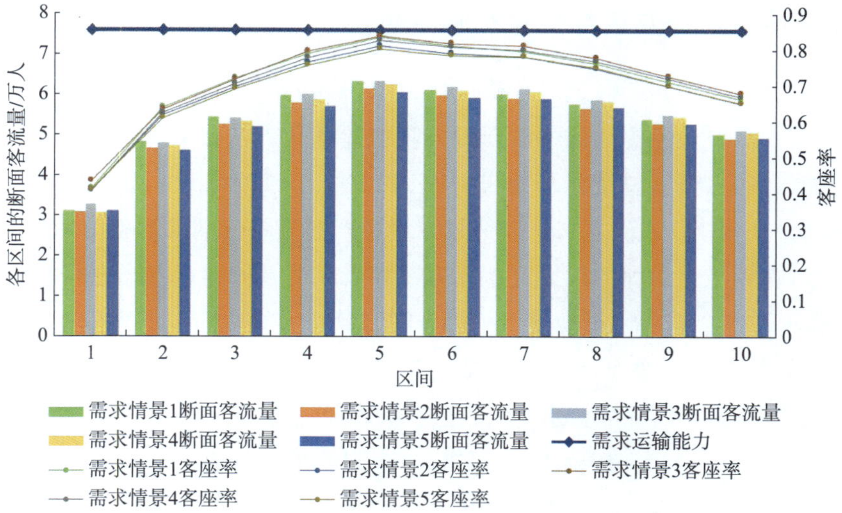

图 8-19　各需求情景下各区间的运输能力、断面客流量和平均客座率

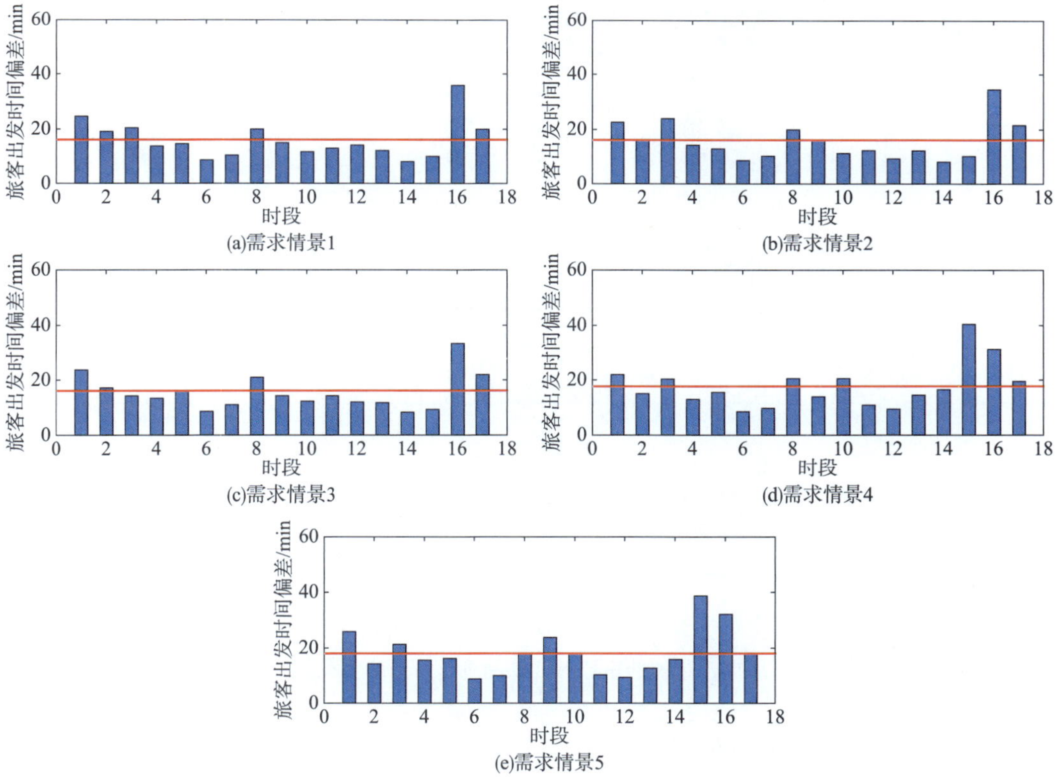

图 8-20　各需求情景下各时段的旅客出发时间偏差

8.4.5 需求情景规模对鲁棒优化影响分析

随着需求情景规模的扩大，通过鲁棒优化方法得到的列车开行方案及其各项指标必然会发生变化，我们需要检验提出的列车开行方案鲁棒优化方法是否具有普遍适用性。本章增加了 5 种需求情景，需求总量分别为 89 427、92 530、95 177、89 964、96 338 人次，全天需求的最大波动量在 6 900 人次左右。以情景数量递增的方式分别求解各需求情景规模下的鲁棒优化方案，得到最大后悔值以探究鲁棒方案和需求情景的满意方案之间的偏差变化。

表 8-8 展示了各个需求情景规模下鲁棒方案与满意方案之间的最大偏差值和最大偏差百分比。随着情景数量的增加，鲁棒方案需要适应这些需求情景在总量以及时空分布的变化，因而在调整列车数量、停站计划等方面更加复杂，鲁棒方案和满意方案之间的最大偏差也愈发显著。但是通过最大偏差百分比可得，二者之间的差异都没有超过上限值 5%，处于可接受的范围，并且最大偏差值没有表现出无限增大的趋势。证明本章提出的列车开行方案鲁棒优化方法具有较好的普遍适用性。

表 8-8　各需求情景规模下鲁棒方案与满意方案的最大偏差值和最大偏差百分比

需求情景规模/种	列车总数/列	最大偏差值/元	最大偏差百分比/%
5	80	236 264	2.81
6	78	184 691	2.26
7	83	257 655	3.07
8	78	288 660	3.53
9	84	263 131	3.14
10	79	300 879	3.66

参 考 文 献

[1] PARK B H, SEO Y I, HONG S P, et al. Column generation approach to line planning with various halting patterns: application to the Korean high speed railway[J]. Asia-Pacific Journal of Operational Research, 2013, 30(4): 1-19.

[2] 牛永涛. 成网条件下客运专线列车开行方案编制理论与方法研究[D]. 北京：北京交通大学，2010.

[3] 汪波，杨浩，张志华. 基于周期运行图的京津城际铁路列车开行方案研究[J]. 铁道学报，2007，29(2)：8-13.

[4] 史峰，周文梁，陈彦，等. 基于弹性需求的旅客列车开行方案优化研究[J]. 铁道学报，2008，30(3)：1-6.

[5] 吕叶. 基于动态客流的高速铁路列车开行方案调整优化方法研究[D]. 四川：西南交通大学，2015.

[6] 史峰，李彦霖，胡心磊，等. 面向服务水平的高速铁路列车开行方案优化[J]. 中国铁道科学，2018，39(5)：129-138.

[7] 牛丰,戚建国,秦进. 基于不确定客流的高速铁路列车停站方案优化方法[J]. 铁道学报,2016,38(7):1-7.

[8] HOOGHEINSTRA J S. Design of regular interval timetables for strategic and tactical railway planning [C]//In Proceedings of the International Conference on Computer Aided Design, Manufacture and Operation in the Railway and other Mass Transit Systems, 1996, 1:393-402.

[9] ASSAD A A. Models for rail transportation [J]. Transportation Research Part A:General, 1980, 14 (3):205-220.

[10] EISELE D O. Application of zone theory to a suburban rail transit network[J]. Traffic Quarterly, 1968, 22(1):49-67.

[11] GOOSSENS J W. Models and Algorithms for Railway Line Planning Problems[D]. Universiteit Maastricht, 2004.

[12] CLAESSENS M T, DIJK N M V, ZWANEVELD P J. Cost optimal allocation of rail passenger lines [J]. European Journal of Operational Research, 1998, 110(3):474-489.

[13] SCHOLL S. Customer-oriented line planning [D]. University of Kaiserslautern,2005.

[14] 张丽娟. 客运专线网络旅客列车开行方案研究[D]. 成都:西南交通大学,2015.

第9章　基于周期与非周期组合的高速铁路列车开行方案优化

我国高速铁路列车基本上采用非周期运行模式，列车在满足各类安全间隔要求的前提下可在其始发时间范围内选择任意时刻出发。这种灵活的列车到发时刻选择有利于确保全天运营时间内列车的时间分布与客流需求时间分布紧密吻合。而周期性运行列车通常以固定的时间周期运行，各周期内列车具有相同的运行模式、停站安排等，在法国、日本、德国等国家铁路得到了广泛应用。这种列车运行周期性规律便于旅客熟悉掌握列车车站到发时刻、方便铁路企业车站作业组织，但由于列车的运行线路、运行时间相对固定，存在不能充分利用线路的运输能力等弊端。为了兼顾列车周期性运行的规律性与列车非周期性运行的灵活性，使得运行列车的时间分布既能紧密吻合客流需求的时间分布，又能一定程度上保持列车周期性运行的规律性，本章介绍基于周期与非周期组合模式下的高速铁路列车开行方案优化方法，实现在各周期内开行一定数量的周期列车以满足所有周期内存在的基本出行需求，同时针对部分周期内的额外出行需求组织开行少量的非周期列车。

9.1　周期与非周期列车组合开行特征分析

9.1.1　列车周期性开行优缺点分析

列车周期化开行最早于1931年提出，主要用于长途旅客列车开行的周期化。所谓列车周期化运行指的是相同等级、相同种类的列车以固定的时间间隔进行周期运行，每个运行周期内同等级、同种类的列车发车频率、始发站、终到站、列车出发和到达顺序、列车停站等保持一致，并且各列车在其各经由站的到达时刻和出发时刻必须形成周期性的循环，即列车以固定时间间隔在各运行周期内规律地运行。本章将按列车周期化运行要求设计的列车开行方案称为周期性列车开行方案。

如图9-1所示共有三个运行周期，分别为8:00—9:00、9:00—10:00、10:00—11:00，显然，每个运行周期内列车运行线的铺化方式基本相同，列车的区间运行顺序、车站到发顺序也基本相同。除此之外，列车在各其经由站的到达时刻和出发时刻也满足等时间间隔周期化运行规律。通常而言，周期性列车开行方案编制时，首先需要选取一个客流高峰时段，确定该周期时段内列车的越行、待避车站、运行顺序和车站等；然后将其复制到其他周期时段内，在此基础上，结合各周期内出行需求的变化适当地停开其中部分列车，以适应相应周期时段内客流需求的下降。

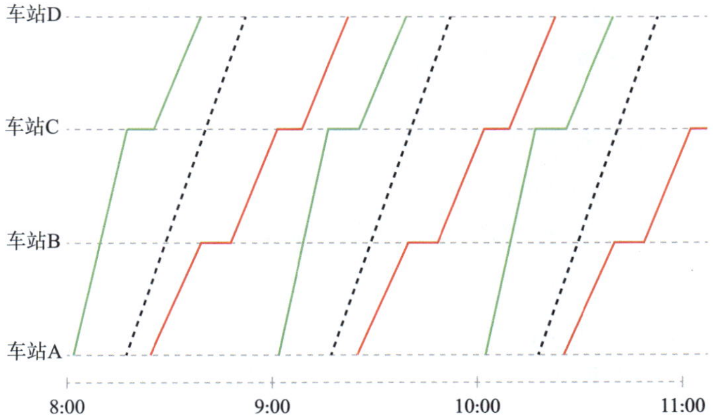

图 9-1　列车周期性运行示意

周期性列车开行方案具有以下几方面优点：

(1)结构简单，铺画灵活。周期性列车开行方案设计通常只需要根据高峰期的客流量确定一个周期时段内的列车开行方案，然后在将其复制到其他运行周期时段的基础上，对列车进行适当抽减与调整便可得到全天的列车开行方案。相比非周期性列车开行方案设计，其简化了开行方案的制定，降低了开行方案编制的规模与复杂性，有助于提高列车开行方案编制效率。

(2)时刻固定，方便记忆。基于周期性列车开行方案生成的周期列车运行图中各个运行周期内列车的运行顺序、发车频率和停站方案等均相同，并且各周期内列车在其各经由站的到达时刻和出发时刻也具有一定的周期规律。因此，旅客通常只需要知道某一个周期内列车的运行情况，即可根据周期规律推算出一天内每个时段内列车的运行情况，这一特点十分方便旅客记忆，从而便于他们掌握列车的实际开行情况而方便出行。

(3)运输组织更加便捷。周期性列车开行方案对于客流的波动以及列车晚点所引起的偏离原计划的状况具有良好的适应性，对于高峰期的客流需求的增加，可通过增加列车编组、多列动车组重联或延长高峰期运行时间等方法予以解决。对于平峰期减少的客流需求，可通过抽减运行线得到调整。

周期性列车开行方案同样也存在着以下缺点：

(1)一天中非高峰周期时段内列车的到发时刻受到高峰周期时段的基本开行方案限制，自由度较小，导致整个列车开行方案的灵活性较低，可能会使得线路运输能力的利用率被降低。

(2)周期性列车开行方案中非高峰周期时段的开行列车通常是基于高峰时段的而得到，

并不是完全基于客流的实际需求情况。这会导致非高峰周期时段内列车出行分布与客流分布不完全吻合，进而导致部分旅客买不到车票或者列车空载率较高的不利情况出现。同时，由于周期列车具有相对固定的停站方案，可能会导致某些中间站的停站运营成本增高等现实问题。

9.1.2 列车非周期性开行优缺点分析

非周期性列车开行方案属于列车开行方案最基本的形式，列车只要不与其他列车产生违背最小安全出发、到达时间间隔等要求的安全冲突，便可在其合理始发时间范围内选择任意时刻出发。这一点非常有利于确保全天运营时间内列车的时间分布（即能力时间分布）与客流需求时间分布紧密吻合，达到提高旅客服务水平与列车运行效率的双重功效。图 9-2 给出了列车非周期性运行的简单示意图，图中所展示的列车之间没有严格的周期运行约束，各个时间段内列车运行也无规律可言，因此列车只需要满足必要的作业时间标准与间隔约束即可。

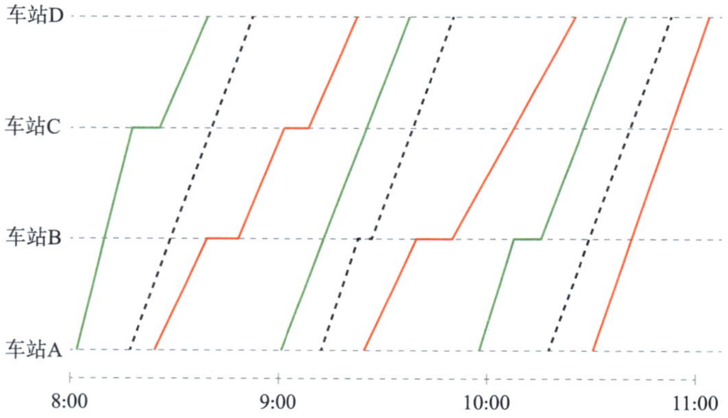

图 9-2 列车非周期性运行示意

综上可知，对于非周期性列车开行方案而言，其优点则在于非周期性列车开行方案因列车之间没有周期间隔约束，列车运行时刻选择相对更加灵活，因此，在全天各个运行时段内，列车的运行分布能够更好地吻合旅客出行时间的分布，因而通常能够更加充分地满足全天内各个运行时段内的客流需求，并有效地利用列车资源，减少资源的浪费。然而，在制定非周期性列车开行方案时，由于需要同时确定全天内所有列车在其各车站的到发时刻，涉及的列车数量与运营时间范围都非常之大，因此，非周期性列车开行方案的编制难度也相对较大。

9.1.3 列车周期与非周期组合开行特点

日本、法国等国家高速铁路由于运输距离短、发车频率大的运行特点，更适合采用固定时间发车、周期循环的运行模式。而对于我国高速铁路线路里程长、长途 OD 客流相对较少，大部分长途列车一天内开行数量偏少，周期性运行不具有实际意义。因此，在我国高速铁路不能简单地选择周期或者非周期运行方式，而应该充分考虑高速铁路线路特征、客流出行规律等，结合列车周期与非周期运行方式优缺点，设计开行周期列车与非周期列车相配合的列车开行方案。

周期与非周期组合方式的列车开行方案使得周期运行模式和非周期运行模式在列车开行方案编制过程中均得以应用体现。它通常将运行里程短、开行频率较高的列车按周期模式组织运行，以满足大部分客流需求；与此同时，将运行里程长、开行频率较低的列车以非周期模式运行，以满足部分客流较高时段增加的客流需求。如图 9-3 所示绿色实线和黑色虚线表示的列车为周期列车，在 8:00—9:00、9:00—10:00、10:00—11:00 三个运行周期时段内，按照一定相同的时间间隔周期化运行，以满足大部分客流需求。与此同时，在8:00—9:00 周期时段内红色实线表示的列车、在 9:00—10:00 周期时段内紫色实线表示的列车以及在 10:00—11:00 周期时段内蓝色虚线表示的列车均为非周期列车，它们与其他列车之间无任何周期性约束，以满足相应时段内无规律的客流需求。

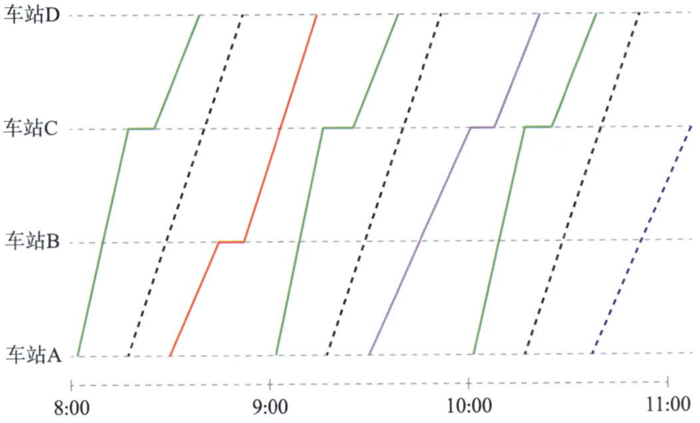

图 9-3　周期与非周期列车组合方式示意

综上可知，周期与非周期组合方式的列车开行方案主要是以周期运行模式为主，通过增加少量非周期列车以满足某些时段内客流需求的增加。这种列车开行方案在保证周期列车严格周期化运行的基础上，增开一些非周期列车以适应时变性客流需求，并且对于开行的非周期列车，其与其他列车之间除了满足各类作业安全间隔约束外无其他任何约束，列车在各经由站的到发时刻相对灵活。因此，周期与非周期组合方式的列车开行方案不仅维持了大部分列车的周期规律，方便旅客记忆，还通过少部分非周期性列车满足了波动的客流需求，很好地继承了周期性列车开行方案的规律性与非周期性列车开行方案的灵活性。除此之外，其最大的特点是该种列车开行方案凭借其规律性在为旅客提供极大便捷的同时，其列车运力的分布和旅客出行的分布能够较好地吻合，极大地提高了铁路运输的服务质量。

9.2 基于周期与非周期组合的列车开行问题描述

由于本章研究是基于给定的候选运行模式集合，从中优化选择周期列车和非周期列车开行。因此，本节首先在 9.2.1 小节对周期列车和非周期列车的候选运行模式进行介绍，然后在 9.2.2 小节中基于给定候选运行模式和铁路网构建旅客出行网络，进而在 9.2.3 小节中对客流出行需求及其出行列车选择进行描述，最后在 9.2.4 小节中给出基于周期和非周期组合方式的铁路列车开行方案问题的详细定义。

9.2.1 列车候选运行模式

铁路运输网络是由一系列的车站和区间组成，分别用 S 和 E 表示，在忽略车站内部具体布局的情况下，每一个车站都可被视为一个节点。用 P 表示列车候选运行模式集，每种候选运行模式部分规定了如何组织列车。具体而言，规定了按照此种运行模式运行的列车的起点站、终点站、经由站和运行速度，然而它并不能为每列列车确定其在各经由站的停留时间、到站时间和发车时间。用 $p \in P$ 表示一种运行模式，r_p、s_p、S_p、g_p 分别表示按照此种运行模式运行的列车的起点站、终点站、经由站和运行速度。对于按照此种运行模式运行的列车，他们从车站 $k \in S_p$ 到下一个到达车站 $k' \in S_p$ 的运行时间可以通过运行速度 g_p 和区间里程 $(k,k') \in E$ 计算得到。

通过将列车一天的运营时间范围平均分割，可以得到具有相同时间长度的运行周期集，在划分的周期内既可以开行周期列车，也可以开行非周期列车。因此，既可以将同一种运行模式应用于开行周期列车，也可以应用于开行非周期列车，甚至也可以不应用于开行任何列车。当一种运行模式应用于开行周期列车时，每一个运行周期内都必须按照此种运行模式开行一列列车，并且尽管这些列车是在不同的运行周期内开行，但它们具有相同的停站方案，在同一个停留车站的停留时间相同，且相邻运行周期内的列车在每一个经由站的到达时间和出发时间只相差一个周期时间间隔。总而言之，这些列车必须按照同一种周期运行方式开行，所以将此种运行模式称之为周期运行模式。当一种运行模式被应用于开行非周期列车时，只需要一个或者多个运行周期按照此种运行模式开行非周期列车即可，并且这些非周期列车相互独立，即它们可以具有不同的停站方案，在同一个停留车站也可以具有不同的停留时间，在每个经由站的到达时间和出发时间也没有周期间隔约束。最后，为了方便表述，定义 $\langle p,w \rangle$ 代表按照运行模式 p 在第 w 个周期内开行的列车。

图 9-4 给出了一个包含一种周期运行模式和非周期运行模式的简单例子，用于阐释一种运行模式被应用于周期列车或者非周期列车的区别。图中共有 5 列列车从车站 k_1 运行至车站 k_3，图中列车的运行时间范围被等间隔地划分为了 3 个运行周期，即第 w_1、w_2 和 w_3

运行周期。图中每一个运行周期内均有一列周期列车按照运行模式 p_1 开行，用绿色实线表示，即列车 $\langle p_1, w_1\rangle$、列车 $\langle p_1, w_2\rangle$ 和列车 $\langle p_1, w_3\rangle$。另外，图中还有 2 列非周期列车，即用紫色实线表示的按照运行模式 p_2 在第 w_1 个运行周期内开行的列车 $\langle p_2, w_1\rangle$，以及用红色实线表示的按照运行模式 p_3 在第 w_2 个运行周期内开行的列车 $\langle p_3, w_2\rangle$。显然，对于三列周期列车，他们严格地按照同种周期运行方式开行，即他们都在车站 k_2 停站，并在此车站具有相同的停留时间，除此之外，在相邻运行周期内的两列列车在同一个车站的到达时间和出发时间均只相差一个相等的时间间隔，即周期时间间隔。然而，对于其他两列非周期列车，他们只按照自己的运行模式独立运行，比如：列车 $\langle p_2, w_1\rangle$ 在车站 k_2 不停站，但列车 $\langle p_3, w_2\rangle$ 在车站 k_2 停站。它们在各个车站的到达时间和出发时间之间也不具有任何规律。

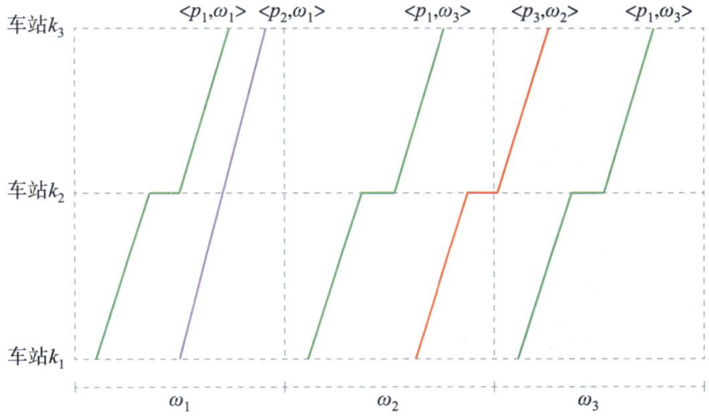

图 9-4　按照 3 种运行模式运行的 3 列周期列车和 2 列非周期列车

由于对于每一种候选运行模式 $p \in P$，其既可以应用于开行周期列车，也可以应用于开行非周期列车，当然也可以不应用于开行任何列车，故在候选运行模式初始集合 P 中，每一种候选运行模式 p 均是相互独立，互不相同的，并且每一种候选运行模式在同一个运行周期内只能应用于开行最多一列列车。然而，如果希望一种运行模式在同一个运行周期内可以被超过一列列车按照此种运行模式开行，可以通过复制这种运行模式一次或者多次以产生新的候选运行模式，并将其加入候选运行模式集合中，从而将其应用于一列或者多列列车的运行中，但这些列车将会具有相同的起点站、经由站、终点站和运行速度。如此一来，在候选运行模式集合 P 中，将会具有两种或者多种相同的候选运行模式，但是它们仍然是独立应用于开行列车。

9.2.2　基于周期与非周期组合列车的旅客出行网络设计

为了更好地描述旅客的列车选择和出行成本，本节构建旅客出行网络，其由节点集 N 和有向弧集 A 组成的有向图表示，包括三种不同类别的节点和五种不同类别的弧，其构造过程包括生成出行网络节点集、生成出行网络有向弧集和对出行网络进行扩展。

1. 旅客出行网络节点集

首先,为每一个车站、每一列列车在每一个经由站的到达和出发生成三类节点。第一类节点为车站节点,每个车站均用一个车站节点表示,用以描述旅客在每一个车站的起始节点和终到节点,即旅客必须从一个车站的车站节点出发,然后到达另一个车站的车站节点。另外两类节点称为到达节点和出发节点,根据开行列车在每一个车站的到达和出发所构建,用于描述旅客跟随列车在各车站的到达和出发。因此,每一列列车的起点车站只有一个出发节点,每一列列车的终点车站只有一个到达节点,而每一列列车的中间车站均具有到达节点和出发节点。

用 N_S 表示车站节点集合,定义 $n_k \in N_S$ 为列车车站 k 的车站节点,并分别用 $v_{p,w}^k$ 和 $u_{p,w}^k$表示列车 $\langle p,w\rangle$ 在其经由站 k 的到达节点和出发节点。除此之外,为了方便表示,i 和 j 可以用于表示任何一种类型的节点。

图 9-5 中给出了一个基于 4 个车站、4 列周期列车和 1 列非周期列车构建的旅客出行网络简单例子。其中,4 个车站分别是 k_1、k_2、k_3 和 k_4,它们所对应的车站节点分别为节点 1、节点 2、节点 3 和节点 4。红色实线表示的两列周期列车按照运行模式 p_1 分别在第 w_1、w_2 运行周期内从车站 k_1 出发、终到至 k_4。列车 $\langle p_1,w_1\rangle$ 在车站 k_2,k_3 和 k_4 所对应的到达节点分别是节点 6、节点 14 和节点 8,而列车 $\langle p_1,w_2\rangle$ 在此三个车站的到达节点分别是节点 16、节点 10 和节点 18。与此同时,列车 $\langle p_1,w_1\rangle$ 在车站 k_1、k_2 和 k_3 的到达节点分别是节点 5、节点 13 和节点 7;而列车 $\langle p_1,w_2\rangle$ 在此三个车站的到达节点分别是节点 15、节点 9 和节点

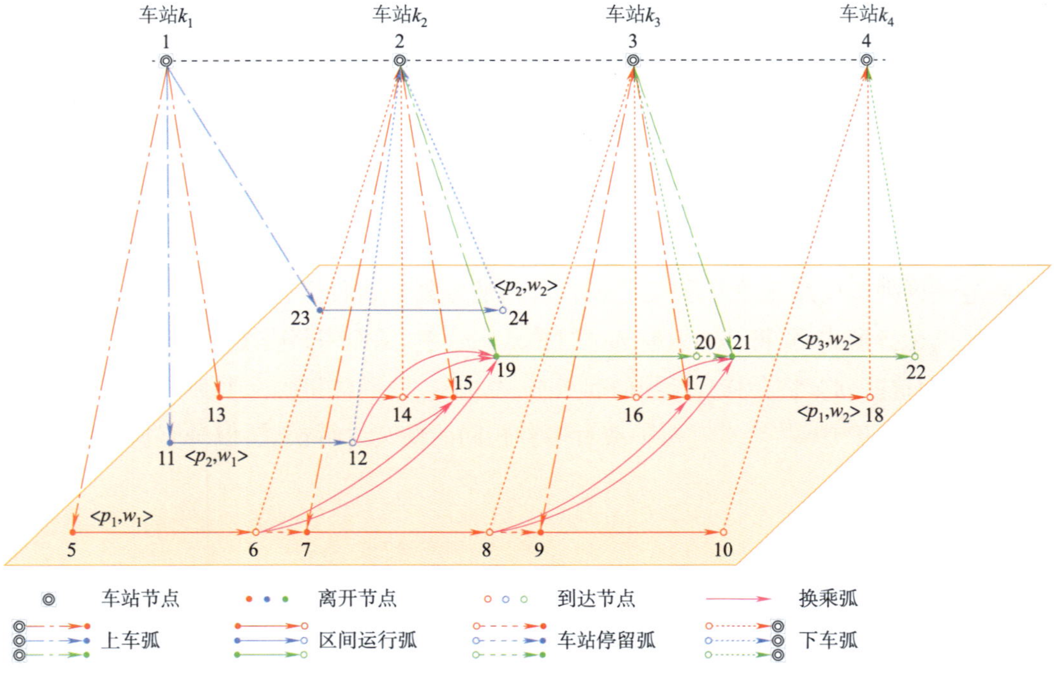

图 9-5 由 4 个车站、5 列列车所构成的旅客出行网络

17。同样的，可以获得用蓝色和绿色实线表示的其他三列列车在 4 个车站 k_1、k_2、k_3 和 k_4 的到达和出发节点 11、12、23、24、19、20、21、22。

2. 旅客出行网络有向弧集

基于车站节点、列车在各经由站的出发节点和到达节点，分别在这些节点之间构建旅客的上车弧、区间运行弧、停留弧、换乘弧和下车弧。具体的构建方法如下所示：

(1)上车弧

每一条上车弧均是从一个车站节点到某列列车在此车站的离开节点，用于描述旅客在此车站登上此列列车的过程。定义$(n_k, u_{p,w}^k)$用于表示旅客在列车$\langle p,w\rangle$的经由站 k 对于此列列车的上车弧。如图 9-5 所示，旅客对于列车$\langle p_1,w_1\rangle$，在其经由站 k_1、k_2 和 k_3 的上车弧分别是弧(1,5)、弧(2,7)和弧(3,9)。注意：对于任意一条上车弧$(n_k, u_{p,w}^k)$，其旅客运输能力取决于列车$\langle p,w\rangle$是否决定开行以及列车$\langle p,w\rangle$是否在其经由站 k 停站，如果列车$\langle p,w\rangle$开行且在经由站 k 停站，则上车弧$(n_k, u_{p,w}^k)$的旅客运输能力设置为列车$\langle p,w\rangle$的最大载客能力；否则，其旅客运输能力为 0，即在车站 k，不允许任何旅客通过上车弧$(n_k, u_{p,w}^k)$登上列车$\langle p,w\rangle$。

(2)区间运行弧

每一条区间运行弧均是从同一列列车在某个经由站的离开节点到下一个经由站的到达节点，用于描述旅客跟随列车从一个车站到下一个车站的出行过程。定义$(u_{p,w}^k, v_{p,w}^{k'})$表示旅客跟随列车$\langle p,w\rangle$从列车经由站 k 到经由站 k' 的区间运行弧。如图 9-5 所示，旅客跟随列车$\langle p_1,w_1\rangle$从车站 k_1 到车站 k_2、从车站 k_2 到车站 k_3、从车站 k_3 到车站 k_4 的区间运行弧分别是弧(5,6)、弧(7,8)以及弧(9,10)。对于任意一条区间运行弧$(u_{p,w}^k, v_{p,w}^{k'})$，其旅客运输能力取决于列车$\langle p,w\rangle$是否在第 w 个运行周期内开行。如果列车$\langle p,w\rangle$在第 w 个运行周期内开行，则区间运行弧$(u_{p,w}^k, v_{p,w}^{k'})$的旅客运输能力即为列车$\langle p,w\rangle$的最大载客能力；否则该条弧的旅客运输能力为 0。

(3)车站停留弧

每一条车站停留弧是从同一列列车在同一个经由站的到达节点到出发节点，用于描述旅客跟随列车在此车站的停留。定义$(v_{p,w}^k, u_{p,w}^k)$为旅客跟随列车$\langle p,w\rangle$在其经由站 k 的停留弧。如图 9-5 所示，旅客跟随列车$\langle p_1,w_1\rangle$在其经由站 k_2 和经由站 k_3 的停留弧分别是弧(6,7)和弧(8,9)。对于任意一条停留弧$(v_{p,w}^k, u_{p,w}^k)$，其旅客运输能力取决于列车$\langle p,w\rangle$是否决定在第 w 个运行周期内开行。如果列车$\langle p,w\rangle$在第 w 个运行周期内开行，则该条停留弧的旅客运输能力即为列车$\langle p,w\rangle$的最大载客能力；否则，其旅客运输能力为 0。

(4)换乘弧

每一条换乘弧是在同一个车站内，从一列列车的到达节点到另一列列车的出发节点，用于描述旅客在此车站内从一列列车换乘到另一列列车。定义$(v_{p,w}^k, u_{p',w'}^k)$为旅客在车站 k 内从列车$\langle p,w\rangle$换乘到列车$\langle p',w'\rangle$的换乘弧。如图 9-5 所示，旅客在车站 k_2 从列车$\langle p_1,w_1\rangle$换乘到列车$\langle p_1,w_2\rangle$的换乘弧为弧(6,15)。对于任意一条换乘弧$(v_{p,w}^k,u_{p',w'}^k)$，其弧上旅客的运输能力取决于两个条件：一是两列列车$\langle p,w\rangle$和$\langle p',w'\rangle$是否均分别在第 w 和 w' 个运行周期内开行，并且均在车站 k 停站；二是列车$\langle p',w'\rangle$在车站 k 的到达时间与列车$\langle p,w\rangle$在车站 k 的出发时间之差是否不少于旅客需要的最小换乘时间。如果两个条件均满足，则换乘弧$(v_{p,w}^k,u_{p',w'}^k)$的旅客运输能力即为列车$\langle p',w'\rangle$的最大载客能力；否则，该条换乘弧的旅客运输能力为 0。

(5)下车弧

每一条下车弧均是从列车在同一个车站的到达节点到此车站对应的车站节点，用于描述旅客在此车站的下车行为。定义$(v_{p,w}^k,n_k)$为旅客在车站 k 从列车$\langle p,w\rangle$下车的下车弧。如图 9-5 所示，旅客在车站 k_2、k_3 和 k_4 从列车$\langle p_1,w_1\rangle$下车的下车弧分别是弧(6,2)、弧(8,3)和弧(10,4)。对于任意一条下车弧$(v_{p,w}^k,n_k)$，其对应的旅客运输能力取决于列车$\langle p,w\rangle$是否在第 w 个运行周期内开行，并且在车站 k 停站，如果列车$\langle p,w\rangle$在第 w 个运行周期内开行且在车站 k 停站，则下车弧$(v_{p,w}^k,n_k)$的旅客运输能力即为列车$\langle p,w\rangle$的最大载客能力；否则，该条下车弧的旅客运输能力为 0。

通过以上旅客出行网络的构造方法获得旅客的有向出行网络，当旅客通过这个出行网络从其起点出发到其终点时，在其访问的每条出行弧上均需要承担一定的成本，本章所考虑的旅客在不同弧上所需要承担的成本具体如下，但旅客在下车弧上不承担任何成本。

(1)上车弧上的成本：旅客在其上车弧上的成本即为旅客的等待时间乘以旅客平均单位等待时间价值，旅客的等待时间为旅客乘坐列车在旅客起点站的出发时刻和旅客进入该起点站的时刻之差。

(2)区间运行弧上的成本：旅客在区间弧上的成本由两部分组成，弧上的运行时间成本和区间运行票价。弧上的运行时间成本取决于旅客跟随列车在区间运行所消耗的时间与旅客平均单位运行时间价值。旅客跟随列车在区间运行所消耗的时间为列车在该区间的运行时间，该区间的票价则取决于列车运行时间和列车单位里程票价率。

(3)车站停留弧上的成本：旅客在车站停留弧上的成本为旅客在车站消耗的停留时间乘以旅客平均单位停留时间价值。旅客在车站消耗的停留时间即为跟随列车在此车站的停留时间。

(4)换乘弧上的成本：旅客在换乘弧上的成本即为旅客消耗的换乘时间乘以旅客平均换乘单位时间价值。其换乘时间取决于换乘前乘坐的列车在换乘站的到达时刻和换乘后乘坐的列车在换乘站的出发时刻。

3. 旅客出行网络的扩展

通常来说，由于列车最大载客能力和列车在车站出发时间的限制，某一部分旅客可能会乘坐不了任何一列列车。比如：当旅客在其起点站的进入时刻大于从该车站出发的最后一列列车的出发时刻，则这部分旅客将无法乘坐任何列车到达他们的目的地。为了更好地统计这部分无法乘坐任何列车的旅客数量，从而尽可能地减少其数量，对以上所构造的旅客出行网络进行扩展，添加一列虚拟列车，并为其生成虚拟节点和虚拟弧。

首先，针对每一个车站，为虚拟列车生成一个虚拟节点；然后在车站节点和对应的虚拟节点之间构造双向虚拟上下车弧，并在虚拟节点与其相邻的下一个车站的虚拟节点之间构造双向虚拟运行弧。双向虚拟上下车弧用于描述旅客在其起点乘坐虚拟列车和在其终点下虚拟列车的行为，双向虚拟运行弧用于描述旅客从一个车站到另外一个车站的移动。

值得注意的是，所有的虚拟弧均为双向弧，旅客在乘坐虚拟列车运行途中不允许在中间选择第二种类型的虚拟弧。如图 9-6 所示，虚拟列车$\langle\partial,\varnothing\rangle$在车站 k_1、k_2、k_3 和 k_4 的虚拟节点分别为节点 25、节点 26、节点 27 和节点 28，其在这 4 个车站的双向虚拟上下车弧分别为弧(1,25)、弧(2,26)、弧(3,27)和弧(4,28)。列车$\langle\partial,\varnothing\rangle$在区间$(k_1,k_2)$、区间$(k_2,k_3)$和区间$(k_3,k_4)$的双向区间弧分别是弧(25,26)、弧(26,27)和弧(27,28)。

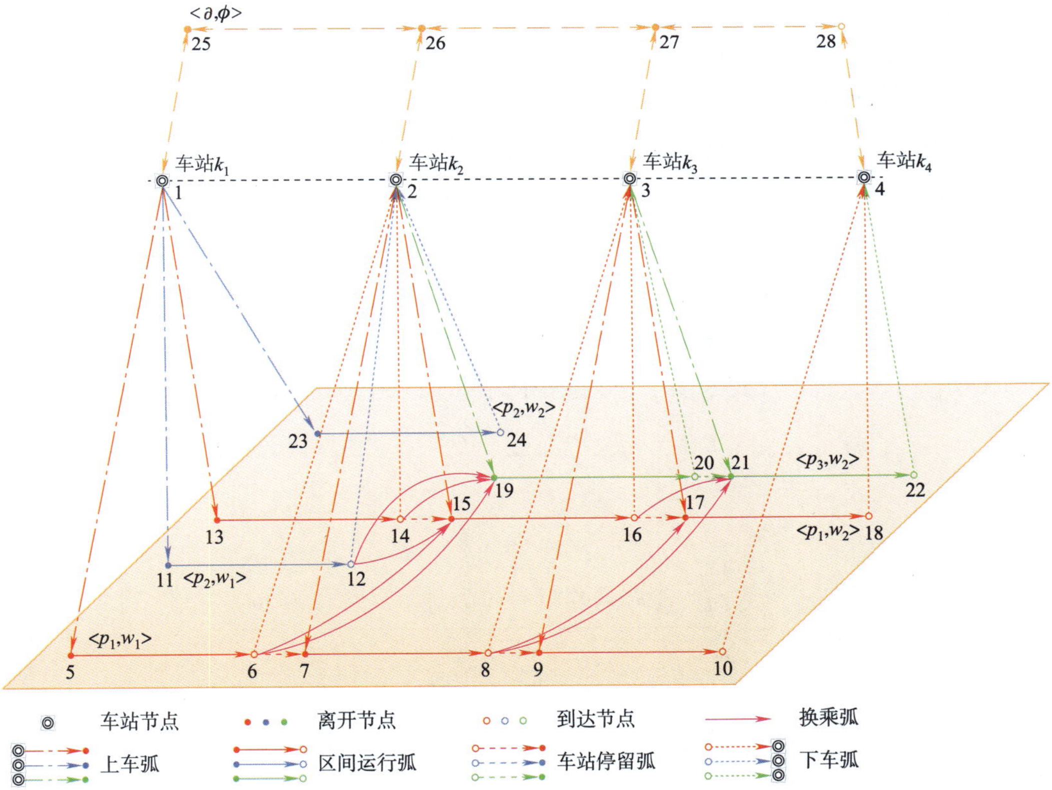

图 9-6　旅客出行网络的扩展

9.2.3 旅客出行需求及其出行路径选择

1. 动态客流需求单元

通过把旅客出行时间范围$[T_{\text{start}}, T_{\text{end}}]$均等地划分为多个出行时段，可以统计该出行时段内的OD客流需求。用θ表示一个旅客出行时间段，定义$\beta^{\theta}_{r,s}$为在出行时间段θ内从起点站r到终点站s的旅客总量。基于每个出行时间段内旅客的总量，另一种表示旅客出行需求的方式，从起点站r到终点站s的旅客在时刻t的出行率$\lambda_{r,s}(t)$可以根据公式(9-1)计算获得。

$$\lambda_{r,s}(t)=\beta^{\theta}_{r,s}/(t^{\theta}_{\text{end}}-t^{\theta}_{\text{start}}) \quad (\forall r,s;t\in[t^{\theta}_{\text{start}},t^{\theta}_{\text{end}}]) \tag{9-1}$$

式中，$t^{\theta}_{\text{start}}$和$t^{\theta}_{\text{end}}$分别为出行时间段$\theta$的开始时刻和结束时刻。

为了缩小旅客列车选择问题的规模，将具有相同可乘坐列车集的OD客流合并为一个客流需求单元。为了获得这些客流需求单元，我们提出了一种基于列车在旅客起点站的出发时间获得客流需求单元的动态合并方法。如图9-7所示，以从车站k_2出发的旅客为例。图中共有5列列车会经过车站k_2，其中，有4列列车将会在此车站停站，即列车$\langle p_1, w_1\rangle$、$\langle p_1, w_2\rangle$、$\langle p_3, w_2\rangle$和$\langle p_1, w_3\rangle$，有一列列车$\langle p_2, w_1\rangle$不在此车站停站而直接通过。因此，对于从车站k_2出发的旅客而言，在运行开始时间T_{start}和列车$\langle p_1, w_1\rangle$在此车站的离开时间$d^{k_2}_{p_1,w_1}$之间进入该车站的旅客具有相同的可乘坐列车集，即这些旅客可以选择乘坐列车$\langle p_1, w_1\rangle$、$\langle p_1, w_2\rangle$、$\langle p_3, w_2\rangle$和$\langle p_1, w_3\rangle$中的任意一列未满载列车从起点站k_2出发，因此将这些旅客合并为同一个客流需求单元。类似的，在时间段$[d^{k_2}_{p_1,w_1}, d^{k_2}_{p_1,w_2})$、$[d^{k_2}_{p_1,w_2}, d^{k_2}_{p_3,w_2})$、$[d^{k_2}_{p_3,w_2}, d^{k_2}_{p_1,w_3},)$和$[d^{k_2}_{p_1,w_3}, T_{\text{end}}]$进入车站$k_2$的旅客分别划分为4个不同的客流需求单元。而对于不在车站k_2停留的列车$\langle p_2, w_1\rangle$，其在该车站的出发时间不将参与形成客流需求单元，即在$(d^{k_2}_{p_1,w_1}, d^{k_2}_{p_2,w_1})$与$(d^{k_2}_{p_2,w_1}, d^{k_2}_{p_1,w_2})$这两个时间段内无法形成客流需求单元，因为这两

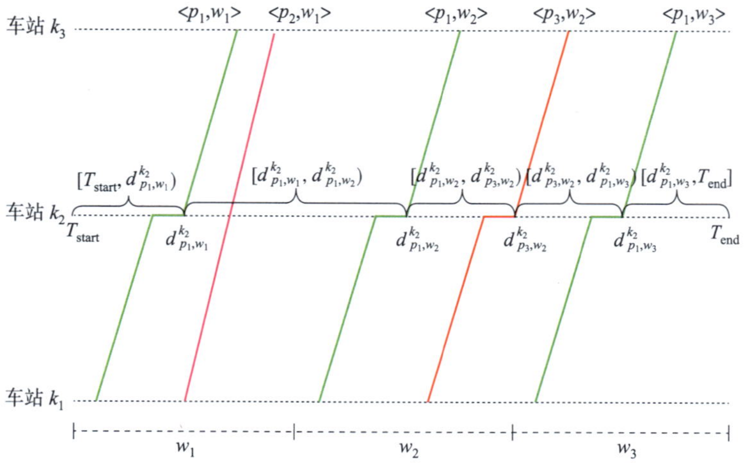

图9-7 合并从车站k_2出发的客流获得客流需求单元简单示例

个时间段内的旅客与时间段$[d^{k_2}_{p_1,w_1},d^{k_2}_{p_1,w_2})$的旅客具有相同的可乘坐列车集，因此可直接将这部分旅客合并在时间段$[d^{k_2}_{p_1,w_1},d^{k_2}_{p_1,w_2})$的客流需求单元中。

对于从起点站 r 到终点站 s 的旅客，定义 H_{rs} 为他们所合并的动态客流需求单元总数，$Q^h_{r,s}$ 为从起点站 r 到终点站 s 的旅客在第 h 个动态客流需求单元内的旅客数量，其可以通过公式(9-2)计算得到。

$$Q^h_{r,s}=\int_{\overline{T}^h_{r,s}}^{\overline{\overline{T}}^h_{r,s}}\lambda_{r,s}(t)\mathrm{d}t \quad (\forall r,s;h=1,2,\cdots,H_{rs}) \tag{9-2}$$

式中，$\overline{T}^h_{r,s}$ 和 $\overline{\overline{T}}^h_{r,s}$ 分别表示第 h 个动态客流需求单元的旅客最早进入车站 r 的时刻和最晚进入车站 r 的时刻。显然的，对于从起点站 r 到终点站 s 的旅客，其形成的第一个动态客流需求单元内的旅客在起点站 r 的最早进入时间 $\overline{T}^h_{r,s}$ 应为旅客出行时间的开始时刻 T_{start}；而对于最后一个动态客流需求单元，其旅客在起点站 r 的最晚进入时间 $\overline{\overline{T}}^h_{r,s}$ 应为旅客出行时间的结束时刻 T_{end}。除此之外，$\overline{T}^h_{r,s}$ 和 $\overline{\overline{T}}^h_{r,s}$ 为在车站 r 停站的相邻两列列车在该车站的出发时刻。

对于同一个动态客流需求单元内的旅客，由于他们在起点站的进入时间不同，所以会导致他们在乘坐同一列列车时会有不同的等待时间。为简化起见，假设他们在乘坐同一列列车时具有相同的等待时间，并确定以下加权平均时间作为他们在起点站的统一进入时间。

$$\bar{t}^h_{r,s}=\int_{\overline{T}^h_{r,s}}^{\overline{\overline{T}}^h_{r,s}}t\times\lambda_{r,s}(t)\mathrm{d}t/Q^h_{r,s} \quad (\forall r,s;h=1,2,\cdots,H_{rs}) \tag{9-3}$$

式中，$\bar{t}^h_{r,s}$ 表示从起点站 r 到终点站 s 的第 h 个动态客流需求单元内的旅客在起点站 r 统一车站进入时间。注意：此处理不影响他们的总等待时间和总出行时间。

通过与已有的静态需求单元划分方法进行比较，以上所提出的动态客流需求单元获得方法具有以下两个特点：

(1)动态客流需求单元获得方法可以有效地减少客流需求单元的数量，尤其对于起点站只有少数列车停站的 OD 客流，其形成的客流需求单元将显著减少。这一特点将有助于我们更好地解决旅客列车选择问题。

(2)动态客流需求单元获得方法可以彻底避免同一个客流需求单元内的旅客具有不同可乘坐列车的情况，相对于静态客流需求单元划分则可能导致此种情况出现。比如：对于在时间段[10:00,11:00]内的旅客，如果某列列车在他们起点站的离开时间为 10:30，则对于在 10:30 之前进入该起点站的旅客来说，他们可以选择该列列车出行，但对于在 10:30 之后进入该起点站的旅客来说，他们将不能选择该列列车出行。对于动态客流需求单元获得方法，则将会把时间段[10:00,11:00]内的旅客划分为[10:00,10:30)和[10:30,11:00]两个动态客流需求单元。

2. 客流的出行路径选择

目前被广泛采用的旅客路径选择方法是按照最低成本原则将每一个客流需求单元内的

所有旅客分配到具体路径上。例如：Fu 等（2015）假设旅客将从所有可选择路径中挑选出出行成本最低的路径。实际上，由于列车运输能力的限制，一部分旅客将无法按照其最低成本路径出行，在此时，他们通常会选择第二、第三等最低成本路径。

如图 9-8 所示，在同一个客流需求单元中有 130 个旅客将从车站 k_1 到车站 k_3，并且他们可乘坐列车集由列车$\langle p_1, w_1\rangle$、$\langle p_2, w_1\rangle$和$\langle p_2, w_2\rangle$这三列列车构成。绿色实线表示的列车$\langle p_1, w_1\rangle$是一列非周期列车，其按照运行模式 p_1 只在第 w_1 个周期内开行，红色实线表示的列车$\langle p_2, w_1\rangle$和$\langle p_2, w_2\rangle$是均按照运行模式 p_2 分别在第 w_1 和 w_2 个周期内开行的周期列车。除此之外，图中圆括号里面绿色和红色的数字分别表示旅客在该条弧上出行的成本和该条弧的旅客运输能力，蓝色的数字表示该条弧上的客流量。

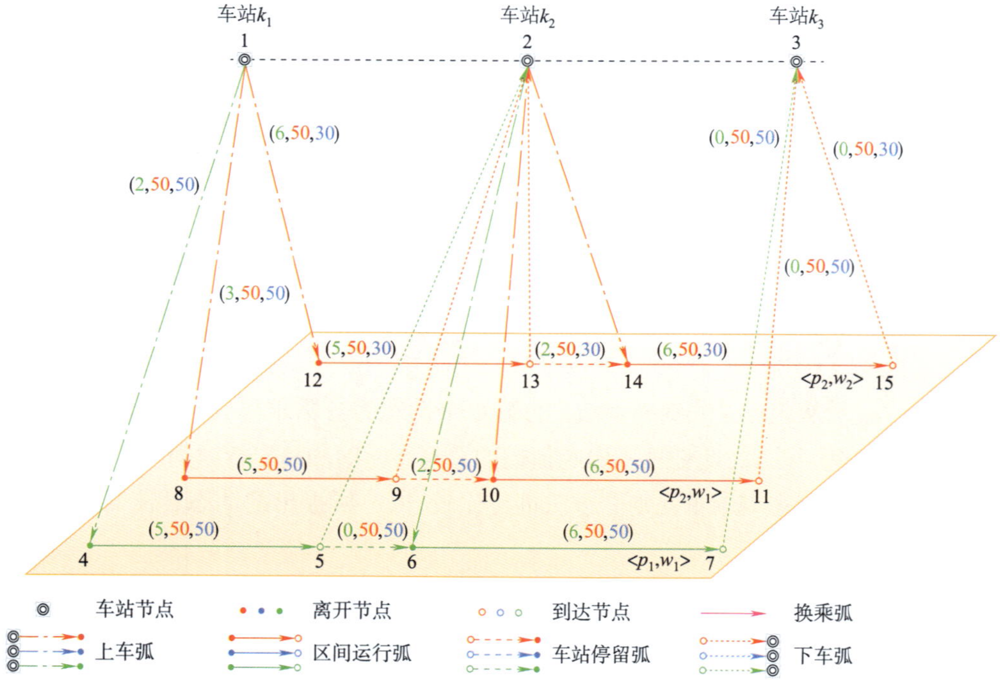

图 9-8 旅客路径选择简单示例

表 9-1 中给出了该客流需求单元的 130 个旅客可以选择的所有有效出行路径及该路径上单位旅客成本。显然的，根据最低成本路径原则，所有的旅客都希望选择最低成本路径出行，即表 9-1 中的路径 1，其单位旅客出行成本为 13 min；但是由于该条路径上各条弧的运输能力只有 50 人，因此最终只有 50 名旅客可以选择路径 1 出行，另外有 50 名旅客选择了第二最低成本路径，即路径 2，其单位旅客出行成本为 16 min；剩余还有 30 名旅客则只能选择第三最低成本路径，即路径 3 出行，其单位旅客出行成本为 19 min。

表 9-1　旅客的有效路径选择

路径	经由节点顺序	单位旅客出行成本/min	旅客数量/人	乘坐的列车
路径 1	1-4-5-6-7-3	13	50	$\langle p_1, w_1\rangle$
路径 2	1-8-9-10-11-3	16	50	$\langle p_2, w_1\rangle$
路径 3	1-12-13-14-15	19	30	$\langle p_2, w_2\rangle$

9.2.4　基于周期与非周期组合方式的列车开行方案问题定义

基于给定的候选运行模式集合和运行周期的划分，基于周期与非周期组合方式的列车开行方案问题旨在为各候选运行模式决定其是用于开行周期列车、非周期列车还是不应用于开行任何列车，并同时为开行的非周期列车确定其开行周期，以及为所有开行的列车优化其停站方案和其在各经由站的到达时刻和出发时刻。与此同时，基于构建的旅客出行网络，为旅客选择出行路径。

1. 符号定义及输入

基于周期与非周期组合方式的列车开行方案问题的输入数据包括 4 个部分：

(1)轨道网络，包括车站数据、区间数据以及区间里程数据等。

(2)候选运行模式集，每一种候选运行模式规定了按照其开行的列车的起点站、经由站、终点站和列车的运行速度。

(3)每一个旅客出行时段内，从起点站到终点站的旅客数量，其可以通过一些自动收费系统收集获得。

(4)所有需要的运行参数，如各类时间参数、运行周期长度、列车最大载客能力。

此外，与轨道网络、运行模式、列车、旅客及其出行网络等相关符号见表 9-2。

表 9-2　输入参数符号定义

描述对象	符号	定义范围	含义
轨道网络	S	$S=1,2,\cdots$	轨道网络上的所有车站集合
	r,s	$r,s\in S$	起点站和终点站
	k,k'	$k,k'\in S$	车站序号
	E		轨道网络运行区间
	(k,k')	$(k,k')\in E$	相邻车站 k 和 k' 之间的区间序号
	$L_{k,k'}$	$(k,k')\in E$	区间 (k,k') 的区间里程，km
	Ψ_k	$k\in S$	旅客在车站 k 换乘所需要的最小换乘时间，包括平均等待时间和上下车所需要消耗的时间，min
运行模式	P		所有运行模式集合
	p	$p\in P$	运行模式序号
	S_p	$S_p\in S$	按照运行模式 p 开行的列车的所有经由站集合

续上表

描述对象	符号	定义范围	含义
运行模式	γ_p	$p \in P$	按照运行模式 p 开行的列车的经由站数量
	r_p	$r_p \in S_p$	按照运行模式 p 开行的列车的起点站
	s_p	$s_p \in S_p$	按照运行模式 p 开行的列车的终点站
	E_p	$E_p \in E$	按照运行模式 p 开行的列车的经由区间
	F_p	$p \in P$	按照运行模式 p 开行的列车的运行组织成本，元
	π_p	$p \in P$	按照运行模式 p 开行的列车的平均单位时间出行成本，元/min
	Cap_p	$p \in P$	按照运行模式 p 开行的列车的最大载客能力
列车	W		运行周期总数量
	w	$w=1,2,\cdots,W$	运行周期序号
	$\langle p,w \rangle$	$p \in P; w=1,2,\cdots,W$	在第 w 个周期内按照运行模式 p 开行的列车
	$\langle \partial,\varnothing \rangle$		虚拟列车
	T_g		运行周期长度
	T_w^e		第 w 个周期的开始时刻
	T_w^l		第 w 个周期的结束时刻
	$\tau_{p,w}^{k,k'}$	$p \in P; w=1,2,\cdots,W;$ $(k,k') \in E_p$	列车 $\langle p,w \rangle$ 在区间 (k,k') 的运行时间，min
	$\varphi_{p,w}^k$	$p \in P; w=1,2,\cdots,W;$ $k \in S$	列车 $\langle p,w \rangle$ 在车站 k 的停留时间，min
	μ_p^w	$p \in P; w=1,2,\cdots,W$	列车 $\langle p,w \rangle$ 的单位里程票价率，(元×元)/(min×km)
旅客出行网络	N		旅客出行网络上所有节点集合
	N_S	$N_S \in N$	旅客出行网络上所有车站节点集合
	n_s, n_k	$n_s, n_k \in N_S$	车站节点序号
	N_A	$N_A \in N$	旅客出行网络上所有列车的到达节点集合
	N_D	$N_D \in N$	旅客出行网络上所有列车的出发节点集合
	$v_{p,w}^k$	$v_{p,w}^k \in N_A$	列车 $\langle p,w \rangle$ 在其经由站 k 的到达节点
	$u_{p,w}^k$	$u_{p,w}^k \in N_D$	列车 $\langle p,w \rangle$ 在其经由站 k 的出发节点
	C		旅客出行网络上所有弧集合
	C_B	$C_B \in C$	旅客出行网络上所有上车弧集合
	C_T	$C_T \in C$	旅客出行网络上所有区间运行弧集合
	C_D	$C_D \in C$	旅客出行网络上所有车站停留弧集合
	C_H	$C_H \in C$	旅客出行网络上所有换乘弧集合
	C_G	$C_G \in C$	旅客出行网络上所有下车弧集合
	i,j	$i,j=1,2,\cdots$	任意节点序号
	(i,j)	$(i,j) \in C$	任意弧序号
	$\hat{C}_i$	$i=1,2,\cdots$	以节点 i 为起点的弧集合
	$\check{C}_i$	$i=1,2,\cdots$	以节点 i 为终点的弧集合

续上表

描述对象	符号	定义范围	含义
旅客	$\lambda_{r,s}(t)$	$r,s\in S$	在时刻 t 从车站 r 到车站 s 的旅客出行率
	$\beta^{\theta}_{r,s}$	$r,s\in S$	在出行时段 θ 内从车站 r 到车站 s 的旅客数量
	H_{rs}	$r,s\in S$	从起点站 r 到终点站 s 的动态客流需求单元数量
	h	$h=1,2,\cdots,H_{rs}$	动态客流需求单元序号
	$Q^{h}_{r,s}$	$r,s\in S;h=1,2,\cdots,H_{rs}$	从起点站 r 到终点站 s 的第 h 个客流需求单元内的旅客数量
	$\overline{T}^{h}_{r,s}$	$r,s\in S;h=1,2,\cdots,H_{rs}$	从起点站 r 到终点站 s 的第 h 个客流需求单元内的旅客在起点站 r 的最早进入时刻
	$\overline{\overline{T}}^{h}_{r,s}$	$r,s\in S;h=1,2,\cdots,H_{rs}$	从起点站 r 到终点站 s 的第 h 个客流需求单元内的旅客在起点站 r 的最晚进入时刻
	$\overline{t}^{h}_{r,s}$	$r,s\in S;h=1,2,\cdots,H_{rs}$	从起点站 r 到终点站 s 的第 h 个客流需求单元内的旅客在起点站 r 的车站进入时刻
	R_B,R_D,R_H		旅客的总等待时间成本、总停留时间成本和总换乘时间成本，元
	R_T		旅客的总区间运行时间成本及区间票价，元
	$\sigma,\varepsilon,\beta,\vartheta$		旅客单位出行时间价值、单位等待时间价值、单位停留时间价值和单位换乘时间价值，元/min
	R_{ρ}		虚拟列车上的总惩罚成本，元
	ρ		虚拟列车 $\langle\partial,\varnothing\rangle$ 上的单位旅客惩罚成本，元
其他	T		列车运行时间范围
	M		充分大的数
	θ	$\theta=1,2,\cdots$	旅客出行时段序号
	$t^{\theta}_{\text{start}}$	$\theta=1,2,\cdots$	旅客出行时段 θ 的开始时刻
	t^{θ}_{end}	$\theta=1,2,\cdots$	旅客出行时段 θ 的结束时刻

2. 条件假设

需要考虑到的所有假设的具体描述如下：

A1：对于各个运行周期内的列车，候选运行集合完全相同。在同一个运行周期内，按照同一种候选运行模式开行的列车只允许有一列，如果还有其他列车需要按照此候选运行模式开行，则可以通过复制该候选运行模式获得新的候选运行模式。值得注意的是，获得的新候选运行模式与原候选运行模式之间相互独立。

A2：对于在列车运行时间范围内无法乘坐上任何列车的旅客，假设他们均可以乘坐虚拟列车，虚拟列车运输能力无限制。

A3：列车运行时间按照 1 min 进行离散化，如果需要，也可以按照更短的时间间隔进行离散化，如 30 s 或 15 s。

3. 输出变量

表 9-3 给出了基于周期与非周期组合方式的列车开行方案问题的决策变量。准确地说，它们分别为有关运行模式、列车和旅客的决策变量。

(1)为每一种候选运行模式决定其是用于开行周期列车、非周期列车或者不用于开行任何列车。值得注意的是，对于任何一种候选运行模式，其不能同时应用于开行周期列车和非周期列车。

(2)当确定一种候选运行模式应用于开行非周期列车之后，需要进一步为按照此运行模式开行的非周期列车确定开行周期。值得注意的是，对于应用于开行周期列车的运行模式，在每一个运行周期内均必须有且仅有一列列车按照此运行模式开行。除此之外，需要进一步为开行的所有列车按照其运行模式规定的经由站确定它们的停站方案以及在各经由站的到达时刻和出发时刻，其中同种运行模式下的所有周期列车停站方案相同，且相邻两个运行周期内的列车在同一车站的到达时刻和出发时刻需满足周期间隔要求。

(3)在旅客出行网络上，为每一个动态获得的客流需求单元确定其在各条经由弧上的旅客数量。

表 9-3 输出(决策)变量定义

描述对象	符号	定义范围	含义
运行模式	x_p	$p\in P$	0-1 变量，若候选运行模式 p 应用于开行周期列车，则 $x_p=1$；否则，$x_p=0$
	y_p	$p\in P$	0-1 变量，若候选运行模式 p 应用于开行非期性列车，则 $y_p=1$；否则，$y_p=0$
列车	η_p^w	$p\in P;w=1,2,\cdots,W$	0-1 变量，若列车$\langle p,w\rangle$在第 w 个周期内按照候选运行模式 p 开行，则 $\eta_p^w=1$；否则 $\eta_p^w=0$
	$\delta_{p,w}^k$	$p\in P;w=1,2,\cdots,W;$ $k\in S_p\backslash\{r_p,s_p\}$	0-1 变量，若列车$\langle p,w\rangle$在其经由站 k 停站，则 $\delta_{p,w}^k=1$；否则 $\delta_{p,w}^k=0$
	$a_{p,w}^k$	$p\in P;w=1,2,\cdots,W;$ $k\in S_p\backslash\{r_p\}$	列车$\langle p,w\rangle$在经由站 k 的到达时刻
	$d_{p,w}^k$	$p\in P;w=1,2,\cdots,W;$ $k\in S_p\backslash\{s_p\}$	列车$\langle p,w\rangle$在经由站 k 的出发时刻
旅客	$q_{r,s}^h(i,j)$	$r\neq s\in S;h=1,2,\cdots,H_{rs};$ $(i,j)\in C$	从起点站 r 到终点站 s 的第 h 个客流需求单元内的旅客在弧(i,j)的旅客数量

9.3 基于周期与非周期组合的列车开行优化模型构建

本章为基于周期与非周期组合方式的列车开行方案问题建立了一个非线性的混合整数

规划模型。首先，在 9.3.1 小节中，从铁路企业和旅客的角度详细分析了模型的目标函数，然后在 9.3.2 小节中给出了基于周期与非周期组合方式的列车开行方案优化模型的约束条件。

9.3.1　目标函数

模型的目标函数包括两个目标，其中，目标 1 是最小化周期列车和非周期列车总广义运行成本，目标 2 是最小化旅客总广义出行成本。对于这类多目标优化问题，通常通过添加线性权重将其处理为单目标函数优化问题。因此，本章通过引入权重因子 $\omega\in(0,1)$，将目标 1 和目标 2 按照如公式(9-4)处理为单目标函数优化问题。

$$\min z=\omega z_1+(1-\omega)z_2 \tag{9-4}$$

式中，z_1 为目标 1，最小化周期列车和非周期列车总广义运行成本；z_2 为目标 2，最小化旅客总广义出行成本。

具体而言，目标 1 和目标 2 的组成部分如下所示：

(1)目标 1：最小化周期列车和非周期列车总广义运行成本

通常来说，一列列车的运行成本包括组织成本和运行成本。列车组织成本是列车运行的固定成本，用于分配乘务员、驾驶员等；列车运行成本与列车运行时间成比例，其总运行成本取决于列车的总运行时间。定义 F_p 为按照运行模式 p 开行的列车的组织成本，π_p 为按照运行模式 p 开行的列车在单位运行时间内所消耗的平均运行成本，$\tau_{p,w}^{k,k'}$为列车$\langle p,w\rangle$在区间$(k,k')\in E_p$ 所消耗的运行时间，$\varphi_{p,w}^{k}$为列车$\langle p,w\rangle$在其经由站 k 所消耗的停留时间。因此，列车总广义运行成本可以通过公式(9-5)计算获得。

$$\min z_1=\sum_{p\in P}\sum_{w}^{W}\left\{F_p\eta_p^w+\pi_p\left[\left(\sum_{(k,k')\in E_p}\tau_{p,w}^{k,k'}\right)\eta_p^w+\left(\sum_{k\in S_{p}r_p,s_p\}}\varphi_{p,w}^{k}\right)\delta_{p,w}^{k}\right]\right\} \tag{9-5}$$

具体地，对于列车的组织成本，如果列车$\langle p,w\rangle$在第 w 个运行周期内按照运行模式 p 开行，即 $\eta_p^w=1$，则该列车在此周期内需要承担固定组织成本 F_p。列车的运行成本由列车在区间的运行成本和车站的停留成本两部分构成，对于任意一列开行列车$\langle p,w\rangle$，其在区间(k,k')的运行成本为该列车在该区间的运行时间 $\tau_{p,w}^{k,k'}$与列车在单位运行时间内所需要的平均单位时间运行成本 π_p 之间的乘积；而该列车的车站停留成本取决于列车是否停站，即若列车$\langle p,w\rangle$在其经由站 k 停站，即 $\delta_{p,w}^{k}=1$，则该列车在该车站的停留成本为列车在该车站的停留时间 $\varphi_{p,w}^{k}$与列车在单位运行时间内所需要的平均单位时间运行成本 π_p 之间的乘积。

(2)目标 2：最小化旅客总广义出行成本

本章中旅客的广义出行成本由五部分组成，第一部分为旅客在起点站上车弧上所消耗的等待时间成本；第二部分为旅客在区间运行弧上所消耗的出行时间成本和出行票价费用；第三部分为如果旅客乘坐的列车在车站停站，则旅客在该车站的车站停留弧上所需要消耗的停留时间成本；第四部分为若旅客需要在某车站从一列列车换乘到另一列列车，则他们在该条换乘弧上所需要消耗的换乘时间成本；第五部分为虚拟列车$\langle \partial, \varnothing \rangle$上旅客的惩罚成本。因此，最小化旅客的总广义出行成本可以由公式(9-6)计算得到。

$$\min z_2 = R_B + R_T + R_D + R_H + R_\rho \tag{9-6}$$

式中，R_B、R_T、R_D、R_H 和 R_ρ 分别表示旅客总等待时间成本、总区间运行时间成本、总停留时间成本、总换乘时间成本和总惩罚成本。定义 ε、σ、β 和 ϑ 分别为旅客单位等待时间价值、单位区间运行时间价值、单位停留时间价值和单位换乘时间价值；μ_p^w 为列车$\langle p, w \rangle$的单位里程票价率；$L_{k,k'}$为从车站 k 到车站 k'的区间里程；ρ 为虚拟列车$\langle \partial, \varnothing \rangle$上旅客的单位惩罚费用；因此，$R_B$、$R_T$、$R_D$、$R_H$ 和 R_ρ 可以分别通过式(9-7)～式(9-11)计算得到。

$$R_B = \sum_r \sum_{s \neq r} \sum_{h=1}^{H_{rs}} \sum_{(n_r, u_{p,w}^r) \in C_B} \varepsilon [(d_{p,w}^r - \bar{t}_{r,s}^h) q_{r,s}^h (n_r, u_{p,w}^r)] \tag{9-7}$$

$$R_T = \sum_r \sum_{s \neq r} \sum_{h=1}^{H_{rs}} \sum_{(u_{p,w}^k, v_{p,w}^{k'}) \in C_T} \left(\frac{L_{k,k'} \mu_p^w}{\sigma} + \sigma \tau_{p,w}^{k,k'} \right) q_{r,s}^h (u_{p,w}^k, v_{p,w}^{k'}) \tag{9-8}$$

$$R_D = \sum_r \sum_{s \neq r} \sum_{h=1}^{H_{rs}} \sum_{(v_{p,w}^k, u_{p,w}^k) \in C_D} \beta [\varphi_{p,w}^k \delta_{p,w}^k q_{r,s}^h (v_{p,w}^k, u_{p,w}^k)] \tag{9-9}$$

$$R_H = \sum_r \sum_{s \neq r} \sum_{h=1}^{H_{rs}} \sum_{(v_{p,w}^k, u_{p',w'}^k) \in C_H} \vartheta [(d_{p',w'}^k - a_{p,w}^k) q_{r,s}^h (v_{p,w}^k, u_{p',w'}^k)] \tag{9-10}$$

$$R_\rho = \sum_r \sum_{s \neq r} \sum_{h=1}^{H_{rs}} \sum_{(n_r, u_{\partial,\varnothing}^r) \in C_B} \rho [q_{r,s}^h (n_r, u_{\partial,\varnothing}^r)] \tag{9-11}$$

具体而言，第一部分 R_B：旅客总等待时间成本，即为各客流需求单元旅客在他们上车弧上所消耗的等待时间与单位等待时间价值 ε 的乘积之和。第二部分 R_T：旅客总区间运行成本，包括各客流需求单元旅客在他们所经由的区间运行弧上消耗的时间与单位区间运行时间价值 σ 的乘积之和，以及总区间票价，其即为各客流需求单元旅客的单位里程票价 μ_p^w/σ 与他们所经由区间里程的乘积之和。第三部分 R_D：旅客总车站停留时间成本，即各客流需求单元旅客在他们所经由的车站停留弧上所消耗的停留时间与单位停留时间价值 β 的乘积之和。第四部分 R_H：旅客总换乘时间成本，即各客流需求单元内的换乘旅客在他们所经由的换乘弧上消耗的换乘时间与单位换乘时间价值的乘积之和。第五部分 R_ρ：旅客总惩罚成本，即为虚拟列车上的总旅客数量与虚拟列车上的单位旅客惩罚费用的乘积。

9.3.2 约束条件

本模型中，涉及与周期列车、非周期列车以及旅客路径选择相关的约束共包括以下8组。

1. 各运行模式开行列车选择约束

$$x_p + y_p \leqslant 1 \quad (\forall p) \tag{9-12}$$

$$x_p + y_p \leqslant \sum_{w}^{W} \eta_p^w \leqslant W(x_p + y_p) \quad (\forall p) \tag{9-13}$$

$$(x_p - y_p)W \leqslant \sum_{w}^{W} \eta_p^w \quad (\forall p) \tag{9-14}$$

约束式(9-12)确保了任意一种候选运行模式 p 可以在如下三种情形下应用于开行列车:①应用于开行周期列车,即 $x_p=1$;②应用于开行非周期列车,即 $y_p=1$;③既不应用于开行周期列车也不应用于开行非周期列车,即 $x_p=y_p=0$。通过此约束可以避免同一种候选运行模式既应用于开行周期列车又应用于开行非周期列车,即 $x_p=y_p=1$,这在本章中是不允许的。在一个运行周期内,是否可能有多于一列列车希望以相同运行模式开行呢?答案是肯定的,对于这种情况,我们是通过复制该运行模式而产生一种或多种新的候选运行模式,并且这些运行模式之间相互独立,互不影响。

约束式(9-13)和式(9-14)共同确定了当一种候选运行模式应用于开行周期列车时,在每一个运行周期内必须按照此种运行模式开行一列列车;而当一种候选运行模式应用于开行非周期列车时,则至少在一个运行周期内按照此种运行模式开行一列列车。更具体而言,以下三种情形将通过此两个约束确保。

(1)当 $x_p=1$ 且 $y_p=0$ 时,即候选运行模式 p 应用于开行周期列车,通过约束式(9-13)可得到 $1 \leqslant \sum_{w}^{W} \eta_p^w \leqslant W$,以及通过约束式(9-14)可得到 $W \leqslant \sum_{w}^{W} \eta_p^w$。因此,最终可以确定 $\sum_{w}^{W} \eta_p^w = W$,即按照运行模式 p 开行的列车需要在总共 W 个周期内开行,即每一个运行周期内都需要按照此运行模式开行一列周期列车。

(2)当 $x_p=0$ 且 $y_p=1$ 时,候选运行模式 p 应用于开行非周期列车。通过约束式(9-13)可得到 $1 \leqslant \sum_{w}^{W} \eta_p^w \leqslant W$,通过约束式(9-14)可以得到 $-W \leqslant \sum_{w}^{W} \eta_p^w$。因此,这两个约束确保了 $1 \leqslant \sum_{w}^{W} \eta_p^w \leqslant W$,即至少在一个运行周期内会按照此运行模式开行一列非周期列车。

(3)当 $x_p=0$ 且 $y_p=0$ 时,候选运行模式 p 不应用于开行任何列车。通过约束式(9-13)可得到 $0 \leqslant \sum_{w}^{W} \eta_p^w \leqslant 0$,通过约束式(9-14)可得到 $0 \leqslant \sum_{w}^{W} \eta_p^w$,因此,两约束共同确定 $\sum_{w}^{W} \eta_p^w = 0$,即在任意运行周期内都不会按照此运行模式开行列车。

2. 列车车站停站选择约束

$$0 \leqslant \sum_{k \in S_p / \{r_p, s_p\}} \delta_{p,w}^k \leqslant \eta_p^w (\gamma_p - 2) \quad (\forall p; w = 1, 2, \cdots, W) \tag{9-15}$$

约束式(9-15)确保了如果一列按照运行模式 p 开行的列车在第 w 个运行周期内选择开行,即 $\eta_p^w=1$,则该列列车在其经由的中间可以选择停站或者不停;否则,该列列车在第 w

个运行周期内在其经由的所有中间站的停站变量均为0，即 $\sum_{k\in S_p/\{r_p,s_p\}}\delta_{p,w}^{k}=0$ 。

3. 周期列车具有相同停站方案约束

当一种候选运行模式应用于开行周期列车时，按照此种运行模式在不同的运行周期内开行的所有列车均具有相同的停站方案，因此，同一种运行模式下的周期列车的停站变量需要满足以下约束。

$$x_p-1\leqslant\delta_{p,w+1}^{k}-\delta_{p,w}^{k}\leqslant 1-x_p\quad(\forall p;w=1,2,\cdots,W-1;k\in S_p/\{r_p,s_p\})\tag{9-16}$$

约束式(9-16)确保了当一种运行模式应用于开行周期列车时，即 $x_p=1$，则按照该种运行模式开行的列车均为周期列车。因此，对于在相邻两个运行周期内按照此运行模式开行的列车$\langle p,w\rangle$和$\langle p,w+1\rangle$而言，它们在同一个经由中间站 k 的停站决策变量相同，即 $\delta_{p,w+1}^{k}=\delta_{p,w}^{k}$，表示若列车$\langle p,w\rangle$在经由中间站 k 选择停站，则列车$\langle p,w+1\rangle$也必须在该车站停站。然而，对于应用于开行非周期列车的运行模式，该种运行模式下的列车在其各经由中间站是否停站相互独立。

4. 各列车在起点站的出发时刻约束

$$T_w^{e}\eta_p^{w}\leqslant d_{p,w}^{r_p}\leqslant\eta_p^{w}T_w^{l}\quad(\forall p;w=1,2,\cdots,W)\tag{9-17}$$

约束式(9-17)确保了在第 w 个运行周期内按照运行模式 p 开行的列车$\langle p,w\rangle$在其起点站 r_p 的出发时刻必须处于该运行周期的开始时刻 T_w^{e} 和结束时刻 T_w^{l} 之间。

5. 各列车区间运行时分和车站停留时分约束

$$a_{p,w}^{k'}-d_{p,w}^{k}=\eta_p^{w}\tau_{p,w}^{k,k'}\quad(\forall p;w=1,2,\cdots,W;(k,k')\in E_p)\tag{9-18}$$

$$d_{p,w}^{k}-a_{p,w}^{k}=\delta_{p,w}^{k}\varphi_{p,w}^{k}\quad(\forall p;w=1,2,\cdots,W;k\in S_p/\{r_p,s_p\})\tag{9-19}$$

约束式(9-18)确保了任意一列决定开行的列车在相邻两车站的到达时刻和出发时刻之差等于该列车在连接这两个车站的区间上的运行时间。约束式(9-19)确保了任意一列列车在其停留的车站的出发时刻和到达时刻之差为该列车在该停留车站的停留时间。

6. 周期列车等间隔运行约束

$$(x_p-1)M+T_g\leqslant a_{p,w+1}^{k}-a_{p,w}^{k}\leqslant T_g+(1-x_p)M$$
$$(\forall p;w=1,2,\cdots,W-1;\forall k\in S_p/\{r_p\})\tag{9-20}$$

$$(x_p-1)M+T_g\leqslant d_{p,w+1}^{k}-d_{p,w}^{k}\leqslant T_g+(1-x_p)M$$
$$(\forall p;w=1,2,\cdots,W-1;k\in S_p/\{s_p\})\tag{9-21}$$

对于按照同一种运行模式在相邻两个运行周期内开行的周期列车而言，约束式(9-20)确保了它们在同一个车站的到达时刻之差等于一个运行周期时间间隔，即一个运行周期的长度。具体而言，如果候选运行模式 p 应用于开行周期列车，即 $x_p=1$，则按照此运行模式开行的列车在相邻运行周期内在其各经由站 k 的到达时刻需满足约束 $a_{p,w+1}^{k}-a_{p,w}^{k}=T_g$，即列车$\langle p,w+1\rangle$和列车$\langle p,w\rangle$在同一个车站 k 的到达时刻之差为一个运行周期间隔 T_g；否则，$x_p=0$，按照候选运行模式 p 开行的列车不属于周期列车，通过约束式式(9-20)可知，$-M+T_g \leqslant a_{p,w+1}^k - a_{p,w}^k \leqslant T_g+M$，则其在各经由站的到达时刻无约束。同理，约束式(9-21)确保了按照同一种运行模式在相邻两个运行周期内开行的周期列车在同一个经由站的出发时刻相差一个运行周期时间间隔。

7. 旅客出行网络上的客流平衡约束

$$\sum_{(n_r, u_{p,w}^r)\in \hat{C}_{n_r}, d_{p,w}^r \geqslant \bar{t}_{r,s}^h} q_{r,s}^h(n_r, u_{p,w}^r) = Q_{r,s}^h \quad (\forall r \neq s \in S; h=1,2,\cdots,H_{rs}) \tag{9-22}$$

$$\sum_{(i,j)\in \check{C}_j} q_{r,s}^h(i,j) = \sum_{(j,i')\in \hat{C}_j} q_{r,s}^h(j,i')$$
$$(\forall r \neq s \in S; h=1,2,\cdots,H_{rs}; \forall j \in N/\{n_k : k \in S\}) \tag{9-23}$$

$$\sum_{(v_{p,w}^s, n_s)\in \check{C}_{n_s}} q_{r,s}^h(v_{p,w}^s, n_s) = Q_{r,s}^h \quad (\forall r \neq s \in S; h=1,2,\cdots,H_{rs}) \tag{9-24}$$

对于从起点站 r 到终点站 s 的第 h 个客流需求单元内的旅客，约束式(9-22)确保了他们必须在起点站 r 的车站节点 n_r 通过上车弧$(n_r, u_{p,w}^r)$乘坐列车$\langle p,w\rangle$出发，并且他们在起点站 r 的统一车站进入时刻$\bar{t}_{r,s}^h$必须在他们所需要乘坐的列车$\langle p,w\rangle$在该车站的出发时刻$d_{p,w}^r$之前；约束(9-24)确保了他们必须通过终点站的车站节点 n_s 所对应的下车弧$(v_{p,w}^s, n_s)$下车，到达他们的终点站 s。与此同时，约束式(9-23)确保了对于旅客出行网络上的所有节点，进入该节点的旅客数量之和应该等于从该节点离开的旅客数量之和。

8. 各类弧上的旅客运输能力约束

(1)上车弧上的旅客运输能力约束

$$\sum_s \sum_{h=1}^{H_{rs}} q_{r,s}^h(n_r, u_{p,w}^r) \leqslant \delta_{p,w}^r \times Cap_p \quad (\forall (n_r, u_{p,w}^r) \in C_B) \tag{9-25}$$

约束式(9-25)确保了只有当一列列车在旅客的起点站选择停站，且在列车未达到其最大载客能力的前提下，旅客才可以通过该列列车在此车站的上车弧上车。具体而言，如果列车$\langle p,w\rangle$在从起点站 r 到终点站 s 的第 h 个客流需求单元内的旅客的起点站 r 停站，即$\delta_{p,w}^r=1$，且此时该列列车的载客量未达到其最大载客量 Cap_p，则这部分旅客可以通过上车弧$(n_r, u_{p,w}^r)$上车，直到列车的载客量达到其最大载客量为止；否则，$\delta_{p,w}^r=0$，列车不在这些旅客的起点站 r 停站，则这些旅客将不能通过此上车弧乘坐列车$\langle p,w\rangle$，即该条上车弧上从起点站 r 到终点站 s 的第 h 个客流需求单元内的旅客数量为 0，$\sum_h q_{r,s}^h(n_r, u_{p,w}^r)=0$。

(2)区间运行弧和车站停留弧上的旅客运输能力约束

$$\sum_{r,s} \sum_{h=1}^{H_{rs}} q_{r,s}^h(u_{p,w}^k, v_{p,w}^{k'}) \leqslant \eta_p^w \times Cap_p \quad (\forall (u_{p,w}^k, v_{p,w}^{k'}) \in C_T) \tag{9-26}$$

$$\sum_{r,s} \sum_{h=1}^{H_{rs}} q_{r,s}^h(v_{p,w}^k, u_{p,w}^k) \leqslant \eta_p^w \times Cap_p \quad (\forall (v_{p,w}^k, u_{p,w}^k) \in C_D) \tag{9-27}$$

约束式(9-26)确保了如果一列列车$\langle p,w\rangle$决定开行,则该列列车在其所经由的每一条区间运行弧上的旅客数量不应超过其最大载客能力。同理,约束式(9-27)确保了如果一列列车$\langle p,w\rangle$决定开行,则该列列车在其所经由的每一条车站停留弧上的旅客数量不应超过其最大载客能力。具体而言,若按照候选运行模式p开行的列车在第w个运行周期内选择开行,即$\eta_p^w=1$,则该列车对应的任意一条区间运行弧$(u_{p,w}^k,v_{p,w}^{k'})$或者任意一条车站停留弧$(v_{p,w}^k,u_{p,w}^k)$上的旅客数量不应超过其运行模式所规定的列车最大载客能力Cap_p;否则,列车在第w个运行周期内不开行,即$\eta_p^w=0$,则在该运行周期内,该列列车所对应的区间运行弧和车站停留弧上的旅客数量为0,即$\sum_{r,s}\sum_{h=1}^{H_{rs}}q_{r,s}^h(u_{p,w}^k,v_{p,w}^{k'})=0$,且$\sum_{r,s}\sum_{h=1}^{H_{rs}}q_{r,s}^h(v_{p,w}^k,u_{p,w}^k)=0$。

(3)换乘弧上的旅客运输能力约束

对于任意一条换乘弧$(v_{p,w}^k,u_{p',w'}^k)$,首先为其定义一个0-1决策变量$z(v_{p,w}^k,u_{p',w'}^k)$,用于确定在车站k从列车$\langle p,w\rangle$到列车$\langle p',w'\rangle$之间的换乘弧是否有效,若换乘弧有效,则$z(v_{p,w}^k,u_{p',w'}^k)=1$;否则,$z(v_{p,w}^k,u_{p',w'}^k)=0$,即没有旅客可以通过换乘弧$(v_{p,w}^k,u_{p',w'}^k)$从列车$\langle p,w\rangle$换乘到列车$\langle p',w'\rangle$。若要使得换乘弧有效,则必须满足以下两个约束:

①列车$\langle p,w\rangle$和列车$\langle p',w'\rangle$均必须在换乘站k停站,即

$$z(v_{p,w}^k,u_{p',w'}^k)\leqslant\frac{1}{2}(\delta_{p,w}^k+\delta_{p',w'}^k)\quad(\forall(v_{p,w}^k,u_{p',w'}^k)\in C_H)\tag{9-28}$$

②列车$\langle p',w'\rangle$在换乘站k的出发时刻与列车$\langle p,w\rangle$在换乘站k的到达时刻之差必须大于旅客所需要的最小换乘时间,即

$$d_{p',w'}^k-a_{p,w}^k\geqslant\Psi_k-[1-z(v_{p,w}^k,u_{p',w'}^k)]M\quad(\forall(v_{p,w}^k,u_{p',w'}^k)\in C_H)\tag{9-29}$$

具体而言,约束式(9-28)确保了列车$\langle p,w\rangle$和列车$\langle p',w'\rangle$均在换乘站k停站,即$\delta_{p,w}^k=1$且$\delta_{p',w'}^k=1$,此时,$z(v_{p,w}^k,u_{p',w'}^k)$可以等于1或者0;否则,$z(v_{p,w}^k,u_{p',w'}^k)$只能为0。紧接着,约束式(9-29)确保了列车$\langle p',w'\rangle$在换乘站k的出发时刻$d_{p',w'}^k$与列车$\langle p,w\rangle$在换乘站k的到达时刻$a_{p,w}^k$之间的时间差必须满足最小换乘时间Ψ_k,则$z(v_{p,w}^k,u_{p',w'}^k)=1$;否则,无论约束式(9-28)是否满足,$z(v_{p,w}^k,u_{p',w'}^k)$只能等于0。

最后,对于任意一条换乘弧,如果该条换乘弧满足约束式(9-28)和式(9-29),则换乘弧有效,那么该条换乘弧上的旅客运输能力可通过约束式(9-30)获得。

$$\sum_{r,s}\sum_{h=1}^{H_{rs}}q_{r,s}^h(v_{p,w}^k,u_{p',w'}^k)\leqslant z(v_{p,w}^k,u_{p',w'}^k)\times Cap_p\quad(\forall(v_{p,w}^k,u_{p',w'}^k)\in C_H)\tag{9-30}$$

约束式(9-30)确保了两列列车在某车站的换乘弧有效,则旅客可以在该车站通过换乘弧进行换乘。具体而言,对于任意两列列车$\langle p,w\rangle$和$\langle p',w'\rangle$在换乘站k的换乘弧$(v_{p,w}^k,u_{p',w'}^k)$而言,若$z(v_{p,w}^k,u_{p',w'}^k)=1$,则该条换乘弧有效,则旅客可以在该车站从列车$\langle p,w\rangle$换乘到列车$\langle p',w'\rangle$,直到达到了列车$\langle p',w'\rangle$所对应的运行模式$p'$所规定的列车最大载客能力为止;否则,没有旅客可以通过该条换乘弧进行换乘。

(4)下车弧上的旅客运输能力约束

$$\sum_{r}\sum_{h=1}^{H_{rs}} q_{r,s}^{h}(v_{p,w}^{s},n_{s}) \leqslant \delta_{p,w}^{s} \times Cap_{p} \quad (\forall (v_{p,w}^{s},n_{s}) \in C_{G}) \tag{9-31}$$

约束式(9-31)确保了对于乘坐列车$\langle p,w\rangle$从起点站 r 到终点站 s 的第 h 个客流需求单元内的旅客,如果列车在他们的终点站 s 停站,即 $\delta_{p,w}^{s}=1$,则这些旅客可以通过列车$\langle p,w\rangle$在该车站通过下车弧$(v_{p,w}^{s},n_{s})$下车,但该条下车弧上的旅客数量仍然不允许超过该列列车所对应的运行模式 p 所规定的列车最大载客能力;否则,该客流需求单元内的旅客将不允许通过下车弧$(v_{p,w}^{s},n_{s})$下车。

值得注意的是,在本章所建立的基于周期与非周期组合方式的列车开行方案混合整数优化模型中,并未对开行周期列车与非周期列车的比例进行严格的约束,即模型中没有设置开行周期列车的数量与开行非周期列车的数量之间的比例。

9.4　基于周期与非周期组合的列车开行优化算法设计

粒子群算法由于具有相对较简单的结构、参数较易调整、优化结果比较明显等众多优点而被广泛应用于多个领域,如函数的优化、图像的处理、大地的测量等。因此,尽管该算法易收敛、易陷入局部最优,算法在后期的收敛速度也相对较慢、搜索精度也较差,但依然在很多领域内表现出了强大的能力,得到了国内外众多学者的应用和广泛研究。

为了进一步提高粒子群算法的收敛精度,许多学者开始引入模拟退火算法对基本的粒子群算法进行改进。模拟退火算法相对于其他算法,具有两大优势,一是具有很强的全局搜索能力;二是能够在特定概率条件下接受较差解。为了弥补粒子群算法容易陷入局部最优的缺陷,引入模拟退火算法对基本粒子群算法进行优化,以提升算法的整体性能。

9.4.1　基于模拟退火的粒子群算法设计思路

算法中的每一个粒子均代表一个潜在的优化解,每个粒子的搜索空间均为模型中涉及有关运行模式、列车和旅客的决策变量中自变量的总数。模型的目标函数即为每个粒子的适应度函数,因此,可以根据目标函数计算每个粒子的适应度。基于模拟退火的粒子群算法的具体流程如图 9-9 所示,算法如下:

开始

　步骤 1:相关参数设置

　　设置求解规模 pop、最大迭代次数 $N_{\max}$、当前迭代次数 n、搜索维度 D 和初始温度 T_0;

　步骤 2:初始化列车开行方案并分配客流

步骤 2.1：令 $\tau=1$；

步骤 2.2：根据初始化列车开行方案，并为每个自变量初始化其速度；

步骤 2.3：采用客流分配子算法分配客流，获得初始解 τ，并令$\tau=\tau+1$；

步骤 2.4：计算第 τ 个解的目标函数值$pbest_\tau$；

步骤 2.5：若 $\tau>pop$，记录所有解中目标函数值最小者，记为 $gbest$，转到步骤 3；否则，返回步骤 2.2；

步骤 3：更新列车开行方案并分配客流

步骤 3.1：令 $n=n+1$；$\tau=1$；

步骤 3.2：对解 τ 中的列车开行方案更新其所有自变量的变量值和速度；采用客流均衡分配子算法分配客流，获得一个新解 τ'，并令 $\tau=\tau+1$；

步骤 3.3：计算新解 τ' 的目标函数值 $pbest_{\tau'}$，若 $pbest_{\tau'}\leqslant pbest_\tau$，则用新解 τ' 替代原始解 τ；否则，执行下一步。

步骤 3.4：若 $pbest_{\tau'}\leqslant gbest$，则令 $gbest=pbest_{\tau'}$；否则，执行下一步；

步骤 3.5：若 $\tau>pop$，则转到步骤 4；否则，返回步骤 3.2；

步骤 4：调整列车开行方案并分配客流

步骤 4.1：令 $\tau=1$；

步骤 4.2：按照列车开行方案的调整策略对第 τ 个解中的列车开行方案进行调整，并采用客流分配子算法分配客流，获得领域解 τ''，并令 $\tau=\tau+1$；

步骤 4.3：计算领域解 τ'' 的目标函数值 $pbest_{\tau''}$；若 $pbest_{\tau''}\leqslant pbest_\tau$ 或者 $\exp[-((pbest_{\tau''}-pbest_\tau)]/T_n)>\text{random}[0,1]$，则接收领域解 τ''，并用其替代原始解 τ；否则，执行下一步；

步骤 4.4：若 $pbest_{\tau''}\leqslant gbest$，则令 $gbest=pbest_{\tau''}$；否则，执行下一步；

步骤 4.5：若 $\tau>pop$，则转到步骤 5；否则，返回步骤 4.2；

步骤 5：退温

按照 $T_{n+1}=\alpha T_n$ 进行降温，其中 $\alpha\in(0,1)$；

步骤 6：算法终止条件判断

若 $n\geqslant N_{\max}$，则算法运行结束，输出全局最优解 $gbest$；否则，返回步骤 3。

结束

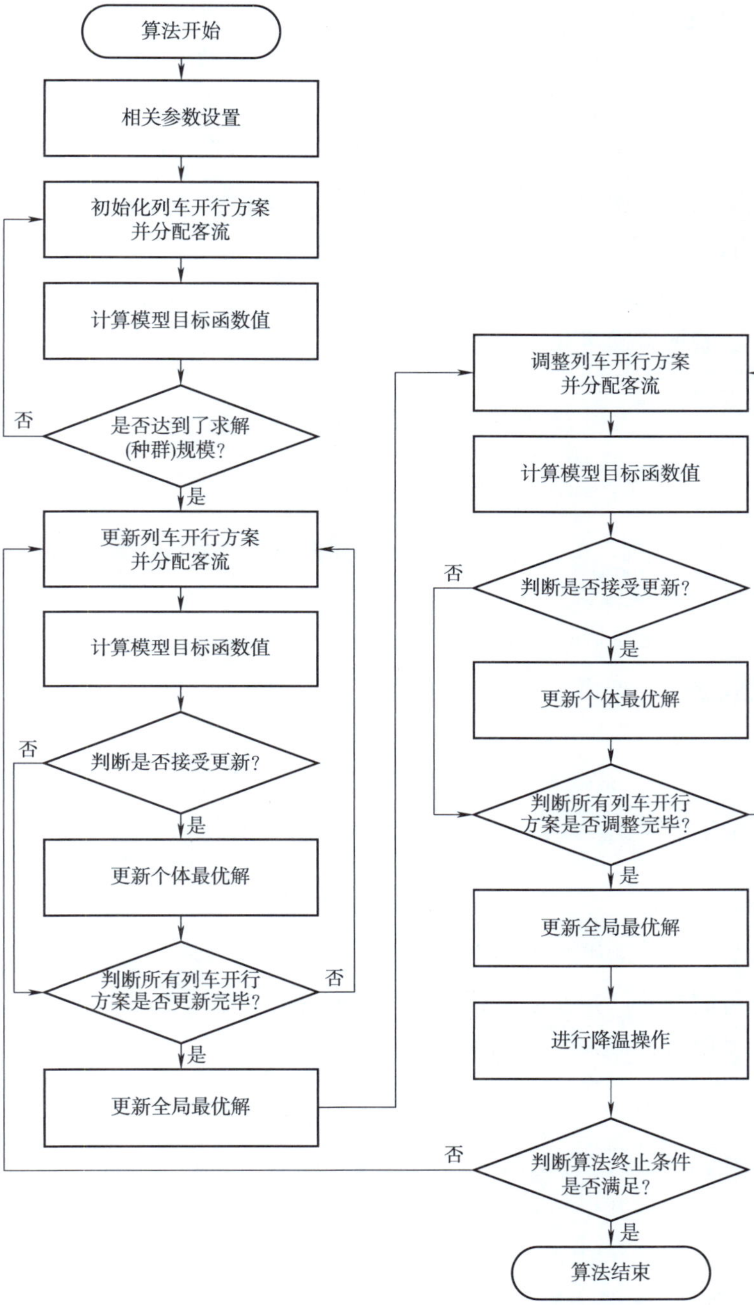

图 9-9　基于模拟退火的粒子群算法流程

9.4.2 初始化列车开行方案

1. 生成各运行模式的初始开行周期

对于本章所研究的基于周期与非周期组合方式的列车开行方案优化问题而言，其旨在为各运行模式确定其是否用于开行周期列车和非周期列车、为各非周期列车的确定开行周期、为开行列车确定停留车站以及在各经由站的到发时刻。

首先，给定列车候选运行模式集，随机确定该运行模式用于开行周期列车、非周期列车或者不开行列车。紧接着确定列车的开行周期。

(1)对于不开行任何列车的运行模式，其在任意周期内均不开行列车，即 $\sum_{w}^{W}\eta_{p}^{w}=0$ 。

(2)对于开行周期列车的运行模式，其在任意周期内均开行一列列车，即 $\sum_{w}^{W}\eta_{p}^{w}=W$ 。

(3)对于开行非周期列车的运行模式，其开行周期可以其各经由站在各周期内的始发客流作为选择开行周期的依据。

其次，根据式(9-1)得到 t 时刻从车站 r 到车站 s 的客流需求量为 $\lambda_{r,s}(t)$。则在第 w 个周期内从运行模式 p 的各经由站始发的客流量可依据式(9-32)计算。

$$Q_{S_p}^{w}=\sum_{r\in S_p}\int_{T_w^e}^{T_w^l}\lambda_{r,s}(t)\,\mathrm{d}t \tag{9-32}$$

从而选中第 w 个周期作为运行模式 p 的开行周期的概率为：

$$prob_{p}^{w}=Q_{V_p}^{w}/\sum_{w'=1}^{W}Q_{V_p}^{w'} \tag{9-33}$$

最后，在(0,0.5)之间随机产生一个数字 num_p，以[num_pW]作为运行模式 p 所对应的非周期列车的开行周期数。并根据公式(9-33)所得概率采用轮盘赌方式从 W 个运行周期中为运行模式 p 选择[num_pW]个开行周期。

2. 生成各运行列车在各经由站的初始到发时刻及停站方案

(1)生成周期列车在其各经由站到发时刻和停站方案

对于按照运行模式 p 开行的周期列车，由于各列车之间的到发时刻必须满足等周期间隔约束且停站方案必须完全相同，因而只需要生成首列列车在第一个周期内从起点站的出发时刻即可，首列列车在各经由站的到发时刻可依据区间运行时间推算而得(此处暂时忽略列车停站时间)。按照该运行模式在其他周期开行的列车在各车站的到发时刻均可根据首列列车的到发时刻与周期间隔推算得到。

(2)生成各列车在其各经由站的到发时刻

对于首列列车 $\langle p,1\rangle$，其在起点站的最早出发时刻为第一个周期的开始时刻 T_1^e，最晚出发时刻为第一个周期的结束时刻 T_1^l。在此时间范围内随机生成列车 $\langle p,1\rangle$ 的出发时刻即可。再根据约束式(9-20)和式(9-21)，即列车等间隔运行约束，得到该运行模式下其他周期内的列车在其各车站 k 的到达时刻 $a_{p,w}^{k}$ 和出发时刻 $d_{p,w}^{k}$。

(3)生成各列车停站方案

首先，以运行模式 p 规定的列车经由中间站数与线网既有列车中间站平均停站比 $\overline{\omega}$ 的乘积作为该运行模式下列车的中间站停站数。

其次，针对开行周期列车的运行模式 p，由于该运行模式下的各列列车的停站方案必须相同，因而无法单独考虑某列列车的始发、终到客流量来确定停站方案，故而采取该运行模式下的所有列车在各经由站的到发时间范围内的始发、终到客流总量来确定列车停站概率。首先由公式(9-34)确定各经由站 k 在按照运行模式 p 开行的所有列车在该车站的到发时间范围内的始发、终到总客流量为

$$Q_{p}^{k}=\sum_{w=1}^{W}\left(\sum_{k\in\frac{V_{p}}{\{r_{p},s_{p}\}}}\int_{a_{p,w}^{k}}^{d_{p,w}^{k}}\lambda_{k,s}(t)\mathrm{d}t+\sum_{k\in\frac{V_{p}}{\{r_{p},s_{p}\}}}\int_{a_{p,w}^{k}}^{d_{p,w}^{k}}\lambda_{r,k}(t)\mathrm{d}t\right) \tag{9-34}$$

由此可计算该经由站 k 被选中作为停留车站的概率为

$$prob_{p}^{k}=Q_{p}^{k}/\sum_{k'\in V_{p}/\{r_{p},s_{p}\}}Q_{p}^{k'} \tag{9-35}$$

以此概率采用轮盘赌方式确定运行模式 p 下各列车的停留车站。

(4)更新各列车在其各经由站的到发时刻

依据停站方案，为每列列车增加停站时间，重新由首列列车在起点站的出发时刻推算各列列车在其各经由站的到发时刻。

3. 生成非周期列车在其各经由站到发时刻和停站方案

针对开行非周期列车的运行模式 p，由于其各开行列车 $\langle p,w\rangle$ 之间无任何约束，因此各列车在其各经由站的到发时刻之间无任何联系，其停站方案之间也互不影响，则应该单独生成各列列车在其各经由站的到发时刻和停站方案。

(1)生成各列车在其各经由站的到发时刻

根据运行模式 p 下各非周期列车的开行周期，在周期的开始时刻与结束时刻范围内，即 $[T_{w}^{e},T_{w}^{l}]$，随机生成其在起点站的出发时刻，紧接着由区间运行时间生成其在各经由站 k 的到达时刻 $a_{p,w}^{k}$ 和出发时刻 $d_{p,w}^{k}$。

(2)生成各列车停站方案

首先，仍然以运行模式 p 规定的列车经由中间站数与线网既有列车中间站平均停站比的乘积作为该运行模式下列车的中间站停站数。

其次，由于非周期列车之间的停站方案互不影响，故可单独计算各列列车在其各经由站到发时间范围内的客流需求量，即为

$$Q_{p}^{k}=\sum_{k\in V_{p}/\{r_{p},s_{p}\}}\int_{a_{p,w}^{k}}^{d_{p,w}^{k}}\lambda_{k,s}(t)\mathrm{d}t+\sum_{k\in V_{p}/\{r_{p},s_{p}\}}\int_{a_{p,w}^{k}}^{d_{p,w}^{k}}\lambda_{r,k}(t)\mathrm{d}t \tag{9-36}$$

由此可根据公式(9-35)计算该经由站 k 被选中作为停留车站的概率,以此概率采用轮盘赌方式确定运行模式 p 下各列车的停留车站。

(3)更新各列车在其各经由站的到发时刻

依据停站方案,为每列列车增加停站时间,重新由首列列车在起点站的出发时刻推算各列列车在其各经由站的到发时刻。

9.4.3 客流均衡分配

基于列车开行方案中各列车的停站方案、乘客的起点站及终点站,我们首先将客流动态划分为时段客流,每一个时段客流具有相同的起点站、终点站和可选择乘坐的列车集。在客流的分配过程中旨在最小化旅客总出行成本,因而各个时段客流之间相互独立但又互相影响。基于图 9-6 中的客流出行网络,客流出行的每条路径均上下车弧、区间运行弧、车站停留弧(由列车是否停站决定)以及换乘弧(由乘客是否需要换乘决定)构成。每条客流出行路径的费用由路径上的各条弧的费用构成,路径的运量限制由路径上列车的载客量决定,即每条路径的运量不能超过该条路径上列车运量最小者的载客能力。

客流均衡分配算法主要步骤如下:

(1)针对每个时段客流,寻找其最低广义成本出行路径,将该时段客流全部分配到此条路径所包含的各条弧上。

(2)计算各条被选择路径上的旅客数量,进而根据路径流量与弧流量之间的关系式(9-37)计算各条弧上的时段客流量,包括上下车弧上的旅客流量、区间运行弧上的旅客流量和换乘弧上的旅客流量(若乘客需要换乘)。

$$q_{r,s}^{h}(i,j)=\sum_{\mu}(\partial_{ij,\mu}^{h,rs}q_{rs\mu}^{h}) \tag{9-37}$$

$\partial_{ij,\mu}^{h,rs}$为路径和弧之间的关联因子,如果弧(i,j)属于 h 时段内 OD 对 r-s 之间的路径 μ,则$\partial_{ij,\mu}^{h,rs}=1$;否则,$\partial_{ij,\mu}^{h,rs}=0$。

(3)更新所有被选择路径上的广义成本,并为各时段客流重新搜索最低成本路径。

(4)按照式(9-38)更新所有被选择路径的旅客量和当前最低成本路径。

$$q_{rs\mu}^{h}(n+1)=q_{rs\mu}^{h}(n)+\frac{\overline{q}_{rs\mu}^{h}(n)-q_{rs\mu}^{h}(n)}{n}\quad(\forall\mu\in\mu_{rs}^{h}(n)) \tag{9-38}$$

式中,$q_{rs\mu}^{h}(n)$为第 n 次迭代得到的路径 μ 上在 h 时段内从 r 到 s 的旅客流量。$\overline{q}_{rs\mu}^{h}(n)$表示第 n 次迭代步骤时的辅助路径流量。

(5)检查不等式(9-39)是否满足。若是,则算法终止;否则,返回步骤 2。

$$\frac{\sqrt{\sum_{\mu}(q_{rs\mu}^{h}(n+1)-q_{rs\mu}^{h}(n))^{2}}}{\sum_{\mu}q_{rs\mu}^{h}(n+1)}\leqslant\vartheta \tag{9-39}$$

其中,ϑ 为算法终止精度。基于路径的客流均衡分配子算法具体步骤如下:

开始

步骤 1：初始化路径流量

步骤 1.1：令初始迭代次数 $n=0$；

步骤 1.2：为每一时段 OD 需求量寻找其所对应的最低成本路径 $\mu_{rs}^{*h}(n)$；

步骤 1.3：将所有客流 Q_{rs}^{h} 分配到最低成本路径 $\mu_{rs}^{*h}(n)$ 上，获取初始的路径流量 $q_{rs\mu}^{h}(0)$；

步骤 2：更新路径成本

步骤 2.1：更新迭代次数 $n=n+1$；

步骤 2.2：根据路径流量与弧流量之间的关系式(9-37)得到客流出行网络上各条弧的初始弧流量 $q_{r,s}^{h}(i,j)(0)$；

步骤 2.3：更新路径 $\mu_{rs}^{h}(n)$ 上的成本；

步骤 2.4：重新寻找最低成本路径 $\mu_{rs}^{*h}(n)$；

步骤 3：更新路径流量

步骤 3.1：将所有客流 Q_{rs}^{h} 分配到该条最低成本路径 $\mu_{rs}^{*h}(n)$，得到辅助路径流量 $\bar{q}_{rs\mu}^{h}(n)$；

步骤 3.2：利用式(9-38)更新全部被选择路径上的具体客流量和当前最低成本路径；

步骤 4：算法终止条件判断

检查不等式(9-39)是否满足。若是，则算法终止；否则，令 $n=n+1$，转回步骤 2。

结束

9.4.4 调整列车开行方案

基于当前解下所得到的列车开行方案和客流分配结果，可以得到每个周期内各个列车在其各经由站的上车客流、下车客流和中转客流。基于这些客流信息，通过调整各运行模式的开行周期以及各列车的停站方案可获得当前解的领域解。

1. 调整运行模式

(1)周期运行模式转为非周期运行模式

周期运行模式要求每个周期都按照此运行模式开行一列列车，因此需要确保按照该运行模式开行的列车在每个周期都能承担一部分客流需求，且每个周期的客流波动不应太大，如果波动太大，那么将它转化为非周期运行模式的概率就会较大。因此，按照式(9-40)计算周期运行模式 p 在第 w 个周期内的平均客座率，其中，m_p^e 代表周期运行模式 p 的区间数量。根据式(9-41)、式(9-42)计算该运行模式在各个周期内的客座率均值和方差，评估客座率在各个周期内的波动情况。

$$plf_p^w = \sum_{(u_{p,w}^k, v_{p,w}^{k'}) \in C_T} \left(\sum_{r,s} \sum_{h=1}^{H_{rs}} q_{r,s}^h (u_{p,w}^k, v_{p,w}^{k'}) / Cap_p \right) / m_p^e \quad \forall w = 1,2,\cdots,W \tag{9-40}$$

首先，根据公式(9-41)得到该运行模式在各个周期内的上车客流总量的平均值$\overline{plf}_p$，然后根据式(9-42)计算方差。

$$\overline{plf}_p = \sum_{w=1}^{W} plf_p^w / W \tag{9-41}$$

$$s_p^2 = \frac{(plf_p^1 - \overline{plf}_p)^2 + (plf_p^2 - \overline{plf}_p)^2 + \cdots + (plf_p^W - \overline{plf}_p)^2}{W} \tag{9-42}$$

假设共有 m_p^x 个周期运行模式，按照式(9-43)计算所有周期运行模式客座率的平均值，按照式(9-44)计算方差的平均值。

$$\overline{plf} = \sum_{x_p=1} \overline{plf}_p / m_p^x \tag{9-43}$$

$$\bar{s} = \sum_{x_p=1} s_p^2 / m_p^x \tag{9-44}$$

针对周期运行模式 p，若$\overline{plf}_p < \overline{plf}$且 $s_p^2 > \bar{s}$，则选择将该周期运行模式调整为非周期运行模式。对于均值特别小的周期运行模式，可以直接调整为非周期运行模式。对于被调整为非周期运行模式的周期运行模式，若其在第 w 个周期内的平均客座率$plf_p^w < \overline{plf}_p$，则该运行模式在该运行周期内停开列车。

(2)非周期运行模式转化为周期运行模式

在保证大部分列车周期规律的基础上，通过开行少部分非周期列车满足部分客流，因此，如果非周期运行模式的开行周期过多，说明该种运行模式能够满足的客流需求比较多，因此可以考虑将此非周期运行模式转化为周期运行模式。

综上所述，对于非周期运行模式 p，若其开行周期数 $num_p > 0.5 \times W$，则将该非周期运行模式转化为周期运行模式。其中 num_p 可通过式(9-45)计算。

$$num_w = \sum_p \eta_p^w \tag{9-45}$$

对于转化为周期运行模式的非周期运行模式，按照其已开行周期内的非周期列车在其各经由站的到发时刻和停站方案生成其他未开行周期内的列车在各经由站的到发时刻和停站方案。选取其中平均客座率最高的开行周期作为铺化基础，生成该运行模式各个周期内列车在各经由站的到发时刻和停站方案。

(3)非周期运行模式减少开行周期

非周期运行模式开行的各列车相互独立，互不影响，因此若在某个周期内开行的列车在大于 2/3 的运行区间内的客座率小于最小客座率 $plf_{\min}$，则可考虑在此开行周期内不开行列车。各区间(k,k')的客座率可通过式(9-46)计算。

$$plf_{p,w}^{k,k'} = \frac{\sum_{h=1}^{H_{rs}} q_{r,s}^h (u_{p,w}^k, v_{p,w}^{k'})}{Cap_p} \quad (\forall (u_{p,w}^k, v_{p,w}^{k'}) \in C_T) \tag{9-46}$$

(4)非周期运行模式增加开行周期

非周期运行模式下的列车只需要在某些周期开行，但若在该非周期运行模式对应的其他不开行的各个周期内具有大量的客流需求，且已经开行的列车数相对较少，则将该周期转为开行周期的概率就相对较大。因此，选取该运行模式 p 在第 w 个周期内其各经由站的始发终到客流需求 Q_p^w 和在此周期内已经开行的列车数 num_w 为指标，用极值差法对上述指标去量纲，得到 $\breve{Q}_p^w$、$\breve{num}_w$，则将该运行周期转化为开行周期的指标值 YI_p^w 为

$$YI_p^w = \phi_1^a \breve{Q}_p^w + \phi_1^b \breve{num}_w \tag{9-47}$$

其中，ϕ_1^a、ϕ_1^b 和 ϕ_1^c 表示各指标的权重，进而可以计算将该运行周期转化为开行周期的概率 I_p^w 为

$$I_p^w = \frac{YI_p^w}{\sum_{w=1}^{W} YI_p^w} \tag{9-48}$$

根据以上概率，以轮盘赌的方式为运行模式 p 增加一定比例的开行周期。

对于运行模式 p 在第 w 个周期内其各经由站的始发终到总客流需求 Q_p^w、在此周期内已经开行的列车数 num_p^w 可通过公式(9-49)、式(9-50)计算可得

$$Q_p^w = \sum_{r\in r_p}\sum_{s\in s_p}\int_{T_w^e}^{T_w^l} \lambda_{r,s}(t)\mathrm{d}t \tag{9-49}$$

$$num_w = \sum_{p} \eta_p^w \tag{9-50}$$

对于增加的开行周期，其列车停站方案与客座率最高的开行周期内的列车的停站方案相同。其次，为增加的开行周期内的列车随机生成一个从起点站的出发时刻，根据停站方案、各区间运行时间和各车站停留时间获得该列车在各经由站的到发时刻。

(5)未开行运行模式转化为非周期运行模式

与非周期运行模式类似，未开行周期运行模式转化为非周期运行模式也是增加该运行模式的开行周期，因此根据式(9-51)与式(9-52)得到未开行运行模式各周期转为开行周期的指标值 NO_p^w 和概率 O_p^w。

$$NO_p^w = [\phi_1^a \breve{Q}_p^w + \phi_1^b \breve{num}_p^w] \tag{9-51}$$

$$O_p^w = \frac{\rho_p^w}{\sum_{w=1}^{W} \rho_p^w} \tag{9-52}$$

对于增加的开行周期，其列车在各经由站的到发时刻和停站方案可依据 9.4.2 中非周期运行模式生成列车到发时刻和停站方案得到。

2. 调整开行列车停站方案

列车停站方案的好坏对客流是否可以上车具有很大的影响，对列车席位的合理利用也有很大的影响。

(1)周期运行模式列车停留站转为通过

列车在车站停站是为了满足在该车站的上下车客流,因此可根据列车在车站的发送量和到达量之和 $Q_{p,w}^{k}$、该车站始发终到客流需求量之和 Q^{k} 以及在该车站已经停站的列车数 num_{d}^{k} 决定列车是否需要从停留转为通过,即列车在车站的旅客发送量和到达量之和越小,始发终到客流需求量之和越小、在该车站已经停站的列车数越多,列车在该车站被选中由停站转为通过的概率越大。对这三个指标进行无量纲化之后,得到 $\breve{Q}_{p,w}^{k}$、$\breve{Q}^{k}$ 和 $\breve{num}_{d}^{k}$。除此之外,周期运行模式由于各列车停站方案必须相同,需要综合考虑所有开行周期内的开行列车,因此判定周期运行模式 p 在车站 k 由停留转为通过的指标值为

$$DP_{p}^{k} = \left[\phi_1^{c}\sum_{w=1}^{W}\breve{Q}_{p,w}^{k} + \phi_1^{d}\breve{Q}^{k} + \phi_1^{e}\,\breve{num}_{d}^{k}\right] \tag{9-53}$$

式中,ϕ_1^{c}、ϕ_1^{d}、ϕ_1^{e} 为指标值权重,$Q_{p,w}^{k}$、Q^{k}、num_{d}^{k} 可分别根据式(9-54)~式(9-56)计算获得。

$$Q_{p,w}^{k} = \sum_{s\in s_p}\sum_{h=1}^{H_{ks}} q_{k,s}^{h}(n_k, u_{p,w}^{k}) + \sum_{r\in r_p}\sum_{h=1}^{H_{rk}} q_{r,k}^{h}(v_{p,w}^{k}, n_k) \tag{9-54}$$

$$Q^{k} = \sum_{r\in r_p}\int_{T_1^{e}}^{T_W^{l}}\lambda_{r,k}(t)\,\mathrm{d}t + \sum_{s\in s_p}\int_{T_1^{e}}^{T_W^{l}}\lambda_{k,s}(t)\,\mathrm{d}t \quad (\forall k \in S_p) \tag{9-55}$$

$$num_{d}^{k} = \sum_{p}\sum_{w=1}^{W}\delta_{p,w}^{k} \quad (\forall k \in S_p) \tag{9-56}$$

根据式(9-57)计算周期运行模式列车在该车站 k 由停站转通过的概率 P_{p}^{k}。

$$P_{p}^{k} = DP_{p}^{k} \Big/ \sum_{k\in S_p/\{r_p, s_p\}} DP_{p}^{k} \tag{9-57}$$

以此概率,以轮盘赌方式为周期运行模式 p 的列车选择一定比例的车站由停站转为通过。并更新该运行模式下的所有周期列车的停站方案和各车站到发时刻。

(2)非周期运行模式列车停留站转为通过

非周期运行模式的列车相互独立,因此类似于周期列车的选取指标,根据公式(9-58)计算非周期列车$\langle p,w\rangle$在 k 车站的旅客发送量和终到量,式(9-55)、式(9-56)计算 k 车站的始发终到客流需求量和已经停留列车数,对这三个指标进行无量纲化处理,得到 $\breve{Q}_{p,w}^{k}$、$\breve{Q}^{k}$ 和 $\breve{num}_{d}^{k}$,利用式(9-59)、式(9-60)得到非周期列车$\langle p,w\rangle$在车站 k 由停站转为通过的指标值 $DP_{p,w}^{k}$ 及其概率 $P_{p,w}^{k}$。

$$Q_{p,w}^{k} = \sum_{s\in s_p}\sum_{h=1}^{H_{ks}} q_{k,s}^{h}(n_k, u_{p,w}^{k}) + \sum_{r\in r_p}\sum_{h=1}^{H_{rk}} q_{r,k}^{h}(v_{p,w}^{k}, n_k) \tag{9-58}$$

$$DP_{p,w}^{k} = [\phi_1^{c}\breve{Q}_{p,w}^{k} + \phi_1^{d}\breve{Q}^{k} + \phi_1^{e}\,\breve{num}_{d}^{k}] \tag{9-59}$$

$$P_{p,w}^{k} = DP_{p,w}^{k} \Big/ \sum_{k\in S_p/\{r_p, s_p\}} DP_{p,w}^{k} \tag{9-60}$$

以此概率,以轮盘赌的方式为非周期列车$\langle p,w\rangle$选择一定比例的车站由停站转为通过,

并更新该列车的停站方案和各车站到发时刻。

(3)周期运行模式列车通过站转为停留

列车在某车站由通过站改为停留,需要考虑该列车是否可以为该车站的客流提供一定的运输能力以及该车站的始发终到客流需求满足的情况而定,因此选择列车在车站的剩余能力、车站始发终到客流需求总量和已经停车数这三个作为指标,即列车平均剩余能力 $rest_p^k$ 越大、车站始发终到客流需求总量 Q^k 越大、已经停车数 num_d^k 越少,列车在该车站由通过转为停留的概率越大。同理,同一种周期运行模式的列车由于停站方案必须相同,所以将该运行模式下的所有列车作为一个整体,根据式(9-70)计算该运行模式下的所有列车在车站 k 的剩余能力。

$$rest_p^k = \sum_{w=1}^{W}\left(Cap_p - \sum_{r,s}\sum_{h=1}^{H_{rs}} q_{r,s}^h(u_{p,w}^k, v_{p,w}^{k'})\right) \quad [\forall (u_{p,w}^k, v_{p,w}^{k'}) \in C_T] \tag{9-61}$$

Q^k、num_d^k 可根据式(9-55)、式(9-56)计算得到。进而对这三个指标进行无量纲化处理,得到 $\breve{rest}_p^k$、$\breve{Q}^k$ 和 $\breve{num}_d^k$,根据式(9-62)、式(9-63)计算周期运行模式 p 在车站 k 由通过转为停留的指标值和概率值。

$$PD_p^k = [\phi_1^f\ \breve{rest}_p^k + \phi_1^g \breve{Q}^k + \phi_1^h\ \breve{num}_d^k] \tag{9-62}$$

$$D_p^k = PD_p^k / \sum_{k \in S_p/\{r_p, s_p\}} PD_p^k \tag{9-63}$$

式中,ϕ_1^f、ϕ_1^g、ϕ_1^h 为各指标权重。以此概率 D_p^k,以轮盘赌的方式为周期运行模式 p 下的所有列车 $\langle p, w\rangle$ 选择一定比例的车站由通过转为停留,然后根据停站方案更新所有列车在各经由站到发时刻,增加车站停留时间。

(4)非周期运行模式列车通过站转为停留

非周期运行模式列车相互独立,故需单独考虑每一列列车 $\langle p, w\rangle$,类比于周期列车,仍然选取列车剩余能力、车站始发终到客流需求总量、已经停车数这三个作为指标,但非周期列车的剩余能力 $rest_{p,w}^k$ 应根据式(9-64)计算获得。而 Q^k、num_d^k 仍根据式(9-65)、式(9-66)计算得到。

$$rest_{p,w}^k = Cap_p - \sum_{r,s}\sum_{h=1}^{H_{rs}} q_{r,s}^h(v_{p,w}^k, u_{p,w}^k) \quad [\forall (v_{p,w}^k, u_{p,w}^k) \in C_D] \tag{9-64}$$

对这三个指标进行无量纲化,得 $\breve{rest}_{p,w}^k$、$\breve{Q}^k$ 和 $\breve{num}_d^k$。计算周期列车 $\langle p, w\rangle$ 在车站 k 由通过转为停留的指标值 $PD_{p,w}^k$ 和概率值 $D_{p,w}^k$。

$$PD_{p,w}^k = [\phi_1^f\ \breve{rest}_{p,w}^k + \phi_1^g \breve{Q}^k + \phi_1^h\ \breve{num}_d^k] \tag{9-65}$$

$$D_{p,w}^k = PD_{p,w}^k / \sum_{k \in S_p/\{r_p, s_p\}} PD_{p,w}^k \tag{9-66}$$

式中,ϕ_1^f、ϕ_1^g、ϕ_1^h 为各指标权重,与式(9-62)中相同。以此概率 $D_{p,w}^k$,以轮盘赌的方式为非周期列车 $\langle p, w\rangle$ 选择一定比例的车站由通过转为停留。并更新列车 $\langle p, w\rangle$ 在各经由站到发时刻,增加车站停留时间。

9.5 算例分析

为检验本章所建立的模型和所设计的算法在实际轨道交通中的应用效果，本节以沪宁铁路为例分析模型和算法的实用性。沪宁铁路由上海市至江苏省南京市，是长江三角洲地区城际客运铁路线网的主骨架，其设计速度为 350 km/h，但其目前最高运营速度在 300 km/h 以内，全长 301 km，共设 21 个站，由东向西分别为上海站、上海西站、南翔北站、安亭北站、花桥站、昆山南站、阳澄湖站、苏州园区站、苏州站、苏州新区站、无锡新区站、无锡站、惠山站、戚墅堰站、常州站、丹阳站、丹徒站、镇江站、宝华山站、仙林站、南京站，如图 9-10 所示。图中线路旁边蓝色的数字代表该段的区间里程。

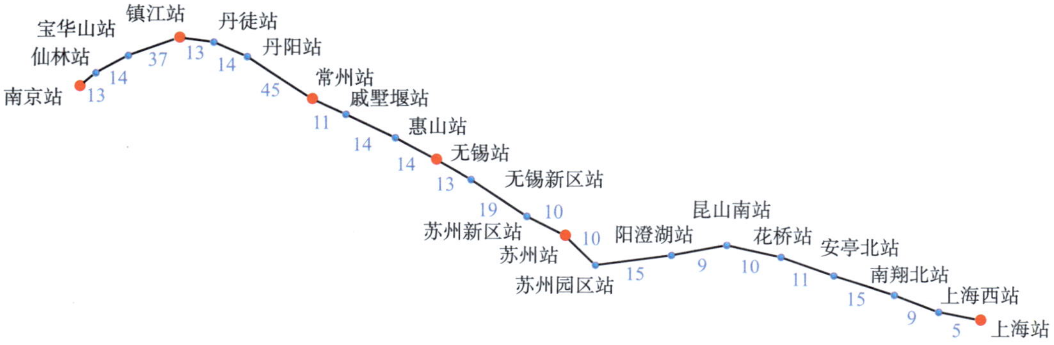

图 9-10　沪宁铁路线路示意

基于图 9-10 的沪宁铁路线路图，本章主要优化下行方向的列车开行方案。城际列车开行方案的制定主要是基于旅客需求(OD)，特别是大站间旅客需求，以实现按流、车对应原则开车，使得列车运力分布与旅客需求分布大致吻合。参考列车实际运营时间范围 06:00—23:00，本章以 1 h 为一个运行周期，周期时间间隔 $T_g=60$ min，划分运行周期时段，因此获得 17 个运行周期，$W=17$，各运行周期 $w=1,2,\cdots,W$ 的具体运营时间范围、该运行周期内的总旅客需求量和累计总旅客需求量见表 9-4。

表 9-4　沪宁铁路运行周期划分及其旅客需求

运行周期序号	起始时间	终止时间	OD 旅客需求/人	累计需求量/人
1	6:00	7:00	1 832	1 832
2	7:00	8:00	2 180	4 012
3	8:00	9:00	2 174	6 186
4	9:00	10:00	2 969	9 155
5	10:00	11:00	1 793	10 948

续上表

运行周期序号	起始时间	终止时间	OD 旅客需求/人	累计需求量/人
6	11:00	12:00	1 570	12 518
7	12:00	13:00	1 592	14 110
8	13:00	14:00	2 204	16 314
9	14:00	15:00	2 207	18 521
10	15:00	16:00	1 433	19 954
11	16:00	17:00	2 597	22 551
12	17:00	18:00	1 156	23 707
13	18:00	19:00	2 436	26 143
14	19:00	20:00	1 674	27 817
15	20:00	21:00	1 802	29 619
16	21:00	22:00	546	30 165
17	22:00	23:00	324	30 489

给定候选运行模式集合 $P=\{p_1,p_2,p_3,p_4,p_5,p_6\}$，各种候选运行模式所对应的起点站均为南京站、终点站均为上海站。按照此候选运行模式开行的列车的运行组织成本为 8 000 元/列、列车平均单位时间出行成本为 150 元/min 列车最大载客能力为 1 000 人/列。沪宁铁路列车运行速度为 300 km/h。

基于以上数据，利用本章所设计的基于模拟退火的粒子群算法进行求解，统计列车和旅客相关指标。见表 9-5 和表 9-6，可知总目标函数值为 907 580 万元，但其中列车的总广义出行成本（目标函数值 1）仅为 18.430 6 万元，旅客的总广义出行成本（目标函数值 2）达到了 1 296 500 万元，相差如此之大有两个原因：①对于旅客的出行成本，除了其承担的票价费用之外，我们给定的旅客单位时间价值为 25 元，总旅客需求量也达到了 30 489 人次，因此相对于列车总广义出行成本而言，其成本会相对较高；②在客流均衡分配时，对于没有列车可乘坐的旅客，假定他们均去乘坐虚拟列车，而为了避免旅客在有列车可乘坐的情况下去选择虚拟列车，我们将虚拟列车的费用设置为 3 000 万元，由表 9-6 可知，总共有 535 人无列车可乘坐而选择了虚拟列车，因此这部分旅客的出行成本相对较高，导致旅客总广义出行成本增加。此外，由表 9-5 可知 6 种候选运行模式中有 4 种周期运行模式，2 种非周期运行模式，因此周期列车数到达了 60 列，占开行列车总数的 86.96%，而非周期列车数只有 9 列，只占开行列车总数的 13.04%；而由表 9-6 知，旅客的平均等待时间只有 14.38 min，由图 9-11（各等待时间范围序号所对应的具体的等待时间范围为 1：<5 min；2：5～10 min；3：10～15 min；4：15～20 min；5：20～25 min；6：25～30 min；7：>30 min）可知，等待时间在 15 min 以内的旅客数量略大于等待时间在 20 min 以上的旅客数量，而等待时间大于 30 min 的旅客数量只占了总出行旅客的少部分。因此，综合周期列车的发车间隔为 1 h 和旅客的平均等待时间，可以大致说明列车开行方案中列车运力分布与旅客需求分布能够较好地吻合。

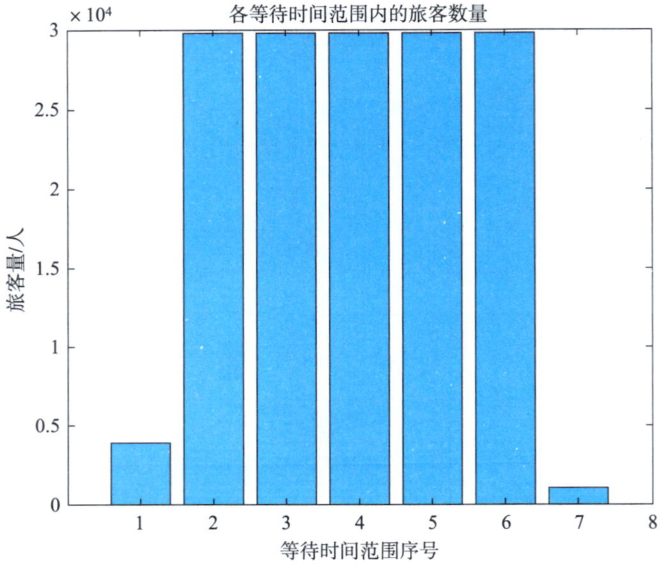

图 9-11　各等待时间范围内的旅客数量

表 9-5　列车优化结果 1

总目标函数值/万元	目标函数值 1/万元	周期运行模式数量	非周期运行模式数量	周期列车数量	非周期列车数量
907 580	18.430 6	4	2	60	9

表 9-6　旅客优化结果 2

总目标函数值/万元	目标函数值 2/万元	旅客平均等待时间/min	未上车旅客数量/人	总客流单元数量
907 580	1 296 500	14.38	535	15 415

为了更进一步分析列车开行分布与旅客需求分布之间的吻合性，我们统计了各运行周期内列车的开行情况，见表 9-7，周期性运行模式 p_1、p_3、p_4 和 p_6 在第 1～15 个运行周期内均开行了一列列车，在第 16、17 个运行周期内由于列车到达最后一个车站（上海站）的时间超过了最晚运营时间 23:00，因此，将其设置为不开行；同时，非周期运行模式 p_2 共在第 8、9、13 和 16 个运行周期开行了 4 列列车，非周期运行模式 p_5 共在第 4、11、14、15 和 16 个运行周期开行了 5 列列车，较好地满足了这些周期内开行的周期列车未能满足的旅客需求。

表 9-7　各运行周期内列车开行情况

运行周期序号	p_1	p_2	p_3	p_4	p_5	p_6	开行列车总数
1	1	0	1	1	0	1	4
2	1	0	1	1	0	1	4
3	1	0	1	1	0	1	4
4	1	0	1	1	1	1	5

续上表

运行周期序号	p_1	p_2	p_3	p_4	p_5	p_6	开行列车总数
5	1	0	1	1	0	1	4
6	1	0	1	1	0	1	4
7	1	0	1	1	0	1	4
8	1	1	1	1	0	1	5
9	1	1	1	1	0	1	5
10	1	0	1	1	0	1	4
11	1	0	1	1	1	1	5
12	1	0	1	1	0	1	4
13	1	1	1	1	0	1	5
14	1	0	1	1	1	1	5
15	1	0	1	1	1	1	5
16	0	1	0	0	1	0	2
17	0	0	0	0	0	0	0

注：表中数字“1”表示该候选运行模式在所对应的运行周期内已开行一列列车；数字“0”代表该种运行模式未在对应周期内开行列车。

基于各运行周期内列车开行情况和旅客需求情况，得到图 9-12 和图 9-13，通过图 9-12 发现，各个运行周期内开行列车占比的变化趋势和各运行周期内旅客的需求基本保持一致。并且结合表 9-7 可知，周期列车的数量始终保持不变，因此主要是通过调节非周期运行模式 p_2 和 p_5 在各运行周期内的开行情况来使得列车开行分布更好地吻合旅客需求分布。与此同时，还可发现在第 2 个和第 3 个运行周期内的旅客需求相对于第 1 个运行周期内的旅客

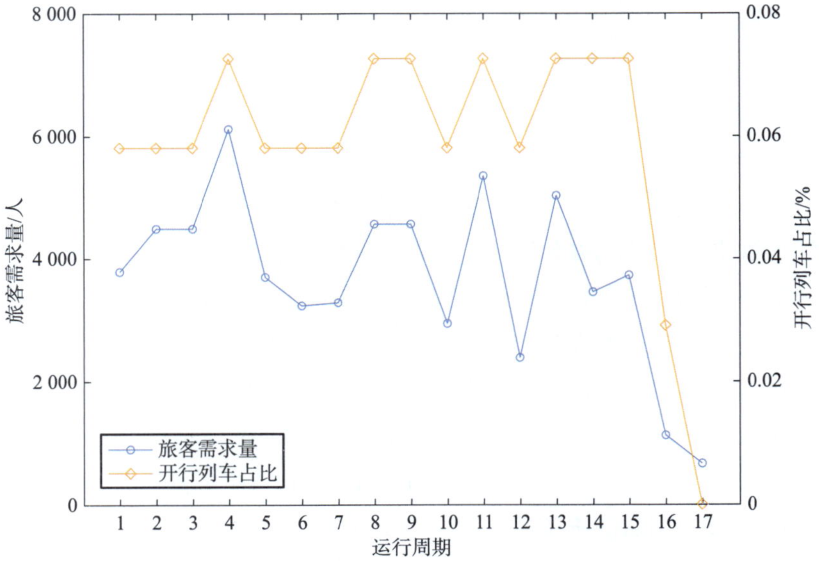

图 9-12　旅客需求分布与列车开行分布

需求有所增加，但开行列车的占比却并未提高，原因在于第 1 个周期内开行列车的运力还足以满足增加的少部分旅客需求。此外，第 6 个和第 7 个运行周期内的旅客需求相对于第 5 个运行周期内的旅客需求有所下降，但列车的开行占比并未随之下降，通过表 9-7 可知，在第 5、第 6 和第 7 个运行周期内均只开行了 3 列周期列车，因此，由于周期列车的约束性而无法停开周期列车以适应旅客需求的变化。通过表 9-7 或者图 9-12、图 9-13 还可发现第 17 个运行周期内并未开行任何列车，然而该运行周期内旅客需求为 324 人，由此可导致此 324 人无法乘坐任何列车出行，只能乘坐虚拟列车，从而导致了旅客总广义出行成本的增加（目标函数 2）。

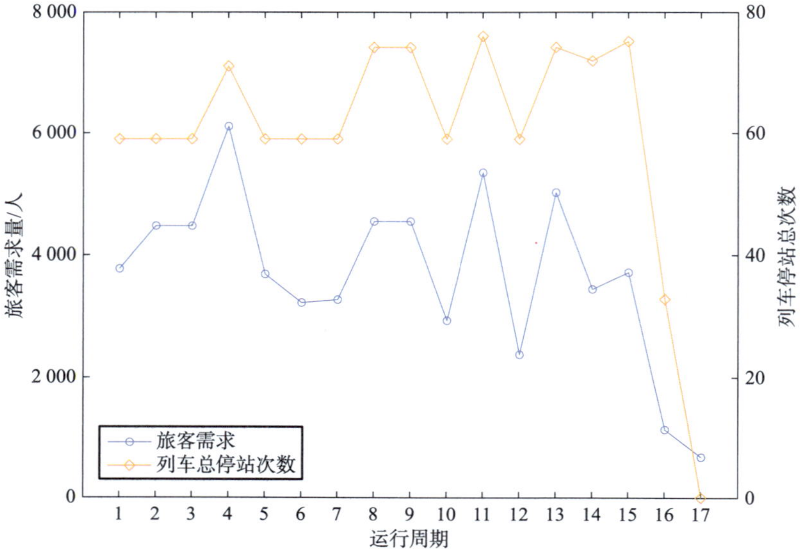

图 9-13 列车总停站次数与旅客需求关系

参考文献

[1] 黄鉴. 客运专线旅客列车开行方案研究[D]. 成都：西南交通大学，2005.

[2] 王柄达. 客运专线旅客列车开行方案编制优化方法研究[D]. 成都：西南交通大学，2010.

[3] 张铭. 高速铁路旅客列车开行方案编制方法研究[D]. 成都：西南交通大学，2012.

[4] 史峰，邓连波，黎新华，等. 客运专线相关旅客列车开行方案研究[J]. 铁道学报，2004,26(2):16-20

[5] FU H L，NIE L，MENG L Y，et al. A hierarchical line planning approach for a large-scale high speed rail network: The China case[J]. Transportation Research Part A: Policy and Practice，2015，75:61-83.

[6] KENNEDY J，EBERHART R C. Particle swarm optimization: Proceedings of IEEE International Conference on Neural Networks [C]. Piscataway: IEEE Press，1995. 1942-1948.

[7] EBERHART R C，KENNEDY J. A new optimizer using particle swarm theory: Proceeding of the sixth

International symposium on micromachine and human science[C]. Piscataway: IEEE Service Center, 1995. 39-43.

[8] STEINBRUNN M, MOERKOTTE G, KEMPER A. Heuristic and randomized optimization for the join ordering problem[J]. The VLDB Journal, 1997, 6 (3) :8-17.

[9] PERERING M E H, HEYDAR M, BERGMANN D R. Mixed-Integer Programming for Railway Capacity Analysis and Cyclic, Combined Train Timetabling and Platforming [J]. Transportation Science, 2016, 50(3):892-909.

[10] 陈慧，杨浩．客运专线周期运行图列车开行方案的研究[J]. 铁道运输与经济，2006(12):80-83.

[11] 汪波，杨浩，张志华．基于周期运行图的京津城际铁路列车开行方案研究[J]. 铁道学报，2007,26(2):8-13.

[12] 颜颖，韩宝明，李华．高速铁路周期化列车开行方案研究[J]. 铁道运输与经济，2011,33(11):35-39.

[13] 佟璐，聂磊，付慧伶，等．基于运输组织模式导向的旅客列车开行方案模型研究[J]. 大连交通大学学报，2011,32(3):26-31.

[14] 金宏伟．基于人机交互的客运专线节拍式列车开行方案编制方法研究[D]. 北京:北京交通大学，2012.

[15] 许天生．基于周期化的城际客运专线列车开行方案研究[D]. 大连:大连交通大学，2015.

第10章 高速铁路列车开行方案多维度评价

无论是在列车开行方案制定过程，还是在其实施阶段，均需要对开行方案所确定开行列车的服务质量、开行效率等进行评价，以进一步优化改进开行列车，实现列车开行方案的持续完善。列车开行方案的评价既涉及方案总体质量的评估，也需具体到单列列车开行质量的衡量，以便对列车开行方案进行局部调整。本章在分析高速铁路列车开行方案的特性基础上，从服务、收益、效率等多角度选择评价指标，形成完整、具有可操作性的评价指标体系，并分别针对高速铁路单列列车、整个列车开行方案评价要求，选取相适应的评价方法，建立一个高速铁路列车开行方案的系统化评价体系，实现对高速铁路列车开行方案的客观合理评价，为高速铁路列车开行方案设计或实施过程中提供单个列车调整意见以及提供整体列车开行方案优化建议与比选。

10.1 高速铁路列车开行评价指标体系

10.1.1 指标体系建立原则

所选择的评价指标体系是否合理，主要体现在能否客观反映出评价对象大部分属性以及评价系统的整体效用。开行方案评价指标体系的建立原则如下。

(1)目的性原则

评价指标体系要以评价的目的为核心和导向。将从四个方面对开行方案进行评价，要结合开行方案某个方面的目的进行指标筛选。

(2)科学性和可行性原则

决策者要能从评价中得到有效的决策信息。指标结构要清晰分明，评价体系的大小要适中；指标的内容要明确，容易量化，数据易得，方便量化处理；有稳定的数据来源，易于操作，同时指标含义明确，资料收集相对要简便易行。

(3)整体性和独立性原则

评价指标要相互结合在一起全面反映出评价对象的优劣，指标之间要保持相对独立性，其所涵盖的信息尽可能少地相互重叠；同时，全体指标对评价对象要能整体覆盖。

(4)定性和定量相结合的原则

能够定量评价的要尽可能定量分析,不能定量评价的要采用定性评价,在评价时需将定性分析和定量分析相结合起来共同考虑。

(5)灵活可操作性原则

在实际的应用中,要保持足够的灵活性,方便在不同条件下对评价进行客观合理的操作。

10.1.2　指标体系确定方法

指标体系的确定方法主要有两种,即经验确定法和数学方法。经验确定法有很大的主观随意性,目前大多数开行方案评价研究均采用了经验确定法。当然,采用数学方法可以有效地降低指标体系的主观随意性。现对两种方法做简单介绍,并对指标体系确定方法进行概述。

1. 经验确定法

专家利用自身的经验和专业知识,根据研究目标和研究对象的特点,通过推理性判断和分析来确定评价指标体系的方法。在使用此方法时,应该注意以下三点:

(1)一定要对评价的目标有清晰的认识,明确评价的主题。

(2)对评价目标进行定性分析,找出影响评价目标的各个层次因素。最常见的是从总目标、分目标、指标三个方面构建评价指标的三级评价体系。

(3)评价对象的各个方面是一个不可分割的有机整体,所以应当充分考虑指标间的有机联系。正是由于指标之间的不同联系,才导致了不同的评价方法。所以,评价方法一定要根据指标体系的特点而建立。

常用的经验确定法有专家调研法,即向专家发函,征求意见。除此之外还有实践经验法,参考规范或惯例来决定评价指标体系,比如按照文献资料分析来选择。由于专家和相应学者的经验和专业知识有较强的科学客观性,所以此方法确定的指标体系一般不会出现大的偏差,但是也不能忽视其主观性方面的影响。

2. 数学方法

数学方法是指对备选指标集中的指标,采用合适的数学方法进行分析后,选取评价指标的方法。在实际的应用当中,由于铁路管理者为了全面地反映评价对象的情况,评价者总是愿意尽可能多地得到有价值的指标。但是,由于指标间的相互联系造成了评价指标的相互干扰和信息重叠,大大地增加评价工作的困难和主观性。因此,有必要采用数学方法对指标进行优化。

数学方法主要有两种方式,一是定性分析各个指标之间存在的相互联系,从而实现优化;二是选用定量的方法选取指标,例如聚类分析法、多元相关分析法、多元回归分析法、主成分分析法、因子分析法等，多为数理统计方法。

结合性地采用经验确定法和数学方法，建立开行方案评价指标体系。首先从单列车评价和整体开行方案评价两个角度出发，采用专家调研法和实践法对指标进行初步的筛选。根据评价目的不同，将单列车评价指标体系分为在同类型列车范围内的评价指标体系和在全部列车范围内的评价指标体系，将整体开行方案评价指标体系分为初始开行方案评价指标体系和优化方案评价指标体系。我们将采用数学分析法中的定性分析法和聚类分析对指标进行筛选。

10.1.3 指标的选取流程

评价指标的选取是整个评价中最重要的一步，其选取的流程应该与整个评价有机地结合在一起。指标体系的建立是在分析评价对象和评价目标之后，是在评价方法选择之前。所以，指标的选取首先要对评价对象进行分析，明确评价的目标。随后，在指标体系建立原则的基础上，采用经验确定法与数学方法对指标进一步筛选，最终形成我们需要的评价指标体系。具体流程如图 10-1 所示。

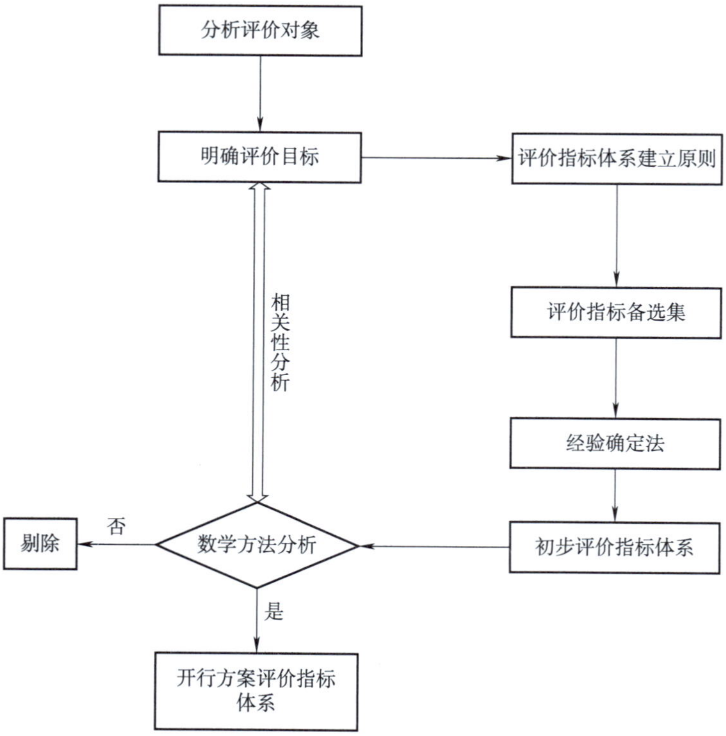

图 10-1　指标的选取流程

10.1.4　评价方法选取流程

高速铁路列车开行方案评价方法的选择主要取决于开行方案的内容、评价目的以及评价指标体系。结合以往针对开行方案评价问题的研究成果，开行方案评价方法的选取应遵循如下原则：

(1)以评价目的和评价对象为中心原则

评价方法的选取应以评价的目的为导向，以评价对象为核心。高速铁路列车开行方案作为评价对象，对其在服务质量、经济效益和运营效率方面的表现进行评价。当选用评价方法时，应以其能否完成评价对象的评价目的为标准进行选择。

(2)与评价指标体系相适应原则

评价方法与评价指标共同了构成了评价的核心部分。评价指标体系反映出评价对象在评价目的方面的表现，评价方法应与评价指标体系相适应，将这种表现通过数学方法更加地直观表达出来。这种表达应该具有准确性和真实性，不能忽略指标体系中反映出的信息，同时也要能够对冗余的信息进行过滤。

(3)数据样本与量化指标可处理性原则

评价对象的范围决定了样本数的大小，指标的量化处理决定了评价的维度与范围。不同的评价对象和指标体系，有不同数据样本数和量化指标。由于评价方法的数学原理对样本数和变量数都有要求，所以在应用方法时不应违反这些原则。

(4)评价结果可分析性原则

不同评价方法有不同的数学处理方法，得到不同评价结果，只有当评价结果得到合适的分析后，才能为管理者提供决策信息。

(5)灵活可操作性原则

评价方法的具体操作步骤应清晰明确，抛开复杂数学原理也能方便评价者进行操作。此外，根据评价对象和评价指标体系的变化，评价方法的操作可以进行相适应的变化，且不失可操作性和合理性。

在评价方法选取原则基础上，结合前文关于高速铁路开行方案和评价指标体系的分析，得到评价方法选取流程如图 10-2 所示。

10.1.5　高速铁路列车开行评价指标体系

开行方案就其评价对象可以分为开行方案单列车和整体开行方案。开行方案单列车评价可分为在同类型列车范围内的评价和在全部列车范围内的评价；整体开行方案评价可分为初始开行方案评价和开行方案优化评价。分别从四种评价的评价对象，评价目的，指标体系和评价方法等方面进行阐述，并建立高速铁路开行方案系统性评价体系。

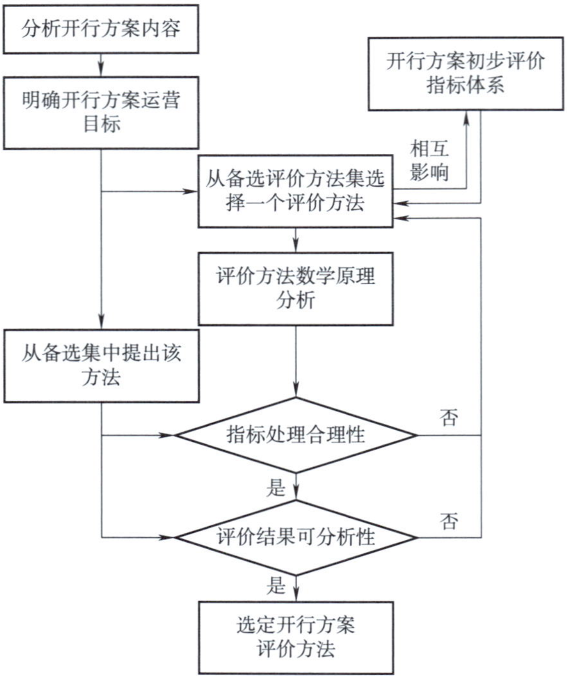

图 10-2 评价方法的选取流程

1. 单列车在同类型列车范围内的评价体系

同类型范围内的列车是指，按照运行距离和起讫点对单列车进行划分，将相似运行距离和相近起讫点的列车划分为一类。这类列车的特点在于具有相同的运行区段，共同服务区段内的客流。同类型的列车在运行距离、成本投入、旅客类型等方面有其相似性，其停靠站、编组和开行时间的不同影响了旅客服务质量和列车经济效益。在一个铁路局集团公司局管内，多为同类型的中短途列车，例如城际铁路；在全路网多为同类型的中长途列车，例如特大城市间列车（北京—武汉、北京—上海）。为了方便铁路运营者对同类型列车进行优化调整，对同类型列车在服务质量、经济效益和运营效率方面进行评价。

在单列车备选指标集的基础上，结合同类型列车的特点，对指标进行选取，并利用聚类分析对指标进一步筛选，选用数据包络法对其评价。列车的发送能力，成本等可以看成其投入；列车的发送量，收入等可以看成其产出。同类型范围内的单列车具有相似的投入和产出背景，通过数据包络分析法（简称 DEA）分析其效率，有利于铁路管理者对同类型列车进行优化调整，例如，哪些列车需要调整，取消此趟列车还是加开列车，大小编组的更改等。这为局管内的铁路运营者提供了一种更加科学合理的列车评价方法。

2. 单列车在全部列车范围内的评价体系

全部列车评价，即对一套开行方案内的所有列车进行评价。在开行方案中，不同类型的列车有很大的区别。例如，D 字头与 G 字头列车在技术速度、停站方案有很大不同；中短途列车和长途列车在成本和收入、旅客类型、停靠站和周转量方面有较大差异。在全路网上，各种不同类型列车在开行方案中有其不同的作用，其表现优异也不尽相同，在调整优化时总会出现短途列车合并成长途列车，取消某些长途列车等情况。为了方便铁路运营者对全部列车进行优化调整，对全部列车在服务质量、经济效益和运营效率方面进行评价。

在单列车备选指标集的基础上，结合全部列车评价的特点，对指标进行筛选，选用因子分析法对其评价，最后以因子得分为变量对样本进行聚类分析。在全部列车范围内有不同类型的开行方案产品，例如：不同里程列车、不同等级列车、不同编组列车、不同停站方式列车。从全局的角度分析单列车的优劣，有利于针对不同开行方案产品进行优化调整，例如短途列车合并长途，停靠站的多样化搭配等。

3. 初始开行方案评价体系

初始开行方案是指，在路网 OD 客流分析基础上，通过初步确定起讫点以及开行模式生成的开行方案。初始开行方案，依据其在不同客流环境下（例如春运、暑运、节假日），其目标有着较大差异。同时，由于没有实际客流产生，其服务特性和经济特性受到很多客观因素影响。为了方便铁路运营者对初始开行方案选择，对初始开行方案在服务质量、经济效益和运营效率方面进行了评价。

在整体开行方案备选指标集的基础上，结合初始开行方案的特点，对指标进行筛选，采用模糊综合评价法对其进行评价。初始开行方案评价要以客观目标为方向，例如，春运、暑运等阶段更偏向于满足客流基本需求，在平时阶段更多以效益和服务最大化为目标。

4. 开行方案优化评价体系

开行方案优化评价是对开行方案优化过程中的方案进行评价。每种开行方案都有客流加载其中，其在服务和经济等方面表现较为确定。在开行方案算法迭代优化时，对开行方案进行一个整体评价，为开行方案算法设计者提供一套判断优化结果优劣的工具。

在整体开行方案备选指标集的基础上，结合开行方案优化评价的特点筛选指标，采用灰色综合评价法进行评价。开行方案优化评价除了判断优化过程中开行方案的优劣，还可用于针对不同时期不同阶段的开行方案，进行纵向开行方案的优劣对比，从好的方案吸取优点。

综上所说，在研究开行方案对象和评价目标的基础上，结合评价指标和评价方法的选取，建立了高速铁路开行方案系统性评价体系，如图 10-3 所示。

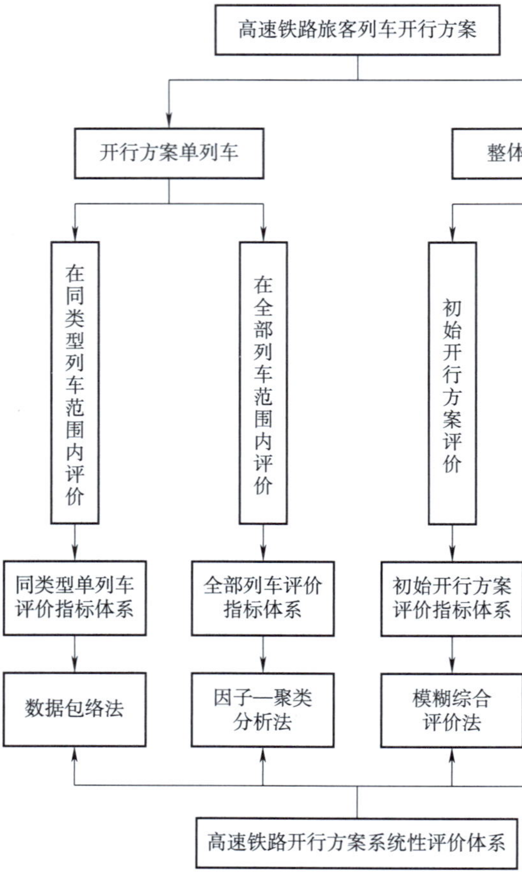

图 10-3　高速铁路开行方案系统性评价体系

10.2　高速铁路列车开行单列车评价

10.2.1　单列车评价备选指标集

1. 单列车备选指标集建立

开行方案单列车是指开行方案中的单独一列列车，每一列列车都有其起讫点车站、开行等级、中间站停站方案和编组方案等。单列车评价指标体系以开行方案中每一个列车作为评价对象，建立相关的评价指标体系。起讫点不同影响客流服务区段、直达性等方面；开行等级影响技术速度、旅行时间等方面；中间停站影响服务频率、换乘等方面；编组方案影响发送能力等方面。每一列列车在收入、成本、客座率等方面都不尽相同。所以，以单列车为评价对象，对其在服务质量、经济效益、运营效率等方面对其分析。并在指标体系建立原则下建立评价指标备选集，随后通过阅读文献、询问专家意见和定性分析的基础上得到备选指标集，见表 10-1。

表 10-1　单列车备选指标集

评价对象	评价目标	评价指标
开行方案单列车评价	服务质量	旅客平均停站次数 平均旅行时间价值 列车停站次数 服务旅客人数 不停站直达人数 平均旅行损失时间
	经济效益	票款收入 开行成本 列车运营收益 列车收益率 列车客收率 列车客座率
	运营效率	列车发送能力 列车定额周转量 旅客周转量 列车运距 编组大小 技术速度 旅行速度 速度系数

上述指标涵盖了单列车在服务质量、经济效益和运营效益三个方面的开行目标。高速铁路对比既有铁路提供了更快速度和便捷的服务，同时旅客也付出了更高的票价。因此，在已有研究成果的基础上，为了更加全面准确地描述单列车的服务质量，建立了旅客平均停站次数和平均旅行时间价值两个指标。同时，定性分析车站等级因素后(在彭瑾蓉的高速铁路列车开行距离与停站方案组合分析中有介绍)，对列车停站次数的计算方法进行了修改。以上指标通过实际售票数据计算后，具有可操作性和实用性。

2. 单列车备选指标集计算方法

(1)服务质量

①旅客平均停站次数 $T_{次数}$

$T_{次数}$是指在单列车中，旅客平均运距与列车平均停站距离的比值。如果一个旅客的出行里程为 400 km，此趟列车的平均停站距离为 80 km，则对于这一个旅客，其平均停站次数为 5 次。平均停站距离由列车运行里程与停站方案确定，旅客平均运距由所有旅客 OD 距离确定。

$$Z_{实} = \sum (OD_{人}\ OD_{距}) \tag{10-1}$$

$$D_{旅平} = Z_{实} / \sum OD_{人} \tag{10-2}$$

$$D_{列平} = D_{列} / (N-1) \tag{10-3}$$

$$T_{次数} = D_{旅平} / D_{列平} \tag{10-4}$$

式中 $Z_{实}$——旅客周转量；

$OD_{人}$——选择相同起讫点的旅客人数；

$OD_{距}$——起讫点间的运行距离；

$D_{旅平}$——旅客平均运距；

$D_{列平}$——列车平均停站间距；

$D_{列}$——列车运行距离；

N——停靠站数量。

对列车上的旅客而言，平均停站次数越少越好，表明旅客直达性越好，当数值为 1 时说明所有旅客均为直达旅客，不需要中间停站；数值越大说明旅客停站越多。

②平均旅行时间价值 $\bar{V}_a$

旅行时间价值是指对于一位旅客，其所付出的票价与旅行时间的比值。例如，某日从石家庄到武汉的 G521 需要 4 h 47 min，G79 需要 3 h 8 min，时间相差 1 h 39 min。旅客支付同样的二等座票价 414.5 元，旅行时间却相差很多，这对于高速铁路注重速度和便捷性来说，会对旅客选择出行选择带来影响。以上为例，其相应的旅行时间价值分别为 86.66 元/h 和 132.29 元/h。平均旅行时间价值是指整列车所有旅客的旅行时间价值平均值，计算值为整列车所有旅客付出金钱与所有旅客付出时间的比值。

$$V_a = P_{价} / T_{旅} \tag{10-5}$$

$$\bar{V}_a = \sum (V_a OD_{人}) / \sum OD_{人} \tag{10-6}$$

式中 V_a——旅行时间价值；

$\bar{V}_a$——平均旅行时间价值；

$P_{价}$——某段旅程高速铁路票价；

$T_{旅}$——某段旅程旅行时间。

对于旅客来说，旅行时间价值越大说明此项指标越好，说明列车越能为旅客提供更便捷的出行服务。

③列车停站次数 $F_{车}$

列车停站次数是指列车服务于车站的次数，将服务过的车站计为 1 次，即频率等于服务总车站数。考虑到列车在服务大站和小站时，其客流的特性存在着差异，因此将车站进行等级划分，采用层次分析法对车站等级重要度进行分析，即：

将车站分为三个等级，即 1、2、3 级别。然后将车站重要度根据 AHP 法进行分析，考虑的因素主要为客流以及始发终到站等因素。按照三等站为 1，则一等站为 3.3，二等站为

1.82。在此基础上，列车停站次数计算公式为

$$F_{车}=3.3f_1+1.82f_2+f_3 \tag{10-7}$$

式中　f_1——服务一等站数量；

f_2——服务二等站数量；

f_3——服务三等站数量。

列车停站次数越多说明此趟列车为车站提供了更多的服务，让旅客有了更多的出行机会。

④服务旅客人数 $OD_{总}$

$OD_{总}$是指一趟车所服务的所有旅客人数。根据售票数据中所有 OD 人数之和可得。

$$OD_{总}=\sum OD_{人} \tag{10-8}$$

服务旅客人数越多，说明很多旅客愿意选择此趟列车出行，同时也反映出列车为旅客提供了更多的售票方案，满足不同旅客出行目的地需求。

⑤不停站直达人数 $OD_{总直达}$

$OD_{总直达}$是指一趟列车中，不需要中间停站直接到达目的地的乘客，计算方式为对列车上不需要停站直达目的地的人数求和即可。

$$OD_{总直达}=\sum OD_{直达} \tag{10-9}$$

式中　$OD_{直达}$——OD 客流中不需要停站可以直达目的地的旅客人数。

不停站直达人数越多，说明此趟列车可以为旅客提供更多的直达服务；不停站直达人数越少，说明更多的旅客因为停靠站过多，需要花费更多的时间等待。

⑥平均旅行损失时间 $\overline{T}_{损}$

旅行损失时间是指旅客因为停站需要在停靠车站多等待的时间，其计算方法为需要中间停站的旅客，对其中间停靠车站的停靠时间进行求和。停靠时间是由已实施开行方案可知。平均旅行损失时间是指，整列车所有的旅行损失时间与服务旅客人数的比值。

$$\overline{T}_{损}=\sum(OD_{停}\ t_{停})/OD_{总} \tag{10-10}$$

式中　$OD_{停}$——OD 客流中需要停站才能到达目的地的旅客人数；

$t_{停}$——某 $OD_{停}$需要在停靠站等待的总时间。

平均旅行损失时间如果越大，列车在此指标上的表现越不好。越大说明旅客因为停靠站等待的时间越长，越低说明旅客时间效率越高。

(2)经济效益

①票款收入 $R_{票}$

$R_{票}$是指列车的票价收入，对不同类型旅客的票款进行求和。

$$R_{票}=\sum(OD_{人}\ P_{价}) \tag{10-11}$$

需要说明的是，为了方便计算，以 G 字头二等座票价为实际票价，以二等座票价为基础

票价，一等座票价为其 1.6 倍，特等座为其 1.9 倍，商务座为其 3.16 倍，D 字头动车为其 0.67 倍。

票款收入越高说明其经济效益越好，更多的人愿意乘坐此列车。

②开行成本 $C_{成本}$

每列车的成本可以由两项组成，即列车固定费用和车辆公里费用。列车固定费用为每车组列车只要开行后就会产生的成本，车辆公里费用是指由于运行距离长短所决定的成本，与其公里数成正比。对列车固定费用取值为 1 628 元/车组，车辆公里费用为 154.68 元/(车组 · km)。

$$C_{成本}=1\ 628n_{编}+154.68n_{编} \tag{10-12}$$

式中 $n_{编}$——某次列车的编组数。

③列车运营收益 P_{ro}

P_{ro} 是指列车运营的纯收益，即票款收入减去开行成本。

$$P_{ro}=R_{票}-C_{成本} \tag{10-13}$$

收益越高说明给铁路运输企业带来的效益越多。

④列车收益率 $\alpha_{收益}$

在全部单列车中，有长、中、短途列车，其投入运营的时间有很大变化，导致其成本投入和票款收入有着较大的差异，所得到的纯收益也存在不同，所以有必要用收益率的方法对列车经济效益进行评价。其计算方式为收入与成本的比值。

$$\alpha_{收益}=R_{票}/C_{成本} \tag{10-14}$$

收益率远大于 1，说明其经济效益越好；收益率远小于 1，说明经济效益越差；收益率越接近 1 说明其成本投入与收入越接近。

⑤列车客收率 $\beta_{客收}$

为了消除成本无法精确计算的影响，可以采用客收率的方法，对列车投入和收益情况进行评价。其计算公式见式(10-15)。

$$\beta_{客收}=R_{定}/R_{票} \tag{10-15}$$

式中 $R_{定}$——列车定员的票款收入，由开行距离和编组情况决定。

⑥列车客座率 $\gamma_{客座}$

$\gamma_{客座}$ 是指旅客周转量与列车定额周转量的比值。列车客座率的高低反映出座席是否被充分利用。

$$\gamma_{客座}=Z_{实}/Z_{定} \tag{10-16}$$

列车客座率越接近 1，说明列车运行效果越好；列车客座率远大于 1，说明列车会出现拥挤的情况；列车客座率远小于 1，说明列车席位出现较多的浪费，此趟列车收入也会受到严重影响。

(3)运营效率

①列车发送能力 $Q_{发}$

$Q_{发}$是指列车提供的席位总数。列车的席位数是由编组定员乘以编组数，编组定员由动车组类型决定。

$$Q_{发}=Q_{定}\ n_{编} \tag{10-17}$$

式中　$Q_{定}$——某类型动车组定员数。

发送能力越高说明铁路为旅客提供了更多的出行选择。

②列车定额周转量 $Z_{定}$

$Z_{定}$是指列车在编组完成后，其满员条件下能够提供的人·公里数的位移量。其组成由列车定员和列车运行距离决定。

$$Z_{定}=Q_{定}\ D_{列} \tag{10-18}$$

③旅客周转量 $Z_{实}$

$Z_{实}$是指列车在实际运行中完成的以人·公里数为单位的位移量。列车上不同 OD 流其相应的出发车站和到达车站不同，则旅客周转量由不同 OD 流人数和其相应的走行距离决定。

$$Z_{实}=\sum(OD_{人}\ OD_{距}) \tag{10-19}$$

④列车运距 $D_{列}$

$D_{列}$是指列车运行距离。评价对象为列车开行方案，不涉及机车和列车等交路问题，因此可以将列车运距简化为列车的运行距离。列车运距由列车的起点站和终点站距离决定。

⑤编组大小 $N_{车底}$

$N_{车底}$是指编组需要的车底数。评价对象为列车开行方案，不涉及机车和列车等交路问题，因此可以将车底需求数简化为列车编组需要的车底数量。大编组列车为 16，小编组列车为 8。

⑥技术速度 $V_{技}$

$V_{技}$是指在列车运行区间内，剔除中间停站时间得到的平均运行速度。其由列车开行等级和停站方案所决定，停站方案影响了列车的启停附加时间。

$$V_{技}=D_{列}/(T_{总}-T_{停}) \tag{10-20}$$

式中　$T_{总}$——列车在区间内的运行时间；

　　　$T_{停}$——列车在各个车站停站的总时间。

⑦旅行速度 $V_{旅}$

$V_{旅}$是指列车在区间的平均速度，即列车运行里程与运行时间的比值。其由列车开行等级和停站方案确定，停站方案对其影响较大，停站越多的列车其旅行速度一般越小。

$$V_{旅}=D_{列}/T_{总} \tag{10-21}$$

⑧速度系数 $\theta_{速度}$

$\theta_{速度}$是指旅行速度与技术速度的比值。同一列列车，由于在旅行速度的计算中多了停站时间，所以旅行速度通常比技术速度大。速度系数反映出停站方案对列车的速度影响。

$$\theta = V_{旅} / V_{技} \tag{10-22}$$

10.2.2 单列车评价方法

分别建立单列车在同类型列车范围内和全部列车范围内的评价体系。评级体系内容包含三个方面：评价方法、评价指标体系、方法适用性分析。

1. 面向同类型列车的数据包络评价法

(1)评价指标体系建立

为了能够使各个决策单元(decision marking units，DMU)评价单元具有可比性以及得到合理的评价结果，必须对评价体系的投入和产出指标进行系统考虑。在单列车备选指标集基础上，采用经验确定法和数学方法即聚类方法，对数据包络分析法(简称 DEA)评价的投入和产出指标进行筛选。建立在同类型列车范围内的评价指标体系，见表 10-2。

表 10-2 在同类型列车范围内的评价指标体系

输入指标	输出指标
成本 发送能力 定额周转量 编组大小 停靠站数 技术速度	收入 服务旅客人数 旅客周转量 平均停站次数(逆) 不停站直达人数 旅行时间价值 旅行损失时间 旅行速度

对指标进行计算时，要将投入指标和产出指标的大小、正负、是否为百分比等进行分析，要对逆指标进行正向化处理，对负指标进行等效取正处理，将以百分比表示的指标剔除。

其次用聚类方法对指标进行分析，并结合开行方案的基本内容，如列车运行里程、停靠站信息、是否重联等信息，对指标进行筛选。将指标总数控制在合适的范围内，同时采用数据统计的方法对指标的重复信息进行了优化，对较多指标的重复信息进行剔除的同时又要能全面反映评价目的。

通过对投入指标和产出指标分别进行系统聚类分析。应用 SPSS 软件进行处理，相应参数设置为，采用系统聚类方法中的 R 聚类即变量聚类法，聚类方式为最远邻元素，度量标准为区间 Pearson 相关性，对原始时候转化为 Z 标准得分。

(2)基于超效率模型的数据包络法

数据包络分析法(DEA)是以相对效率为基础的一种多投入和多产出分析法。该方法采用数学规划原理，利用实际数据，通过对输入和输出的数据综合分析，对决策单元(decision marking units，DMU)相对有效性进行评判。

Charnes Cooper Rhodes 模型(简称 CCR 模型)是一个经典的 DEA 模型。在应用到同类型列车评价上,我们可以假设:有 N 个单列车,每个单列车可以视为一个决策单元 DMU,它们之间的优劣有可比性,每个列车都有 m 种投入(即成本、编组大小、停靠站、技术速度等)和 q 种产出(即收入、服务旅客人数、平均停站次数等)。因此,可以认为:投入量越小越好,产出量越大越好。将所有单列车组成一个决策单元群,把投入指标和产出指标的权重当作变量,对单列车进行评价,确定有效的列车,并给出非有效列车的原因与非有效程度,为优化调整打下基础。

假设有 n 个单列车,记为 $DMU_j(j=1,2,\cdots,n)$;每个单列车中,有 m 种投入记为 $x_i(i=1,2,\cdots,m)$,权重为 $v_i(i=1,2,\cdots,m)$;每个单列车中,有 q 种产出,记为 $y_r(r=1,2,\cdots,q)$,权重为 $u_r(r=1,2,\cdots,q)$。当前要评价的单列车记为 DMU_k,则其投入产出比可以表示为

$$h_k = \sum_{r=1}^{q} u_r y_{rk} / \sum_{i=1}^{m} v_i x_{ik} \tag{10-23}$$

式中满足条件 $v_i \geqslant 0, u_r \geqslant 0$。将全部 DMU 采用上述权重得到的效率值限定在区间$[0,1]$内,则有

$$\sum_{r=1}^{q} u_r y_{rj} / \sum_{i=1}^{m} v_i x_{ij} \leqslant 1 \tag{10-24}$$

由以上可以得到 n 个 DMU 的投入产出分析图,如图 10-4 所示;并建立 DMU_k 非线性规划模型。

$$\max\left(\sum_{r=1}^{q} u_r y_{rk} / \sum_{i=1}^{m} v_i x_{ik} \right) \tag{10-25}$$

$$\text{s. t.} \quad \sum_{r=1}^{q} u_r y_{rj} / \sum_{i=1}^{m} v_i x_{ij} \leqslant 1 \tag{10-26}$$

$$(v_i \geqslant 0; u_r \geqslant 0; i=1,2,\cdots,m; r=1,2,\cdots,q; j=1,2,\cdots,n)$$

这一非线性规划模型的含义在于,在使所有 DMU 的效率值都不超过 1 的条件下,使被评价列车的效率值最大化,因此模型确定的权重 v_i 和 u_r 是对被评价对象 DMU_k 最有利的。

由于 $\sum_{i=1}^{m} v_i x_{ij} > 0$,模型中的约束公式(10-26)可以等价于

$$\text{s. t.} \quad \sum_{r=1}^{q} u_r y_{rj} - \sum_{i=1}^{m} v_i x_{ij} \leqslant 0 \tag{10-27}$$

再令 $w_r = u_r / \sum_{i=1}^{m} v_i x_{ik}$,则非线性模型可以变成等价的线性规划模型

$$\max \sum_{r=1}^{q} w_r y_{rk} \tag{10-28}$$

$$\text{s. t.} \quad \sum_{r=1}^{q} w_r y_{rj} \leqslant 1 \quad (j = 1,2,\cdots,n; w_r \geqslant 0; r = 1,2,\cdots) \tag{10-29}$$

此模型以求解 DMU_k 为例表示 CCR 模型的线性规划,对于每个 DMU 都要分别建立

规划式，在实例计算中采用 DEA-Solver 软件求解。

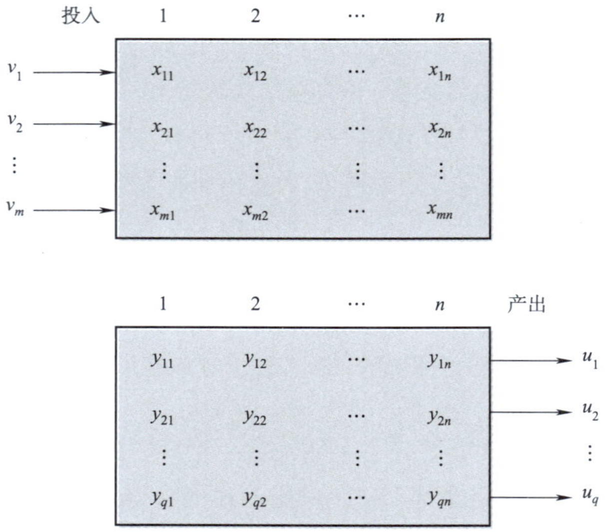

图 10-4　n 个 DMU 输入输出

在 CCR 模型的使用当中，经常会出现多个 DMU 的技术效率为 1 的情况。尤其是在指标数量较多时，有效的 DMU 会比较多。为了进一步区分技术效率都为 1 的 DMU 评价单元，采用 Andersen 在 1993 年提出的超效率模型（super efficiency model）对传统 DEA 中的 CCR 模型进行改进。单列车在效率值都为 1 时，可以对效率值为 1 的列车进行进一步的评价，对效率值远大于 1 的列车可以看成重点列车、品牌列车进行保留和推广。

基于超效率的 DEA 模型，首先以是否有效为分界岭。当效率值大于 1 时，即为有效，对有效列车进行分析，讨论是否加开列车或让其变成品牌列车。对效率值小于 1 的列车，从客流、停站方案和编组进行分析，找出非有效性决策单元的无效原因。讨论列车调整方式或取消列车的运行，总结出切实可行的改进意见报告，为铁路运输组织者提供切实可行的优化调整意见。

（3）数据包络法适用性分析

解决多投入和多产出问题是 DEA 方法最引人注意的优点之一。DEA 是一个对于多投入和多产出系统进行有效评价的模型。在充分考虑高速铁路开行方案特性和 DEA 优缺点基础上，充分分析此方法的适用性。DEA 模型具有以下特性：

①此方法不需要在评价前明确地确定出投入、产出指标间的关系表达式，只要得到投入和产出指标的数值即可。

②不需要设定指标的权重，权重设计并不是由决策者或者专家主观确定的，而是由决策单元数据求得的权重。排除了一些主观因素，具有良好的客观性。

③每一个 DMU 都是用相同的计量单位，效率值不受计量单位的影响，在评价指标单位都不相同时，具有很强的优越性。

DEA 方法的应用也有其限制的地方，当投入指标和产出指标较多时，对其样本数量有要求，DMU 数量不应少于投入和产出指标数量的乘积，同时不少于投入和产出指标数量的 3 倍。同时，DMU 指标中存在比较多的比值的形式，就会产生错误的生产可能集，还可能会产生不合逻辑的结果。由于大多数整体开行方案评价的 DMU 数量与指标数量相近甚至是少于指标数量，基本上非常容易出现评价单元 DMU 全部效率值为 1 的情况。

DEA 已经在较多领域得到应用。但是在高速铁路开行方案领域，深入研究较少，没有从模型结构和开行方案内容出发，讨论模型的可行性以及采用何种模型比较合适，缺少对评价结果的分析与讨论，大多数研究只是评价出有效率，对评价对象的优劣进行简单排序。

列车开行方案是由铁路运输组织管理者，根据客流预测，确定列车的始发终到站、中间停靠站、列车等级、是否重联等相应内容，从而为旅客提供出行方案的选择以及快速便捷的出行需求。整个系统可以看成是一个开行效率，其投入的是某一趟列车，产出为满足多少旅客，提供满意快捷的服务。在实际评价中，可以将一趟列车看成一个开行效率单元，它有相应的投入和产出，通过将投入转化为产出满足更多的旅客，提供更加优质的服务。

2. 面向全部列车的因子—聚类分析评价法

(1)评价指标体系建立

为了全面体现出单个列车在服务、经济和运营效率方面的表现，指标体系应尽可能全面体现列车的优劣。在单列车备选指标集的基础上，建立在全部列车范围内的评价指标体系，见表 10-3。

表 10-3　在全部列车范围内的评价指标体系

评价对象	评价目标	评价指标
单列车在全部列车范围内的评价	服务指标	旅客平均停站次数 x_1 列车服务频率 x_2 不停站直达人数 x_3 平均旅行损失时间 x_4
	速度指标	平均旅行时间价值 x_5 技术速度 x_6 旅行速度 x_7 速度系数 x_8
	经济指标	客座率 x_9 效益率 x_{10}
	运营指标	定额周转量 x_{11} 旅客周转量 x_{12} 列车发送能力 x_{13} 服务旅客人数 x_{14} 列车运距 x_{15}

(2)因子—聚类分析法评价步骤

在全部列车范围内的评价，有列车多和指标全的特点。从数理统计角度出发，可以将每个单列车当成一个统计样本，评价指标作为样本变量。通过数理统计方法，即因子分析，可以研究列车众多指标之间的内部依赖关系，并用少数几个独立的不可观测变量表示评价体系的数据结构，将相关性高的指标聚在一起，达到降低需要分析的指标数和评价复杂性的目的。以因子得分为新的变量，把因子得分上表现相似的列车进行聚类，直观呈现出开行列车的优劣。

基于因子—聚类分析的评价模型见式(10-30)。

$$\begin{cases} x_1 = a_{11}f_1 + a_{12}f_2 + \cdots + a_{1m}f_m + \varepsilon_1 \\ x_2 = a_{21}f_1 + a_{22}f_2 + \cdots + a_{2m}f_m + \varepsilon_2 \\ \vdots \\ x_p = a_{p1}f_1 + a_{p2}f_2 + \cdots + a_{pm}f_m + \varepsilon_p \end{cases} \tag{10-30}$$

简化为式(10-31)。

$$X = AF + \varepsilon \tag{10-31}$$

式中，$X=(x_1,x_2,\cdots,x_p)$为原始指标，$F=(f_1,f_2,\cdots,f_m)$为指标的公共因子，$A=(a_{ij})$为因子载荷矩阵，ε 为特殊因子。

结合 SPSS 统计软件，因子和聚类分析的评价步骤如下：

步骤 1：对指标进行正向化和标准化处理。列车的指标有逆向指标，即指标值越大表现越不好(例如：平均旅行损失时间等)，对其进行正向化处理。同时，列车各个指标的量纲不同，需要进行标准化处理。

步骤 2：因子分析适用性检验。分析列车样本量和指标数量，判断在评价范围内，是否能够合理地进行因子分析。对样本进行 Kaiser Meyer Olkin 检验(简称 KMO 检验)、巴特利特球型检验。其中，KMO 值越接近 1，越适合进行因子分析，0.5 以上可以进行因子分析，0.6 以上样本的适应性较好。

步骤 3：确定因子个数。通过几个不可观测变量表现指标体系的众多指标，将列车的优劣直观地呈现在几个因子得分上。通过主成分提取方法得到公因子方差、碎石阵和解释的总方差。其中，公因子方差表示原始指标信息被公共因子提取的比例；碎石阵为公共因子的特征值变化情况；解释的总方差表示公共主因子的累计贡献率，选取累计贡献度达到 80%以上的因子数。

步骤 4：因子的命名。通过讨论各个因子表达信息的主要内容，结合专业知识对因子命名。例如，因子 1 主要表现出指标体系中的客座率、效益率等，则结合开行方案相关知识，可以将因子 1 命名为效益因子。根据已确定的因子个数得到成分矩阵、成分转换矩阵以及旋转成分矩阵。其中旋转方法采用最大方差法。在旋转成分矩阵中，选取绝对值大于 0.5 的变量，归为因子的一组，根据对这组变量的内在关系分析，对因子进行命名。

步骤 5：各公因子得分以及综合因子得分。各个因子得分表示列车在这几个方面表现的优异程度，综合因子得分表示列车整体的优异程度。根据成分得分系数矩阵，得到各因子得分函数。随后，根据各公因子的归一化贡献率，确定各因子在综合因子得分中的权重。

步骤 6：聚类分析。将表现优异相近的列车聚类起来，方便铁路运营者对这一类列车的特点进行观察总结。得到各个样本的公因子得分，并以公因子为变量对样本进行聚类分析，采用的方法为系统聚类中的最远邻元素法，度量标准为欧几里得距离。

步骤 7：结合各公因子得分、综合因子得分以及聚类分析结果等，对列车进行综合评价。

(3)因子—聚类分析法适用性分析

公共因子本身是不存在的，是由被评价事物内部的因素确定。例如在开行方案的制定中，某单列车的始发站、终到站、停站方案、是否重联等因素直接影响着很多指标的表现。因此，通过因子分析法探寻开行方案这个评价对象背后隐藏的公共因子是非常实用的。开行方案的内容中关键因素较少，但是开行方案表现出来的指标有大量信息，开行方案的内容决定了因子分析法提取的少数综合变量，同时少数的综合变量又能够客观科学地反映开行方案内容。因子分析的优点在于，通过降低维度将相关性高的变量聚在一起，不仅便于提取容易解释的特征而且降低了需要分析的变量数目和问题分析的复杂性。

在采用此方法时应该值得注意的是，首先要对样本进行 KMO 和巴特利特检验，必须满足 KMO 值大于 0.5，如果 KMO 值能够大于 0.6 则是表示良好。因子分析是一种统计学分析方法，统计学分析方法对样本数量有一定要求，一般研究此模型的样本数量在 100 以上是比较合适的，当然样本达没达到要求的数量，最主要是看是否满足 KMO 和巴特利特检验。所以因子—聚类分析法适用于样本较多的单列车评价，而针对整体开行方案评价不适用。

10.2.3　算例分析

1. 算例数据

以京广高铁某日运行图为例，对其列车开行方案进行评价应用分析。相应客流数据取自该日的实际售票数据。选取京广本线上 182 趟单列车作为评价对象，对其 15 个二级指标进行量化处理。

(1)将逆向指标旅客平均停站次数 x_1 和平均旅行损失时间进行正 x_4 向化处理，并对全部指标进行标准化处理。

(2)因子分析的适应性检验。可以得到 KMO 和巴特利特检验结果见表 10-4，KMO 值为 0.705，该值大于 0.5，说明样本能够进行因子分析，且适应性较好。

表 10-4　KMO 和巴特利特检验

KMO 和巴特利特的检验		
取样足够度的 KMO 度量		0.705
巴特利特检验	近似卡方	5 488.846
	df	105
	Sig.	0.000

(3)对因子个数进行确定。表 10-5 为解释的总方差，当公因子数为 3 时，累计方差贡献率为 81.683%，大于 80%，因子提取效果较优。图 10-5 为碎石阵，前三因子数的特征值明显较大。因此，选取公因子数为 3，分别为 f_1^0、f_2^0和 f_3^0。

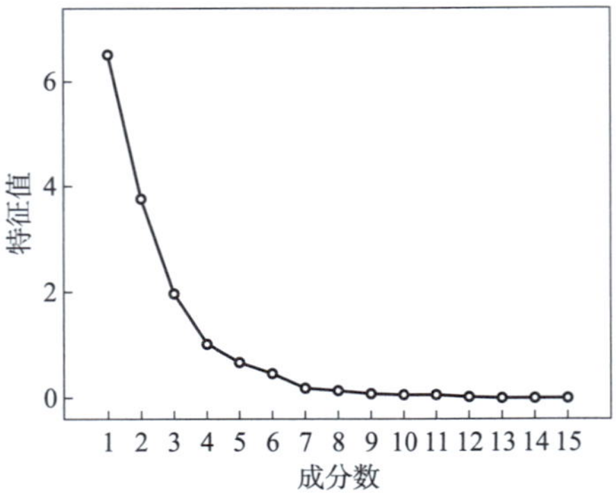

图 10-5　碎石阵

表 10-5　解释的总方差

成分	初始特征值			提取平方和载入			旋转平方和载入		
	合计	方差的/%	累积/%	合计	方差的/%	累积/%	合计	方差的/%	累积/%
1	6.506	43.374	43.374	6.506	43.374	43.374	5.962	39.749	39.749
2	3.774	25.159	68.533	3.774	25.159	68.533	3.781	25.208	64.957
3	1.973	13.150	81.683	1.973	13.150	81.683	2.509	16.727	81.683
4	1.026	6.839	88.523	—	—	—	—	—	—
5	0.668	4.452	92.975	—	—	—	—	—	—
6	0.463	3.090	96.065	—	—	—	—	—	—
7	0.190	1.269	97.334	—	—	—	—	—	—
8	0.156	1.038	98.372	—	—	—	—	—	—
9	0.085	0.567	98.940	—	—	—	—	—	—
10	0.075	0.497	99.437	—	—	—	—	—	—
11	0.052	0.344	99.781	—	—	—	—	—	—
12	0.019	0.126	99.907	—	—	—	—	—	—
13	0.011	0.071	99.978	—	—	—	—	—	—
14	0.003	0.020	99.998	—	—	—	—	—	—
15	0.000	0.002	100.00	—	—	—	—	—	—

(4)对因子进行命名。表 10-6 为成分矩阵和旋转成分矩阵，其中旋转后的公因子分别为 f_1^r、f_2^r和 f_3^r。由表 10-6 中的旋转成分矩阵可知，f_1^r与 x_2、x_3、x_{11}、x_{12}、x_{13}、x_{14}和 x_{15}显著正相关，与 x_1 显著负相关，称因子 f_1^r为运营服务因子；f_2^r与 x_4、x_5、x_6、x_7 和 x_8 显著正相关，称因子 f_2^r为速度服务因子；f_3^r与 x_9 和 x_{10}显著正相关，称因子 f_3^r为效益因子。

表 10-6　成分矩阵和旋转成分矩阵

变量	成分矩阵			旋转成分矩阵		
	f_1^0	f_2^0	f_3^0	f_1^r	f_2^r	f_3^r
x_1	−0.807	0.291	0.055	−0.715	0.339	−0.335
x_2	0.881	−0.192	0.117	0.850	−0.254	0.197
x_3	0.760	0.131	0.034	0.733	0.080	0.227
x_4	−0.537	0.628	0.128	−0.411	0.655	−0.318
x_5	0.057	0.897	−0.048	0.106	0.892	0.045
x_6	0.255	0.836	−0.179	0.241	0.825	0.238
x_7	0.062	0.968	−0.103	0.097	0.966	0.097
x_8	−0.332	0.790	0.096	−0.218	0.804	−0.222
x_9	0.617	0.000	−0.724	0.331	−0.006	0.891
x_{10}	0.592	0.019	−0.728	0.308	0.015	0.886
x_{11}	0.840	0.226	0.464	0.963	0.149	−0.152
x_{12}	0.921	0.181	0.132	0.922	0.115	0.189
x_{13}	0.366	0.007	0.763	0.604	−0.052	−0.491
x_{14}	0.930	−0.052	0.095	0.900	−0.116	0.232
x_{15}	0.865	0.298	0.080	0.860	0.238	0.216

(5)各因子得分及综合因子得分。由因子得分系数矩阵，可知 f_1^r、f_2^r和 f_3^r三个因子的得分。结合表 10-6 中因子旋转后的累计贡献率可知，f_1^r、f_2^r和 f_3^r的权重为 0.397、0.252、0.167，可得综合因子 $f_{综}^r$的得分公式见式(10-32)。

$$f_{综}^r=0.397f_1^r+0.252f_2^r+0.167f_3^r \tag{10-32}$$

由因子得分函数计算出 182 趟列车综合得分以及排序，表 10-7 为综合排名前 30 的列车。

表 10-7　前 30 名列车综合因子得分及排序

排名	车次	$f_{综}^r$	排名	车次	$f_{综}^r$	排名	车次	$f_{综}^r$
1	G66	1.517	11	G518	0.631	21	G541	0.525
2	G65	1.358	12	G504	0.627	22	G508	0.500
3	G69	1.319	13	G544	0.623	23	G542	0.460
4	G68	1.201	14	G1133	0.574	24	G512	0.458
5	G70	1.176	15	G516	0.573	25	G546	0.445
6	G67	1.142	16	G545	0.564	26	G1115	0.438
7	G83	0.860	17	G84	0.561	27	G1145	0.434
8	G93	0.804	18	G1129	0.541	28	G519	0.427
9	G551	0.765	19	G501	0.539	29	G507	0.426
10	G506	0.655	20	G89	0.536	30	G90	0.409

(6)聚类分析。采用系统聚类,以 f_1^r、f_2^r和 f_3^r三个因子为变量对 182 个样本进行聚类分析,得到完整连接的树状图。取分类阈值为 10 时,分成 8 类,见表 10-8。

表 10-8　182 趟列车分类

类别	车次	总数
第一类	G66、G65、G69、G70、G83 等	8
第二类	G1133、G516、G518、G1115 等	40
第三类	G1135、G1137、G553、G541 等	45
第四类	G6134、G6118、G1104、G90 等	37
第五类	D2031、D2032、D2101 等	6
第六类	G1153、G6801、G6102 等	12
第七类	G6706、G6741、G6743 等	8
第八类	G6705、G561、G6710 等	26

2. 评价结果分析

在因子得分以及列车分类基础上,结合列车实际情况,进行评价结果的分析。

第一类列车。此类全为长途列车,全部为重联列车。在综合因子排名方面都较为靠前,综合表现优异,由于其长距离、重联吸引了大量客流,其客座率等也较为出色。同时,由于 G66 和 G65 只停大站,提供了较高的速度,吸引了大节点客流,在速度方面表现优异,但是其他列车停站较多,速度方面表现一般。建议保留综合排名靠前的车次,将 G66 和 G65 打造成长距离、快速的品牌列车,同时针对客流情况,适当加开同类型的长途车。

第二类列车。此类多为中长途列车,全部为重联列车。综合因子得分方面较之第一类列车略差,多数表现优异,少数表现略差。由于其运距长、能力大、停站多样化,在运营服务方面表现较好。在速度服务方面有差别,旅行时间价值差别较大。在经济方面,有 28 列客座率在 0.7 以上,4 列在 0.5 左右,8 列不足 0.4。此类列车中,三个因子都表现出色的列车予以保留,对在经济因子和速度服务因子上表现略差的列车应根据实际情况调整。

第三类列车。此类有中长途列车 39 列,6 列短途列车;42 列短编组列车,3 列长编组列车。综合因子得分方面较之第一类略差,36 列得分大于 0,9 趟列车得分为负。由于短编组,其运营服务因子方面表现一般,个别列车如 G1158 在停站方案上不是很理想,从而导致旅客旅行损失时间较多。在经济因子方面,由于是短编组,此类列车中大多数客座率达到了 0.8,有 12 趟列车在 0.9 以上,表现出色。大多数列车在速度服务方面表现良好。

第四类列车。此类列车全部为中短途列车,35 列为短编组,2 列为长编组。有 15 趟列车尤其是 G90、G94 等在速度服务和经济方面表现较好,但是在运营服务上有所欠缺,22 趟列车在三个方面表现一般,应根据实际情况调整。

第五类列车。此类列车全为 D 字头列车。D2031、D2032 为长编组,在经济和运营服务表现优异,速度服务表现差。4 列短编组列车客座率高,但综合表现略差,应根据实际情况将短编组改长编组发挥 D 字头列车的能力优势,增加其在运营服务因子方面的表现。

第六类列车。此类列车多为中短途列车，8 列短编组，4 列长编组且停站较少，其速度服务方面表现出色，但其客座率普遍不高，都低于 0.2，应根据实际情况取消或调整列车。

第七类列车。8 趟列车全部为短途短编组列车，客座率高，但是速度服务方面较差，应根据实际情况调整列车的停靠站方案。

第八类列车。包含 16 列长编组，10 列短编组，多为中短途列车，在客座率，速度服务，综合因子得分上都不理想。应根据实际情况取消或调整列车。

10.3　高速铁路列车开行方案总体评价

10.3.1　总体评价备选指标集

在指标的选取流程指导下，研究开行方案评价指标现有成果以及询问专家，建立整体开行方案备选指标集，并对各个指标的定义和量化计算方法进行说明。

1. 总体评价备选指标集的建立

整体开行方案是指将开行方案看成一个整体，在一定时间段内，高速铁路路网所有列车共同构建开行方案，每一列列车为开行方案的一部分，共同为的旅客提供服务。不同的整体开行方案包含了不同的起讫点、开行对数、开行等级、中间停站和编组方案等，为旅客提供不同的出行服务质量，例如换乘服务、服务频率和直达服务等方面。同时，不同的开行方案运营后有不同的收入和成本，经济效益会有差异；不同的编组大小和技术速度等，会有不同运营效率。所以，以整体开行方案为评价对象，对其在服务质量、经济效益、运营效率等方面对其分析。并在指标体系建立原则下建立评价指标备选集，随后在阅读大量文献、询问专家意见的基础上得到备选指标集，见表 10-9。

表 10-9　整体开行方案备选指标集

评价对象	评价目标	评价指标
整体开行方案评价	服务质量	旅客平均停站次数 平均旅行时间价值 旅客平均损失时间 一级节点覆盖数 二三级节点覆盖数 服务旅客人数 车站直达服务频率 换乘指标 站间服务指标 不停站直达旅客所占比例 旅客需求满足度 旅客出行方便度

续上表

评价对象	评价目标	评价指标
整体开行方案评价	经济效益	票款收入 开行成本 运营收益 客运产品竞争力 客座率
	运营效率	时变需求吻合度 开行方案的相对稳定性 发送能力 列车开行对数 平均技术速度 平均旅行速度 平均速度系数 定额周转量 旅客周转量 列车运距 总编组大小

在已有研究成果的基础上，为了更加全面准确地描述服务质量，建立了旅客平均停站次数、平均旅行时间价值、和节点覆盖数等指标。在运营方面，针对“四纵四横”高速铁路网络特性，提出了时变需求吻合度，呈现给铁路运输管理者全路网的发车合理性。同时，还有很多定性指标，例如旅客需求满意度等。采用定性与定量相结合的原则对开行方案进行分析。以上指标通过实际售票数据计算后，均有可操作性和实用性。

2. 各备选指标的计算方法

(1)服务质量

①旅客平均停站次数 $T_{次数}$

$T_{次数}$是指整体开行方案中，旅客平均运距与列车平均停站距离的比值。整体评价中的旅客平均停站次数是单列车评价中的延伸。

$$D_{旅平} = \sum Z_{实} / \sum OD_{列} \tag{10-33}$$

$$D_{列平} = \sum D_{列} / \sum (N-1) \tag{10-34}$$

$$T_{次数} = D_{旅平} / D_{列平} \tag{10-35}$$

式中 $OD_{列}$——单列车的乘车人数。

旅客平均停站次数反映旅客平均停站的情况，主要由停站方案决定。平均停站次数越大说明旅客浪费的时间越多，便捷性不够；越小说明旅客能够经过更少的停站到达目的地。

②平均旅行时间价值 $\bar{V}_a$

$\bar{V}_a$ 指整体开行方案中，所有旅客旅行价值的平均值，是单列车平均旅行时间价值的延伸。

$$V_a = P_{价} / T_{旅} \tag{10-36}$$

$$\bar{V}_a = \sum (V_a OD_{列}) / \sum OD_{列} \tag{10-37}$$

旅行时间价值越大说明列车能为旅客提供更便捷的出行服务。

③平均旅行损失时间 $\overline{T}_{损}$

$\overline{T}_{损}$是指整体开行方案中，所有旅客的旅行损失时间与服务旅客人数的比值，是单列车评价中平均旅行损失时间的延伸。

$$\overline{T}_{损} = \sum (OD_{停}\ t_{停}) / OD_{总} \tag{10-38}$$

④一级节点覆盖数 $J_{一级}$

$J_{一级}$是指整体开行方案中，一级车站的服务频率之和。表明开行方案服务于大城市的情况。大城市是主要出行客流的组成部分，一级节点覆盖数的多少，直接影响到开行方案为大城市客流提供的运输能力(彭瑾蓉在高速铁路列车开行距离与停站方案组合分析中提到)。

$$J_{一级} = \sum f_{一级} \tag{10-39}$$

式中　$f_{一级}$——一级车站节点服务频率。

⑤二三级节点覆盖数 $J_{二三}$

是指整体开行方案中，二级车站和三级车站的服务频率之和。表明开行方案服务于中小城市的情况。二三级节点覆盖数的多少，直接影响到大城市与中小城市间的紧密度以及全路网城市间的可达性。

$$J_{二三} = \sum (f_{二级} + f_{三级}) \tag{10-40}$$

式中　$f_{二级}$——二级车站节点服务频率；

　　　$f_{三级}$——三级车站节点服务频率。

⑥服务旅客人数 $OD_{总}$

$OD_{总}$是指整体开行方案中，所有列车的旅客人数之和。根据售票数据中 OD 人数之和可得

$$OD_{总} = \sum OD_{列} \tag{10-41}$$

表明了一段时间内有多少旅客愿意选择高速铁路作为其出行方式。

⑦车站直达服务频率 $f_{总直}$

车站直达是指车站间有直达不停站的列车通过。车站直达服务频率就是将有车站直达的列车进行求和，从整体上评价直达服务的情况。

$$f_{总直} = \sum f_{车直} \tag{10-42}$$

式中　$f_{车直}$——两个车站有直达不停站列车的数量。

车站直达服务频率越高，表明开行方案为旅客提供了更便捷的直达服务。

⑧换乘指标 $h_{乘}$

在整体开行方案中，当开行方案确定后，由于两个车站间没有可搭乘列车，部分旅客需要进行换乘服务。开行方案与客流之间存在着一个相互影响的作用，开行方案的制定影响了旅客能够选择出行的车次，同时旅客的客流情况影响到了开行方案的建立。换乘指标从开行方案的制定影响旅客能够选择出行车次的角度出发，讨论两个车站间没有可搭乘列车的情况。由于两个车站间没有可搭乘列车，导致这部分 OD 客流需要进行换乘。其计算方式为对没有可搭乘列车的区间进行统计。

$$h_{乘} = \sum f_{不通} \tag{10-43}$$

式中　$f_{不通}$——没有可搭乘列车的区间数。

⑨站间服务频率 $f_{站间}$

在整体开行方案中，当开行方案确定后，由于两个车站间有可搭乘列车，则可为这部分 OD 旅客提供可搭乘服务，不需要换乘。其服务频率越高，旅客可以选择可搭乘服务的列车也就更多，更容易选择到合适的出发时间和到达时间列车。同时，当站间服务频率高时，需要换乘的客流在选择换乘车站、换乘车次时也有更多的选择。

$$f_{站间} = \sum f_{直通} \tag{10-44}$$

式中　$f_{直通}$——有可搭乘列车区间的列车服务频率。

⑩不停站直达旅客比例 $\varepsilon_{直达}$

直达旅客是指不需要中间停站直接到达目的地的乘客，计算方式为对列车上不需要停站直达目的地的人数求和即可。不停站直达旅客比例是指直达旅客人数与所有旅客人数之比。

$$\varepsilon_{直达} = OD_{总直达}/OD_{总} \tag{10-45}$$

⑪旅客需求满足度

旅客需求满足度是指在整体开行方案中，高速铁路列车提供的出行服务满足旅客出行需求程度。这是一个定性指标，由专家根据开行方案的内容和未来的客流预测情况得到结果。

⑫旅客出行方便度

旅客出行方便度是指在整体开行方案中，旅客选择列车出行的方便程度，是一个定性指标，由专家根据开行方案的内容得到结果。

(2)经济效益

①票款收入 $R_{整票}$

$R_{整票}$即对所有列车的票款收入进行求和。

$$R_{整票} = \sum R_{票} \tag{10-46}$$

②开行成本 $C_{整成本}$

$C_{整成本}$即对所有列车的开行成本进行求和。

$$C_{整成本} = \sum C_{成本} \tag{10-47}$$

③运营收益 $P_{整ro}$

$P_{整ro}$即票款收入减去开行成本。

$$P_{整ro} = R_{整票} - C_{整成本} \tag{10-48}$$

④客座率 $\gamma_{整客座}$

$\gamma_{整客座}$是指整体开行方案的旅客周转量与旅客周转量的比值。

$$\gamma_{整客座} = Z_{整实} / Z_{整定} \tag{10-49}$$

⑤客运产品竞争力

客运产品竞争力是一个定性指标，由专家将开行方案与其他出行方式提供的服务对比后得出的结论。

(3)运营效益

①时变需求吻合度 $\varphi_{时变}$

在高速铁路路网上的某一时刻，所有运行着的列车提供的总席位数记为 $Q_{席位}$，所有在途旅客的总人数记为 $OD_{在途}$，则在途旅客总人数与总席位数的比值为这一时刻高速铁路路网上的满载率 $\omega_{满载}$。满载率随着列车发车数和旅客人数变化而变化。在全天高峰阶段旅客较多时，铁路运营者通常会多开列车，用来满足客流需求，满载率较高。但是，在平峰阶段，会出现客流需求急剧下降，但是开行列车数没有等比例下降的情况。为了评价高平峰时段，以及开行列车与客流协调性的情况，制定了时变需求吻合度指标。

$$\omega_{高满载} = OD_{高在途} / Q_{高席位} \tag{10-50}$$

$$\omega_{平满载} = OD_{平在途} / Q_{平席位} \tag{10-51}$$

$$\varphi_{时变} = \omega_{平满载} / \omega_{高满载} \tag{10-52}$$

式中　$Q_{高席位}$——高峰时段所有运行列车提供的总席位数；

$Q_{平席位}$——平峰时段所有运行列车提供的总席位数；

$OD_{高在途}$——高峰时段在途旅客的总人数；

$OD_{平在途}$——平峰时段在途旅客的总人数；

$\omega_{高满载}$——高峰时段满载率；

$\omega_{平满载}$——平峰时段满载率。

$\varphi_{时变}$越接近于 1，则说明高峰时段满载率与平峰时段满载率越接近，高平峰阶段发车数更加合理。

②开行方案的相对稳定性

开行方案的稳定性与运行图的稳定性相似，当区间一段时间内开行较多列车时，一列晚点的列车会对其他列车准时性产生影响，同时也较难恢复正常运行。相对稳定性是一个定性指标，由专家对开行方案的内容分析后得到。

③发送能力 $Q_{总发}$

$Q_{总发}$对所有列车的发送能力求和得到。

$$Q_{总发}=\sum Q_{发} \tag{10-53}$$

④开行列车数 $N_{开}$

$N_{开}$是指整体开行方案中开行列车数之和，由开行方案得到。

⑤平均技术速度 $\bar{V}_{技}$

$\bar{V}_{技}$对开行方案中所有列车的技术速度求平均值。

$$\bar{V}_{技}=\sum V_{技}/N_{开} \tag{10-54}$$

⑥平均旅行速度 $\bar{V}_{旅}$

$\bar{V}_{旅}$对开行方案中所有列车的旅行速度求平均值。

$$\bar{V}_{旅}=\sum V_{旅}/N_{开} \tag{10-55}$$

⑦平均速度系数 $\bar{\theta}_{速度}$

$\bar{\theta}_{速度}$即平均旅行速度与平均技术速度的比值。

$$\bar{\theta}_{速度}=\bar{V}_{旅}/\bar{V}_{技} \tag{10-56}$$

⑧定额周转量 $Z_{总定}$

$Z_{总定}$即对所有列车定额周转量进行求和。

$$Z_{总定}=\sum Z_{定} \tag{10-57}$$

⑨旅客周转量 $Z_{总实}$

$Z_{总实}$即对所有列车旅客周转量进行求和。

$$Z_{总实}=\sum Z_{实} \tag{10-58}$$

⑩列车运距 $D_{总列}$

$D_{总列}$即对所有列车的运距进行求和。

$$D_{总列}=\sum D_{列} \tag{10-59}$$

⑪总编组大小 $N_{总车底}$

$N_{总车底}$即对所有列车的编组大小进行求和。

$$N_{总车底}=\sum N_{车底} \tag{10-60}$$

10.3.2 总体评价模糊综合法

1. 评价指标体系建立

由于计划阶段列车开行方案没有实际运营，因而有主观性与客观性相结合的特点。因此在建立评价指标体系时，要遵循定性指标与定量指标相结合的特点，对其服务质量、经济效益和运营效率三个方面整体上进行全面考察，建立三级指标体系。在整体开行方案的备选指标集基础上，结合模糊综合评价的特点，建立初始开行方案评价指标体系，见表 10-10。

表 10-10　初始开行方案评价指标体系

评价对象	评价目标	评价指标
整体开行方案评价	服务质量	节点覆盖数 车站直达服务频率 换乘指标 旅客需求满足度 旅客出行方便度
	经济效益	票款收入 开行成本 运营收益 客运产品竞争力 客座率
	运营效率	开行方案的相对稳定性 发送能力 平均技术速度 平均旅行速度 旅客周转量

2. 模糊综合评价法

列车开行方案及其指标有定性和定量相结合的特点。将方案数看成样本数，可知初始开行方案样本数有限。模糊综合评价方法的适用性很强，既可以用于主观的也可以用于客观的综合评价。模糊综合评价方法的基本过程是利用最大隶属度和模糊线性变换理论，考虑参与评价目标中相关的各个指标因素，从最低层次的指标因素进行评价，并依次向上，直到最高目标层，最终得到预期的评价结果。模糊综合评价方法中最重要的三个环节为：权重的确定、模糊关系矩阵的确定、算子的选择。权重的确定采用层次分析法即 AHP 法。模糊综合评价法与层次分析法在开行方案评价应用中有较多有价值的研究，详见宇海龙的旅客列车开行方案评价研究。

3. 模糊综合评价法适用性分析

首先分析模糊综合评价法本身的优缺点。主要表现在：

(1)模糊综合评价的结果是以向量的方式呈现出来，而不是提供一个单值点。比较准确地描绘出对象的模糊状态，提供的信息具有良好的质量。

(2)将对象分成不同层次去分析。符合了复杂系统的状况，能够比较客观地描述评价对象，同时能够准确地计算取权数。

(3)模糊综合评价方法的适用性很强，既可以用于主观也可以用于客观的综合评价。在开行方案评价中，会出现很多模糊特征，难以客观地描述时，用模糊综合评价可以发挥其优势，效果要优异于其他方法。

(4)模糊综合评价中的权数是可以进行调整的。根据决策者着重点不同,可以改变相应的权数。

对整体开行方案采用了模糊综合评价法,主要有以下两个原因:

(1)在初始开行方案评价中,有很多的指标都处在定性的状态,没有具体的指标计算值,因此难以用具体的方法将开行方案运行的好坏进行描述。

(2)在不同时期前,例如春运前、暑运前和非春运前。决策者对于开行方案的运营目标的侧重点有不同,则其有更多的主观判断存在。

10.3.3 算例分析

1. 算例数据

将京广本线上的某运营日的182趟列车作为一个整体评价对象,并根据实际售票数据得到实际客流,分析实际客流,依据其在不同客流环境下(例如春运、暑运、节假日),其目标会有很大差异,制定另外两个初始开行方案。在开行方案没有实施前,开行方案的制定者为了到达不同的目标(例如春运期间,节假日期间),会对不同类型的开行方案有着不同的要求。运营者会带着目的倾向性去从合适开行方案中选取最优的,此时就需要有科学合理的评价体系针对初始开行方案进行评价,为决策者提供合理有效用的信息,并对比开行方案,帮助其选择出初始开行方案。

本算例的三个开行方案依据实际客流情况设计而得。

开行方案一:京广高铁本线的实际开行方案,共182趟列车。将其看成是一个整体,其实际售票数据作为方案二和方案三的预测客流。

开行方案二:所设计的目标是以最大化地提高旅客的服务质量为前提,即服务质量的好坏是作为此方案优劣的主要参考标准。在进行模糊计算时均以此目标作为主导。

开行方案三:所设计的目标是以最大化地提高市场效益为前提,即市场效益的多少是作为此开行方案优劣的主要参考标准。在进行模糊计算时均以此目标作为主导。

初始开行方案评价与优化评价的区别在于初始开行方案没有进行配流。高速铁路运营者在其特定目标下对开行方案进行一个初步的评价判断,其操作应方便易行。由于还没有实际客流产生,其服务特性和经济特性受到很多客观因素影响。

2. 评价指标和权重计算

建立三级评价指标体系并利用层次分析法对其进行权重的计算。

(1)建立指标体系的层次结构图。见表10-11。

(2)构造出目标层($\boldsymbol{M}$)和准则层($\boldsymbol{C}$)的判断矩阵,并计算权重值。分别构造出判断矩阵$\boldsymbol{M}$-$\boldsymbol{C}$,见表10-13;构造出判断矩阵$\boldsymbol{C}_1$-$\boldsymbol{X}$,见表10-14;构造出判断矩阵$\boldsymbol{C}_2$-$\boldsymbol{X}$,见表10-15;构造出判断矩阵$\boldsymbol{C}_3$-$\boldsymbol{X}$,见表10-16。然后利用方根法分别计算每个判断矩阵的最大特征根

λ_{max}和特征项量值 ω，并且检验判断矩阵的一致性。

表 10-11　初始开行方案三级评价指标体系

目标层 M	准则层 C	评价指标 X
初始开行方案评价指标体系	服务质量 C_1	节点覆盖数 X_{11} 旅客需求满足度 X_{12} 车站直达服务频率 X_{13} 换乘指标 X_{14} 旅客出行方便度 X_{15}
	经济效益 C_2	客座率 X_{21} 票款收入 X_{22} 客运产品竞争力 X_{23} 开行成本 X_{24} 运营收益 X_{25}
	运营效率 C_3	旅客周转量 X_{31} 发送能力 X_{32} 平均技术速度 X_{33} 平均旅行速度 X_{34} 开行方案的相对稳定性 X_{35}

①计算判断矩阵 M-C，见表 10-12。

表 10-12　判断矩阵 M-C

M	C_1	C_2	C_3
C_1	1	1	2
C_2	1	1	2
C_3	1/2	1/2	1

计算可得：

最大特征根：$\lambda_{max}=3$

特征向量：$\omega=(0.4,0.4,0.2)^T$

一致性指标：$CI=(3-3)/(3-1)=0$，且 $RI=0.58$

则有：$CR=0/0.58=0<0.1$，满足了一致性原则。

②计算判断矩阵 C_1-X，见表 10-13。

表 10-13　判断矩阵 C_1-X

C_1	X_{11}	X_{12}	X_{13}	X_{14}	X_{15}
X_{11}	1	1/2	4	3	3
X_{12}	2	1	7	5	5
X_{13}	1/4	1/7	1	1/2	1/3
X_{14}	1/3	1/5	2	1	1
X_{15}	1/3	1/5	3	1	1

计算可得：

最大特征根：$\lambda_{max}=5.073$

特征向量：$\boldsymbol{\omega}_1=(0.263,0.475,0.055,0.090,0.117)^T$

一致性指标：$CI=(5.073-5)/(5-1)=0.018$，且 $RI=1.12$

则有：$CR=0.018/1.12=0.016<0.1$，满足一致性原则。

③计算判断矩阵 $\boldsymbol{C}_2$-$\boldsymbol{X}$，见表 10-14。

表 10-14　判断矩阵 C_2-X

$\boldsymbol{C}_2$	$\boldsymbol{X}_{21}$	$\boldsymbol{X}_{22}$	$\boldsymbol{X}_{23}$	$\boldsymbol{X}_{24}$	$\boldsymbol{X}_{25}$
$\boldsymbol{X}_{21}$	1	2	7	5	5
$\boldsymbol{X}_{22}$	1/2	1	4	3	3
$\boldsymbol{X}_{23}$	1/7	1/4	1	1/2	1/3
$\boldsymbol{X}_{24}$	1/5	1/3	2	1	1
$\boldsymbol{X}_{25}$	1/5	1/3	3	1	1

计算可得：

最大特征根：$\lambda_{max}=5.073$

特征向量：$\boldsymbol{\omega}_2=(0.475,0.253,0.051,0.101,0.120)^T$

一致性指标：$CI=(5.073-5)/(5-1)=0.018$，且 $RI=1.12$

则有：$CR=0.018/1.12=0.016<0.1$，满足一致性原则。

④计算判断矩阵 $\boldsymbol{C}_3$-$\boldsymbol{X}$，见表 10-15。

表 10-15　判断矩阵 C_3-X

$\boldsymbol{C}_2$	$\boldsymbol{X}_{31}$	$\boldsymbol{X}_{32}$	$\boldsymbol{X}_{33}$	$\boldsymbol{X}_{34}$	$\boldsymbol{X}_{35}$
$\boldsymbol{X}_{31}$	1	2	3	3	5
$\boldsymbol{X}_{32}$	1/2	1	2	2	3
$\boldsymbol{X}_{33}$	1/3	1/2	1	1	2
$\boldsymbol{X}_{34}$	1/3	1/2	1	1	2
$\boldsymbol{X}_{35}$	1/5	1/3	1/2	1/2	1

计算可得：

最大特征根：$\lambda_{max}=5.0173$

特征向量：$\boldsymbol{\omega}_2=(0.414,0.241,0.135,0.135,0.075)^T$

一致性指标：$CI=(5.0173-5)/(5-1)=0.0043$，且 $RI=1.12$

则有：$CR=0.0043/1.12=0.004<0.1$，满足一致性原则。

3. 模糊综合评价分析

利用模糊综合评价法对其进行评价处理，具体步骤如下：

(1)确定评价对象的因素集 U。集合 U 与上述层次分析法中集合 X 代表的指标相同，例如 $U_{11}=X_{11}$，建立相应的因素集合 U。

(2)确定评语集合 V。$V=\{v_1,v_2,v_3,v_4,v_5\}$=｛优，良好，一般，差，很差｝，同时设立相应的测量标度向量 $\boldsymbol{H}=(97\ 531)$。即在给专家的调查问卷中，每一题 9 分代表此因素优，7 分代表此因素良好，5 分代表此因素一般，3 分代表此因素较差，1 分代表此因素很差。

(3)专家评价，得到评价结果。访问咨询 20 个专家的意见，对统计结果进行整理和统计，得到各个因素的评价结果，同时对每一个因素进行模糊评价，得到评价综合矩阵 $\boldsymbol{R}$。分别得到三个开行方案的评价指标权重、评价结果和 $\boldsymbol{R}$ 矩阵表，即表 10-16 第一个开行方案评价指标权重、结果和 $\boldsymbol{R}$ 矩阵表；表 10-17 第二个开行方案评价指标权重、结果和 $\boldsymbol{R}$ 矩阵表；表 10-18 第三个开行方案评价指标权重、结果和 $\boldsymbol{R}$ 矩阵表。

表 10-16　开行方案一的评价指标权重、结果和 $\boldsymbol{R}$ 矩阵表

因素集	权重	子因素集	权重	评价结果($\boldsymbol{R}$ 矩阵)				
				优	良好	一般	差	很差
$u_1(\boldsymbol{R}_1)$	0.4	u_{11}	0.263	7(0.35)	8(0.40)	4(0.20)	1(0.05)	0(0)
		u_{12}	0.475	8(0.40)	7(0.35)	3(0.15)	2(0.10)	0(0)
		u_{13}	0.055	8(0.40)	9(0.45)	3(0.15)	0(0)	0(0)
		u_{14}	0.090	9(0.45)	9(0.45)	2(0.10)	0(0)	0(0)
		u_{15}	0.117	6(0.30)	10(0.50)	4(0.20)	0(0)	0(0)
$u_2(\boldsymbol{R}_2)$	0.4	u_{21}	0.475	7(0.35)	8(0.40)	3(0.15)	2(0.10)	0(0)
		u_{22}	0.253	8(0.40)	6(0.30)	6(0.30)	0(0)	0(0)
		u_{23}	0.051	9(0.45)	8(0.40)	2(0.10)	1(0.05)	0(0)
		u_{24}	0.101	6(0.30)	10(0.50)	4(0.20)	0(0)	0(0)
		u_{25}	0.120	7(0.35)	9(0.45)	4(0.20)	0(0)	0(0)
$u_3(\boldsymbol{R}_3)$	0.2	u_{31}	0.414	15(0.75)	3(0.15)	2(0.10)	0(0)	0(0)
		u_{32}	0.241	14(0.70)	2(0.10)	3(0.15)	1(0.05)	0(0)
		u_{33}	0.135	14(0.70)	4(0.20)	2(0.10)	0(0)	0(0)
		u_{34}	0.135	14(0.70)	4(0.20)	2(0.10)	0(0)	0(0)
		u_{35}	0.075	15(0.75)	3(0.15)	2(0.10)	0(0)	0(0)

表 10-17　开行方案二的评价指标权重、结果和 $\boldsymbol{R}$ 矩阵

因素集	权重	子因素集	权重	评价结果($\boldsymbol{R}$ 矩阵)				
				优	良好	一般	差	很差
$u_1(\boldsymbol{R}_1)$	0.4	u_{11}	0.263	14(0.70)	3(0.15)	2(0.10)	1(0.05)	0(0)
		u_{12}	0.475	12(0.60)	4(0.20)	4(0.20)	0(0)	0(0)
		u_{13}	0.055	13(0.65)	3(0.15)	3(0.15)	1(0.05)	0(0)
		u_{14}	0.090	15(0.75)	2(0.10)	3(0.15)	0(0)	0(0)
		u_{15}	0.117	14(0.70)	4(0.20)	1(0.05)	1(0.05)	0(0)

续上表

因素集	权重	子因素集	权重	评价结果(**R** 矩阵)				
				优	良好	一般	差	很差
$u_2(\boldsymbol{R}_2)$	0.4	u_{21}	0.475	8(0.40)	8(0.40)	2(0.10)	2(0.05)	0(0)
		u_{22}	0.253	6(0.30)	9(0.45)	3(0.15)	2(0.10)	0(0)
		u_{23}	0.051	6(0.30)	8(0.40)	6(0.30)	0(0)	0(0)
		u_{24}	0.101	7(0.35)	9(0.45)	4(0.20)	0(0)	0(0)
		u_{25}	0.120	9(0.45)	8(0.40)	3(0.15)	0(0)	0(0)
$u_3(\boldsymbol{R}_3)$	0.2	u_{31}	0.414	7(0.35)	7(0.35)	5(0.25)	1(0.05)	0(0)
		u_{32}	0.241	8(0.4)	9(0.45)	3(0.15)	0(0)	0(0)
		u_{33}	0.135	6(0.30)	10(0.50)	3(0.15)	1(0.05)	0(0)
		u_{34}	0.135	6(0.30)	10(0.50)	3(0.15)	1(0.05)	0(0)
		u_{35}	0.075	7(0.35)	9(0.45)	4(0.20)	0(0)	0(0)

表 10-18　开行方案三的评价指标权重、结果和 R 矩阵

因素集	权重	子因素集	权重	评价结果(**R** 矩阵)				
				优	良好	一般	差	很差
$u_1(\boldsymbol{R}_1)$	0.4	u_{11}	0.263	8(0.40)	7(0.35)	5(0.25)	0(0)	0(0)
		u_{12}	0.475	6(0.30)	9(0.45)	3(0.15)	2(0.1)	0(0)
		u_{13}	0.055	7(0.35)	9(0.45)	4(0.20)	0(0)	0(0)
		u_{14}	0.090	9(0.45)	7(0.35)	3(0.15)	1(0.05)	0(0)
		u_{15}	0.117	7(0.35)	8(0.40)	4(0.20)	1(0.05)	0(0)
$u_2(\boldsymbol{R}_2)$	0.4	u_{21}	0.475	14(0.70)	4(0.20)	2(0.1)	0(0)	0(0)
		u_{22}	0.253	15(0.75)	2(0.10)	3(0.15)	0(0)	0(0)
		u_{23}	0.051	13(0.65)	4(0.20)	2(0.1)	1(0.05)	0(0)
		u_{24}	0.101	12(0.60)	5(0.25)	3(0.15)	0(0)	0(0)
		u_{25}	0.120	14(0.70)	2(0.10)	3(0.15)	1(0.05)	0(0)
$u_3(\boldsymbol{R}_3)$	0.2	u_{31}	0.414	7(0.35)	10(0.50)	3(0.15)	0(0)	0(0)
		u_{32}	0.241	8(0.40)	8(0.40)	2(0.1)	2(0.1)	0(0)
		u_{33}	0.135	7(0.35)	9(0.45)	3(0.15)	1(0.05)	0(0)
		u_{34}	0.135	7(0.35)	9(0.45)	3(0.15)	1(0.05)	0(0)
		u_{35}	0.075	7(0.35)	10(0.50)	3(0.15)	0(0)	0(0)

(4)对各个因素利用矩阵 **R** 进行模糊变换,从而得到一级综合评价结果。只列出开行方案一的综合评价详细过程,开行方案二和开行方案三的步骤相同,过程省略。则对开行方案一的一级因素进行评价:

$$\boldsymbol{B}_1=\boldsymbol{\omega}_1\boldsymbol{R}_1=(0.379\,7\quad 0.395\,2\quad 0.164\,5\quad 0.060\,7\quad 0)$$

$$\boldsymbol{B}_2=\boldsymbol{\omega}_2\boldsymbol{R}_2=(0.362\,7\quad 0.390\,8\quad 0.196\,4\quad 0.050\,0\quad 0)$$

$$\boldsymbol{B}_3=\boldsymbol{\omega}_3\boldsymbol{R}_3=(0.7245\quad 0.1515\quad 0.1121\quad 0.0121\quad 0)$$

由 $\boldsymbol{B}_1$、$\boldsymbol{B}_2$、$\boldsymbol{B}_3$ 可以得到开行方案一的最终评价矩阵 $\boldsymbol{R}_1$。

$$\boldsymbol{R}_1=\begin{pmatrix}\boldsymbol{B}_1\\ \boldsymbol{B}_2\\ \boldsymbol{B}_3\end{pmatrix}=\begin{pmatrix}0.3797 & 0.3952 & 0.1645 & 0.0607 & 0\\ 0.3627 & 0.3908 & 0.1964 & 0.0500 & 0\\ 0.7245 & 0.1515 & 0.1121 & 0.0121 & 0\end{pmatrix}$$

同以上步骤可以分别求得开行方案二的最终评价矩阵 $\boldsymbol{R}_2$ 和开行方案三的最终评价矩阵 $\boldsymbol{R}_3$。

$$\boldsymbol{R}_2=\begin{pmatrix}\boldsymbol{B}_1\\ \boldsymbol{B}_2\\ \boldsymbol{B}_3\end{pmatrix}=\begin{pmatrix}0.6543 & 0.1751 & 0.1489 & 0.0218 & 0\\ 0.3706 & 0.4177 & 0.1389 & 0.0491 & 0\\ 0.3485 & 0.4221 & 0.1951 & 0.0342 & 0\end{pmatrix}$$

$$\boldsymbol{R}_3=\begin{pmatrix}\boldsymbol{B}_1\\ \boldsymbol{B}_2\\ \boldsymbol{B}_3\end{pmatrix}=\begin{pmatrix}0.3484 & 0.4088 & 0.1849 & 0.0578 & 0\\ 0.7000 & 0.1678 & 0.1237 & 0.0086 & 0\\ 0.3620 & 0.4624 & 0.1379 & 0.0376 & 0\end{pmatrix}$$

(5)对开行方案二进行次综合评价。再进行二次综合评价。对三个开行方案的二次综合评价如下。

$$\boldsymbol{B}^{(1)}=\boldsymbol{\omega}\boldsymbol{R}_a=(0.4419\quad 0.3447\quad 0.1668\quad 0.0467\quad 0)$$

$$\boldsymbol{B}^{(2)}=\boldsymbol{\omega}\boldsymbol{R}_b=(0.4797\quad 0.3215\quad 0.1541\quad 0.0352\quad 0)$$

$$\boldsymbol{B}^{(3)}=\boldsymbol{\omega}\boldsymbol{R}_c=(0.4918\quad 0.3231\quad 0.1510\quad 0.0341\quad 0)$$

(6)计算综合评价值,对评价结果分析处理得出结论。计算三个开行方案的综合评价值如下。

$$\boldsymbol{Z}^1=\boldsymbol{B}^{(1)}\boldsymbol{V}^{\mathrm{T}}=(0.4419\quad 0.3447\quad 0.1668\quad 0.0467\quad 0)(9\ 7\ 5\ 3\ 1)^{\mathrm{T}}=7.3641$$

$$\boldsymbol{Z}^2=\boldsymbol{B}^{(2)}\boldsymbol{V}^{\mathrm{T}}=(0.4797\quad 0.3215\quad 0.1541\quad 0.0352\quad 0)(9\ 7\ 5\ 3\ 1)^{\mathrm{T}}=7.4439$$

$$\boldsymbol{Z}^3=\boldsymbol{B}^{(3)}\boldsymbol{V}^{\mathrm{T}}=(0.4918\quad 0.3231\quad 0.1510\quad 0.0341\quad 0)(9\ 7\ 5\ 3\ 1)^{\mathrm{T}}=7.5452$$

按照综合评价值可以看出,在三个开行方案中,方案三是最优秀的,方案二比方案一稍微好一些,但是差距不大。因此,方案三可以作为铁路运营者最终的初始开行方案。

参考文献

[1] 谭政红. 基于旅客服务特性的客运专线旅客列车开行方案研究[D]. 成都:西南交通大学,2013.
[2] 陶思宇. 铁路旅客列车开行方案经济效益评价研究及其计算机实现[D]. 南昌:华东交通大学,2006.
[3] 侯海永. 旅客列车开行综合效益分析与评价[D]. 成都:西南交通大学,2006.
[4] 冯晓燕. 基于旅客满意度的客运专线旅客服务质量评价研究[D]. 北京:北京交通大学,2010.
[5] 刘韵光. 客运专线服务质量评价体系的研究[D]. 北京:北京交通大学,2010.
[6] 马超. 京沪高速铁路开行方案评价及优化调整方法研究[D]. 北京:北京交通大学,2014.

[7] 张萧萧．高速铁路旅客列车开行方案评价方法及系统开发[D]. 北京:北京交通大学,2011.
[8] 宇海龙．旅客列车开行方案评价研究[D]. 北京:北京交通大学,2009.
[9] 牛永涛．成网条件下客运专线列车开行方案编制理论与方法研究[D]. 北京:北京交通大学,2012.
[10] 苑文萍．高铁分流下的京沪既有线旅客列车开行方案研究[D]. 北京:北京交通大学,2011.
[11] 高智睿．铁路客运专线旅客列车开行方案研究[D]. 成都:西南交通大学,2011.
[12] 杜栋，庞庆华，吴炎．现代综合评价方法与案例精选[M]. 北京:清华大学出版社,2015.
[13] 邓连波,史峰．旅客列车开行方案评价指标体系[J]. 中国铁道科学,2006,(3):106-110.
[14] 何知明,王帮琪,王异,等．客运专线列车运行图评价指标体系设计[J]. 交通科技与经济,2010,(1):21-24.
[15] 索明亮．郑西客运专线列车开行方案设计及效益评价研究[J]. 铁道运输与经济,2012,(6):64-68.
[16] 彭瑾蓉．高铁列车开行距离与停站方案组合分析[D]. 长沙:中南大学,2016.
[17] ANDERSEN P,PETERSEN N C. A procedure for ranking efficient units in data envelopment analysis [J]. Management Science, 1993, 39(10):1261-1264.
[18] BRAY S, CAGGIANI L, OTTOMANELLI M. Measuring transport systems efficiency under uncertainty by fuzzy sets theory based data envelopment analysis: theoretical and practical comparison with traditional DEA model[J]. Transportation Research Procedia, 2015, 5:186-200.

第11章 结论与展望

11.1 主要结论

本书围绕高速铁路列车开行决策过程中时变需求分析预测、各种情景与模式下列车开行方案优化、列车开行效率与服务评价等核心问题的前沿理论与方法进行了系统、详细论述，其中，针对高速铁路出行时变需求，在分析其特征、出行成本、出行选择行为等基础上，提出了高速铁路时变需求预测与时间分布估计方法；针对高速铁路列车开行决策，给出了针对不同需求如时变区间断面需求、弹性需求、多日需求等，与不同列车开行模式如周期、非周期、多周期模式下的高速铁路列车开行决策理论与方法。此外，从高速铁路列车开行效率、服务水平、企业效益等多维度对列车开行进行综合评价。

1. 高速铁路旅客出行时变需求的估计

旅客出行需求是列车开行决策的基本依据，将高速铁路客流时变需求预测问题分解为日客流量预测和时变需求分布估计两个子问题。针对高速铁路旅客出行日客流量预测子问题，通过提取旅客出行日客流量特征，分析特征的变化规律，进而设计适用于中期预测的双层平行小波神经网络预测方法。针对高速铁路旅客时变需求分布估计子问题，分别提出了高速铁路旅客出行时变需求分布估计的逆分配估计法、最大熵估计法。时变需求分布的逆分配估计法首先以任意有效乘车方案能力利用饱和或车票售罄时刻为分界点，将各 OD 购票过程划分为若干购票阶段；进而基于各乘车方案之间的能力饱和顺序，分别设计了单购票阶段逆向分配估计法和多购票阶段逆向分配估计法。时变需求分布的最大熵估计方法从铁路售票系统中提取信息来构建旅客购票操作链和预售期各时刻的可用乘车方案集，并利用屋顶模型设计了推算旅客期望出行时间范围的方法，进而基于各旅客的期望出行时间范围建立时变需求最大熵估计方法。

2. 基于时变区间断面需求的高速铁路列车开行方案优化方法

首先建立高速铁路网络的客流动态分配均衡模型，采用降序求解最短路、增序加载客流和平均时段增量法，将时变需求分配到高速铁路上而获得高速铁路时变区间断面需求。然后，基于时变的区间断面需求，提出了列车区段拼接的开行方案设计的思路。通过网络分解、停站模式确定、需求分类、时变区间断面求解等手段，生成各列车区段。基于列车区段，建立了基于区间断面需求的高速铁路列车开行方案优化模型。最后，通过确定高速铁路列车开行方案初始解生成方法、邻域系构造方法以及设计模拟退火计划表，设计了高速列车开行方案优化的模拟退火算法。

3. 基于客流分配的高速铁路列车开行方案优化

针对复杂的大规模非树状结构高速铁路，直接考虑 OD 客流对可选出行列车的选择，将其描述为基于给定开行列车的客流分配问题，并提出高速铁路列车开行方案优化的双层规划方法。通过引入列车始发时间分布描述开行方案与旅客出行时间的吻合程度，引入车站到发列车均匀性保证需求稀疏时空区域的服务列车最小间隔、引入重要车站之间的服务列车数保证重要车站之间的便利出行。采用考虑旅客购票特征的高速铁路客流分配方法较为准确地评价列车开行方案，以列车公里数、旅客出行费用、线路 OD 需求在本线出行、滞留人公里数和车站到发均匀值为优化目标，构建优化列车开行方案的双层规划模型。结合线路列车开行方案的优化程度综合设计网络邻域方案，使模拟退火算法的搜索更具有效性和稳定性，使得网络方案优化进程与各通道方案优化进程同步实施。

4. 面向弹性需求的高速铁路列车开行方案优化

高速铁路开行列车服务水平直接影响着全天不同时段的旅客出行需求量。为了充分考虑这种竞争条件下的影响关系，获得更能吻合出行需求的高速铁路列车开行方案。首先建立旅客时段出行需求与广义出行费用间的弹性需求函数，并基于给定的候选列车集构造旅客出行网络，以简化方案的求解。在此基础上，以最大化列车开行收益为优化目标，构建面向弹性出行需求的高速铁路列车开行方案优化模型。模型结合弹性客流在出行网络上的路径选择，从候选列车集中选择开行列车，并优化其停站方案与始发时刻。在生成初始列车开行方案的基础上，通过设计其邻域解生成策略，包括候选列车停开与增开策略、列车停站取消与新增策略以及列车始发时刻调整策略，以此构造基于模拟退火思想的模型求解算法。

5. 不同需求日的高速铁路网络列车开行方案协同优化

在铁路运输组织中，不仅需要提供与各个需求日相匹配的运输能力，而且还要使不同需求日的列车开行方案具有很大的相似性，使得不同需求日的高速铁路运输组织能够平稳过渡。针对不同需求日的高速铁路列车开行方案优化问题，基于各个需求日的最大包络出行需求优化产生的高速铁路列车开行方案，以最大包络需求开行方案为备选列车集，生成不同需求日的列车开行方案。以不同需求日铁路运输成本、旅客出行费用总成本为目标，构建不同需求日开行方案协同优化的双层规划模型，并将原模型转为罚函数双层规划模型，设计遗传算法进行求解。

6. 面向多日需求的高速铁路列车开行方案鲁棒优化

为了使实施于多个运营日的同一列车开行方案能够有效地适应各运营日的差异化需求，构建面向多日需求情景的高速铁路列车开行方案鲁棒优化方法。首先，在聚类分析计划实施期内各运营日的需求，获得实施同一列车开行方案的多个运营日客流需求的基础上，将每个运营日客流需求的时空分布描述为一种需求情景，基于多日需求情景生成统一候选列车集，并分析时变需求的出行费用与旅客乘车选择行为。其次，以列车开行成本、旅客出行费用构成的总成本的“后悔值”衡量鲁棒方案应用于各需求情景下产生的目标值与最优方案目标值的偏差，构建以最小化最大“后悔值”为目标的高速铁路列车开行方案鲁棒优化模型。然后，在构造面向多日需求情景的邻域解搜索策略基础上，设计模拟退火算法以求解模型。首先求解各需求情景的最优开行方案，从而得到鲁棒初始解；然后考虑所有需求情景中旅客的出行选择，利用邻域解策略扩大鲁棒解的搜索空间以改进当前鲁棒解，同时按照一定规则更新各个需求情景的最优解。

7. 基于周期与非周期组合的高速铁路列车开行方案优化

在对比分析周期性列车开行方案、非周期性列车开行方案、周期与非周期组合方式的列车开行方案的基础上，通过定义列车候选运行模式，划分列车运行周期的划分，构建了由三类节点和五类有向弧所组成的旅客出行网络，并通过添加虚拟弧对其进行扩展。基于扩展的旅客出行网络，进一步提出动态客流单元的划分方法及客流的路径选择问题。进而以最小化周期列车和非周期列车总广义运行成本和最小化旅客总广义出行成本为优化目标，在各运行模式开行列车选择等约束下，构建基于周期与非周期组合方式的列车开行方案混合整数优化模型，并设计基于模拟退火的粒子群算法对其进行求解。该算法以粒子群算法为基础，引入模拟退火算法的 Metropolis 准则，使得算法能够在一定概率下接受劣解，从而改善算法容易陷入局部最优的弊端。

8. 对高速铁路列车开行方案进行多维度评价

高速铁路开行方案评价是开行方案优化的基础，建立合适的评价指标体系和选用适当的评价方法是评价的重要内容。通过对已有开行方案评价指标体系的研究分析，建立以速度指标、经济指标、运营指标为核心的传统开行方案评价指标体系；并针对高速铁路的高速度、高服务质量的特点，着重对服务类和速度类指标进行补充和构建。在此基础上构建指标选取流程，并将开行方案评价分为两个对象：开行方案单列车和整体开行方案，分别建立单列车备选指标集和整体开行方案备选指标集，对指标计算方法进行说明。将单列车评价分为在同类型列车范围内的评价和在全部列车范围内的评价，评价方法分别采用数据包络法和因子—聚类分析法；将整体开行方案评价分为初始开行方案评价和开行方案优化评价，评价方法分别采用模糊综合评价法和灰色综合评价法。对四种评价的评价对象，评价目的，指标体系和评价方法等方面进行阐述，并建立高速铁路开行方案系统性评价体系。

11.2 进一步研究展望

本书针对高速铁路时变需求估计、客流出行选择行为分析仿真、列车开行方案优化与评估等高速铁路列车开行决策相关问题的解决方法进行了系统、深入的介绍。随着我国高速铁路的发展,一方面,各类高速铁路出行客流对出行列车将提出更高的差异化要求,各种复杂场景下的列车开行决策也将面临不一样的要求;另一方面,各类现代优化理论方法、智能技术的发展将为解决更复杂的高速铁路列车开行决策问题提供不同层面的技术支持。总体而言,未来高速铁路列车开行决策问题应在以下方面得到进一步研究。

1. 差异化时变出行需求估计

出行需求时空分布是进行列车开行决策的主要依据,合理估计高速铁路时变出行需求优化开行列车的关键。虽然本书介绍了基于售票数据的高速铁路时变出行需求估计方法,同时考虑了 OD 需求总量与时间分布估计,但都是基于所有旅客具有相同时间价值、均选择广义费用最少出行方案等假设下,实现对时变需求分布的估计。显然实际中不同旅客之间的时间价值存在一定差异性、其对出行列车要求也不尽相同。为了设计满足各类不同出行需求的列车产品,如何分析出行需求的差异性,设计估计方法实现差异化时变出行需求估计需要开展进一步研究。

2. 大规模高速铁路线网的差异化时变客流出行列车选择模拟技术

客流对出行列车的选择结果是对高速铁路列车开行决策的直接响应,可有效用于评估列车开行决策的服务水平与客票收益等。由于在列车开行决策阶段无法获得真实的客流出行列车选择数据,故通常采用不同模拟技术实现基于给定开行列车的客流出行列车选择模拟。虽然本书提出了一些相对先进的客流出行列车选择模拟方法,但一方面仍然基于一些假设前提进行,另一方面所考虑的出行需求之间的出行差异性也没有得到有效体现,为了克服这些不足,获得更符合实际的旅客出行列车选择模拟数据,更深层次地分析不同旅客出行选择行为,构建大规模高速铁路线网的差异化时变客流出行列车选择模拟技术是需要进一步开展的研究之一。

3. 大规模高速铁路线网列车开行决策的协同优化技术

我国高速铁路网络目前已形成以“八纵八横”为骨架的相对完善运营网络,线网规模庞大、服务客流量巨大、开行列车众多。由于各线路不仅开行本线列车,还涉及跨线列车,不能简单地以线路为基本单元进行列车开行决策,这不利于线路之间列车的协同服务。倘若直接对高速铁路全网优化列车数量、路径、停站等将因问题规模而难以有效解决。因此,如何结合客流在路网上的空间分布,实现基于线路与适量规模子路网相结合的全网分解,并设计各分解子网络列车开行决策协同内容、机制、流程等，形成大规模高速铁路线网列车开行决策的协同优化技术，是未来高速铁路列车开行决策需要面临的另一重要问题。

4. 数据驱动的高速铁路列车开行动态智能调整技术

由于客流需求的变化、新建高速铁路线路的并网等，近年来我国高速铁路对开行列车的调整越加频繁，这不仅在一定程度上增大了开行列车调整的工作，同时也对列车开行调整决策效率与水平提出了更高要求。因此，结合对客流需求数据、列车运营数据等多源数据的定时研判，自动选择列车开行调整时机，并利用智能学习优化等技术，实现当前开行列车的优化调整，以适应需求、路网资源等变化。这对减轻高速铁路运输企业列车开行调整工作，实现高速铁路开行列车的高效率、高质量调整具有重要意义。因此，数据驱动的高速铁路列车开行动态智能调整决策技术为未来进一步研究的主要内容之一。

高速铁路基础研究与技术创新丛书

第一期(16 册)

(一)基础理论与基础技术系列

高速铁路散体道床宏细观力学行为 赵春发　翟婉明　张　徐　著

ISBN 978-7-113-28857-0

高速铁路线路系统动力学 龙许友　时　瑾　王英杰　编著

ISBN 978-7-113-28997-3

高速铁路弓网关系研究 韩通新　著

ISBN 978-7-113-28941-6

(二)动车组系列

高速列车轻量化设计 李　明　伊召锋　米莉艳　等编著

ISBN 978-7-113-28972-0

(三)供电系列

高速铁路受电弓 韩通新　编著

ISBN 978-7-113-28975-1

高速铁路接触网检测技术 韩通新　著

ISBN 978-7-113-28961-4

(四)工程设计系列

高速铁路桥梁抗震设计 陈兴冲　张永亮　编著

ISBN 978-7-113-28964-5

高速铁路轨道工程 BIM 正向设计软件开发及实践 姚　力　刘大园　董凤翔　等编著

ISBN 978-7-113-28934-8

(五)工程施工与组织系列

高速铁路桥梁 BIM 技术研究与实践 盛黎明　苏　伟　刘延宏　宋树峰　编著

ISBN 978-7-113-28938-6

高速铁路岩溶路基边坡变形与稳定 白明洲　师　海　田　岗　等编著

ISBN 978-7-113-28880-8

高速铁路工程地质灾害超前预报图形判别和解译　　李　忠　郝娜娜　等编著

ISBN 978-7-113-28935-5

(六)通信与列控系列

高速铁路宽带无线信道测量与建模技术　　周　涛　何睿斯　艾　渤　编著

ISBN 978-7-113-28930-0

(七)测量与检测系列

(八)高铁运营与经济系列

高速铁路社会效益研究——基于时空经济分析　　李红昌　夏璇璇　著

ISBN 978-7-113-28942-3

(九)现代信息技术系列

高速铁路物联网技术　　史天运　孙　鹏　张惟皎　陈瑞凤　编著

ISBN 978-7-113-29029-0

(十)安全·健康·维护系列

高速铁路道砟飞溅机理及防治　　高　亮　石顺伟　殷　浩　著

ISBN 978-7-113-28906-5

高速列车多目标均衡综合节能技术　　张　雷　李　明　司志强　等编著

ISBN 978-7-113-28976-8

第二期(23 册)

(一)基础理论与基础技术系列

高速列车空气动力学数值模拟——基于 STAR-CCM+软件

李　明　李　田　戴志远　等编著

ISBN 978-7-113-30059-3

高速铁路沿线地面沉降研究与防治　　李国和　黄大中　尚海敏　王少林　编著

ISBN 978-7-113-30176-7

高速铁路路基智能填筑技术　　王同军　闫宏业　杨　斌　尧俊凯　等著

ISBN 978-7-113-30047-0

季冻区高速铁路路基服役性能与孕灾风险研究

叶阳升　蔡德钩　毕宗琦　李善珍　等著

ISBN 978-7-113-29934-7

高速铁路隧道内附属设施气动效应及安全性研究

彭立敏　杨伟超　施成华　雷明锋　著

ISBN 978-7-113-30104-0

高速铁路钢轨打磨理论与技术　　王文健　郭　俊　周　坤　著

ISBN 978-7-113-30061-6

高速列车动态性能正向设计　　周劲松　宫　岛　孙文静　著

ISBN 978-7-113-30050-0

高速列车自动驾驶控制理论　　宿　帅　李开成　唐　涛　袁　磊　等编著

ISBN 978-7-113-30147-7

高速铁路行车调度与控制一体化　　唐　涛　宿　帅　孟令云　阴佳腾　编著

ISBN 978-7-113-30112-5

高速铁路无砟轨道结构水泥基材料理论与技术

龙广成　曾晓辉　马昆林　谢友均　著

ISBN 978-7-113-30056-2

（二）动车组系列

高速列车空气动力学设计技术　　丁叁叁　著

ISBN 978-7-113-30055-5

（三）供电系列

高速铁路电力牵引供电工程智能建造技术

胡志华　陈建明　奚金柱　吴命利　等编著

ISBN 978-7-113-30205-4

（四）工程设计系列

现代铁路枢纽规划设计　　许佑顶　高丰农　吴学全　李传勇　等编著

ISBN 978-7-113-27468-9

高速铁路隧道底部结构动力响应特性及设计方法

彭立敏　施成华　黄　娟　丁祖德　著

ISBN 978-7-113-30133-0

（五）工程施工与组织系列

高速铁路工程勘察技术创新与实践　　陈则连　著

ISBN 978-7-113-30189-7

高速铁路工程质量系统管理(第 2 版) 卢春房 等著

ISBN 978-7-113-30108-8

高速铁路路基沉降分析与控制技术 宋绪国 郭帅杰 编著

ISBN 978-7-113-30154-5

深埋高速铁路地下车站施工关键技术 杨新安 马明杰 李路恒 罗 驰 编著

ISBN 978-7-113-30001-2

高速铁路施工组织创新与实践 魏 强 编著

ISBN 978-7-113-30136-1

高速铁路路基沥青混凝土防水封闭结构 蔡德钩 闫宏业 楼梁伟 石越峰 等著

ISBN 978-7-113-30033-3

(六)通信与列控系列

高速铁路信号系统雷电防护技术研究 向念文 徐宗奇 阳 晋 编著

ISBN 978-7-113-30135-4

(七)测量与检测系列

(八)高铁运营与经济系列

(九)现代信息技术系列

智能高速铁路图像大数据分析技术及应用 李 平 李 瑞 赵 冰 编著

ISBN 978-7-113-30134-7

(十)安全·健康·维护系列

高速列车横风效应及气动安全控制动力学 毛 军 柳润东 郗艳红 著

ISBN 978-7-113-30028-9

第三期(18 册)

(一)基础理论与基础技术系列

高速铁路桥梁抗风技术 何旭辉 邹云峰 敬海泉 等著

ISBN 978-7-113-31329-6

高速铁路智能选线理论与方法 蒲 浩 宋陶然 李 伟 张 洪 著

ISBN 978-7-113-31670-9

(二)动车组系列

高速列车风阻制动技术 田 春 周嘉俊 马天和 吴萌岭 编著

ISBN 978-7-113-31648-8

高速列车制动防滑控制基础理论与试验技术 田　春　朱文良　马天和　吴萌岭　编著

ISBN 978-7-113-31585-6

高速铁路轮轨廓形设计及应用 沈　钢　陈迪来　编著

ISBN 978-7-113-31307-4

高速列车辅助供电系统 张立伟　姜东杰　徐海大　编著

ISBN 978-7-113-31574-0

高速列车被动安全系统技术理论 丁叁叁　编著

ISBN 978-7-113-31996-0

(三)供电系列

高速铁路供电系统电磁暂态分析与防护 刘明光　刘　铁　编著

ISBN 978-7-113-31249-7

(四)工程设计系列

(五)工程施工与组织系列

寒区高速铁路隧道低温影响与工程对策 马志富　田四明　杨昌贤　王志杰　等编著

ISBN 978-7-113-31456-9

高速铁路路基边坡生态防护技术与实践 叶阳升　蔡德钩　魏少伟　吕　宋　著

ISBN 978-7-113-31741-6

(六)通信与列控系列

真空管磁浮高速飞行列车车地无线通信技术 刘　留　艾　渤　编著

ISBN 978-7-113-31382-1

(七)测量与检测系列

高速铁路运营监测技术 赵　斗　张冠军　王长进　梁　永　编著

ISBN 978-7-113-31182-7

高速铁路精密工程测量技术 王长进　刘　成　张冠军　石德斌　编著

ISBN 978-7-113-31519-1

铁路工程地质遥感技术创新与应用 刘桂卫　著

ISBN 978-7-113-31354-8

(八)高铁运营与经济系列

高速铁路列车开行决策理论与技术 周文梁　史　峰　徐光明　等著

ISBN 978-7-113-31563-4

(九)现代信息技术系列

高速铁路数据中心设计技术 杨德修 樊 艳 赵 耀 崔校玉 编著

ISBN 978-7-113-31126-1

(十)安全·健康·维护系列

绿色高速铁路技术 蒋 辉 编著

ISBN 978-7-113-31460-6

高速列车驾驶人因安全保障理论及方法 方卫宁 唐 涛 等著

ISBN 978-7-113-31311-1